autotheory

Autotheory as Feminist Practice in Art, Writing, and Criticism by Lauren Fournier

Copyright © 2021 by Lauren Fournier
All rights reserved.

This Korean edition was published by MATI PUBLISHING CO. in 2025
by arrangement with The MIT Press through KCC(Korea Copyright Center Inc.), Seoul.

이 책은 (주)한국저작권센터(KCC)를 통한 저작권자와의 독점계약으로
마티에서 출간되었습니다. 저작권법에 의해 한국 내에서 보호를 받는 저작물이므로
무단전재와 복제를 금합니다.

자기이론
자기의 삶으로 작업하기

로런 포니에 지음
양효실, 김수영, 김미라, 문예지, 최민지 옮김

일러두기
— 외래어 표기는 국립국어원 외래어표기법을 따랐으나 일부 굳어진 표현은 그대로 사용했다.
— 본문에서 매기 넬슨의 *The Argonauts*가 인용된 경우, 저작권 허가를 받아 한국어판 『아르고호의 선원들』(이예원 옮김, 플레이타임, 2024)의 번역문을 사용했다.

차례

7 감사의 말

11 서문 페미니스트 실천으로서의 자기이론
: 역사, 이론, 예술, 삶
103 1장 퍼포밍 칸트
: 자기-이미지 만들기를 통해 생존하는 철학
145 2장 이론이여, 울지 마오
: 자기이론의 경제와 유통
221 3장 관계로서의 인용
: 상호텍스트적인 친밀성과 동일시
285 4장 인용들을 퍼포밍하기, 레퍼런스를 시각화하기
: 그려진 참고문헌들, 조각된 이론 그리고
다른 모방적 움직임들
343 5장 나는 고발한다
: 자기이론과 페미니스트 정치로서의 폭로와 노출
401 결론 (탈)식민적 시간들에서의 자기이론

423 옮긴이의 글
434 주
463 찾아보기

감사의 말

이 책의 집필은 가족과 친구들의 사랑과 지원, 그리고 영광스럽게도 내가 일원으로 속해 있는 그 풍요롭고 역동적인 커뮤니티들(문학·예술·페미니스트·퀴어·학술 커뮤니티들) 없이는 불가능했을 것이다.

요크대학교에서 박사과정을 밟는 동안 이 연구를 발전시키면서 든든한 지원을 계속해준 마커스 분, 대런 고버트, 섀넌 벨 교수님께 감사드린다. 달에 있는 듯한 포스트-마르크스주의의 안식처, 바로 그곳에서 이 연구는 시작되었다.

정확하고 세심하게 편집해준 MIT 출판부의 빅토리아 힌들리, 가브리엘라 부에노 깁스, 데버라 칸토-애덤스, 그리고 사려 깊은 편집자의 관점으로 도움을 준 수잰 젤라조와 조너선 아제미안에게 감사를 전한다.

자기이론 안에서 그리고 자기이론을 주제로 한 대화에 참여해준 데이비드 채리안디, 개브리엘 시빌, 헤이즐 마이어, 레티샤 칼린, 애니 제일 콴, 스테이시 영, 앨릭스 브로스토프, 에밀리 라바지, 저스틴 울퍼스, 뤼스 이리가레, 밸러리 워커딘, 세라 샤마, 제니퍼 피셔, 에린 운커 등 많은 분께 감사드린다. 또한 내가 이 책에 포함하고 글을 쓸 수 있게, 그리고 작업의 이미지를 수록할 수 있도록 허락해준 모든 예술가와 작가에게도 감사의 말을 전한다. 특히 이미지를 제공해준 소냐 사페이, 콜린 스미스, 요하나 헤드바, 모이라 데이비, 서자 컷핸드에게 감사드린다.

예술계에서 나의 가장 소중한 멘토가 되어준 리사 스틸, 킴 톰 차크, 러셀 비아더-놀즈, 데이비드 가르노, 실비아 지만, 지니 마, 이언-카 해리스, 이본 래머릭, 진 랜돌프에게 감사한다. 이 소중한 우정의 존재들과 이 연구와 글쓰기의 여러 단계에서 이야기를 나누었고 도움을 받았다.

엠엘에이 체르노프, 에릭 슈말츠, 크리스틴 트란, 케이틀린 볼딩, 줄리아 폴릭 오닐, 루시아 로렌지에게, 그리고 내가 시인과 문인으로 이루어진 사회부적응자 커뮤니티에서 힘을 보강하면서 성장할 수 있도록, 또 계속 글을 쓰고 내 작업을 큰 소리로 읽을 수 있도록 북돋아준 수많은 위대한 예술가에게 감사한다.

앤드리아 크리머, 치프 레이디 버드, 재클린 브뤼노, 대니엘라 사나더, 앰버 크리스텐슨, 앨리슨 미첼, 디어드러 로그, 젠 맥도널드, 테드 휘톨, 게이브 레빈, 세라 브로피, 록 한, 존 G. 햄프턴에게도 목청껏 감사를 표한다. 나의 생물학적 가족과 선택받은 (chosen) 가족인 사라 멀리건, 라이언 멀리건, 노라 멀리건, 레이 포니에, 로리 포니에, 버니 베이, 멜로디 클라인, 로빈 로에게도 역시 큰 목소리로 감사를 전한다.

마지막으로, 이 책과 함께한 나의 여행 전체에 반석 같은 동반자로 동참한 단짝 여자친구, 영원히-가족보다-더-가까운 사람일 리 헨더슨에게 고마움을 전한다. 사랑해. 그리고 이 비좁은 지면에 일일이 열거할 수 없는 모든 분에게 마음을 전한다. 고맙습니다, 모두. 책 한 권을 쓰려면 필요하다고들 하는 고독한 시간에도 불구하고, 저자성(authorship)은 홀로 추구하게 되는 것이 결코 아니다. 본 연구에 기금을 지원한 사회과학과 인문학 연구위원회(SSHRC), 그리고 학회에서 발표를 할 수 있도록 초대해준 미국 비교문학협회와 현대언어협회, 런던 왕립예술대학에 크나큰 감사를 표한다. 이런 학회에서 다른 사람들과 나눈 대화가 있었기에 자기이론적 충동에 대한 나의 생각이 더 정련되고 단단해질 수 있었다.

특정한 시·공간에서 신체적 존재이자 피식민지 땅에서 백인 정착민으로 살아가는 내가 이 글을 쓸 때 머물렀던 몇몇 장소에도 고마운 마음을 전하고 싶다. 나는 크레디트의 미시사가스(Mississaugas), 아니시나베(Anishnaabe), 치페와(Chippewa), 하우데노쇼니(Haudenosaunee), 웬다트(Wendat) 족을 포함한 많은 선주민의 조상으로부터 물려받은 전통적인 영토 위에서 이 책을 쓰기 시작했고, 토론토 시내의 영 스트리트 바로 옆에 있는 여럿이 함께 사용하는 스튜디오 아파트, 처치-웰슬리 마을의 모서리와 맞닿아 있는 장소 — 본 연구의 형태를 만드는 데 결정적인 영향을 미쳤기에 결코 지울 수 없는 퀴어(이 용어가 갖는 여러 의미 모두에서)의 맥락을 차지한 — 에서 썼다. 나는 캐나다 정부와 선주민들이 체결한 제4 조약의 땅인 서스캐처원의 대초원에 자리한 작은 도시 리자이나 — 네히야와크(nêhiyawak) 사람들이 크리어로 "뼈 더미"라는 뜻의 오스카나 카-아사스테키(oskana kā-asastēki)라고 부르는 — 의 집으로 돌아와 살면서 이 책을 계속 집필했고 완성했다. 나와 가장 밀접하게 연결되어 있고 역사적으로도 가장 친숙한 이 땅들은 네히야와크, 아니시나베(솔토 선주민 연합 정부), 다코타(Dakota), 라코타(Lakota), 나코타(Nakota)(어시니보인[Assiniboine] 선주민 연합 정부), 메티스/미치프의 것이다.

서문

페미니스트
실천으로서의
자기이론

역사, 이론, 예술, 삶

> 이론 자체는 종종 추상적이라고 가정된다. 다시 말해서 뭔가 더 이
> 론적인 것은 더 추상적이고, 일상에서 더 많이 추출된 것이다. 추출
> 한다는 것은 떼어낸다, 분리시킨다, 멀어진다, 방향을 바꾼다는 것
> 이다. 그러니 우리는 이론을 회수해야, 즉 이론을 삶으로 되돌려 보
> 내야 한다.
>
> … 사라 아메드, 『페미니스트로 살아가기』

> 이론적 구조들에 대해 내가 가지는 전반적인 문제는, 마치 신체적
> 경험에서 스며 나온 것이나 독성이 언어를 침범해 이론을 무효화하
> 기라도 하는 양 이론적 구조들이 물질성을 추방하는 것과 연관되어
> 있다.
>
> … 캐롤리 슈니먼, 『그의 성애학을 상상하기』

이 책의 기획

이 책은 온갖 매체와 형식을 망라하는 페미니스트 실천과 오랜 시간 유대를 맺어온 자기이론을 이해하는 데 필요한 학제적이고 역사적인 틀을 제공한다. 나는 자기이론적 접근 방식을 사용해서, 자기이론적인 충동 — 꼼꼼한 읽기, 페미니스트적 분석, 자기-반영적인(self-reflexive) 일화, 회복적 비평 형식 사이에서 움직이는 — 이 작동한 역사와 이론을 제공할 것이다. 그리고 오늘날 문화의 자기이론적 전회의 정치와 미학, 윤리를 고찰하면서, 한편으로는 교차적이고 트랜스내셔널한 페미니즘들, 다른 한편으로는 '자기'(self)를 둘러싼 후기 선진자본주의와 신자

유주의적 명령들 사이에서 일어나는 긴장에 주목할 것이다. 초(extra)-제도적이고 어쩌면 초-담론적일 자기이론의 잠재력은 시각 문화와 문학 연구에서는 "다음 번 거대한 전회"가 될 만큼 대단한 것이다. 그러나 왜 자기이론이고, 왜 지금인가?

자기이론의 심지어 문학적이고 텍스트에 기반한 형식들도 개념미술, 비디오, 영화, 퍼포먼스와 같은 동시대 예술의 역사들에서 지대한 영향을 받고 있다. "픽토비평"(fictocriticism)과 "오토픽션"(autofiction)이 문학사에서 자기이론적 충동을 암시한다면, "수행적 철학"과 "개념주의 비평"과 같은 용어는 자기이론의 토대가 트랜스미디어적 미술사들에 있음을 암시한다. "수행적인 자문화기술지"(performative autoethnography)와 같은 용어는 흥미롭게도 자기이론의 뿌리가 인류학에 있음을 시사한다. 이 책에서 나는 개념미술, 비디오 아트, 보디 아트, 영화, 퍼포먼스를 포함한 포스트-1960년대 예술 실천의 긴 역사를 실험적 글쓰기, 문학적 예술, 비평과 함께 고찰하면서, 바야흐로 지금 막 출현하고 있는 자기이론이란 개념을 매체들을 아우르는 동시대 예술에 대한 고찰로 확장시켜 이해해볼 것이다. 이런 관점에서 보면 자기이론은 사적인 에세이, 뉴저널리즘, 창조적 논픽션부터 확장된 장으로서의 아트 라이팅(art writing)과 비평, 고백적인 페미니스트 밈들과 카메라를 위한 퍼포먼스, 영화와 텔레비전에 이르는 많은 형식의 영향 아래 형태를 갖춘 트랜스미디어적인 것이다.

예술가나 작가의 작업 방식을 기술하는 방식으로서 자기이론은 특히 기존의 장르 범주와 분과 경계를 넘어서는 작업들, 범주들 사이의 임계 공간에서 번성한 작업들, 리서치와 창조의 뒤얽힘을 드러내는 작업들, 일견 이질적인 양태[1]들을 섞어서 신선한 효과를 창출하는 작업들에 어울리는 용어인 듯하다. 이 책은 동시대 미술사 및 페미니즘의 다양한 관점을 통해 자기이론에 접근함으로써 자기이론을 근본적으로 트랜스분과적인 것으로 이해하는 것이 왜 최선인지를 제시하고, 자서전이나 회고록 같은 장르와 유연하게 연결되면서도 차이를 보유할 수 있는 방법에 대한 중요한 통찰력을 제공할 것이다.

이 책은 예술가들과 작가들이 직접 체험했고 예술적으로 드러냈던 실천들 — 종종 양가적인 효과를 냈던 — 에서 이론 및 자서전의 장소와 어떻게 씨름했는지를 고찰할 것이다. 예술가들이 자기이론으로 전회한 것은 철학하기와 이론하기에 대한 접근 방식과 지배적인 인식론을 괴롭히는 자기이론의 선천적인 능력 때문에, 또한 자기들의 삶을 이해하고 이론화할 새로운 방법을 위한 공간을 만들 수 있는 자기이론의 능력 때문이었다. 예술가들과 작가들의 실천을 통해 이론과 철학은 욕망과 어려움, 매혹과 좌절, 고집스러운 경화와 유순하고 반복적인 변형이 일어나는 양가적인 부지임이 드러난다. 페미니스트 예술가들과 학자들이 오랫동안 주장해왔듯이, 자기이론은 예술과 삶, 이론과 실천, 작업과 자아, 리서치와 창작의 동기를 구분할 수 있다는 착각이 얼마나 보잘것없는 것인지를 알려준다.

그러나 나는 자기이론을 향한 충동이, 주지하듯이 페미니즘들의 역사들에서 특징적으로 나타난다고 주장할 것이고, 동시에 자기이론의 독특한 역사를 페미니스트적 글쓰기와 행동주의의 역사들 덕분에 가능했던 포스트-1960년대적인 동시대 예술 실천의 양태로서 읽어낼 것이다. 또한 자기이론을 파라예술

(paraart)과 파라문학적(paraliterary)[2] 실천들의 넓은 스펙트럼을 포괄하는 작업으로 이해함으로써, 자기이론의 맥락을 예술, 철학, 이론, 교차성 페미니즘에서 진행 중인 쟁점들과 연관된 것으로 제시할 것이다. 이 책에서 함께 묶이고 연결될 주제들은 다음과 같다. 철학사에서 자서전적인 것이 차지한 자리, 젠더화된 나르시시즘의 정치, 여전히 영향을 갖는 "나르시시스트적인" 비판, 20세기 모더니즘에서 포스트모더니즘으로의 변화의 일환인바 철학에서 이론으로의 변화, "포스트이론"과 "반(反)이론"을 둘러싼 토론들, 문화자본으로서의 이론과 이론 유통의 권력, 제도 권력을 비판하는 전복적이거나 변형적인 양태로서의 자기이론의 한계와 가능성들, 인문학 및 예술의 전문화된 담론과 프레임이 그것이다. 나는 여기에 시각예술과 "시각예술"의 눈중심주의(ocularcentrism)에서 벗어나 접근(가능)성의 관념들을 동원하는 다중감각적 예술의 확장된 장(field)들을 포함하려 한다.

자기 및 이론으로의 동시적인 전회를 검토할 때, 나는 전 지구적인 선진 자본주의와 신자유주의라는 현재의 맥락 — 트럼프 스타일의 서술자들인 "페이크 뉴스"와 "포스트-팩트" 혹은 "내 진실이 진실이다"란 관념의 유통, 소셜 미디어에 차고 넘치는 #미투와 같은 포스트고백적인 기술들, 그리고 그와 연관된 4물결 페미니스트 운동들, 이른바 깨시민 정치(woke politics)의 발흥(더불어 이 정치의 다양한 백래시들), 그와 동시적으로 북미 혹은 터틀 아일랜드[3] 곳곳에서 일어나고 있는 땅, 언어, 제도를 탈식민화하라는 요구들 — 에 비추어서 자기이론적인 양태의 한계와 가능성을 고찰할 것이다. 맨 마지막 쟁점에 대한 반응은 특히 인문학 및 예술에서, 선주민화를 시도하는 한결같은 노력과 함께 눈에 띄게 드러난다. 이 책 전체에서 나는 자기이론적 충동이 어느 지점에서 이것들 모두에 꼭 들어맞는지를 고찰할 것이다. 자기이론은 오늘날 예술 및 학계의 실천적이거나 생산적인 작업 방식일까? 자기이론적인 양태들이 제공하는 가능성은 무엇이고, 그것의 도전과 한계는 무엇일까?

나는 "자기이론"의 원자가(valence)를 고찰하기 위해 "자기"와 "이론" 양자의 정치와 미학을 고려해야만 하고 이 책을 통틀어 그렇게 해야만 한다. 이 책의 본문에서 나는 직접적인 체험(lived experience)에 근거해서 사회적·정치적·문화적·제도적 자본과 지식을 획득하는 방식으로써 이론이 예술 실천에서 어떻게 동원되는지를 숙고할 것이다. 그리고 정체성이 이론과 연관해서 어떻게 수행되는지 그 방식들을 고찰할 것이다. 이렇듯 복잡한 자기이론의 능력은 어떻게 비판의 수단으로 기능하고 있는 것일까? 여성들, 퀴어들, 유색인들, 그 외 다른 역사적으로 주변화된 집단들이 소비주의적 행위성을 갖고 대규모 시장을 표상하고, 겉치레에 불과한 호소력을 가진 박식한 담론인바 이론이 자신의 고전주의적 함의를 통해 스스로를 뽐내는 맥락에서, 우리는 어떻게 자기이론을 저항, 위반, 불일치의 순간으로 이해할 수 있을까? 자기이론과 예술적 행위성 및 생성의 관계는 무엇일까? 우리가 우리 자신에 대해 정직하다면 예술적이고 인문학적인 공중(public)을 포함한 오늘날의 공중 안에서 철학하기와 이론하기는 어느 자리에 있는 것일까? 또 우리는 어떻게 이 문제에 교차적으로 접근할 수 있을까? 이런 자기이론적인 실천들은 특히 개인적이고 집단적인 우선성들이 점점 더 공적인 방식으로 더 크게 의문시되고 있는 포스트-팬데믹 시기에, 성찰의 변형적 가능성 — 단지 자기-성찰에 국한되지 않는 성찰을 포함할 — 에 대해 우리에게 무엇을 드러낼 수 있을까? 나는 자기이론적인 실천이 어떻게 회복적 관계 — 심지어 페미니스트들(우리)이 비판하는 주제들/대상들과 페미니스트들 사이에, 그리고 이제 페미니스트들(우리)을 비판하는 주제들/대상들과 페미니스트들 사이에 — 를 위한 공간들을 개방하면서, 커뮤니티들을 횡단하며 예기치 않은 친화력과 연결점을 드러내고 있는지 역시 고찰할 것이다.

이 책을 쓰는 동안 나는 다양한 이유로 선별된 작품 및 실천의 아카이브를 글쓰기의 토대로 사용했다. 이것들 하나하나와 맺은 관계는 특별한 시간과 장소에서 직접 체험하고 그럼으로써 신체화한(embodied) 경험의 특수성에서 유래했다. 이렇듯 꼼꼼하고 직관적이며 끝이 열린 아카이브의 뿌리는 연구자의 리서치와 온전한 성찰만큼이나 내장에-기반한(gut-based) 이해와 비판적-동시적 우발성에 자리한다. 리서치의 초기 단계에 대영도서관에서 나르시시즘 관련 책들을 읽고, 뤼스 이리가레를 렌즈로 사용해서[4] "철학자의 아내"로 분한 크리스 크라우스 읽기를 진행하다가 나는 잠시 휴식을 취할 겸 테이트 모던을 방문한 적이 있다. 그리고 집단 전시「카메라를 위한 퍼포먼스」에 출품된 에이드리언 파이퍼의「영혼을 위한 음식」의 사진들을 보고 엄청난 충격을 받았다. 우연히도 그 주 후반에 나는 박사과정 학생들을 대상으로 하는, 버스 한 정거장 거리에 있는 브리스톨의 어느 곳에서 열린 뤼스 이리가레 세미나에 강연자로 초청을 받은 상태였다. 그날 세미나와 저녁 만찬에서 나는 이리가레와 학생들과 함께 자기이론 및 페미니즘 철학사와 연관된 나의 가장 초창기 생각들을 주제로 워크숍을 진행했다. 이리가레는 손수 만든 와인과 설탕에 졸인 배 요리를 내게 건네고, 와인을 마시며 솔직한 대화를 이어가는 중에 자크 라캉(이리가레는 지나치게-페미니스트적이어서-엄격함이-결여된 『반사경』이 출판된 후 그를 파리의 교수직에서 해고한 라캉에 대해 여전히 깊은 좌절감을 느끼고 있는 것 같았다)과 자크 데리다("우린 모두 그가 잘생겼다고 생각했어요. 잘생긴 남자죠"라고 뤼스는 쾌활한 어조로 회상했다)를 직접 만났던 이야기를 들려주었다.

   방법론상 나의 접근 방식은 자기이론적 리서치의 개인적-이론적인, 우발적인, 내장에-기반한 본성에 정초한다. 나는 내가 살고 있는 장소들에서 만난 작품들, 예술가이자 큐레이터(그리고 미술 작가이자 '비평가'이며 학자)로서의 나의 능력 안에서 가깝게 접촉했던 미술 신(scene)들, 갤러리 전시와 미술관 회고전, 퍼포먼스들과 영화 상영회를 통해 조우했던 작품들, 접속해서 찾아낸 온라인 콘텐츠들, 회원으로 참여했던 북클럽과 독서 모임, 작업 모임, 참석했던 회의 들, 이메일을 통해서 혹은 도서관이나 커피숍이나 술집에서 참여했던 대화들에 대해 썼다. 이 책을 쓰면서 나는 교차성 페미니즘에 경도된 내 관심사가 이끌었던, 매체를 망라한 동시대 예술 실천 양태로서의 자기이론을 역사적으로 맥락화하고 엄밀하게 요약해내려고 노력했다. 이 책은 트랜스내셔널한 범위에서 전개될 것이지만, 가장 친밀하게는 내가 피식민지 땅의 정착민으로 살고 있는 고향, 터틀 아일랜드/북미의 맥락과 맞닿아 있다.

나는 소흐라브 모헤비와 루스 에스테베스가 엮은 『호텔 이론 리더』(웨인 쾨스텐바움이 쓴 동명의 현상학적 소설에서 제목을 가져왔다), 조디 벌랜드와 윌 스트로가 작업한 『이론 규칙』과 같은 책에서[5] 에너지를 발견했다. 물론, 이론을 예술가의 소재로 다룬 두 책은 이론 및 예술과 연관해서 다른 질문들에 천착하기에 직접적으로 자기이론을 다루지는 않는다. 이 책을 쓸 때 내가 가졌던 희망은 당시에 막 등장했음에도 급속도로 증가한 이론과 예술 실천의 관계를 둘러싼 대화에 새로운 방향을 제시하고, 그럼으로써 "이론"과 페미니즘들과 연관해서 "자기"의 문제틀(problematics)에 철학과 예술, 그리고 행동주의의 자기이론적인(그리고 자기철학적인) 충동의 더 긴 역사들에 주목했으면 하는 것이었다. 또한 자기이론으로의 전회가 동시대 예술과 글쓰기에서 이론이 차지한 지분을 이해하는 데에 어떤 의미를 갖는지를 보여주고자 했다.

나는 이 책에서 자기이론을 잠정적으로 정의할 것이지만, 각자 다른 아카이브를 끌어들이는 예술가, 작가, 학자, 교육자, 활동가, 실천가 들이 자기이론을 다른 방식으로 재작업하고 다시 상상하고 반복하고 있음에 유의하면서 그 용어의 여러 가능성을 위한 공간을 확보하려고 할 것이다. 간단하게 이야기하자면 자기이론은 보통 직접적이고 수행적이고 자기-인식적인 방식으로, 특히 포스트모더니즘과 함께 출현한 실천들에서 **자기**(auto or "self")를 철학이나 이론과 통합한 것이다. 그 결과, 무엇이 철학과 이론을 구성하는가 — "자기이론"이란 용어의 위험과 역사는 누가 이론적이고 비판적이라고 간주된 방식들로 글쓰기에 접근하는가라는 정치 안에서 출현한다 — 란 질문, 그리고 어떤 종류의 지식이 누구에 의해 정당하게 비판적이거나 엄격한 것으로 이해되는가를 둘러싼 복잡한 질문이 등장한다. 나는 이 책에서 식민적·백인 중심적·가부장적인 역사들과 뒤얽힌 이런 질문들로 계속 돌아갈 것이고, 예술가들이 이론과 철학의 주인 담론들(master discourses)을 프로세싱⁶하는 방식들, 그리고 동시대 세계에서 산다는 것의 일환으로 이론을 생산하거나 **이론을 한다**는 것이 어떤 의미를 갖는지에 대한 예술가들의 새로운 구상을 살펴보려고 한다.

　마지막으로 나는 자기이론을 하나의 선동으로 간주하고 접근할 것이다. 특히 자기-반영적인 작업을 이른바 나르시시스트적이라고 단죄하고 깔본, 그러므로 지적이지 않거나 근본적으로 무비판적인 양태로 일축하며 경멸했던 것 — 특히 여성과 유색인의 작업을 놓고 — 에 비추어본다면, 다름 아닌 **자기, 자기들**을 **이론**과 통합해서 하나의 단일한 용어를 만들려고 하는 시도 자체가 논쟁을 불러일으킬 것이다. 나는 자기이론이 예술가, 작가, 비평가, 큐레이터, 활동가 들, 그리고 그 외 다른 이들이 세계 내 인간으로서의 자기들의 경험적이고 정동적인 삶과 신체화된 관계론적 실천들과 연관해서 "이론" — 뤼스 이리가레의 용어를 사용한다면 이론과 철학의 "주인 담론(들)"로서,⁷ 아니면 이론을 만드는 작업으로서 — 과 타협하려는 방식으로 공감하며 거기에 경도되는 실천으로 보고 접근할 수 있을 것이라고 제안한다. 그리고 자기-이미지 만들기(self-imaging)와 누가 "나"에 접근할 수 있는가라는 젠더화되고 인종화된 정치에서부터 소위 이론이라고 불리는 것이 탈식민화될 수 있는지, 어떻게 탈식민화될 수 있는지에 이르는 동시대의 긴급한 쟁점들과 연관해서 자기이론의 정치와 윤리, 미학을 고려하기 위해 작가 및 예술가 들의 여러 작품을 면밀히 살펴볼 것이다.

자기이론을 정의하기

> 나는 "나 자신"에 대해 쓰는 것과 "더 큰 쟁점"에 대해 쓰는 것 사이에 큰 차이를 만들지 않아요. (어쩌면 그렇기에 나는 에머슨적이거나 고작 페미니스트인 거겠죠.)
>
> … 매기 넬슨, 미카 맥캐리와의 대화 중에서

"자기이론"은 직접적이고 자기-인식적인 방식으로 이론 및 철학과 자서전을 통합하려는 문학, 글쓰기, 비평의 작업을 기술하기 위해 21세기 초입부에 등장한 용어이다. "각주가 달린 회고록"이 하나의 사례일 듯하다. 이 용어는 아주 단순하게는 자서전과 이론 및 철학의 통합, 신체, 그리고 이른바 개인적이고 명시적으로 주관적인 다른 양태들을 가리킨다. 또한 오늘날 문화 생산의 시대정신 내에 존재하는 어떤 것, 특히 예술과 학계의 가장자리에서 살아가는 페미니스트, 퀴어, BIPOC(black, indigenous, and other people of color) ─ 흑인, 선주민, 유색인 ─ 의 공간들에서, 체험과 주관적인 신체화와 나란히 이론 ─ 담론, 프레임 혹은 사유와 실천의 양태로서의 ─ 에 관여하려는 자의식적인 방식을 가리킨다.

자기이론이란 용어는 미국의 작가 매기 넬슨의 2015년 저작 『아르고호의 선원들』(2015)의 출간을 기점으로 본격적으로 사용되기 시작했다. 넬슨은 스페인의 작가이자 큐레이터인 파울 프레시아도가 『테스토 정키』(2008)[8]에서 사용한 자기이론이란 용어를 변주해 쓰면서, 포스트회고록, 퀴어 페미니즘의 생애-쓰기 텍스트와 나란히 수행적인 인용의 양태를 각인한다. 자기이론적이라고 불렸을 수도 있을 텍스트들은, 오토픽션과 같은 용어가 막 출현할 즈음에는 "비판적 회고록", "이론적 픽션", "생애-사유" 혹은 "픽션-이론"[9]이라고 불렸다. 창조적 비평, 개념적 비평, 이론적 픽션, 바이오 픽션, 픽토 비평, 비판적 회고록, 퀴어 현상학, 퀴어 페미니즘 정동 이론, 철학적 소설들과 에세이 형태의 소설들, 에세이적 영화들, 퍼포먼스 철학, 수행적인 자문화기술지 등의 용어와 나란히, 자기이론은 개인적인 것과 개념적인 것, 이론적인 것과 자서전적인 것, 창조적인 것과 비판적인 것을 학제적이고 페미니스트적인 역사들과 조응하는 방식으로 통합하는 일련의 작업 양태들을 시사한다.

"자기이론"이란 용어는 2000년대 중반부터 2010년대 후반까지 학계와 미술계의 맥락 모두에서 영향력을 갖게 되었다. 예술, 문학, 학계 곳곳에서 자기이론에 대한 엄청난 관심이 등장했다는 것은 다음과 같은 최근 작업들을 통해 확인할 수 있다. 프레시아도의 『테스토 정키』, 클로디아 랭킨의 『시민: 미국적 서정시』(2014), 모이라 데이비의 「여신들」(2011), 그리고 매기 넬슨의 『아르고호의 선원들』이 대표적이고, 이에 앞서 출간된 작품들, 예컨대 클라리시 리스펙토르의 『아구아 비바』(1973), 글로리아 안살두아의 『경계지대/경계선: 새로운 메스티사』(1987),[10] 그리고 크리스 크라우스의 『아이 러브 딕』(1997)에 대한 새로운 관심도 그러한 경향의 사례이다.[11] 자기이론은 실천과 리서치, 글쓰기와 스튜디오 아트, 자기-성찰과 철학적인 공부가 수렴하는 공간들에서 동시대 미술, 문학, 학계를 오가는 예술가, 작가, 여타 다른 예술 및 문화 노동자 들의 실천을 가장 잘 기술해주는 듯하다. 가령 실험적 글쓰기와 개념미술, 영화 제작과 아트 라이팅, 퍼포먼스 아트와 철학적 픽션 사이에서 움직이는, 자기이론적으로 작업하는 이들의 스튜디오 실천은 일기 쓰기와 사진의 확장된 장을 통합하고 비판적 리서치를 자서전적인 성찰과 병치한다. 바버라 브라우닝의 『선물』(2017)과 그가 "수행적 소설"이라 부르며 탐구하는 것들은 퍼포먼스, 음악, 글쓰기, 협업, 파라픽션을 망라하는 실천들에 대한 자기이론적 충동을 증명한다. 티사 브라이언트의 『해명되지 않은 현존』(2007), 질리언 로즈의 『사랑의 작업』(1995), 줄리에타 싱의 『어떤 아카이브도 당신을 회복시키지 못할 것이다』(2018), 매켄지 와크의 『이면의 카우걸』(2020) 역시 주목할 만한 작품들이다.[12]

현재 자기이론적 전회에 큰 영향을 준 것은 예술, 문학, 비평, 행동주의에 대한 트랜스내셔널 페미니즘의 역사들이다. 페미니즘의 역사는 어떤 의미에서 자기이론의 역사, 이론과 실천을 잇는 다리를 적극적으로 모색하고 "개인적인 것이 정치적인 것이다"와 같은 교의를 지지하는 역사이다. 하나의 충동으로서 자기이론은 오드리 로드, 글로리아 안살두아, 셰리 모라가, 실비아 윈터, 그리고 벨 훅스 등 유색인 여성들의 장르교차적인 글쓰기뿐 아니라 초기 페미니스트적인 개념미술, 비디오 아트, 퍼포먼스, 보디 아트에서도 그 자취를 추적해볼 수 있다. 일인칭의 관점으로 이론하기라는 실천은 분명 페미니즘의 계보들 안에 무사히 안착했고, 1960년대 이후로는 특히 개념적이고 수행적인 원자가를 얻게 된다.

  서구에서 이해하고 있는 식의 페미니스트 운동이 시작된 이후 페미니스트 철학자들은 자기이론적인 장소에서 작업을 해왔다. 메리 울스턴크래프트의 『여성의 권리 옹호』(1792), 소저너 트루스의 「나는 여자가 아닌가?」(1851)부터 슐라미스 파이어스톤의 『성의 변증법』(1970)에 이르기까지, 이론적 성찰이란 주제를 자극하고 이끌었던 것은 가부장제, 식민주의 사회에서 살아가는 여성으로서 그들이 직접 체험한 것들이었다.[13] 이들 텍스트 자체는 명백히 지적이고 엄밀한 논증에 굳건히 뿌리를 내리고 있으며, 페미니스트 정치에 기반해 변화를 촉구하기 위해 기존의 이론과 담론 — 어떤 것은 더 개혁적이었고 어떤 것은 더 혁명적이었다 — 에 의지했다. 1970-80년대 여성들은, 가령 대학 교수로서 대학 제도와 생계가 그들에게 요구하는 좀 더 보수적인 요구와 실험적인 행동 사이에서 계속 협상해야 했을 때에도, 자서전적이거나 개인적인 것을 자신들의 "지적인" 작업에 명시적으로 통합해 들일 수 있는 유능함을 증명했다.[14] 1980년대와 1990년대 중반에 이르기까지 많은 페미니스트 이론은 로드의 『빛의 순간』(1988)과 훅스의 『분노 죽이기』(1995)에서 볼 수 있듯이 논픽션과 에세이 모음집과 같은 장르를 통해 이론 및 철학과 자서전의 분할선을 흐리게 만드는 글쓰기에 매진했다.[15]

  한때 사적인 것으로 간주되었던 것을 다른 여성들에게 폭로하는 행위는 1960년대 여성 해방 운동의 형성에 핵심이었다. 당시 운동에서 "의식의 고양"은 이른바 개인적인 쟁점들이 사실은 구조적이고 체계적인 쟁점들이었음을 자각하고 의식하게 하는 수단으로서, 자신의 체험을 폭로하는 실천으로 기술되었다. 1960년대에 일어났던 일상의 혁명은 일상과 가정생활을 정치적인 것으로 받아들이게 만드는 결과를 낳았다. 페미니스트 작가, 예술가, 학자, 활동가 들은 당시 슬로건이 주장했듯이 "개인적인 것이 정치적인 것"이며, 그들의 (예술가, 활동가, 교육자, 양육자로서의) 실천이 여성, 퀴어, 인종차별을 당하는 사람 등등인 자신들의 체험의 특수성에 관여할 수 있고 또 관여해야 함을 이해하게 되었다. 이것은 3물결 페미니즘에서도 내내 계속되었는데, 벨 훅스는 "내부의 적은 우리가 외부의 적과 대면할 수 있기 전에 변형되어야 한다"[16]는 확신과 2물결 페미니즘의 의식-고양의 논리를 지지한다는 느낌을 자신의 반인종주의적인 페미니즘 이론의 토대로 활용했다.

1970년대 미국의 페미니스트 예술 운동이 특히 여성의 신체를 능동적이고 개념적인 것으로 중요시했다면, 프랑스의 페미니스트 시인들과 철학자들은 생물학적 여성의 신체와 주관성을 글쓰기를 통해 표현하는 방법을 구하고자 했다. 에이드리언 파이퍼, 발리 엑스포르트, 리사 스틸,[1] 하워디나 핀델, 구보타 시게코, 루이즈 부르주아, 오노 요코, 트리샤 브라운, 마사 로슬러, 메리 켈리, 앤드리아 프레이저,[2][3] 모나 하툼이 대표하는 20세기 중반에서 후반까지 작업했던 페미니스트 개념미술가, 보디 아트 예술가, 포스트모던 무용가, 퍼포먼스 예술가 들의 작품은 미술-제작에 있어서 신체화된, 비판적 자세로서의 자기이론에 동조하는 풍성한 페미니스트 미술사의 구체적인 사례들이다. 헬렌 몰스워스의 「가사일과 예술 작업」

(2000)과 같은 저작의 도움을 받으면서 메리 켈리의 「산후기록」(1973-1977)과 마사 로슬러의 「부엌의 기호학」(1974)은 그들 삶의 물질적인 것과 기호 체계를 다루는 자기이론적인 관점에서 어머니다움(motherhood)과 가사노동에 접근했고, 좀 더 최근에 등장한 텍스트들 중 영국 소설가 조애나 월시의 『#이론더하기집안일이론』(2019)은 "온라인에서 누구나 이용할 수 있는 이론과 이론가 들을 경청하거나 그것들과 연관된 작업을 지켜보면서도", "가사일이나 개인적인 돌봄의 임무를 수행하는" 작가 자신의 경험을 전달한다.[17] 월시의 작업은 자기-돌봄과 "점증하는 가난" 양자에 대해 토론하는 방식으로, 이론과 노동 형태들의 관계에 대한 탐구를 작가 스스로가 이미 수행했던 플럭서스 스타일의 스크립트로까지 확장해나간다.

1980년대에 이르러 하나의 학과로서 여성학(이후에 페미니즘과 젠더 연구, 훨씬 더 시간이 흐른 뒤에는 성적 다양성 연구)과 여성학 학부가 창설되었다. 이런 변화와 나란히 수많은 페미니스트 학자가 개인적인 경험을 자신의 이론적이고 학제적인 글쓰기에 통합하는 일이 기하급수적으로 증가했다. 1970년대의 독창적인 페미니즘의 전제 중 하나가 (1960년대 슬로건에서 나온) "개인적인 것이 정치적인 것이다"였다면, "1980년대 페미니즘은 개인적인 것은 이론적이기도 하다: 개인적인 것은 이론의 소재의 일부이다"라는 것을 이해시켰다는 것이 낸시 K. 밀러의 설명이다. 이것은 그보다 더 큰 범위의 변화, 즉 학계의 정당한 지식 구성을 재배치하기 위해 비판적 인종 연구와 같은 움직임들에 의해 일어난 변화에서 유래했다.[18]

훅스, 밀러, 이브 코소프스키 세지윅, 제인 갤럽을 비롯한 학자들이 이론적인 글쓰기에 직접적으로 개인적인 경험을 통합하는 것이 유익하다는 것을 깨닫게 된 것과 동시에 그런 흐름을 피해 가려고 하는 학자들도 일부 존재했다. 그들은 그러한 충동을 "나르시스트적"이라고 공개적으로 비난하면서, 비판에 꼭 필요한 거리두기가 결여된 충동을 전문가는 경계해야 한다고 주장했다. 1980년대에 발전했던 "개인비평"(personal criticism)과 "서사비평"의 양태들이 그럼에도 어떻게 "가끔씩 글쓰기"(occasional writing) 실천을 계속 진행했는지를 『개인적이기: 페미니스트의 경우들과 다른 자서전적 행위들』에서 서술한 밀러를 통해 우리는 그러한 글쓰기의 양태들이 좀 더 체제에 편입된 이론하기의 양태들과 비교해서 가장자리 타임 프레임에서 발생했음을 알 수 있다. 페미니스트 성향의 학자라면 개인비평은 이해관계가 적은 학회나 뉴스레터에 쓰고, 나머지 글은 높은 임금을 받는 종신직 자리를 확보하리란 희망을 품고서 주로 백인 남성들이 떠받드는 "비판적 타당성/그럴듯함"을 갖춘 전통적인 학자 스타일의 객관적인 글쓰기에 맞춰 써낼지도 모른다.[19] 나는 허위의 이원론적 젠더 이분법을 지키기 위해서가 아니라, 유럽-북미권 남성 중심의 학계 문화 — 자신의 주관적인 성향과 투여를 모호하게 만드는 경향이 있는 — 와 이론적 글쓰기에서 주관성과 신체가 현존하는 장소를 강조하는 경향이 있는 현재 급성장 중인 페미니스트 양태의 차이를 역사적으로 인정하기 위해 이같이 말하는 것이다.

시도니 스미스와 줄리아 왓슨이 1990년대 중후반에 출판한 논문 모음집인 『여성, 자서전, 이론』은 1980년대 이래 발전한 자서전 연구와 비평의 계보를 추적한다. 두 사람은 자신들이

"자서전적 행위들"이라 불렀던 것을 기술하기 위해 수행적 전회에 근거한 언어를 사용했고, "자기-제시와 자기-서사화"의 특성이 강하게 드러난 "오토그래픽스(Autographics). 설치. 퍼포먼스 아트. 블로그. 스토리콥스.[20] 페이스북. 마이스페이스. 포스트시크릿.[21] 라이브저널.[22] 유튜브. 디스아이빌리브.[23] 세컨드라이프.[24] 오픈소셜. 웹캠다큐멘터리"를 모두 포괄하는 맥락들로서의 크로스-미디어적이고 포스트디지털적인 공간들에 주목했다.[25] 그러나 이들의 텍스트에서 자기이론이란 용어는 아직 등장하지 않았다. 이론에 호소하면 이론보다 부드러운 명칭을 사용할 때보다 작업이 더 비판적으로 정당하다고 인식될까? 이론이란 단어가 생물학적 남성이나 남성적인 코드 ― "여성화된" 장르인 생애-쓰기와 회고록과 대립적인 방식으로 비교될 때 합성되는 코드 ― 로 간주된다는 점에 유념한다면 자기이론이란 용어가 젠더화된다는 사실은 놀랄 일이 아니다.

    2000년대에 미국과 유럽 페미니스트들은 젠더, 섹슈얼리티, 신체와 연관된 동시대 쟁점들을 통해 작업하는 방식으로서의 글쓰기에 자기이론을 적극 활용했다. 프레시아도의 『테스토 정키』와 프랑스의 예술가이자 작가인 비르지니 데팡트의 『킹콩 걸』(2006)과 같은 작품은 트랜스와 젠더-비순응적인 몸, 주관성, 급진적 섹슈얼리티(혹은 기존 퀴어 담론들의 주변에 존재했던 섹슈얼리티), 그리고 성노동과 퍼킹(fucking)의 정치와 연관된 쟁점들을 채택했다.[26] 프레시아도와 데팡트의 작업은 모두 자기이론적인 글쓰기에서 일어난 변화된 방향을 표식했다. 프레시아도는 두 사람의 작업이 요청한 것과 같은 자기이론 프로젝트를 다음과 같이 규정한다. "약물포르노그래피적

(pharmacopornographic) 체제의 철학은 축소되어 거대하고 축축한 항문마개 카메라로 변했다. 이러한 상황에서 그 같은 하이-펑크 모더니티의 철학은 오직 자기이론, 자기-실험, 자기-테크노-삽입, 포르노학(pornology)에 불과할 수 있다."[27] 현 상황을 지배하는 이데올로기가 혐오스러운 항문마개 카메라와 유사하다면, 이러한 시대에 요구되는 철학적 실천은 자기이론과 자기실험의 실천들 — 살금살금 진행되던 이론과 문화의 가속화에 대한 퀴어화된 현상학적인 반응, 즉 자기-테크노-삽입-포르노학의 독특하고 트랜스남성적인(transmasc) 규정을 통해 가속주의를 긍정하면서 동시에 부정하는 반응 — 이다.

자기이론적인 작업은 이론과 철학 — 대부분 학계와 파라학계(para-academic)의 맥락에서 번창하는, 지적으로 엄격하고 비판적인 양태로서의 위상을 갖춘 주인 담론들인 — 사이에서, 경험적인 것과 신체화된 것 사이에서 움직인다. 무엇이 이론을 구성하는지, 그리고 누가 이론가를 자처하는지를 묻는 질문은 분명 교차성 페미니즘의 질문이고, 이러한 질문은 더 적극적이고 능동적인 반식민적 렌즈를 사용해 접근했을 때 보다 복잡해진다. 어떤 식으로 또 어느 정도로 이론가는 "개인적인 것"에 관여하는가? 개인적인 것은 올바르거나 정당한 방식으로 이론적일 수 있는가? 그리고 이 질문은 교차적으로 사유될 때 어떻게 변하는가? 엄격함을 희생시키지 않은 채 개인적인 것을 얻을 수 있는 방법은 무엇이고, 어떤 용어 혹은 누구의 용어로 소위 엄격함을 정의할 것인가? 이론과 개인적인 것은 대립하는가? 아니면 그 둘은 그 많은 친밀한 페미니스트 텍스트들에서 볼 수 있듯이 떼려야 뗄 수 없게 얽혀 있는가? 이 질문들과 그 안에 도사린 위험을 탐구함으로써 지난 10여 년에 걸쳐 등장하고 사용된 자기이론이란 용어의 계보를 추적할 수 있었다.

회고록은 아닌:
수행적인 생애-사유하기로서의 자기이론

자기이론적으로 작업하는 많은 예술가와 작가는 회고록이나 자서전과 자신들의 작업이 다르다고 생각하기에 그것들과 거리를 두려는 욕망을 분명히 표현했다. 회고록과 자기이론을 구분한 넬슨은 "회고록" 대신에 "생애-쓰기"(life-writing)란 용어를 사용했다. 여기서 생애-쓰기는 기존의 범주들과 일반적인 기대치에 의해 형성된 정적이고 고정된 장르라기보다는 실천으로서의 존재론(현재 우리가 하는 적극적이고 능동적인 어떤 것)의 특성을 보유한다.[28] 크리스 크라우스의 『아이 러브 딕』을 처음 읽은 뒤 실라 헤티는 이렇게 적었다. "이것을 회고록이나 논픽션, 혹은 자서전이라고 부르기는 어려울 것이다. 그러나 이것은 에세이도 픽션도 아니었다. 그것은 내가 예전에는 만나지 못했던 형식, 그리고 내가 예전에는 만나지 못한 페르소나인 것 같았다."[29] 크라우스는 자신의 책과 연관해서 "『아이 러브 딕』은 실제 삶에서 일어났다"라고 말하면서도 『가디언』에 실린 2016년의 기사에서 "그러나 그것이 회고록은 아니다"라고 설명했다.[30]

 이론과 자기, 담론과 삶의 제휴를 시도하는 행위는 비판적 정당성이란 질문 ― 이러한 양태로 작업하는 여성들과 펨(femme)

들(그리고 백인 남성의 범주에 들어맞지 않는 주관성들을 가진 다른 이들)에게는 그 이상으로 복잡한 문제 — 을 만나면서 여러 쟁점을 제기한다. 1985년에 미국의 문학 비평가인 바버라 존슨은 다음과 같이 썼다. "개인적인 경험은 지식 담론에서 배제되는 경향이 있었을 뿐 아니라 개인적인 것이란 영역 자체가 생물학적 여성에 해당하는 것으로, 그러한 이유에서 저급한 것으로 코드화되었다."[31] "여자들의 글"과 같은 거칠고 단순한 용어는 개인적인 내용과 연관되는 경향이 있고, 그렇기에 비판적인 대화와 관련해서 부드럽거나 제한적인 것으로 비춰진다. 가령 여자들의 글은 진짜 정치와 사유가 일어나는 장소로서의 공적 국면이라기보다는 개인적인 것과 사적인 것의 장소로서 집안의 국면과 더 쉽사리 연결되고 그런 식으로 채택되는 듯하다. 물론 이런 구도는 2물결 페미니즘의 공격을 받으면서 곧장 문제시되었지만, 지금도 집요하게 영향력을 발휘한다.

2015년 10월 1일, 인도계 영국인 작가인 바누 카필은 트위터에 다음과 같이 적었다. "올해 나는 '자기이론'이란 단어를 들었고 오늘 소피아 사마타르에게서 처음으로 '생애-사유하기'란 단어를 들었다."[32] 카필은 자신과 구키라의 블로그를 "일종의 생애-사유하기"라고 묘사한 소말리아계 미국인 작가 소피아 사마타르의 트윗을 리트윗했다. 사마타르는 자기이론을 "자서전과 사회 비평을 합친 글쓰기를 가리키는 용어"라고 설명한다.[33] 철학, 이론, 문학, 예술의 범주에 포함된 많은 작업을 생애-사유하기의 양태들로 간주하는 것은 설득력을 갖는다. 그러나 자기이론과 생애-사유하기와 같은 용어는 비판성과 개인적인 것의 관계를 자기-인식적인 방식으로 간주하고 강조하려는 것이다. 회고록, 자서전과 같은 기존 장르를 닮은 텍스트에서 **비판적인**, **이론**, **사유**와 같은 단어를 강조하는 것은 그것들의 지적인 국면을 부각하고, 그럼으로써 그러한 장르에서 지각되는 "사유"의 결여를 둘러싸고 흥미로운 질문들이 발생한다. 생애-사유하기란 용어는 회고록과 "생애-쓰기"의 어쩌면 좀 더 작가적인 관심사 — 이때 관심은 문학적 형식에, 그리고 비평의 질문들과 대조를 이루면서 헝클어진 기억의 문제틀에 집중될 것이다 — 로부터 주의를 다른 데로 옮겨 놓는다.

자기이론은 한 사람의 예술가가 자신의 자기를 이론하기로 통합하는 일인 만큼이나 동시대 예술과 문학에 만연한 담론들과 이론의 물질적 현실들과 씨름하고 그것들을 프로세싱하는 일이기도 하다. "비판적 회고록"이란 용어는 넬슨의 『아르고호의 선원들』, 로드의 『암 일기』에서 케이트 잠브레노의 『여걸들』과 앤 츠베트코비치의 『우울: 공적 감정』을 아우르는 자기이론적인 작업을 설명하는 데 사용되어왔다.[34] 회고록이 비평 형식인가라는 질문은, 밀러의 "개인적 비평"과 갤럽의 "일화적(episodic) 이론"과 같은 형식이 캐나다와 미국의 페미니즘 및 여성학 프로그램에서 학문에 대한 접근 방식을 혁명적으로 변화시킨 시기에, 회고록이라는 장르에서 생애-쓰기라는 비판적 실천으로의 변화를 예상했던 말린 카다르와 같은 학자들에 의해 제기되어왔다.[35]

20세기에 각기 다른 식으로 다른 효과를 일으키며 등장한 자기이론의 형태는 한편으로는 정동과 수행성을 지향하는 담론적 변화에 의해, 다른 한편으로는 소셜 미디어 기술과 급격히 증가하고 있는 문화적 경향, 즉 자신을 지나치게 많이 드러내려는 경향과 연관된 가변적 장소로서의 개인적인 것에 의해 만들어졌다. 동시대 실천들의 모습을 수행성이 더 낫게 만들어내는 방식들이 세간의 주목을 받고 있기에 자기이론에 대한 고찰이 힘을 얻는 듯하다. 즉, 수행성과 일종의 포스트모던한 자기-인식은 이전에는 "포스트고백적"이라고 묘사될 수 있을 방식으로 자기를 다룬 글을 썼던 양태들과의 차이를 드러낸다. 사라 아메드와 시앤 나이와 같은 퀴어 페미니스트 정동 이론가들의 글쓰기뿐 아니라 버틀러를 세공한 세지윅의 영향 아래, 안나 폴레티는 생애 서사를 표현적(글쓰기에 앞서 존재하는 삶을 설명하고 묘사하는)이기보다는 버틀러적인 의미에서 수행적인(글쓰기의 행위를 **통해** 삶을 구성하는) 것으로 이해하면서 이론화한다.[36] 폴레티의 논증은 수행적 전회 — 주체를 담론 안에서 구조화한 젠더 수행성의 메커니즘을 해명한 버틀러를 시작으로 전개된 후기구조주의적인 수행성의 계보를 잇는 — 덕분에 형태를 갖추게 되었고, 우리의 삶과 정체성은 **하기**(doing)의 양태를 통한 구성에 선행하지 않는다는 생각에 입각한다.

『아르고호의 선원들』을 쓴 과정을 성찰한 넬슨이 보기에 회고록과 수행적 글쓰기의 차이는 결국 기억에 대한 질문으로 바뀐다. 기억이 회고록 장르와 연관된다면 수행적 글쓰기는 불안정성과 유희의 성찰적 의미를 가지고 기억에 접근한다. 수행적 글쓰기에서 자신이 직접 겪은 것에 대한 작가의 기억은 작가가 참조하는 이론, 예술작품, 문학적 텍스트와 마찬가지로 무엇보다 하나의 소재이다.

자서전의 형태로 글을 쓰는 많은 사람들은 행동보다는 기억을 주된 주제로 삼는다. 비하하려는 것이 아니다. 그저 내게는 기억이 하나의 주제로서 별로 흥미롭지 않다는 것이다. 나는 수행적인 글쓰기에 관심이 있다. 말하자면, 나는 열기를 가지거나 당신이 무언가와 함께 움직이는 듯한 느낌을 주는 글을 좋아한다. … 이건 마치 기억이 허위임을 글쓰기가 수행하게 하는 것인데, 굳이 말로 설명할 필요는 없을 것이다.[37]

기억에 관심을 갖고 작업하는 작가와 수행성에 관심을 갖고 작업하는 작가를 이렇게 구분하는 것은, 심리학에 의해 추진되는 것(20세기 초중반의 정신분석학에 기반한 많은 혁신에서 나타나는 특징)과 미학, 정치, 철학에 의해 추진되는 것의 차이와 연결된다. 넬슨은 "나는 작업할 때 정신분석학적 문제보다는 미학적 문제를 중시한다. 내 경험에 비춰봤을 때, 어떤 특정 작품에서 미학적 쟁점이 해소되었다면 이는 심리학적 문제들이 이미 해결되었기 때문이다"[38]라고 언급한다. 자기이론적인 텍스트들에서 검토된 것과 같은 회고록의 수행적 기능은 넬슨의 다음과 같은 묘사, 즉 자기 자신은 가끔씩 "회고록 저자 드랙을 하는(in drag)"[39] 사람이라는 묘사에서 정점에 이른다.

미케 발은 최근에 자기이론을 "실천"이자 "나선형으로 쉬지 않고 움직이는 분석–이론 변증법의 형태" — "정의상 계속 '생성 중인' 동시대 문화를 이해하는 데서 특히 결함을 드러낸 문서기록들을 맞닥뜨린 후" 발은 여기로 선회했다 — 로 정의했다.[40] 발에게 다큐멘터리 영화를 만들고 그 다음엔 그런 영화를 독특한 권리를 소지한 **"이론적인 대상"**으로 보고 다루는 실천은 영화 제작자로서 그가 줄곧 이주 미학(migratory aesthetics)

이라고 불렀던 것을 적절히 이해하고 이론화하는 데 꼭 필요한 것이었다. 발이 보기에 자기이론은 결국 "나 자신의 예술 제작의 실천을 사유와 성찰의 형태 — 나는 여기에 근거해서 계속 작업을 이어왔다 — 로서 통합해 들이는 사유의 형식"이고, 그는 자신이 만들었던 작품에 대한 사유 과정을 통해 시각적이고 청각적인 것을 거듭해서 이론적-비판적인 것 안으로 끌어들여 회복시켰다.[41] 이런 식으로 예술가이자 영화 제작자인 발의 실천은 학자로서 다큐멘터리 영화를 이론화할 수 있는 그의 능력에 꼭 필요한 부분이 된다. 그 둘 사이에는 유동적이고 불안정한 움직임이 존재한다.

섀넌 벨의 작업에서 영화 제작 실천은 정치적·미학적 쟁점들을 이론화함으로써 자기 모습을 갖추게 되는 철학적 실천으로 기능한다. 벨이 "행위 중의 이론"(theory in action)이라고 정의한 "촬영 이론"(shooting theory)은 비디오와 사운드 푸티지를 "촬영하고" 그것을 짧은 영상으로 편집하는 식으로 이론적 개념들을 이미지화하는 작업을 수반한다. 벨은 2007년과 2013년 사이에 이런 실천을 전개·심화했고, 무엇보다 조르주 바타유, 알랭 바디우, 에마누엘 레비나스의 작품들을 "촬영했다". 무차별적으로 압도하는 추상적인 개념들의 면전에서 문어(文語)가 갖는 한계 때문에 벨은 이 같은 시각화 실천들에 이르렀다. 그는 "정치적 이론을 그저 언어 안에서만 사유할 수는 없다"[42]고 썼다.

여성 사정(female ejaculation)의 정치와 미학에 대한 진지한 자기이론적 탐구의 시작을 알린 1992년의 퍼포먼스-기반 철학을 상술하면서 벨은 다음과 같이 말한다. "퍼포먼스 아트는 포스트모던 이론하기의 최전선에 있다. 예술가들이 이론을 수행하고 있다. 이론을 퍼포밍하고 있다. 퍼포먼스 아트는 이론적인 참여로 간주된 것에 대한 기성의 생각들을 불안정하게 만들고, 삶의 새로운 영역과 새로운 정치적 주체들을 포함하기 위해 이론이란 개념을 확장한다."[43] 벨의 작업은 퍼포먼스와 특히 퍼포먼스 아트가 이론을 신체화하는 방식이라는 점점 더 확장하는 아이디어에 천착한다. 이 아이디어는 뉴욕시 실험극 현장과 그러한 충동을 제도 안으로 끌어들인 대표적 기관인 티시예술학교와 나란히 뉴욕대학교에 창설된 공연예술학과와 같은 분과를 통해 1970-80년대에 발전하고 확장했다. 이제는 학계와 미술계에 확고히 자리 잡은 퍼포먼스는 현장성(liveness), 예술가의 신체에 대한 여러 관념, 반복 가능성과 인용, 리서치 및 문서화에서의 신체를 중시한다.

이론을 신체화하고 무대에서 연출하는 실천은 흥미로운 방식으로 20세기 후반의 미술 실천들과 하나로 합해진다. 1980-90년대에, 앤드리아 프레이저, 제시카 페리 차머스, 메리앤 웜즈, 에린 크레이머, 마사 배어를 포함한 페미니스트 아트 콜렉티브인 브이-걸스는 집단 퍼포먼스를 이용해서 학계의 담론을 유머러스하게 비판했다. 처음에는 페미니즘 정신분석 이론을 열정적으로 읽는 독서 모임으로 시작된 이 모임은 점차 정전화와 전문적 언어의 정치뿐 아니라 자신들의 예술 실천까지 검토하기 시작했다. 브이-걸스는 정신분석 이론을 수행적인 방식으로 개조하는 퍼포먼스에서 학술대회 패널들의 토론 형식을 사용했다. "그들의 작업은 해체론, 정신분석, 후기구조주의, 페미니스트적 사유에 특히 주의를 기울이면서, 학계의 편협한 이기주의와 비판 이론을 풍자한다"라고 베키 비벤스는 썼다.⁴⁴ 브이-걸스는 페미니즘 정신분석 이론의 발화와 그것의 다른 수행적인 요소들(파워포인트 발표 이미지, 무대와 소품, 엄격한 드레스 스타일 등)을 통해 그 이론의 담론과 의례 및 제도적 언어화를 반복함으로써, 동시대에 일어나고 있는 페미니스트적 이론하기와 예술-제작에서 헤게모니적 자리를 장악한 이론을 패러디했다.

진 랜돌프 [4] [5]는 토론토에서 미술비평을 하던 1980년대에 자기이론적인 실천들이 지금과 같은 모습을 갖추는 데 중요한 영향을 미친 "픽토비평"(fictocriticism)이라는 유연한 용어를 고안했다. 당시 그 용어는 랜돌프와 막역했던 예술가들 — 랜돌프가 그랬듯, 친밀한 유대관계에 있는 토론토 퀸 웨스트 신의 예술가들이 모인 다운타운 커뮤니티의 일원으로 지내는 — 의 작업에 대한, 그리고 그런 작업을 대상으로 이루어지는 글쓰기의 전략인 허구화(fictionalization)를 촉진했던 양태의 미술비평을 가리키는 용어였다. 지금은 위니펙에 거주하는 동시대 예술가이자 문화이론가, 정신분석가인 랜돌프는 브이-걸스의 퍼포먼스와 공명하는 방식으로 이론과 정신분석의 관념들을 퍼포먼스와 사진적 개입에 가져다 쓰고 있다. 랜돌프의 초-분과적이고 파라-담론적인 작업은 소위 "이론"이라 불리는 것의 틀에 생기를 불어넣으면서 종종 학자들의 시야에서 교묘하게 벗어난다(랜돌프의 의도적이고 신중한 움직임). 2012년의 퍼포먼스 강연 「프로이트의 미라 붕대: 멜로드라마로서의 이론」에서 그는 1980년대에 시작했던 이론과 정신분석을 중심으로 한 파라-픽션적·픽토-비평적 실험들을 더욱 확장했다. 랜돌프는 유머, 알레고리, 은유, 일련의 수사적인 목록을 뒤섞는 그만의 독특한 방식 외에도 자유연상, 의식의 흐름과 같은 정신분석적 방식을 사용했다. 그는 「픽토-비평은 침입종인가」에 다음과 같이 썼다. "내가 퍼포먼스를 언급한 것은 추호의 의심도 없이 지배적 형식(소비주의, 퍼포먼스, 비평, 강연, 리서치)을 비트는 데에 쓸모가 있을 픽토-비평의 유연성을 제안하기 위함이다. 픽토-비평은 아메바 같다. 두목이 아예 존재하지 않는다."[45]

상당히 많은 자기이론적인 작업이 동시대 미술, 글쓰기, 비평 사이의 임계적 공간에 존재한다. 내가 만났던 수많은 자기이론적인 글쓰기가 기이한 방식으로 아트 라이팅 — 그 자체로 갤러리, 공공 미술관, 예술가가 운영하는 센터의 이론 및 담론 프로그램에 밀착된 상태에서 존재하는 탐구와 실천의 확장된 장 — 과 뒤얽히고 한데 섞인다. 이것은 비단 최근의 자기이론의 특징에만 국한되지 않는다. 가령 브라질 작가 클라리시 리스펙토르가 1940-70년대에 쓴 혁신적인 시적-철학적-음악적 텍스트들, 말하자면 "묘사를 회피해나가는" 텍스트들을 살펴보자. 벤저민 모저는 포르투갈어로 쓰인 리스펙토르의 『아구아 비바』에 대한 설명에서 "당시 브라질과 그 외 다른 곳에서 쓰인 어떤 것과도 닮지 않았다. 이 작품과 가장 가까운 사촌은 시각적이거나 음악적인 것이다"라고 썼다.[46] 기존의 장르 구분법을 뛰어넘는 『아구아 비바』는 프랑스 실존주의와 프랑스 페미니즘(리스펙토르의 맥락에 잘 어울리는 철학과 이론)의 인용구들과 함께 자기인식적인 주관성을 구현해냈다. 아마 리스펙토르의 작업에 대한 관심이 폭발적으로 증가한 이유도 이렇듯 근래에 폭발적으로 증가한 자기이론적이고 오토픽션적인 작업의 경향과 직결되어 있을 것이다.

자기이론적인 텍스트들은 그 이상으로 자기이론적인 텍스트들을, 또 때로는 직접적인 반응을 불러올 수 있다. 엘렌 식수는 리스펙토르를 읽은 경험을 글로 썼다. 이후 개념미술가인 로니 혼은 런던의 하우저앤드워스에서 2004년에 열린 개인전 《리스펙토르의 고리들(아구아 비바)》에서 식수가 번역한 리스펙토르의 텍스트에 자기이론적으로 관여했다. 아주 우아한 우로보로스적인 루프 안에서 식수는 전시 도록에 실릴 글을 의뢰받았다.47 [6] [7]

이 전시에서 혼은 리스펙토르의 『아구아 비바』를 작업의 주요 소재이자 참조점으로 삼았다고 언급하면서, 이를 더 규모가 큰 설치 작품의 일환으로 끌어들여 사용하고 액체와 물의 이미저리(imagery)를 활용함으로써 새로운 효과를 가미해 리스펙토르의 텍스트를 활성화했다. 혼은 『아구아 비바』에서 발췌한 문장들이 적힌 고무 바닥타일을 제작해 맞물려 설치했다. 관객은 그것을 내려다보며 발밑에서 촉각적 분출을 느낄 뿐 아니라 자신이 읽은 텍스트들을 말 그대로 딛고 있다. 어떤 물질을 쓸 것인가를 결정할 때 혼은 수많은 동시대 예술가의 실천에 함축된 것, 즉 신체를 통한 이론의 촉각적 프로세싱, 예술 제작에 투입된 심사숙고와 액체를 가시화한다.

2015년 동시대 미술과 문학 담론에 쇄도하기 전에 자기이론이란 용어는 스테이시 영의 저서 『세계/말 바꾸기: 담론, 정치, 페미니스트 운동』(1997)에 등장했다. 이 책은 사회과학 방법론에 기반한 페미니즘 사회 운동들의 이론을 다룬다. 영은 가끔 여성 해방 운동과 인권 운동에서 출현한 글쓰기 장르를 기술하기 위해 "자기이론"이란 말을 처음 사용한 사람으로 평가받는다. 영은 자기이론이 "자서전과 이론적 성찰을 결합하고, 억압과 저항의 역사들 안에 자기 자신을 편입시키길 고집하는 자서전 저자들의 태도를 받아들인다"라고 말한다.[48] 자문화기술지와 수행적 문화기술지와 같은 방법은 자기이론의 다른 선례이다. 이 두 방법은 주관적인 자아의 경험을 지식을 수집하는 과정의 일환으로 간주하면서 그 경험에 가담한다. 자문화기술지가 "문화 경험(ethno)을 이해하기 위해 개인적 경험(auto)을 기술하고, 체계적으로 분석해(graphy)"[49] 자신과 자신의 위치를 반드시 비판적 관심의 대상으로 만들고자 한다면, 수행적 문화기술지는 공연학에서 습득한 신체화에 대한 인식을 첨가한다.

영은 페미니스트적 출판물들을 담론 정치로 분석하고, 자기이론적인 텍스트를 "대항담론"이자 "정치적 행위의 담론적 유형 — 헤게모니적인 페미니스트 주체를 탈중심화하는 — 의 신체화"로 독해한다. 여기서 말하는 "헤게모니적인 페미니스트 주체"는 계급적 특권을 가진 이성애자 백인 시스젠더 여성을 말한다.[50] 영은 1970–90년대에 출판된 미국 페미니스트들의 저작에 초점을 맞추면서, 미니 부르스 프랫의 『저항: 에세이들』, 로사리오 모랄레스와 오로라 모랄레스의 『살아서 집에 가기』(1986), 그리고 글로리아 안살두아와 셰리 모라가가 편집한 선집 『내 등이라 불린 이 다리: 급진적인 유색인 여성들의 글쓰기』(1981)를 자기이론 텍스트의 최초 사례로 보고 인용한다.[51] 영은 여성 운동이 교차성을 페미니즘의 명령으로 간주하고 접근하기 시작할 수 있었던 것은 체험에 근거해서 이론을 쓰려는 유색인 여성과 레즈비언 여성 들이 존재했기 때문이라고 주장한다. 영이 보기에 자기이론은 교차성을 향하던 3물결 페미니즘과 "개인적인 것이 정치적인 것이다"라는 지침을 따랐던 2물결 페미니즘 사이 지점에서 출현한다. 1970-90년대 북미 페미니즘이 우리가 알고 있는 상황을 겪는 동안, 선주민 여성과 메티스(Métis)[52] 여성 들이 포함된 학자 및 작가군은 자신들의 위치성과 생애 경험을 토대로 공적인 이론 만들기에 참여하면서 힘을 키우며 부상한다. 벨 훅스의 『난 여자가 아닙니까?』(1981), 마리아 캠벨의 『혼혈』(1973), 리 마라클의 『나는 여성이다: 사회학과 페미니즘에 대한 토착적 관점』(1988)이 그런 관점에서 특히 주목할 만한 사례들이다.[53]

자기이론에 대한 영의 독서는 앤트 류트 북스, 사우스 엔드 프레스, 파이어브랜드, 키친 테이블 위민 오브 컬러 프레스 등 네 군데의 소규모 출판사가 낸 출판물에 대한 분석, 그리고 막 태동한 이 장르의 출판물들이 어떻게 1980-90년대 미국 페미니즘의 변화를 구체화했는지에 대한 면밀한 고찰에 토대를 두고 있다. 물론 오늘날에도 내가 자기이론적 텍스트로 독해하는 출판물을 내는 곳이 있다. 손가락으로 꼽을 만큼 적은 수의 대안적 출판사들인 세미오텍스트, 그레이울프, 오토노미디어와, 하위분야라고 할 수 있을 퀴어 페미니스트 정동 분야에서 성과를 내고 있는 듀크대학교 출판부를 비롯한 극소수의 대학교 출판부가 있다. 이들 출판사는 이론, 문학, 학문에 탐사의 방식으로 접근한 저작들, 진보적인 페미니스트 정치에 대한 암묵적이거나 명시적인 지지를 표방하는 저작들을 출판하려는 경향이 있다.

자기이론이란 용어를 고안한 영을 제외하면 "자기이론"에 대한 유일한 다른 정의는, 피어 리뷰를 거쳤거나 전문적으로 출판된 학술 논문이 아닌 개인 블로그에 등장한다. 예술가 발레리아 라드첸코는 2017년에 게시한 글에서 자기이론에 대한 나름의 정의 — "자기이론 쓰기는 지식을 발전시키기 위해 신체 경험을 이용하는 방식이다"[54] — 와 나란히 영과 프레시아도를 인용한다. 2016년 4월, 스스로를 "백인, 정상인, 퀴어/트랜스/논-바이너리 인간, 생존자, 정신건강 문제를 향해 중인 사람, 비판적 분석과 정치적 혁명에 깊이 관여한 사람"으로 묘사한 kc란 이름의 작가가 블로그에 게재한 「아카데미, 자기이론, 아르고호의 선원들」이란 제목의 글은, 퀴어 정동 이론을 주제로 열린 미국의 어느 대학교 세미나 수업에서 작가가 직접 경험한 일화를 들려주며 시작한다. 그 글은 kc가 "대학을 그만둔" 혹은 대학 훈련에서 손을 뗀 이유를 설명해준다. 그럼에도 kc는 여전히 어떤 이론에 대해서 깊은 애정을 드러내며 "내가 열렬히 사랑하는 특별한 장르, … 테스토 정키, 앤 츠베트코비치의 우울, 로클런 제인의 악성 종양, 오드리 로드의 자미…"를 언급한다.[55] kc의 정치와 접근 방식이 신자유주의적 대학교와 제시카 이가 "페미니즘 산학복합체"라고 부른 것에서 떠날 것을 촉구하고 있음은 분명하지만, 자기이론은 그럼에도 kc가 이론에 대해 친화력을 갖고 있음을 증명한다.[56]

여기서 이론은 어떤 공중 — 신경다양성이 있는, 정신질환과 함께 살아가는, 성폭력 생존자인, 혹은 계급과 인종에 기반한 차별 때문에 더 나은 교육을 받을 수 없는 — 에게는 접근 불가능한(최선이 주눅이 들게 하는 정도, 최악은 적대적이고 폭력적인) 것으로 보일 대학 제도에 단단히 박혀 있는 담론이다. 그럼에도 kc는 영이 그랬듯이 자기이론(파라-제도적이고 신체화된 방식으로 이론을 실천하는 다른 방식)을, 근본적으로 정치화된 페미니스트적 글쓰기 양태 — 이론하기의 실천에 관여해서 이론을 한다는 것이 무엇을 의미하는지 재정의하며 과도하게 주변화되어 있던 이들에게 공간을 열어주는 — 로 이해한다. kc는 블로그에서 『아르고호의 선원들』과 같은 글쓰기 텍스트 (writing text)들에 누가 접근할 수 있는가라고 자문한 뒤, 이미 학계(혹은 그와 유사하게는 동시대 예술)가 사용하는 용어들로 자기 자신을 정당화할 수 있는 사람들이라고 대답한다. 자기이론은 누구에게 진정으로 회복적인 실천인 것일까? 세지윅은 "게이 남성"으로서의 정체성, 직접 겪은 유방암 치료 과정, 그리고 퀴어한 쾌락의 배치가 무엇을 이론화할 것인지에 대한 자신의 선택에 어떻게 영향을 미치고 방향을 규정했는지에 대한 글을 쓰는 데에 있어 제도적 지지를 받기 전에 19세기 문학이라는 정전(正典)의 장에서 입지를 다져야만 했다. 페미니스트로서 자기이론을 고민한다면, 이론의 생산 및 무엇이 고등교육 공간에서 허용되는 지식을 구성하는지와 관련한 재각인을 둘러싼 접근성과 권력의 정치를 고려해야 한다.

자기이론적으로 작업하는 예술가가 취하는 접근 방식은 매체와 형식에 따라 달라진다. 가령 앨리슨 미첼과 디어드러 로그는 페미니즘과 퀴어 이론 텍스트들을 글루텐-프리-종이반죽(Papier-mâché)으로 사람 크기로 복제해 북엔드처럼 설치한 개인 작품을 만들었다. 넬슨이나 조애나 월시의 작업은 일견 회고록처럼 읽히지만 여백과 각주를 빽빽하게 채운 철학자들과 이론가들의 이름과 인용문들 때문에 학술적인 프로젝트에 더 가까워 보이기도 한다. 로 빌의 퍼포먼스 예술작품 「기이한 움직임: 트라우마 리서치를 위한 퍼포먼스 방식들」을 중심으로 말하자면, 예술가-슬래시-박사후보생이 강의 노트와 지저분한 배낭을 바닥에 내동댕이치고 방 안을 돌아다니며 세포 수준에서 진동하는 성적 트라우마를 쥐어짜내려는 듯 몸을 비틀며 독서에 대한 좌절감을 토로하는 모습도 여기에 해당한다. 로 빌의 작업은 저드슨 댄스 시어터[57]의 트리샤 브라운처럼 초기 페미니스트 공연자들의 작품을 떠올리게 한다. 저드슨 댄스 시어터의 「대화 쌓기」[58]는 모든 움직임이 표현적인 춤일 수 있으며 모든 이가 무용수일 수 있다는 포스트모던 댄스 철학의 일환으로서 일상의 움직임과 발화를 도입했다. [8]

아니면 그것은 카메라를 위한 퍼포먼스일 수도 있다. 서자 컷핸드의 작업에서는 캐나다 대초원에 사는 퀴어로서 고립감을 느끼다가 레즈비언 관련 책들에서 시선을 돌려 집 밖으로 나와 현실의 다른 퀴어들과 관계 맺기를 시도하는 젊은 선주민퀴어(indigiqueer)[59] 예술가를 볼 수 있다. [9] [10] 컷핸드는 이후의 작업 실천에서 투-스피릿(two-spirit) 커뮤니티들을 배양하고 고취시키고, 경계를 초월해서 친교를 맺기 위해 앞서 언급한 바와 동일한 미학적 전략들과 풍자조의 퍼포먼스를 이용한다.[60] 투-스피릿은 생물학적 남성과 생물학적 여성이란 두 젠더를 모두 갖고 있는 선주민을 가리킨다. 시간이 지나면서 자기이론은 자기 자신의 신체를 통해서 이론서를 글자 그대로 재현하려는 예술가와 비슷해진다. 가령 매들린 베클스의 「내 등이라 불린 이 다리」가 그런 작업이다. [11] 매들린은 여기서 손과 무릎을 이용해서 물리적인 "다리" 형태 — 생계 대비, 노동력 발휘, 착취의 가능성(과 착취에 대한 거부)을 함축한 — 를 만들었고, 관람객 앞에서 그 책의 상징적인 제목을 재-의미화한다. 이와 같은 실천을 고려할 때, 자기이론은 이론이자 퍼포먼스이고, 자서전이자 철학이고, 리서치이자 창조이고, 스튜디오와 교실에서 일어나는 물질적-개념적 실험과 직접 경험한 것에서 출현한 지식이다.

여러 방식을 혼합해서 작업하는 작가와 예술가가 점점 더 늘어나자, 학계 전문가들은 이와 같은 방식이 얼마나 중요하고 심지어 꼭 필요한 것인지를 자각하게 되었으며 문화에 일어난 변화를 반영한 분과들이 신설되었다. 예컨대 '창의 및 비평 연구' 같은 이름의 프로그램들과 미술 및 디자인 대학 내 글쓰기 기반 프로그램들은 당연히 학제간적이었다. 사람들은 점차 이론과 실천의 정당성이 쌍으로 움직이는 분리 불가능한 것임을 수용하게 되었다.

자기이론은 그렇게 자기 자신에 주목하는 이론하기의 양태이다. 가령 오드리 월런의 「슬픈 소녀 이론」(2016), 요하나 헤드바의 「아픈 여자 이론」(2016), 또는 비르지니 데팡트의 『킹콩 걸』(2006)이 그러하다.[61] 에세이 텍스트인 헤드바의 「아픈 여자 이론」에서 우리는 침대 위와 주위에 약병과 책 들이 어지럽게 널려 있고 헤드바가 휠체어에 앉아 있는 사진을 볼 수 있다. 헤드바의 텍스트는 선언문과 비슷한 추론의 언어와 어조를 갖고 있다. 그것은 사회 정의를 위한 행동주의와 직결되어 있고, 작가가 직접 겪은 일에 기반한다. 그리고 선언문이 해오던 대로 더 많은 이를 고취하고 더 멀리 퍼뜨리기 위해 온라인에 뿌려졌다. 그것은 아픈 사람의 관점에서 행동을 촉구하고 다른 형태의 행위성과 정치 참여를 이해할 필요를 주장하고 지지한다. 그러나 헤드바는 자신의 작업을 선언문이 아니라 "이론"이라고 부른다. 그와 유사한 방식으로 작가이자 영화 제작자인 비르지니 데팡트의 체험에 근거한 『킹콩 걸』은 성노동의 비범죄화를 촉구하는 선언문으로 읽히기도 하지만 데팡트 역시 "이론"의 프레임 안에서 자신의 주장을 전개하려고 한다.

헤드바는 「아픈 여자 이론」에서 만성질환을 앓으면서 살아가는 자신의 경험을 토대로, 질병과 장애를 경험하는 사람의 삶과 행위성, 한계를 지지하는 교차성 페미니즘의 새로운 이론을 쓴다. 그는 자신의 이론의 근거를 그것과 동시적인 정치적 맥락, 특히 2014년 LA에서 일어난 블랙-라이브스-매터 저항과 거리에서 벌어지는 시위에 동참할 수 없는 자신의 무력함에 위치시킨다. 한나 아렌트, 주디스 버틀러, 츠베트코비치, 로드, 스타혹의 작업을 인용하고, 자가면역 질환과 함께 살아가는 자신을 경유해 이들의 이론을 젠더화되고 인종화되고 계급에 기반한 경험들과 연결한다. 그럼으로써 헤드바는 2물결 페미니즘의 "개인적인 것이 정치적인 것이다"란 진언과 더 교차적이고 명시적으로 퀴어화된 21세기 페미니즘과 공명하는 공간을 생성해낸다. 헤드바는 트랜스, 논바이너리, 젠더-퀴어 주체성들을 통해 "여성"이란 호명을 퀴어화함과 동시에 자신의 주체적 위치를 알리라는 오랜 페미니즘의 명령을 강조함으로써, 가야트리 스피박이 말한 전략적 본질주의(strategic essentialism)란 의미에서 "여성"이란 용어를 사용한다고 설명한다.[12][13]

20세기 후반과 21세기 초반의 자기이론은 이론에 호소해 스스로를 정의하려고 한 점에서 선대 페미니스트들의 작업과 차이가 있다. 엘렌 식수의 여성적 글쓰기(écriture féminine)는 이론을 "본질적으로 남성적인 기획인 '지식을 통한 권력'"[62]으로 간주하고 비판하면서 여성들의 글쓰기 실천을 남성적인 논리 및 의미화와 거리를 두는 방법으로 취했다. 모니크 위티그 같은 프랑스 페미니스트들도 이를 충실히 따랐고, 이들은 레즈비언 페미니스트 니콜 브로사르와 같은 나중에 퀘벡에서 활동한 자기이론의 선구자들과 연결고리를 만들었다. 브로사르의 이론적 픽션(fiction théorique)은 퀘벡의 다른 페미니스트 작가들과 함께 커뮤니티를 세운 실험적인 글쓰기 실천으로, 『이론, 일요일』(1988)이 그 예다.[63] 브로사르의 글쓰기를 **이론적 픽션**이라고 부르는 것은 그것이 철학과 페미니즘 이론을 자서전 및 허구화와 결합하는 방식으로 쓰였기 때문이다. 브로사르의 글쓰기를 이론적으로 풀어낸, 비평가이자 번역가인 바버라 고다르는 픽션-이론을 다음과 같이 설명한다.

> 그러나 여성들의 말로 제시되어 글로 옮겨진 기억들은 **픽션-이론**, 즉 사회적 상상력을 재구성하기 위한 사고실험이나 가설("만약 … 라면")로서, 혹은 ["감각의 문제들을 해소하려는"] … [현실을 "변형"에 종속시키는] 형식들을 생산하는 글쓰기-기계로서 전개된 픽션이 된다. 이러한 실재의 차단은 언어와, **송신 장치로 중계하는** 언어의 이미지나 형상을 통해 수행된다. 이 역동적인 연계는 현실을 가깝게 만들어 전이를 촉진할 수 있다. 그 결과 의식과 동기에 변화가 일어난다.[64]

고다르는 브로사르의 픽션-이론 쓰기의 양태가 "우리의 지각을 바꾸고" "우리가 현실이라고 이해한 것"을 파열시키려는 작가에 의해 실천된다고 주장한다. 그는 브로사르의 픽션-이론을 1970년대 전반에 걸쳐 시도된 "리서치로서의 글쓰기"라는 실천과 연결 짓는다.[65]

자기이론은 퍼포먼스와 시의 실천과 연결된 것과 마찬가지로, 뉴저널리즘과 같은 20세기 운동을 아우르는 에세이와 에세이적 실천의 역사와도 연결된다. 동시대 문화 생산을 관통하며 움직이는 자기이론적인 충동은 비디오 에세이, 필름 에세이를 포함해 계속해서 에세이 형식을 취한다. 에세이는 비평과 자서전이 만나는 장소 — 여기에서 우리는 우리 자신이 직접 체험한 것과 나란히 철학적이고 문화적이며 미학적이고 정치적인 관념에 대한 글을 쓸 수 있다 — 에서 살아가는 데에 익숙한 형식이다. 라디오 사회자인 마이클 실버블랫은 미국 라디오 방송 KCRW의 「책벌레」에서 도디 벨러미의 2015년 선집 『아픈 이들이 세계를 다스릴 때』를 검토하면서 다음과 같이 말했다. "이 선집은 '이론'을 인용부호 안에 넣어서 이용한다. 말하자면 그것은 객관적인 상관어구이다. 즉, 그것은 문학 비평의 언어이다. 그리고 동시에 그것은 이론 너머로 간다. 우리는 우리가 이 세계에 대해 **이론적으로** 알고 있는 것이 **현실적으로** 이 세계에서 명시된 것임을 발견한다. 그리고 그것이 이렇듯 너무나 강력한 에세이 중 최고의 에세이를 만들어낸다."[66] 벨러미의 작업이 속해 있던 뉴 내러티브 운동과 그와 연관된 20세기 중반에서 후반까지의 글쓰기 실천은 자기이론의 가능성의 조건들이다. 실천의 일환으로서 이론을 열렬하게 경청하고, 작가가 직접 겪은 것을 정직하게 혹은 "진정성 있게" 재현하려고 하는 문학적 논픽션에 대한 급진적인 접근 방식은 아무리 "진정성"과 같은 용어가 얄팍해 보일지라도 후기-포스트모던적 수용의 맥락 안에 있는 것이라 할 수 있다.[67] 뉴 내러티브는 이론과 언어 및 자기임(selfhood)의 물질적 속성에 대한 언어시(language poetry)의 관심을 여지없이 물질적일 뿐 아니라 "이론에-기반한 것으로 저자를 재현"하는 쪽으로 확장한다.[68]

에세이는 대체로 **사유하는** 형식이라고 묘사된다. 서정적인 에세이 형식으로 글을 쓰는 클로디아 랭킨의 자기이론적인 텍스트인 『시민』과 『날 외롭게 두지마』는 똑같이 '미국적 서정시'라는 부제를 달고 있다. 또한 개인 서사와 사회 비평, 글렌 라이곤 — 그의 작업은 『시민』의 좀 더 큰 자기이론적 서사에 재통합된다 — 과 같은 예술가들이 진행한 동시대 미술에 대한 날카로운 논의를 오가며 전개된다는 점 또한 유사하다.[69] 『시민』에서 이인칭 주어로 자기이론을 써 내려간 랭킨은, 책이 다루는 구조적 인종주의를 수사적으로 신체화하면서 역사적으로 백인화된 "나"의 특권적인 위치로부터 거리를 두려 했다. 바누 카필, 앤 카슨, 아일린 마일스, 리아 핍즈너-사마라시나 등의 시인들도 자기이론적이라고 할 만한 방식으로 서정적인 에세이를 써왔다. 뒤에서 다루겠지만, 철학사뿐 아니라 에세이의 역사도 자기이론의 발전상을 선구적으로 보여준다. 이 책을 위해 특별히 언급하자면, 분과적·미디어적·국가적 경계들을 가로지르는 페미니즘의 역사가 그렇듯이 말이다. 포스트-60년대적 양태로서의 새로움이 반영된 자기이론은 그보다 더 오래된 미학적 실험과 행동주의 역사와 밀접히 연관된다.

「급진적 퀴어성이 더 이상 가능할까?」란 제목의 리뷰에서 비평가 크리스천 로렌첸은 『아르고호의 선원들』을 처음 읽으면서 새로운 장르를 만나고 있다고 생각한 순간을 다음과 같이 묘사한다.

> 두 단어가 『아르고호의 선원들』 뒤에 들러붙는다. 나는 흉포하거나 대담한 단어를 말하려는 것이 아니다. ... 첫 번째 단어는 자기이론이다. 완전히 새로운 용어가 아닌데, 학술적 글쓰기 밖에서는 별 관심을 얻지 못한다. 언뜻 보면 자기에 대한 이론을 구축하는 것 같지만, 넬슨이 하고자 하는 바는 세계로 회전해 들어가고 시간을 앞뒤로 돌려가며 사유하는 엔진으로 자신의 경험을 활용하는 것이다.[70]

로렌첸에 의하면 "자기이론"은 자기에서 출현한 이론일 수는 있어도 "자기에 대한 이론"은 아니다. 자기와 정치이론, 언어학, 후기구조주의, 정동 이론, 퍼포먼스 이론, 미학, 젠더 등의 이론 사이를 오가는 자기이론가는 세계 안에서 살아가는 개인으로서의 직접적인 경험을 이론적 논증과 테제를 개발하고 연마하기 위한 토대로 사용한다. 자기이론은 이론과 철학의 담론들에 개입하는 페미니즘의 장소일 뿐 아니라 작가나 예술가의 삶의 소재들에 참여하는 장소이기도 하다. 신체화된 경험은 미학적·사회적·문화적·도덕적·정치적 쟁점들을 통한 사유를 이끄는 또 다른 텍스트나 틀, 촉매제가 될 수 있다. 자기를 이론과 나란히 소재로 사용할 때에는 자기이론 실천의 일환으로서 자신의 생애를 어느 정도 스스로 분석하고 비판하는 일이 수반된다.

다니엘 페냐는 자신의 블로그에 게시한 「『아르고호의 선원들』은 안살두아의 『경계지대/경계선: 새로운 메스티사』의 직계 후손이다, 그런데 누구도 그 점을 이야기하지 않는다」에서 BIPOC 작가와 예술가 들 덕분에 발전한 "새로운 장르들"을 만든 공로가 백인 작가들에게 돌아가는 세태를 한탄한다. 넬슨의 작품이 막 등장한 용어인 "자기이론"이 나아갈 길을 개척했다고 — 아마도 넬슨의 책이 명시적으로 "자기이론"이란 단어를 쓴 첫 번째 책 중 하나였기 때문일 것이다 — 기술되지만, 페냐는 『아르고호의 선원들』이 안살두아의 『경계지대/경계선: 새로운 메스티사』에 많은 빚을 진 텍스트라고 기정사실화하면서 넬슨을 둘러싼 현재의 많은 논의와 대화에서 그 부분이 간과되고 있음을 문제 삼는다. 치카나 페미니스트 학자 노르마 E. 칸투와 아이다 우르타도는 『경계지대/경계선: 새로운 메스티사』 출간 25주년 기념판 서문에서 다음과 같이 적는다. "안살두아는 자신이 태어난 지리적 장소를 자신의 이론하기의 출처로 사용한다."[71] 그리고 안살두아는 경계, 번역 그리고 자신이 성장한 "텍사스-미국 남서부/멕시코 국경"이라는 영원히 부글거리고 격앙되어 있을 "경계지대"에서 살아가는 것의 현상학을 이론화하기 위해 듀보이스의 이중 의식 이론을 텍사스에서 자란 치카나 레즈비언 여성으로서의 경험으로 끌어들여 확장한다.[72] 칸투와 우르타도가 안살두아의 글쓰기에 담긴 "개념적인 철학적 의의"를 강조하는 것과 마찬가지로, 페냐는 넬슨의 "자기이론"이 의지하고 있는 미국적 글쓰기의 계보에서 치카나 문학을 지운 폭력을 강조한다.

자기이론의 역사적 뿌리들

자기이론에 대한 관심은 매우 빠르게 증가하고 있다. 스테이시 영이 1997년에 이 용어를 고안했다고 알려진 후 근 20년이 지난 2010년대 후반에야 부상하기 시작한 최신 용어임에도 불구하고, "자기이론"은 수세기에 걸쳐 이어져온 철학 안에 도사린 문제들을 신체화한다. 사실상 더 거대한 철학사 — 가장 이른 시기의 열망, 어쩌면 가장 근본적인 열망인바 "너 자신을 알라"로부터 출발한 — 를 관통하는 자기이론적 충동은 더욱 목소리를 높인 동시대 페미니스트들에 의해 선명해졌다. 이들은 포스트모더니즘이 초래한 변화를 따르면서 예술과 학문적 삶을 구조화하고 교차적으로 고려할 필요가 있는 이론과 자기-반영적으로 타협한다.

우리는 철학하기 프로젝트의 핵심을 자서전적인 것에 두었던 몽테뉴와 같은 철학자 및 에세이스트에게서 자기이론적으로 작업한 16세기의 경향 — 이후 루소, 칸트, 마르크스, 니체, 프로이트, 키르케고르, 듀보이스, 프란츠 파농에 의해 계승되었다 — 을 발견할 수 있다. 소크라테스에 대한 플라톤의 글쓰기나, 뒤에서 다룰 성 아우구스티누스의 『고백록』처럼 매우 이른 시기에도 그러한 경향을 확인할 수 있다. 제2차 세계대전 이후에, 또 1945년부터 포스트-1950년 시기에 일어나 1960-70년대에 하나로 결집한 많은 사회적·정치적·문화적·미적·과학기술적·담론적 변화 이후에, 자기이론은 더 분명한 모습을 갖추게 된다. 이러한 변화는 예술과 학계에서 발아하고 있던 페미니스트 운동, 탈물질화된 인터미디어적 미술 신, 탈식민주의 운동과 밀접한 연관을 맺으며 서구에서 자기이론이 출현하는 데 기여했다.

적어도 "서구"에서는 대문자 "T"를 써서 부르는 "이론"의 대(大)가부장 세 명, 즉 마르크스와 니체, 프로이트가 얼마간 자기이론적 방식으로 작업했다는 생각은, 자기이론을 설득력이 있는 방식으로 역사화하려는 프로젝트를 복잡하게 만든다. 이들 세 학자는 정도의 차이는 있지만 모두 자신이 직접 겪은 일에 입각해서 철학을 하고 이론을 했다는(그렇다는 것을 가끔은 받아들였고 가끔은 부정하고 억눌렀지만) 의미에서 자기이론적으로 작업했다. 프로이트는 자신이 꾼 꿈을 분석했고 가족을 상대로 정신분석을 했다. 니체는 과잉성찰적인 자기이론적 논문으로 작업의 결론을 내렸고, 셋 중에 가장 덜 자기이론적이었다고 볼 수 있는 마르크스는 개인적인 관찰을 통해 노동에 대해 글을 썼으며 『자본론』은 일인칭 복수 대명사를 주어로 한다.

1960년대에 제 모습을 갖추기 시작한 변화들은 1900년대 초 아방가르드에서도 활발하게 일어났다. 조라 닐 허스턴, 남작부인 엘사, 클로드 카엉, 거트루드 스타인과 같은 모더니스트 여성, 젠더-비순응적인 예술가, 작가, 영화제작자 들은 기존의 장르와 매체를 흐리게 하는 식으로 역동적이고 실험적인 작업을 했다. 이들을 온당하게 대우하기 위해 원(原)-포스트모더니스트라고 부를 수 있을 것 같다. 오늘날의 문화 생산에서 발견되는 자기이론적 경향과 공명하는 이들의 접근 방식은 자기 자신을 재현하고, 자서전적인 소재를 작업에 끌어들여 변형시킨다. 스타인은 언어의 물질성을 가지고 유희하고 집 안의 물건들을 언어-안에서-의미화하며, 남작부인 엘사는 일상을 소재로 경계를 흐리는 다다 퍼포먼스를 보여준다. 작가에서 영화제작자, 나아가 인류학자로 변신한 닐 허스틴은 「색을 입은 나의 느낌」(1928)에서 볼 수 있듯 재귀적으로 신체화된, 그리고 비판적인 방식으로 일인칭 시점의 글을 썼다.[73]

이 책의 초점은 포스트-1960년대인 페미니스트들의 실험에 맞춰져 있다. 따라서 페미니스트이건 아니건 자기이론의 모든 선구자와 선배 들에 대한 나의 강렬한 호기심은 다른 책에서 다뤄야 할지 모른다. 지금으로서는 자기이론의 계보가 이 용어가 등장한 1998-2015년의 맥락보다 더 오래되었으며, 현재의 흐름이 19세기를 거쳐 20세기와 21세기에 종종 적대적인 상황에 대응해 발전한 초기 페미니스트 미술, 문학, 비평, 행동주의뿐만 아니라 그보다 더 이른 시기의 글쓰기 양태들, 즉 동시대 자기이론에 영향을 준 이론적이고 자서전적인 글쓰기 양태들의 발전에서도 발견된다고 주장할 것이다. 뤼스 이리가레의 멘토인 라캉을 포함해 생물학적 남성 이론가 대부분에 의해 기각당했던, 이리가레의 놀라운 선견지명을 드러낸 작업에 대한 우려 섞인 판단뿐 아니라 그와 같은 페미니스트들의 엄밀한 글쓰기 역시, 이론과 연관해서 페미니스트들이 특수한 방식으로 신체화된 자기를 전경화하는 데 얼마나 기여했는지 감안한다면 중요한 전사(前史)이다. 자기이론은 가부장적이고 식민적인 맥락에 의해 억압되고 짓눌렸으며 지금도 그러한 상태에 있는 자기를 통해, 급진적인 자기-성찰, 신체화된 지식, 줄곧 이어져온 문학적 논픽션의 정치와 제휴한다.

자기이론은 비평과 자서전 사이 장소에 존재한다. 바로 이 때문에 자기이론은 당면한 실천에 따라 다른 방식으로, 그리고 다른 효과를 위해 에세이에 얽혀든다. 프랑스의 행정관료이자 철학자였던 몽테뉴는 16세기 후반에 출간된 자신의 선집 『에세』에서 "키케로 전문가이기보다 차라리 나에 대한 전문가이고 싶다"[74]라고 적었다. 현대적(modern) 에세이를 창시한 사람으로 지목되는 그는 마음의 내적 작용을 직접적으로 고찰한 글을 썼고, 더 거대한 관념을 통해 사유하는 방식으로서 개인적인 것을 활용했다. 몽테뉴의 전기 작가 중 한 명인 세라 베이크웰은 몽테뉴가 선호한 주제가 "그 자신"이었음에 주목하고 몽테뉴를 "첫 번째 블로거"라고 묘사한다.[75] 몽테뉴는 "아무 방향으로나 흘러가는 생각의 모음집"이라고 할 수 있는 자신의 글을 묶어 『에세』란 제목으로 출간했다. "시도"나 "노력"을 뜻하는 프랑스어 '에세'(essai)는 "시도하다"란 뜻의 동사 essayer에서 유래했다. 시도하기와 실험하기는 모두 미적 양태 — 자기 자신을 이해하고 다른 이들과의 관계 속에서 자신의 삶을 이해하기 위해 줄곧 적극적이고 능동적인 시도가 일어나는 장소 — 로서 자기이론의 한가운데에 존재한다.

벨러미는 "몽테뉴로 거슬러 올라가본다면 에세이는 그의[작가의] 마음의 작동 방식을 검토한, 그러므로 어디로든 갈 수 있는 열린 형식이다. 내가 보기에 에세이는 어떤 의미에서 시와 가장 가까운 산문이다"라고 말한다.[76] 작가는 에세이 형식 — 역사가 보여주듯이 통상 **개인적인** 에세이 — 을 통해 일화적인 것을 포함한 여러 다른 주제, 방식, 논증 양태를 넘나들며 능숙하게 움직일 수 있다. 몽테뉴의 동시대인 가운데 몇 명은 오늘날 과잉공유(oversharing)라고 불리는 것을 빌미로 몽테뉴를 기소했다. 몽테뉴가 자신이 좋아한 포도주 종류, 작은 자지 크기와 같은 사생활의 세세한 부분을 에세이에서 기술한 것은 꼴사나운 것 — 당대의 기준에서 부적절하고 근본적으로 지적이지도 문학적이지도 않은 — 으로 비춰졌다. 바티칸 신학자들이 몽테뉴에 대해 "자신의 악에 대해 전혀 부끄러움을 모르는" 사람, "우스꽝스러운 허영심"을 과시한 사람이라고 비난한 것과 더불어, 결국 『에세』는 1676-1854년 바티칸이 정한 금서 목록에 오르게 된다. 에세이적 글쓰기의 개인적인 본성은 몽테뉴와 같은 인간의 지적이고 공적인 지위나 신분과 일견 불일치하는 것이었다.[77] 그의 글쓰기가 그저 개인적이기 때문이었을까, 아니면 적어도 그 시대와 공간에서 요구하는 수준의 수치심 없이 개인적인 것을 직접적으로 글에 통합했기 때문에 그의 작품이 가부장제와 불화한 것일까?

몽테뉴의 개인적인 에세이들과 비슷하게, 아우구스티누스의 『고백록』이란 제목으로 출간된 자서전적 글쓰기는 오늘날의 자기이론에 비추어본다면 주목할 만한 전-근대적 글쓰기의 선구자이다. 기원후 397년과 400년 사이에 라틴어로 쓰인 『고백록』은 지금껏 종교 및 문화의 역사들에 기여하고, "그저 자서전적 서사일 뿐이라는 평가"를 뛰어넘어 "한층 더 심오한 의미의 화성학"을 전달하는 중요한 작품으로 인정받는다. 이 책을 번역한 헨리 채드윅은 역자 서문에 "본 작품은 종교뿐 아니라 사회사에 있어서도 중요한 전거이다. … 이 작품은 예민한 사람이 기록한 단순한 자서전과는 완전히 다르다. … 보기 드문 정밀함과 복잡함을 함양한, 심지어 자서전적 서사를 뛰어넘어 한층 더 심오한 의미의 화성학을 전달하는 작품이다"라고 썼다.[78] 물론 누가 쓴 작품이 이런 식의 고찰과 수용 — 단지 자서전에 불과한 것이 아닌 작품으로 다뤄지고 대우받는 — 을 획득하는가를 묻는 질문은, 자기이론적인 충동과 그 충동의 교차적·페미니스트적 정치의 핵심에 자리한다. 역시 『고백』(1782)이란 제목으로 18세기 후반에 쓰인 루소의 글쓰기는 칸트, 마르크스와 같은 철학자들 — 동시대 이론으로 알려진 비판적인 글쓰기와 사유의 양태를 구체화하고 실현한 — 에게 영향을 미친다.

다름 아닌 동시대 예술가들의 작업에, 자기이론적인 전복과 해체의 대상인 철학적이고 이론적인 정전들 내부에 자기이론의 주목할 만한 선례가 존재한다는 점은 특기할 만하다. 여기엔 데리다, 니체, 칸트, 프로이트, 데카르트와 같은 사상가들이 포함된다. 나는 신체와 정신의 대립이 더 명백하게 여성의 신체화된 작업을 무시하며 역사적으로 했던 역할을 검토할 때, 가령 페미니스트 보디 아트의 철학적 효력을 검토할 때 데카르트의 이원론을 다룰 것이지만, 우선은 내가 인용하고 비판할 데카르트 자신의 작업이 자기들(autos)에 근거한다는 점을 짚고 넘어가야 한다고 생각한다. 철학적 계시인 "나는 생각한다, 고로 나는 존재한다"를 단언한 데카르트의 토대는 "나", 즉 그가 성찰적으로 자기반성을 하는 근거는 철학자의 자의식적 실존이었다. 데카르트와 칸트의 작업은 종종 너무 쉽게 현상학적이고 신체화된, 후기구조주의적 페미니즘의 철학 양태 — 직접적으로 자기이론과 연관된 양태 — 의 대척점에 있는 것으로 인용된다. 정치적 관점에서는 그렇게 볼 수도 있겠지만, 그런 식의 구도는 철학사에 널리 퍼져 있는 자기이론적 충동을 소거하고 애매하게 만든다. 나는 1장에서, 10여 년에 걸쳐 칸트를 대상으로 섬세한 작업을 진행한 선구적인 페미니스트 개념미술가 에이드리언 파이퍼를 다루면서 이 부분을 본격적으로 다룰 것이다.

자기이론적인 글쓰기는 추상적인 관념을 구체화하거나 철학적 개념과 맞붙어 싸우기 위해, 생활에 근거하거나 역사 속 타자들의 삶에서 길어 올린 일화 등 구체적인 사례를 자주 사용한다. 이러한 실천은 철학 및 이론의 역사, 더 넓게는 에세이에서, 가령 프로이트, 바르트나 사르트르 — 『변증법적 이성 비판』에서 사르트르는 실존주의 철학의 추상적인 개념을 설명하기 위해 버스를 기다리는 일상적인 상황을 설정했다 — 에게서 발견할 수 있다. 자기이론 텍스트의 자기-반영적 책임이나 부담은 이론과 나란히 자기의 특이성을 강조하는 방식으로 작가 자신의 개인적 삶이나 자신이 동일시하는 타인의 삶에 기반한 사례를 명백하게 또는 투명하게 사용한다는 데서 비롯된다.

『타자의 귀』(1985)에서 데리다는 철학이 하기로 되어 있는 역할 — 자기와 작업(철학, 이론)의 분리를 유지해야 한다는 — 의 반례를 프로이트와 니체에게서 발견한다. 데리다는 자서전과 철학을 통합한 니체의 텍스트 『이 사람을 보라』를 "자기-창발"(auto-engendering)이란 관점에서 읽고, 철학이 줄곧 "나"를 배제해왔음을 탈-구축한다.[79] 데리다는 프로이트의 정신분석에서 "자동분석"이 하는 역할을 꺼내들고, 프로이트 가족의 자리를 프로이트의 작업 안에서 고찰하고, 『꿈의 해석』 및 그와 유사한 작업의 뿌리가 어떻게 자서전에 있는지를 고찰한다.[80] 니체 역시 이전에는 고유하게 철학적인 것으로 통용되었던 것을 위반하는 방식으로, "나"와 자서전적인 경험을 자신의 철학 안으로 통합한다. 니체가 당대에 철학자나 학자, 과학자로서 인정받지 못했던 이유가 이렇듯 니체의 "자기"와 니체의 철학 사이의 구분이 흐려진 것 때문이라는 데리다의 해석은 온당하다. 부분적으로는 바로 그러한 이유로 니체의 이 같은 경향이 그의 작업에서 대체로 드러나지 않은 채 전해져왔다.[81]

아우구스티누스의 『고백록』을 읽은 채드윅과 비슷한 방식으로 니체의 『이 사람을 보라』를 읽은 데리다는 자서전 장르를 초과하는 무언가를 본다. "내가 막 읽었거나 번역한 발화들은 엄밀한 의미의 자서전이란 장르에 속하지 않는다. 니체가 자신의 '진짜' 어머니와 아버지에 대해 이야기하고 있다고 말한들 틀린 말은 분명 아니다. 그러나 그는 '수수께끼 형태(Ratselform)로', 상징적으로, 수수께끼를 이용해서 ... 경구의 형식으로, 그리고 교훈이 아주 많은 이야기처럼 두 사람에 대해 이야기한다."[82] 데리다는 『이 사람을 보라』가 매우 자서전적이지만, 그렇다고 "자기-제시와 정체성 진술에 무엇이 포함되어 있는지 이미 안다는 가정하에 바로 그 정체성을 제시하고 있을 뿐이라고 이해한다면 이 또한 실수를 저지르는 것이다"라고 강조한다.[83] 이를 통해 데리다는 포스트모던한 주체성 및 자기 생산 개념에서 매우 재귀적으로 발견된 수행적 충동을 이해한다. 자서전적인 것이 철학적인 것 안에서 맥락화될 때나 더 수행적이고 개념적인 방식으로 이해될 때 감수해야 하는 다른 부담을 시인할 때조차, 데리다는 니체의 철학적 글쓰기들을 통해 구성된 것으로서의 자기에 대한 좀 더 직접적인 진술들을 외면하지 않으려고 신중을 기한다.

이렇듯 철학을 일상화하고 실천하는 접근 방식은 오드리 로드가 1982년 『자미: 내 이름의 새로운 철자』에서 증명했던 것과 같은 창안적인 양태의 "신화적 자서전"(biomythography)을 떠올리게 한다.[84] "콜라주된 자기 구성"이라고 묘사되는 『자미』는 자서전적인 것을 신화적인 것으로 바꿔버린다. 브리콜뢰르(bricoleur)처럼, 로드는 "특정한 아프리카계 미국인 여성 한 명의 삶에 대한 이야기를 들려줄 때 얼마나 유익한지에 따라" 다른 장르들을 자유롭게 차용한다.[85] 로드는 자서전과 가족 이야기를 신화의 지위로 끌어올림으로써, 자신의 경험을 다시 틀 지으며 회고록에서 지각되는 미학적이고 비평적인 정체(stasis)에 빠지지 않는다. 물론 자서전, 픽션, 이론, 심지어 신화의 차이와 권력 격차를 둘러싼 교차성 페미니즘의 질문들이 과연 타당한가에 대한 논의, 그리고 수행적인 방식으로 "자기"를 끌어들인 작업들은 어떤 식으로 받아들여지는지에 대한 논의가 제기된다. 나는 앞으로 이 질문과 쟁점 들로 자주 돌아갈 것이다.

데리다는 니체와 프로이트의 철학에 자서전적인 것이 내포돼 있음을 인정하고, 보통 이해하는 철학사에도 자서전적인 것의 뿌리가 있음을 시사했다. 데리다 자신의 작업에서도 수면으로 곧 분출할 듯한 자기이론적 느낌이 지각된다.[86] 그러나 이리가레는 **자신의** "자서전"이나 자기(self)는 기존 서구 철학에서, 적어도 1960년대 이전의 철학에서는 전혀 찾아볼 수 없다고 재빨리 지적한다. 그의 관점에서 이것은 자신이 여성이고 서구 철학의 "자기"가 유럽 남성의 것이기 때문이다.[87] 1970년대 초 프랑스에서 쓰였던, 대륙 철학과 프랑스 이론에 기여한 이리가레의 작업은 데리다의 주제들에 대한 페미니스트적 대위법(counterpoint)으로 기능하고, "성차"(sexuate difference) — 오늘날 영어권 분과들인 젠더, 페미니즘, 여성학에 속한 우리는 흔히 젠더라고 부를 — 가 철학/이론과 자서전적인 자기나 "나"

의 관계에서 맡은 역할을 인정할 필요를 드러낸다. 이리가레는 1974년 자신이 『반사경』을 쓸 수밖에 없도록 내몰았던 충동을 자기이론적인 용어를 써서 다음과 같이 설명한다. "나는 여성이었고 서구 철학의 이야기는 내 자서전이나 내가 직접 겪은 것에 상응하지 않았기에 『반사경』을 썼다. 여성인 나 자신(myself-as-woman)이 『반사경』이란 직물을 짜는 데 들어가 있음은 명백하다."[88] 이리가레는 그 자신으로서 철학에 접근하는 것이 허락되지 않았으며, 여성이라는 정체성에 수의를 입히거나 적어도 담론상으로 남자처럼 되어야만 철학으로 진입할 수 있었다고 주장한다.[89] 대륙 철학의 정전 중 생물학적 남성이 저자인 철학에서 자기이론의 선구자들을 지목하는 것이 "자기"의 억압에 관한 이리가레의 주장을 기각하는 것은 아니다. 가장 "객관적인" 듯 보이는 철학 텍스트들, 즉 잠재적으로는 자기철학적이라는 부담을 짊어져야 했으나 더 분명하게 개인적인 철학적 작업을 묵살해온 텍스트들에서조차 "자기"가 드러나는 방식을 더 충분히 고려할 필요가 있음을 보여주기 때문이다.

"자기"(나르시시즘과 이론)

"나르시시스트"라는 꼬리표가 어떤 특별한 문화적 실천을 비난하는 데 얼마나 쉽게 사용되는지, 그리고 명확히 여성적인 자기에 대한 폄하와 관례적으로 어느 정도 연관이 있는 것인지.

... 어밀리아 존스, 『보디 아트: 주체를 수행하기』

캐롤리 슈니먼은 1960-70년대에 자신이 만들었던 실험영화와 퍼포먼스 아트의 수용 과정을 돌아보면서 "만약 물질성과 육체성을 재현하려는 것이라면 우리는 당신에게 지적 권위를 줄 수 없다"라는 말을 들었던 때를 떠올린다.[90] 당시 압도적으로 많은 생물학적 남성이 주도했던 아방가르드 신이 자신의 예술을 어떻게 수용했는지, 슈니먼은 「인테리어 스크롤」 같은 퍼포먼스에서 구체적인 문헌을 열거하면서 들려준다. 가령 슈니먼은 자신의 영화 작업에 대한 리뷰를 왜 쓸 수 없는지 그 이유 — "개인적인 혼란과 어지러움, 완고한 감정, 조야한 감수성, 일기에 진배없는 방종" 등으로 표현된 — 를 적어서 보내주었던, 이름을 밝힐 수 없는 생물학적 남성 "구조주의 영화 제작자"를 인용한다.[91] 정확히 철학과 이론이라고 이해된 것 — 이 둘의 지적인 권위와 더불어 — 과 자서전적인 것의 지속적인 구분은 페미니스트적인 예술 실천 양태로서 자기이론에 도사린 위험 중 하나이며, 자기이론이 그 자체로 도발인 이유 중 하나이다. 모든 이가 자서전과 이론, 몸과 마음 사이의 이 같은 틈("서양 철학"을 구축하는 텍스트들 내 어떤 가정들에 의해 만들어진 틈)을 메우려는 양태로 작업하는 데 접근할 수 있었던 것은 아니다.

자기이론적 전회가 페미니스트 실천의 역사와 엮이는 가장 주목할 만한 지점은, 직접적인 방식들을 이용해서 작업에 자신을 끌어들여 통합하려는 페미니스트 예술가는 끊임없이 나르시시스트라는 비난에 직면한다(그리고 페미니스트들은 그런 비판에 취약하다)는 것이다. 여성·유색인 예술가들의 작업이 특히 나르시시즘이란 비난에 취약한 이유 중 하나는, 여성과 인종화된 이들이 백인 시스젠더 남성의 이른바 항상 중립적인 기준과 대조적으로 역사적으로 신체에 의해 과잉 규정되어왔다는 것이다. 데카르트 이원론의 잔재와 나란히, 이 상황은 여성은 지적이고 비판적이거나 **아니면** 신체화되었거나 성적이라는, 철학에 정통하거나 **아니면** 소박하게 자기생각에 매몰되어 있다는 편견(무의식적이든 아니든)을 낳는 경향이 있다. 그 결과, 페미니스트들의 자기이론적인 작업, 즉 "개인적인 것"과 이론을 뒤섞어서 서로를 변형시키는 방식으로 통합함으로써 이분법적 대립에 대응하는 작업이 만들어졌다. 동시에 페미니스트들은 주관적인 작업임에도 중립적이거나 객관적인 척하는 저쪽 편의 백인 남성 동시대인들에게 그저 개인적인 방식으로 작업하라고 소리쳐왔다.

매우 오랫동안 작동해온 나르시시즘과 여성성의 연합의 뿌리는 정신분석 이론이다. 프로이트의 정신분석에서 나르시시즘과 여성성은 필수불가결하게 연결된다. 누군가를 "나르시시스트적"이라고 말하는 것은 그가 수동적이며 무지하고 감정적인 곡예를 벌이고 있다고 병리화하는 것이다. 프로이트는 생물학적 여성의 나르시시즘을 우로보로스처럼 구조화된 "자기만족과 접근 불가능성"으로, 여성을 바깥 세계는 뚫고 들어갈 수 없는 자족적인 존재로 이해한다.[92] 아이 같은 천진난만함이 특징인 나르시시스트는 비판적 사유에 참여하지 못하고 배제된다. 그러나 나르시시즘과 여성에 대한 정신분석 이론에는 해소 불가능한 역설이 존재한다. 프로이트는 여성의 젠더를 갖고 나르시시즘과 여성을 연결하지만, 주체-형성을 상징계적인 의미화 질서를 통해 설명한 라캉적 의미에서 본다면 여성은 담론을 통해 주체성에 접근하지 못하기에 나르시시스트일 바로 그 가능성에서 멀어진다. 이리가레는 '궤도에서 벗어난 나르시시즘' 에서 여성에게는 남근 중심적 의미화 경제의 맥락에서 현실적 으로 나르시스트일 자유가 주어지지 않았다고 지적한다(프 로이트의 자지 선망[penis envy]을 지적하면서 이리가레는 이 주장을 상당히 설득력 있게 제시한다).[93]

보부아르의 『제2의 성』은 철학사에서 나르시시즘에 접근 하는 다른 종류의 페미니즘을 보여준다. 여성은 사실 나르시 시스트적이다, 그러나 이런 퍼포먼스 혹은 자기 자신의 "무대 화"(staging)는 여성에게 내속하는 어떤 것에서 유래한 것이 아 니라 여성의 종속을 영구화한 물질적 상황에서 유래한 것이다. 20세기 중엽의 실존주의 페미니스트의 관점에서 본다면, 여성 의 세계 내 위상 때문에 여성은 스스로를 쉬이 주체보다는 대 상으로 이해하고, 자기들을 주체-대상으로 쪼개놓은 이중화 기제 — 스스로를 거울의 반사 표면 안에서 응시하는 것과 같은 — 로 이끌리게 된다. 이것이 여성에게 주체로서의 일관성이라 는 허위의 느낌을 제공한다. 이와 달리 남자들은 스스로를 "부 동의 이미지" 안에서 보지 않는데, 왜냐하면 이미 항상 주체적 이고 능동적이기 때문이다. 거울과 마찬가지로 자화상과 "셀 피"는 여성들이 이용하는 "이중화의 도구(들)", 누군가가 자기 자신을 자기 바깥에 있는 것으로 볼 수 있게 해주는 도구들이 다.[94] [14]

프로이트와 보부아르가 나르시시즘을 여성적이라고 이해하 는 것과 달리, 이리가레는 세계 내 존재의 남성적 방식으로 이 해한다. 이리가레는 나르시시스트가 생물학적 남성 철학자이 며, 나르시시즘은 우리가 아는 그 철학의 생산을 떠받친다고 주장한다.[95] 여성과 여성적인 것을 자기들의 철학 밑에 둔 프로이트와 라캉을 비판하면서 그는 다음과 같이 쓴다. "여성적인 것은 생물학적 남성 섹슈얼리티의 작동에 꼭 필요한 보충물로, 더 빈번하게는 생물학적 남성 섹슈얼리티에 틀림없이 남근적인 자기-표상을 제공하는 부정적인 이미지로 정의되었다."[96] 여성은 남성의 양화와 비교해서 사진적 음화 같은 것이며, 생물학적 남성이 자기에 대한 느낌을 갖기 위해 의존하는 사변적인 거울이다. 후기 작업에서 이리가레는 나르시시즘 이론들의 토대인 남성적인 눈중심주의에서 벗어나, 호흡이나 촉각적 접촉 같은 다른 감각 경험을 타진하면서 자신의 논의를 발전시켰다.

나르시시즘을 비판한 이리가레와 비슷하게 다른 페미니스트들도 생물학적 남성이 쓴 철학과 이론의 정전을, 독특하게 사유하는 신체화된 사람이 철학적 작업의 창조에서 행하는 역할을 알아보는 데 실패했다는 이유로 비판했다. 차이의 정치를 이론화한 로드와 훅스부터, 여성적 글쓰기라는 시적-이론적 실천을 통해 신체와 자기-쓰기를 말한 식수, "위치(location)의 정치"와 포지셔닝(positioning)에 관여한 에이드리언 리치와 도나 해러웨이에 이르기까지, 페미니스트 사상가들이 강조한 것은 페미니스트적 사유의 생산과 그 사유에 도사린 정치의 생산에서 명확하게 인종화되고 젠더화된, 그리고 그 외 다른 방식으로 (페미니스트 퍼포먼스 학자인 페기 펠란이 최근 만든 언어를 사용한다면) "표식된" 주체의 역할이다.[97] 물론 이런 행보가 **고작** "정체성 정치"를 다룰 뿐이며, 더 진지하고 겉보기에 덜 나르시시스트적인 사상가들보다 "순전히" 덜 엄격하고 덜 비판적인 사상가들이 취하는 노선일 뿐이라고 무시할(혹은 명백히 반페미니스트인) 페미니즘 진영의 비난을 감수해야 할 수도 있다. 바로 이것이 자기이론이 감수해야 할 위험 중 하나이다. 자기이론은 비판성이-결여된-나르시시즘이란 비난 뒤에 도사린, 저지당하지 않은 채 이어져온 편견들을 다룬다. 자서전적인 것과 이론적인 것, 자기-성찰적인 것과 비판적인 것 사이를 오가면서, 그리고 "이론"을 "자서전"에서 떼어내 구분하고 그 둘을 모두 "픽션"에서 떼어내 구분해온 방식들을 계속 복잡하게 만들면서, 자기이론은 이론과 철학에서 나르시시즘과 자기와 연관해서 지속된 문제들에 대한 새로운 통찰력을 제공한다.

(대문자 "T"를 단) "이론"

> 진단: 식민주의
> … 린지 닉슨(@notvanishing)

무엇 때문에 이론은 여성화된 "회고록"이나 더 호전적인 "선언문"과 대비되는 것을 한다고 회자되는 것일까? 그에 대한 한 가지 대답은 오늘날 자기이론을 지향하는 흐름의 일부인, 지적 신뢰성의 평판과 주장일 것이다. "이론"의 지적인 권위와 당대의 지적인 기준을 따르지 않는 사람들에 대한 폄훼 사이에 역사적인 근거가 존재한다. 문화에서 이 자기이론으로의 전회의 정치는 BIPOC, 여성, 펨, 트랜스, 젠더 비순응자 들이 그것의 비판적 능력과 취지를 강조하기 위해 이론과 자기 작업을 연계하는 것에서 잘 드러난다. 자신의 개인적-비판적인 작업을 이론으로 틀 지으려고 한 작가와 예술가 들의 욕망을 고찰하려면, 이 "이론"이란 단어의 역사, 그 용어의 정치학, 누가 "이론가"란 타이틀에 접근해왔는가를 고려해야 한다.

오늘날 많은 예술가가 학자, 교육가, 학예사, 작가, 비평가, 편집자, 감독, 커뮤니티 조직가로서 인접한 전문적 실천들을 동시에 진행하는 경향이 있다. 그들은 어느 지점에서는 철학과 이론이 자기 작업의 생산과 수용에서 어떤 역할을 맡는지에 대한 질문을 고려해야 한다. 학계와 미술계 내 이론의 자리를 놓고 계속 논쟁이 일어나고 있고, 이론의 정치는 특히 교차적이고 탈식민적인 페미니즘 — 이들 페미니즘은 역사적으로 유럽 중심적·북미 중심적·남성주의적·식민적 담론으로서 "이론"의 가독성과 이해 가능성의 정치에 질문을 제기한다 — 과 연관해서 더 거세지고 있다. 이론에 접근할 때 대단히 신중한 태도를 보이는 동시대 예술가들과 페미니스트들이 있는가 하면, 자신들의 작업 방식을 기술하기 위해 아주 쉽게 이론에 호소하는 이들도 있다. 예술가와 작가 들이 정치적이면서 개인적인 작업을 **이론**으로 간주하고 지지하려는 경향이 증가하는 것을 우리는 더 큰 규모의 자기이론적 전회에 비추어서 고찰할 필요가 있다.

역사적으로 봤을 때 누군가의 작업을 지적이고 비판적인 것으로 우대하고 고찰하려면, 우선 그 사람은 철학자, 역사가, 비평가, 혹은 교수로서의 객관적인 권위 같은 것을 지녔어야 했다. 선진 유럽과 북미의 상층계급에 속하고 인종화되지 않은, 적어도 이성애자로 패싱하는 남성들에게는 자신들의 작업을 비판적이고 지적인 것으로 고려하는 데 필요한 종류의 "객관적인" 권위가 수여되는 경향이 있었다. 그에 비해 여성들, 유색인들, 선주민들, 가난한 노동계급의 사람들, 대학 교육을 받지 않은 사람들은 그들에게 전가된 이른바 무비판적인 과잉주체성과 신체화를 이유로 그 영역에서 역사적으로 비체화되었다. 이것은 정체성 정치란 개념이 동원되고 있는 현재에 이르러서도 계속되는 문제이다. 자신의 고유한 목적을 위해서 존재하는, 그리고 모든 특별한 신체로부터 분리되어 존재하는 이러한 이론적 추상화나 진공상태의 **엄밀성**(rigor)이란 생각 자체가 남성 — 심지어 마초 — 백인 식민주의자의 이상이다.

자기이론적인 작업은 때때로 정전의 대우를 받는 철학적·학술적 자료들을 상당히 많이 인용하는 경향이 있다. 가령 예술가는 다르게 자기-성찰적인 작업을 통해 그런 레퍼런스들을 시각적·물질적·조각적·시적으로 표현함으로써 그것들에 주의를 기울인다. 기존의 철학 시스템을 폭력적이거나 배제적이라고 생각하는 예술가와 작가 들에게서 자주 볼 수 있듯이, 이론적이거나 철학적인 정전에 대한 명백한 인용을 삼가려는 경향도 존재한다. 이렇게 작업하는 이들은 특별한 커뮤니티나 자신의 선조들과의 연속성을 중시하는 예술가와 작가로서의 체험 및 경험의 관점에서 발생한 이론을 일차적으로 강조한다. 또는 동료의 비평문이 실린 출판물이나 화이트큐브 갤러리 전시와는 다른 수단에 의해 전수된 형태의 지식을 언급하는 방식으로 이론을 만들어내는 데 주력한다. 이런 형태의 지식이란, 노인들과의 관계 속에서 구전으로 공유되어온 장소-기반 지식을 포함해, 즉각적으로 인식되고 구체적으로 대입 가능한 지식 체계, 특별한 땅과 우주론적인 맥락에 기반한 선주민들의 지식 체계를 말한다.

작업을 "이론"과 "철학"으로서 이해하려고 할 때 그 기준은 무엇인가? 이론으로 여겨지는 것이 무엇이고, 이론가로 여겨지는 자가 누구인지 누가 정의하게 되는가? 어떤 이론이 특정 기관이나 담론 공간에서 가치를 확보하고 중요한 것이 되는가? 작업의 어떤 제작 양태가 학계와 동시대 미술계에서 올바르게 비판적이고 충분히 엄밀한 것으로 해석되는가? 누가 이론으로 통용되는 방식을 사용해서 글을 쓸 수 있고 작품을 만들 수 있는가? 이론과 실천, 예술과 삶을 연결하는 교차성 페미니즘의 역사들에 단단히 결속되어 있는 자기이론적 충동은 이런 질문들과 얽혀 있다. 이에 답하기 위해, 나는 자기이론을 맥락들을 가로지르는 이론의 경합적인 의미들에 주의를 기울이면서 작업하는 다양한 예술가들이 실천하는 것으로 볼 것이다. 나는 "이론"과 "철학"이라고 불리는 유럽-미국-중심 담론들의 정치를 비판해온 오래된 페미니즘과 BIPOC의 전통들 — 이론의 젠더화된 맹점들에 대한 이리가레의 비판, 페미니즘 이론 자체에 존재하는 헤게모니들에 대한 훅스의 비판, 근본적으로 식민주의적인 존재론에 대한 조 토드의 메티스 페미니스트 비판(Métis feminist critique)을 아우르는 — 에서 나의 주장의 근거를 끌어낼 것이다.[98]

메티스 학자 조 토드는 『존재론적 전회에 대한 선주민 페미니스트의 도전: '존재론'은 식민주의의 다른 말에 불과하다』에서 동시대 이론의 "존재론적인 전회"가 단지 선주민들이 가진 지식의 여러 방법을 전유하고 반복하는 데 그치고 있다는, 온라인에서 급속도로 확산된 설득력 있는 주장을 제시한다. "개인적인 패러다임의 변화는 당신에게 살금살금 다가가는 방법을 안다"라는 문장으로 시작하는 에세이에서, 토드는 자신의 이론적 "영웅들" 중 한 명인 브뤼노 라투르가 기후를 주제로 행한 2013년 강연에서 일종의 계시적 순간을 체험했다고 적었다. 토드는 이누이트 친구들이 전수해준 오랜 시간 존재해온 이누이트의 우주론적 사유 — 그러나 그 출처를 인지하지는 못했던 — 를 라투르가 용어를 조금 바꿔 반복한다고 생각했다.[99] 인류학의 분과적 맥락에 근거해 글을 쓰는 토드가 대면한 것은 존재론을 둘러싼 더 큰 규모의 대화에서 선주민 지식에 가해진 "인식론적 폭력"과 삭제였다. 토드는 이론가들과 "똑같은 주제를 다루는", 그러나 서구의 작가들을 엄호하는 식민주의적 편견에 기반한 이론과는 명백히 다른 방식을 사용하는 선주민 사상가들의 일화적 성찰과 인용 사이에서 움직이는 자기이론적인 단문을 써나가면서 그런 맥락을 가시화한다.

「탈식민적 언어」에서 히바 알리는 누가 일인칭 주어 "나" — 행위성을 가지고 말할 수 있고 들릴 수 있는 "나" — 에 접근할 수 있는가뿐 아니라 누가 이론적인 담론에 접근할 수 있는가라는 핵심적인 질문을 던진다.[100] 알리는 카메라를 위한 퍼포먼스와 렉처 퍼포먼스의 형식을 사용해서, 혹은 더 특정해서 "논문 퍼포먼스"(알리의 소위 순수미술 석사 졸업 논문으로 만들어진)라고 부른 것을 활용하면서, 누구의 삶이 **살 만한** 것이고 누구의 삶이 애도되는가를 둘러싼 정치를 고찰한 버틀러를 포함한 포스트모던 페미니즘 이론과 이른바 탈식민적 이론의 여러 개념을 신체화한다.[101] 알리는 미국이 중동에서 자행한 드론 전투의 맥락에서 애도받지 못하고 죽은 이들을 애도하면서, 긴 분량의 비디오의 여러 부분에서 이름을 부르는 신중하고 반복적인 행위를 통해 이들 이론을 실천으로 번역해낸다. 또한 다른 유색인 협업자들과 함께 비디오 아트와 퍼포먼스를 매체로 활용해서 북미에서 살아가는 20세기 아랍 여성으로서의 자신의 경험을 통해 탈식민적 이론과 언어를 프로세싱한다.

"'나'는 이 용어들을 발화할 권리가 있는가? '나'에게는 특권, 위신, 정치적 권위 혹은 동맹이 존재하는가?" 알리와 다른 퍼포머들이 퍼포먼스 중에 계속 돌아가면서 묻는다. "이민자의 경험은 너무 개인적이거나 아니면 너무 정치적이다"란 알리의 진술은 페미니즘의 한계에 대한 역사적 논평으로, 그리고 어쩌면 1960년대 2물결 페미니즘 시기에 발전한 "개인적인 것이 정치적인 것이다"와 같은 페미니스트 만트라의 포괄성이라는 순진한 가정들에 대한 논평으로 기능하면서 우리의 아픈 데를 건드린다. 알리는 인종화된 이민자가 페미니스트 담론의 그런 한계를 초과하는 사람, 정치적인 것-으로서의-개인적인 것의 이해에서 배척당한 사람이라고 단언한다.

이론을 탈식민화하는 것은 학계와 미술계 기관들을 탈식민화하려는 더 큰 움직임들 — 이 중에 몇몇은 북미/터틀 아일랜드의 식민적 영토에서 일어났다 — 과 연동하는 명령이다. 식민 권력이 절멸시키려 했던 지식과 언어의 형태를 소생시키려는 전회는 이론의 탈식민화 움직임의 일환이다. 예술가 조이 T. 아르캉은 평야 크리족(Plains Cree)과 함께 작업하면서, 식민자들의 언어인 영어와 프랑스가 힘을 행사하고 있는 캐나다란 이름으로 알려진 피식민자의 땅에 대한 이해 가능성과 의사소통의 정치에 주목하게 만드는 장소-반응적 작업을 만들고 있다. 선주민들의 자기이론적 실천은 피상적인 선주민화의 신식민적 운동들을 포함한 식민주의자의 이데올로기들에 저항하면서, 동시에 그것을 전복할 수 있을 만큼 무르익은 가능성들, 문화적·인식론적·언어학적 부활과 재기의 자기-규정적인 장소로 봉사할 가능성을 제시한다. 선주민 및 흑인 작가와 예술가들은 주체성, 식민주의, 구조적 인종주의를 둘러싼 긴급한 질문들 그리고 미술 및 문화의 공간과 종합대학이나 단과대학에서 자기-규정, 집단적 동원, 행위성, 자율성에 접근할 때 누가 배제되는가란 질문의 견지에서 "이론적인 것"의 매개변수들 — 또는 이론을 구성하는 것: 엄격함, 그러나 어떤 기준에 의해? — 에 대해 질문하기 위한 수단으로 자기이론적 작업을 한다.

이론을 탈식민화하고, 신체화된 경험으로부터 이론을 발생시키려는 움직임은 일련의 선주민과 메티스 페미니스트, 퀴어, 투-스피릿 예술가들의 실천들, 가령 서자 컷핸드의 비디오 퍼포먼스, 린지 닉슨의 책 『나이티자낙』(nîtisânak, '형제의, 자매의'라는 뜻)[102] 그리고 선주민과 메티스의 리서치 방법론과 상호텍스트성 — 가톨릭과 같은 정착민-식민적 영향을 피해 친족 체계와 땅에 기반한 사유 양태를 다시 중심에 놓으려는 — 에 근거한 데이비드 가르노의 상징적이면서 통렬한 어조가 돋보이는 일련의 정물화가 대표적 사례일 실천들을 통해 많은 관심을 자아내고 있다. 컷핸드의 초기 비디오 아트 작품 중 하나인 「노동하는 베이비 다이크 이론: 세대 간 장벽의 디아스포라적 영향」은 서스캐처원주의 제6 조약이 체결된 땅(Treaty 6 lands)에서[103] 1990년대에 퀴어-선주민 예술가로 성장한 컷핸드가 직접 체험한 것들을 토대로 이론을 만들어낸다. 컷핸드는 자신의 특수한 신체와 이 신체가 세계와 작업 양쪽에서 모두 "표식된"된 방식들을 강조하는 데에 카메라를 위한 퍼포먼스가 효과적인 매체이기 때문에 줄곧 사용하고 있다고 설명한다. 그의 스튜디오를 방문했을 때 컷핸드는 내게 비디오 아트란 매체 덕분에 자신의 신체 — 식민적 캐나다의 맥락에서 폭력과 억압의 다양한 형태들이 존재하는 장소이면서 동시에 식민적 역사에 대한 사유를 초과하는 여러 국면들의 쾌락, 행위성, 기쁨과 미친 주관성의 장소이기도 한 — 를 더 한층 이해 가능하게 재현할 수 있었기 때문에 그 매체에 이끌렸다고 말했다. 컷핸드는 비디오 아트를 이용해서 신체-자기를 수행하고 말하고 희롱하고, 어떤 때는 혼자서, 또 어떤 때는 선주민이자 투-스피릿, 퀴어 정착자 친구들과 함께 공연하는 특정성들을 **통해** 담론들과 시스템을 반복할 수 있다. 컷핸드가 스크린에 표현한 신체와 인격의 직접성은 작업에서 작동하는 관념과 담론을 변형시킬 만큼 강력하다.

「노동하는 베이비 다이크 이론」에서 정체성과 커뮤니티와 연관된 질문을 붙들고 늘어진 컷핸드는 카메라를 위한 퍼포먼스를 일기처럼 사용해서 젊은 선주민 퀴어로서 소속감과 사랑을 향한 욕망에 목소리를 부여한다. 서스캐처원의 대초원에 자리한, 퀴어가 거의 눈에 띄지 않는 도시에서 레즈비언으로 커밍아웃한 컷핸드는 자기 자신을 이해하기 위해 자신이 책에 의존한다는 것을 알게 된다. 그러나 책은 한계가 있었다. 컷핸드는 마룻바닥 여기저기 흩어져 있는 한 무더기의 책을 찍은 쇼트를 동반한 보이스오버 내레이션으로 "그저 레즈비언에 대한 책을 읽는 것에 진력이 났고, 나가서 다른 레즈비언들을 만나봐야겠다고 생각했다"라고 서술한다. 컷핸드는 걸신들린 듯 커뮤니티를 찾아다니며 겪었던 일들, 소규모 레즈비언 신 — 컷핸드가 보기에는 연장자 퀴어 커뮤니티와 그 커뮤니티의 필요를 중심으로 돌아가던 — 에서 낙인찍히고 학대당했던 경험을 고백한다. 스스로를 "베이비 다이크" — 자신의 욕망만큼이나 자신이 속한 맥락에서 유래하는 정체화 — 로 위치 지은 10대 예술가 컷핸드가 등장하는 비디오 작업은, 캐나다 역사에서 특별한 시간과 공간 속에서 퀴어-선주민으로 살아가는 컷핸드의 욕망과 좌절을 재현하는 "노동하는 베이비 다이크 이론"으로 바뀐다. 이것은 컷핸드가 선주민이자 퀴어로서 관계를 맺을 수 있는 또 다른 방식의 가능성을 긍정하면서도, 컷핸드가 현재 자신이 속한 커뮤니티의 여러 국면을 비판하고 있는 퀴어의 삶과 자기 규정에 대한 철학적 접근이다. 자기이론적으로 작업했던 다른 페미니스트들의 유연함을 떠올리게 하면서 컷핸드는 세즈윅처럼 다른 젠더 동일시와 경향의 안으로 들어갔다가 밖으로 나오며 움직였고, "레즈비언"에서 "보이"(boi)로, 그리고 "투-스피릿"으로 갔다가 다시 돌아오며 언어를 오고간다.

자기이론적인 실천을 통해 이론에 관여한 동시대 예술가들의 움직임을 이해하려면, "이론"이라고 불리는 것의 역사를 짧게라도 고찰해야 한다. 이론은 바르트, 데리다, 푸코, 알튀세르, 보드리야르, 그 외 다른 후기구조주의자들의 작업뿐 아니라 그것들의 삼부(三父) 계보인 "마르크스주의, 정신분석, 구조주의"와 연결되어 있다.[104] 프레드릭 제임슨은 포스트모더니즘이 존재론적으로나 인식론적으로 많은 변화를 일으켰던 1960년대에 일어난, "철학"에서 "이론"으로의 담론적 변화를 분석한다. 제임슨은 20세기를 거치며 철학이 쇠퇴하고 이론이 부상한 것을 역사화하면서 전성기 모더니즘의 정점이자 "철학"의 마지막 주목할 만한 사례인 사르트르의 실존주의로부터 이론의 시작인 구조주의와 후기구조주의로 자리를 이동한다. 그는 언어학으로의 전회, 바르트의 "저자의 죽음", 막 등장하고 있던 개인적인 것이라는 작은 정치와 같은 요소들이 이러한 변화에 끼친 영향을 강조한다.[105] 보부아르, 후설, 키르케고르뿐 아니라 사르트르에서도 역시 신체화되었던 실존주의적 현상학이 자기이론의 선구자 — 신체화된 경험 자체에 주목하면서 철학을 쓰는 방식으로 — 라는 것은 특기할 만한 부분이다.

철학의 권위가 쇠퇴함에 따라 이론은 "메타철학"의 형태로, 제임슨이 "물질적 실천으로 변형된 철학"이라 기술한 것으로 출현한다. 제임슨은 이론을 근본적으로 포스트모던한 형식, 즉 레퍼런스와 소재에서 상호텍스트적이고 인용적이고 전유적인 형식으로 정의한다. 철학은 그와 달리 다른 텍스트들을 인용하는 데 의존하지 않는, 자기 자신만의 단일체적이고 권위적인 "진실들"을 발생시킨다.[106] 그가 보기에 철학의 위기를 촉진한 것은 이른바 "주체의 죽음", 단지 "개인적인 자아나 인격"의 죽음만이 아니라 "최상의 철학적 주체인 코기토의, 위대한 철학 **체계의 저자의**" 죽음이었다. 철학하는 주체의 자리에 대신 들어선 것은 이데올로기이고, 철학 분과의 자리에 대신 들어선 것은 "실천(praxis)과 공포"였다.[107] 이것은 철학 이후의 비판적 삶에 대한 황량한 묘사이고, 포스트모던한 문화 생산에 대한 제임슨의 냉소를 특징적으로 드러낸다.

역사에 대한 제임슨의 이런 관점에서 보면, 1940년대와 1950년대 사르트르의 실존주의는 바야흐로 이론이 막 등장하기 직전으로서의 철학의 정점을 표식한다. 아르카디 플로트니츠키와 같은 사람들은 실존주의보다 시기상으로 앞선 변화들, 가령 니체가 촉발시킨 것과 같은 변화들이 "철학의 죽음, 적어도 지금까지 이해된 것과 같은 철학의 죽음을 낳았다"고 생각한다. 사르트르식의 실존주의를 철학의 끝으로 본 제임슨과 달리 플로트니츠키는 의아하게도 보부아르의 『제2의 성』의 페미니스트적 실존주의를 니체 이후 "철학의 두 번째 죽음의 첫 번째 신호"로 추대한다.[108] 포스트-1950년대에 일어난 지적인 변화의 가치를 의심하는 제임슨과 달리 플로트니츠키는 1960년대를 "보편적 해방, 에너지들의 전 지구적인 방출"의 순간 ― 그 결과 이론과 예술의 존재론과 실천에도 영향을 미친 ― 이었다고 일축한다.[109] 이렇듯 정치적·사회적으로 전 지구적인 "에너지의 방출"은 문학과 학계의 장에서도 감지될 수 있었다. 가령 자서전과 생애-쓰기는 1960년대가 되어서야 비로소 진지한 학계 연구 분야로서 출현했다.[110]

문학 연구자인 제프리 R. 디 레오는 「포스트이론의 시대의 들뢰즈」에서 "이론"은 추정상 남성들(혹은 명시적으로 페미니스트로 위치 짓지 않는 남성들)에 의해 쓰인 프랑스 후기구조주의 이론을 의미하고, "문화연구"는 그와는 완전히 다른 것을 의미하는, 그런 학계의 "소문에 의하면 이른바 '포스트이론적인 전회'"에 대해 서술한다. 디 레오는 1980년대를 "이론이 일련의 관점의 확장을 완수했던" 시기, 그렇게 해서 페미니즘들, 포스트식민적인 이론들, 기타 등등의 소위 "낮은 이론"이 소위 "높은 이론"의 자리를 대신 차지하기 시작했던 시기로 분석하면서 당대의 변화를 고찰한다. 그는 1990년대를 면밀히 들여다보면서 다음과 같이 썼다. "1980년대에 **방법**적으로 자신을 코드화함으로써 무시간적이고 몰역사적인 영원성을 획득하게 된 1970년대의 높은 이론은 모든 문화적 인공물의 우연적·지역적·역사적·맥락적인 특성을 재-강조한 문화연구의 낮은 이론에 굴복했다. ... 문화연구는 1990년대에 이르면 포스트식민주의, 퀴어, 미디어 연구를 포함할 만큼 확장되었고, 그에 비해 이론은 극히 미미한 발전의 신호들만을 보여주었다." 이런 관점에서 보면 비판적인 인종 이론, 페미니즘 이론, 퀴어 이론은 적절하게 이해되었을 때의 "이론"과는 존재론적으로 다른 어떤 것이다. 그것들은 기껏해야 일종의 "낮은 이론"에 불과한 "문화 연구"의 한 형태로 단언된다.[111] 이른바 낮은 이론을 낮은 것이라고 표현하면서 "우연적이고 지엽적인 것"을 위한 장을 마련한 디 레오의 생각은 자기이론을 페미니즘의 양태로 고찰할 때 중요해진다. 이렇게 "문화 연구"와 "높은 이론"을 대비시켜서 이해한 방식을 참조하면, 자기이론적인 실천들이 촉발했던 교차성 페미니즘의 이론 정치를 더 잘 이해할 수 있는 무대가 만들어진다.

  정체성 정치와 "이론" 간의 오도된 구분은 어떤 종류의 지식이 비판적으로 정당한 것인가란 질문을 삭제하는 인종차별적이고 성차별적인 베일, 거의 드러나지 않는 베일이다. 데이비드 채리안디가 지적하듯이 "이론, 진짜 이론은 백색으로 보이게 될 것이다". 그리고 그 점이 분명하지 않을수록 더 좋은 것으로 치부될 것이다. "아, 정말 씨발스럽다."[112] 오늘날에도 학자들은 백인-남성이-지배하는 "진정한" 혹은 "참된" 이론과 철학의 본성을 잘 알고 있는 듯하다. 적어도 그것이 역사적으로 정전화된 것임은 말이다. 나는 철학 학회에서 논문을 발표할 때면 자신이 거기에 참석한 유일한 여성이거나 남자가-아닌 사람이었다는, 그리고 여성학 학회와 젠더학회에 갔을 때 자신이 하는 것은 더 이상 "철학"으로 간주되지 않으며 철학과는 다른 어떤 것(마치 젠더학과 같은 분과에서 작업하는 것이 이른바 지적으로 더 순수한 철학의 영역으로 올라가는 것을 차단하기라도 하는 것처럼)으로 간주되었다는, 여성들과 젠더-비순응적 학자들의 이야기를 자주 들어왔다. 자기이론은 이론의 "주인 담론(들)"에 엄격하게 관여하는 방식으로 "주체에-중심을-둔 질문"을 다시 소생시킨다.[113] 이론이 칸트, 니체, 마르크스, 프로이트, 1970년대의 후기구조주의, 디 레오의 "높은 이론"(보편적인 것을 위해 주관성과 우연성을 명시적으로 부인하는)을 경유하면서 교차성 페미니즘 정치의 주체성 및 위치성과 불화하고 있다면, 자기이론은 동시대 예술가들과 작가들에게 이런 차이를 통해 작업하고, 긴장을 프로세싱하고, 이론에 대해 사유하며 이론과 함께 존재할 다른 방식을 생성시킬 접근법을 제공한다. 페미니즘의 자기이론에서 주체-중심의 작업은 일련의 전략과 전술을 사용하는 이론으로 자리한다.

   나는 "포스트이론", "반이론", "이론의 죽음"과 같은 용어들이 유통되고 있는 동시대 환경 안에서 자기이론이 어떻게 이론화의 작업, 그리고 자기이론의 발흥과 이론 및 실천의 통합을 격려하는 기관들의 움직임, 우리가 "포스트모던한" 시간 속에 있다고 보는 최근 담론들 간의 관계에 접근하는 다른 방식들을 제공하는지를 고찰할 것이다. 더 다양한 종류의 사람들이 아방가르드 공간들과 작업 방식들에 접근할 수 있었던(혹은 그렇게 인지되었던) 시기인 이른바 1960년대의 "아방가르드의 죽음"

에 대한 BIPOC 페미니스트 비평과 유사하게, 우리가 이제 "포스트 이론"의 시대에 속하거나 무성한 소문 속 이론의 "죽음"의 결과 안에서 살아가고 있다는 주장은 급격한 자기이론의 발흥과 페미니스트적·반인종차별적·반식민적, 혹은 포스트식민적 정치와의 연관 속에서 고려될 필요가 있다.

자기이론이라는 젠더 트러블: 사례 연구로서의 세미오텍스트

벨러미와 남편 케빈 킬리언은 뉴 내러티브 운동의 자기역사(autohistory)에서 크리스 크라우스의 1997년 저서 『아이 러브 딕』이 어떤 전환점 — 뉴 내러티브의 끝 그리고 그것과 다른 무언가의 시작 — 을 차지한다고 썼다.[114] 내 생각에 그들이 말한 다른 무언가는 1990년대의 자기이론, 즉 솔직함의 양태, 혹은 이미 이론에 정통하고 성찰적으로 주체적인 뉴 내러티브의 글쓰기보다 훨씬 더 수행적으로 자기이론적인 어떤 것의 출현을 제시한 자기이론을 말한다. 내게 크라우스의 글쓰기는 자기이론을 접하게 해주었던 최초의 입문서였다. 크라우스는 이 책에서 계속 중요한 인물로 등장할 것이다. 5장에서 본격적으로 크라우스의 자기이론적인 작업의 맥락을 다룰 때, 나는 줄곧 문화에 등장할 "이론", "자서전", "픽션"과 같은 용어들 사이에 놓인 존재론적이고 인식론적인 권력 격차를 고찰할 것이다. 이는 심지어 20세기 말 가장 좌파에 경도된 이론과 실천의 실험적인 양태들(**실험적인**과 **진보적인**을 같다고 보아서는 안 된다.

가끔 내가 망각하는 것이기도)과, 크라우스의 저작을 출간했고 한동안 크라우스가 실베르 로트링제와 그 이후에는 헤디 엘 콜티와 편집자로서 공동운영했던 독립 출판사 세미오텍스트(Semiotext(e))에서 구현된 실험적인 양태들에서도 문제였다.

 남성 편집자들과 작가들은 "이론"의 영역에서 지금까지도 이러저러한 방식으로 여성을 배제하고 있다. 페미니즘과 철학을 통합한 『반사경』을 출간했다는 이유로 포스트-68의 파리에서 이리가레의 교수직을 박탈한 라캉의 사례는, 동시대 이론에서 페미니즘 문제를 대표하는 예일 것이다. 1970년대 초에 세미오텍스트는 포스트-68적인 정치적·전복적·대항문화적인 프랑스 후기구조주의의 열기를 미국으로 가지고 와 그것을 분열적-비체적인(schizo-abject), 본질적으로 포스트모던한 이론과 실천으로 만들었다. 세미오텍스트는 특히 자기이론적인 충동과 관련 있는 작업을 출간하는 데 큰 기여를 했으며, 출판사의 역사와 출간 목록은 후기구조주의와 포스트모던 이론에 얼마나 완고한 젠더 구분이 존속했는지 역시 보여준다. 권력 위계를 불안정하게 하고 젠더를 위험하게 한다고 주장했던 이론조차도, 타자를 배제하는 식으로 줄곧 시스 남성의 목소리의 지배를 받았다. 내가 사례 연구의 대상으로 세미오텍스트를 끌어들이는 데는 바로 그 출판사가 동시대 이론의 중요한 모서리라고 생각하기 때문이다. 나는 자기를 쓰고 이론화하고 허구화하는 작업 사이에서 자기이론이 갖는 긴장과 연관해서 무엇보다 이러한 역사적인 젠더 트러블에 호기심을 갖고 접근할 것이다.

 1974년에 로트링제는 세미오텍스트를 "프랑스 이론을 미국에 도입하기 위한 도구"로 창설했다. 로트링제는 롤랑 바르트의 학생이었고, 바르트와 비슷하게 구조주의와 기호학에 대한 관심에서 후기구조주의에 대한 관심으로 넘어갔다. 뉴욕시 소재 컬럼비아 대학교에서 구조주의를 가르칠 자리를 얻었던 1972년에 로트링제는 "대학 밖에서 지적인 운동을 설계하고", 프랑스의 포스트-68적인 후기구조주의 이론을 통해 "미국 내에서 혁명 개념을 재창안할" 가능성이 자신의 최우선적인 관심사라는 것을 자각했다. 그 결과 출판사 세미오텍스트가 탄생했고, 그곳은 곧 "전 지구를 지배하는 미국의 문화산업과 포스트-68적인 경험에 대한 프랑스의 이론화의 인터페이스"를 신체화한 최첨단 비판 이론의 공간이 되었다.[115] 그것은 예술과 문학, 비평과 행동주의, 철학과 이론 사이에 둘러진 울타리에 걸터앉은 전위적이고 비판적인 텍스트들을 위한 허브였고, 지금도 계속 그런 역할을 하고 있다.

일차적으로 유럽과 미국 남성들의 이론과 철학을 출판했던 세미오텍스트에서 예외적으로 책이 출간된 유일한 여성 작가 캐시 애커는 로트링제가 낭만적으로건 성적으로건 관계가 있는 여성이었다. 1990년에 세미오텍스트는 두 개의 출판사로 갈라졌다. 그중 한 곳에는 비록 데이비드 래드레이와 같은 예외가 있기는 했지만, 주로 남성 저자의 "이론"에 주력했고 다른 곳은 저자가 대부분 여성인 "픽션"에 주력했다. 두 번째 경향의 도서를 기획했던 크라우스는 네이티브 에이전트(Native Agents) 시리즈를 담당하면서 앤 로어, 린 틸먼, 바버라 바그, 쿠키 뮬러와 같은 작가들을 중심으로, 이론에 경도된 여성과 퀴어가 저술한 오토픽션들, 수행적·포스트회고록적인 새로운 "나"를 활성화했던 작품들을 출간하는 데 주력했다.[116] 이들 중 많은 작가는 퍼포먼스가 주를 이루는 하위문화 신에서 출발했다.

크라우스의 주도 아래 네이티브 에이전트는 실험적이고 흥미진진한 페미니스트의 문학적 대항문화를 위한 공간으로 확고한 위치를 차지하게 되었다. 섹슈얼리티와 정체성을 둘러싼 위반적 주제들을 탐구한 노동계급 출신 레즈비언 여성들을 위한 공간을 마련했던 그곳은 그러나 압도적으로 백인의 공간이었다. 이 문제는 재키 왕과 베로니카 곤잘레스 페냐와 같은 작가들의 날선 작업이 포함된 세미오텍스트의 좀 더 최근의 시리즈들에서 계속 다뤄지고 있다. 네이티브 에이전트는 3물결 페미니즘을 포함한, 드러나지 않고 잠복해 있기에 연결고리가 없었던 세력들에 힘과 에너지를 부여했다. 그러나 세미오텍스트의 페미니스트 정치는 희한하게도 학자들의 커뮤니티에서는 거의 다뤄지지 않았다. 왜 세미오텍스트는 여성들이 쓴 이론은 출판하지 않았을까?

헨리 슈워츠와 앤 발사모가 그 당시에는 커플이었던 크라우스와 로트링제와 함께 진행한 1994년 인터뷰에서, 크라우스는 로트링제가 여성 작가들의 작업이 **픽션**일 때 매우 마음에 들어 했다는 것, 그러나 그것이 이론일 때는 그만큼 편안해하지 않았다고 말한다. 로트링제는 페미니즘 이론의 "정신분석적 경향"을 그 이유로 거론했는데, 그가 보기에 페미니즘 이론은 정신분석에서 완성되고 끝나는 것이었다. 세미오텍스트는 프로이트와 대치되는 들뢰즈와 가타리 계열의 이론 작업을 지지하고 있었다.

| 로트링제: 따라서 우리는 비판하거나 비판받는 것을 중요하게 생각

했다. [우리는 조용히 포인트 오브 뷰 시리즈를 발행했다.] 그래서 우리는 다른 길로 가기 시작했다. 기본적으로 균형이 잡히도록 하기 위해서 그랬고, 지금도 그렇게 하고 있다.

크라우스: 이와 연관해서 실베르는 픽션 시리즈에서는 오직 여성들만 출간하는 게 바람직하다고 생각했다. 그러나 그는 이론 시리즈에서는 어떤 여성의 출간도 원하지 않았다. 그가 알고 있는 유일하게 이론을 쓰는 여성은 정신분석 이론을 하고 있었고, 그는 이런 사실에 전혀 흥미를 느끼지 않았기 때문이다. 그리고 그 당시 픽션 시리즈는 그런 식으로는 전혀 정신분석적이지도 내성적이지도 않았다. 그것은 아주 공적인 "나"였다. 이들 프랑스 이론들에서 표현되고 있던 것과 똑같은 공적인 "나"말이다.[117]

자기-비판적이고 내성적인(introspective) 것은 이론적인 것의 안티테제라는 것을 함축한 로트링제의 논평은 자기이론의 약속과는 상당히 대치되는 것이다. 1990년대 중반 세미오텍스트의 세계에서 "페미니즘"은 정신분석, 특히 이리가레, 식수, 크리스테바의 작업에서 볼 수 있었던 것과 같은 정신분석 이론에 대한 페미니즘의 비판과 연계되었다. 어떤 의미에서는 정신분석 이후라고 할 만한 20세기 말, 잘 방어되었던 프로이트적이고 라캉적인 양태들이 표상했던 담론적 인식론과는 거리를 둔, 정신분석, 고백, 철학 "이후" 어딘가에 위치한 곳에서 이론과 예술-제작이 나타났다. 문학, 시각예술, 퍼포먼스, 음악, 사운드가 수렴하는 임계적 공간에서 발견된 1990년대 초반 네이티브 에이전트 신의 경우, 그것은 2물결 페미니즘 이론과 (프랑스 전통에서 출현한) 정신분석 이론 사이에서 지각된 연합과 결부되었다.

문학 비평가이자 편집자라는 자신의 역할 안에서 "자기-비판"에 저항한 로트링제가 문제화하는 것은 일견 실험적이고 진보적인, 심지어 퀴어한 양태로 이론을 실천하는 20세기 공간으로서의 세미오텍스트 내부에 젠더 문제틀이 아무런 제재 없이 존재했다는 사실이다. 인터뷰에서의 폭로와 "개인적인" 양태들(여성적인 것, 어쩌면 여기서는 페미니스트적인 것으로 코드화된)의 차이, 은폐와 적절하게 **이론적인 것**(생물학적 남성이나 문화적 남성의 특성을 가진)의 차이를 고수하는 로트링제는, 그렇기에 "자기-비판"을 "쓸모없는 것"으로 일축한다.

로트링제와 크라우스의 대화는 특히 네이티브 에이전트가 출간한 책들을 놓고 볼 때 의뭉스러워 보이는 이분법, 즉 자기-분석하기와 논쟁적이거나 공적인 것 사이에 존재하는 허위의 이분법을 전제로 한다. 여성과 퀴어에게 주어진 공간은 이론이 아닌 픽션을 쓸 공간이라는 게 자기이론의 위험 중 하나를 증명한다. 그것은 또한 여성, 트랜스, 젠더-비순응적인 작가들 및 예술가들이 자신의 작업, 심지어 장르들을 횡단하기에 선언문이나 회고록 같은 다른 용어로 기술될 수 있을 작업을 이론**이라고** 부르려는 경향이 증가하는 것에 대한 통찰을 제공한다. 지금껏 이론은 이런 작업을 기술할 수단으로 봉사할 수 있을 시점에서도 그런 작업을 배제했다. 이제 이런 작업이 자신들의 작업을 **이론**이라고 묘사하면서 신중한 자긍심을 가지고 이론을 환기한다.

개념미술: 철학 이후의 미술

> 애니 스프링클의 작업을 지켜볼 때 전해지는 도전이나 쾌락 중 하나는 내가 볼 때 겉보기에만 그런 것이 아니라 이론적으로 정교하다는 것이다. 그는 글자 그대로 이론을 신체화한다.
>
> ... 개브리엘 코디, 『심장에서 전해져 오는 하드코어』

1960년대에 전성기 모더니즘 "철학"에서 포스트모던 "이론"으로의 이동이 있었던 것과 마찬가지로, 철학과 예술의 관계에서도 혁명이 일어났다. 개념미술가 조지프 코수스는 「철학 이후의 예술」에서 "20세기에 '철학의 종언과 예술의 시작'이라 부를 만한 시기로 진입했다"라고 주장한다.[118] 요약하자면 개념미술은 작업 뒤의 관념이나 개념이 종종 물리적인 작품보다 우위를 차지하는 예술이다. 개념미술가는 많은 방식에서 한 편(piece)을 예술작품으로 정의할 그 어떤 특수한 형식적 스타일을 위해서가 아니라 작업을 위해서 프레임을 수립한다.

개념주의는 비디오 아트, 설치 미술, 보디 아트, 복수미술(multiples)과 예술가의 책 제작, 플럭서스, 해프닝, 새로운 방식으로 결집한 흑인 미술 운동과 페미니스트 미술 운동을 포함한 1960년대의 여타 인터미디어적 실천들의 증식과 나란히 발전했다. 다양한 매체를 아우르며 형태를 갖춰나간 개념미술 진영의 예술가들은 당시 자신의 작업을 이끈 개념이나 관념을 가장 잘 전달할 수 있다고 생각되면 어떤 매체나 형식이건 자유롭게 끌고 와 사용했다. 페미니스트 개념미술과 보디 아트 실천의 정치적인 입장은 자기-참조적이고 이론적인 비판과 함께 유희하는 쪽으로 넘어갔다. 페미니스트 개념미술가들은 개념적인 것과 정치적인 것을 특정 작업에 함께 끌어들였을 뿐 아니라 "주체-중심의 질문"을 관념-기반 미술 안으로 끌어들여 통합할 수 있는 가능성 — 생물학적 남성 예술가들의 손에서 그런 혼합은 적어도 이론상으로는 금지되어 있었다 — 을 드러냈다.[119] 여성과 유색인 예술가들은 포스트-68에서 유통되기 시작한 저자의 죽음이라는 후기구조주의 개념에 저항하면서 그 신으로 진입했다. 1960년대와 1970년대 내내 에이드리언 파이퍼, 엘리너 앤틴, 마사 로슬러 등의 예술가들은 개념미술이 "편협하리만치 미학적 논쟁에 경도된" 점에 의심을 표하면서 대신에 일상, 젠더, 인종과 관련된 쟁점들, "문제적인 사회적 관계들에 대한 자신들의 막 시작된 관심사들"을 명료하게 만드는 데 관심을 가졌다.[120]

나르시시즘의 역설은 동시대 미술만큼이나 이론과 학계의 글쓰기 장에서도 문제였다. 가령 비디오 아트와 카메라를 위한 퍼포먼스 같은 실천들은 개념주의, 자기-이미지 만들기, 반영에 휘말렸기에 특히 자기이론적인 충동에 기여했다. 미술사가인 로절린드 크라우스는 1976년의 에세이 「비디오: 나르시시즘의 미학」에서 그린버그식의 확신에 찬 논증, 즉 비디오 아트의 매체는 특정한 재료(그림의 매체는 그림물감이라는, 우리가 매체를 이해하는 전형적인 방식으로)가 아니라 나르시시즘 자체의 정신적 메커니즘이라는 논증을 제공한다. 크라우스의 관점에서 보면, 비디오 아트 — 핸드 헬드이고 비교적 저렴해서 예술가들이 활용할 수 있는 과학기술로서 강력한 DIY의 장점이 있었던, 1960년대와 1970년대에 출현한 실천 — 는 과학기술이

가능케 한 있는 그대로의 자기-보기(self-looking)를 통해 작동한다. 예술가들은 카메라 앞에서 공연을 하면서 카메라 렌즈를 쳐다보고, 그러면서 모니터 안의 자기 자신을 본다. 예술가의 이미지는 예술가에게 거울반사되어 되돌아오고, 기록 중인 모니터는 반사하면서 반영하는(specular and reflexive) 거울-같은 피드백을 제공한다.[121]

특히 페미니스트 운동들에서 현저하게 드러났던, 이런 1960-70년대 개념미술 실천의 자기-반영적 전회는 비단 여성에게만 한정되지 않았다. 조앤 조나스는 예술가가 기록하는 그 순간 동시에 모니터로 무빙 이미지를 전송할 수 있는 소니 포타팩의 잠재력 덕분에 가능해진, 글자 그대로 자기-보기 실천인 비디오를 위한 퍼포먼스 작업을 만들었던 시기로 1970년대를 성찰한다. 그는 어떻게 자신과 같은 예술가들에게 자기-반영이 큰 관심사가 되었는지, 비디오카메라가 파고들어갈 여지를 만들어준 관심사가 되었는지를 다음과 같이 설명한다. "나는 자기-실험, 나 자신을 바라보기, 그리고 친구들과 나의 관계, 어떻게 여성들은 서로 관계를 맺는가에 아주 큰 관심을 갖고 있었다. 남성들 역시 이런 변화를 통해 똑같이 작업을 하고 있었고 곧 이런 질문에 관심을 갖게 되었다. 그때는 그렇게 정치적으로 흥미진진한 시기였다."[122]

페미니스트 미술의 "자기-이미지 만들기"(self-imaging) 실천의 풍부한 역사는 퍼포먼스, 시각 문화, 미술사 학자들에 의해 방대하게 쓰여왔다. 그중 한 명이었던 어밀리아 존스는 미술계를 전복시킬 가능성을 가진 자기-인식적 태도로 나르시시즘을 이용한 읽기 방식을 제공한다. 어밀리아 존스는 1960-70년대 페미니스트 보디 아트의 역사를 면밀히 고찰하면서, 해나 윌키의 "신체화된 나르시시스트적인 주관성"을 연구했다. 존스는 페미니즘의 자기-반영적인 접근 방식으로서의 나르시시즘이 20세기 중엽의 가부장제 모더니즘 미술계의 용어들과 가치판단 — 특히 칸트를 경유해서 그린버그가 지지했던 미적 "무관심성"에 대한 전성기 모더니즘의 접근 방식의 — 을 불안정하게 만들 수 있다고 주장한다.[123] 존스는 페미니즘의 보디 아트 작업들에 대한 미술사적 독해를 통해 페미니즘의 방식으로 나르시시즘을 복권시켰고, 내가 자기이론에 대한 생각을 진척시키는 데 많은 영향을 주었다. 나는 이미지 만들기, 그리고 여타 다른 양태의 재현과 각인을 통해 예술가와 작가 들이 어떻게 자기를 바꾸는가를 고려할 때 존스의 리서치를 확장해서 적용할 것이다.

　자기이론적으로 작업하는 사람들은 모두 비판적이면서 미학적인 투여와 집착을 공유하는 것 같다. 존스와 비슷하게 크라우스 역시 반복적으로 해나 윌키에게 돌아가는데, 윌키는 남성 비평가와 페미니스트 모두에게 너무나 위반적 — 이른바 무비판적인 나르시시즘 안에서는 이해 불가능한 — 이라고 지각되었던 방식을 통해 자신의 신체를 작업에 끌어들였던 페미니스트 예술가의 범례이다. 크라우스는 "해나 윌키는 내가 하려고 꿈꾸고 희망했던 모든 것의 모델이다"라고 공언하면서, 『아이 러브 딕』이 본인보다 먼저 이론에 정통한 채 작업했던 페미니스트 개념미술가와 보디 아트 예술가들을 확장시킨 작업이었다고 적었다.[124] 이때 "정전"으로의 전회는 정전에서 주변화되어 있는 이들로의 전회, 즉 역사의 틈 사이로 미끄러져 사라진 파라정전적인(paracanonical) 예술가들, 혹은 그들이 어떤 식으로 작업했는지를 더 적절히 설명해줄, 이제야 등장하고 있는 여러 실천의 단초에 비추어 더 연구될 가치가 있는 예술가들로의 전회에 더 가깝다.

앞서 검토했듯이 역사적으로 이미 알려진 것과 같은 철학의 논리 — 데카르트의 이원론과 아리스토텔레스의 존재의 사슬(chain of being)을 포함한 — 아래에서 여성들의 몸은 이성적인 정신과는 화해 불가능한 것이었다. 존스는 1960년대의 페미니스트 보디 아트와 퍼포먼스 아트가 생물학적 여성 예술가가 줄곧 "남성주의적 신화인 생물학적 남성의 초월성을 떠받치는 데카르트의 **코기토**(cogito)와 **코르푸스**(corpus)의 분리를 전복시키면서, 몸이면서 동시에 정신일" 수 있는 가능성에 조건이 되어주었다고 주장한다. 이것은 존스가 1970년대에 이른바 "나르시시스트적인" 페미니스트 실천의 "급진적인" 가능성들을 지지하는 데 토대가 된다.[125] 슈니먼이 적고 있듯이, "현실적인 체험을 다루는 것, 이것은 생물학적 남성에게는 영웅적인 포지션이고 여성에게는 사소한 노출이다. ... 체험을 탐구하는 여성은, 남성들이 집 안의 일이라고 폄훼하고 에로틱으로 일축하면서 자기들의 고유한 포지션을 환기하거나 지지하게 만들고 싶어 하는 영역을 점유한다."[126]

샌프란시스코를 기반으로 작업하는 미국인 예술가 크리스틴 티엔 왕의 「나르시시스트이기엔 난 너무 자기-인식적이야」(2019)는 금색 반점이 박혀 있는 흰색 유약을 발라 구운 도자기 표면에 작품의 제목이 모두 대문자로 적힌, 구근 모양의 혹은 모래시계 형태의 용기의 전면에 텍스트가 적힌 작품이다.[15]

왕의 작업은 자신이 진술한 방식의 논리를 통해 한쪽의 "나르시시즘"과 다른 쪽의 "자기-인식"이 서로를 밀어내고 배제하면서 차이를 만들어내게 한다. 인식적인 자기-성찰성을 결여한 무비판적인 나르시시스트(글자 그대로 물에 비친 반영으로서의 나르시시즘: 웅덩이에 비친 자기 이미지를 바라보고 있는 멍청한 나르시스)와 대비를 이루는 사람이 자기-인식적인 사람이다. 자기-인식적인 사람은 자신이 무엇을 하고 있는지를 의식하기에 자신이 자신을 보고 있다는 것을 자각하지 못한, 즉 나르시시스트와는 다른 동물이다. 왕의 작업은 단호하고 재기발랄하다. 버블 형태의 글자가 작업의 비판적인 통찰을 일견 저해한다. 왕의 작업은 나르시시스트적으로 **보이지만** 그렇지 않다. 그의 작업은 나르시시스트적이라고 평가절하되었던 여성과 유색인 예술가들이 한 작업의 긴 역사가 끝난 곳에서, 그러나 이번에는 그 방법에 대한 자기-인식을 통해 나르시시스트적인 작업을 진행한다. 작업의 비판성을 감추고 보여주지 않으려는 것, 그것이 물론 작업의 핵심이었다.

왕은 나이트 갤러리에서 열린, 미술계 데뷔를 알린 개인전에 대한 2014년 『로스앤젤레스 타임스』의 리뷰 — 미술비평가 데이비드 페이글은 중요한 부분을 간과한 채 왕의 작업을 나르시시스트적이라고 평했다 — 에 시간차를 둔 반응으로서 그 작업을 만들었다. 왕은 리뷰를 붙잡고 늘어졌고, 스튜디오 작업을 통해 그것을 계속 프로세싱했다. 페이글은 2014년 왕의 전시를 "가혹하리만치 고백적"이라고 묘사함으로써, 왕의 작업을 오랜 고백적 글쓰기와 예술의 역사 안으로 밀어넣으면서도 "가혹하리만치"란 형용사를 덧붙여 왕의 작업이 혹시라도 가질 수 있는 뉘앙스는 경계하려고 했다. 페이글은 "왕의 개인전 《난 그 백을 원해》에서 나르시시즘과 사회적 책임은 충돌하지도 심지어 혼합되지도 않는다. … 이 젊은 작가의 반쯤-구워진 회화와 조야한 조각에서 그 둘은 그저 나란히 앉아 있다"고 썼고, 따라서 나르시시즘을 "성장과 발전의 실패"로 이해했던 프로이트의 서사를 재각인했다. 페이글은 나르시시즘과 자기-성찰성을 구분하면서 자기-성찰성은 윤리적이라고 단언한다. 심오한 사유에 기반한 자기-성찰과 함께 할 때에야 자기-인식을 통한 개인적인 변형의 가능성이 도착한다는 것이다. 그와 달리 "왕의 작업은 너무 빨리 펀치를 가하기 때문에 자기-성찰이 일어날 수 없고, 다른 사람들에게 자기-인식을 고취시킬 수도 없다". 나르시시즘에 대한 비판은 미학적 비판일 뿐 아니라 윤리적 비판이다. 나르시시스트적인 예술가는 사회적으로 무책임한 예술가인 것이다.

> 왕의 채색된 콜라주 작품 몇 점은 공격적인 고백의 형태를 취한다. 오늘날엔 자신의 결함을 공개하는 것이 그 자체로 목적이 되었다. 17세기 전에 성 아우구스티누스가 고백이란 장르를 처음 시작했을 때 그것은 자기 변형을 향한 한 걸음이었지만, 이제 그것은 사물의 존재 방식 앞에서 자기 잇속만 차리는 방어로 전락했다. 이것이 왕의 작업의 논조, 특히 그가 아빠와 자신을 담은 무모한 이중 초상인 「중상류층」의 논조이다.[127]

왕은 비평가가 자신에게 투사한 것을 그대로 끌어들여서 그걸로 신작을 만들었다. 나는 스카이프로 왕의 스튜디오를 연결해 그가 진행 중인 작업의 스케치들을 구경했다. 일기의 첫 줄을 차지하는 날짜가 포함된, 안쪽에 적힌 글자들이 윤곽을 만들어 내는 물결 모양의 항아리의 선 드로잉, 「나는 너무 착해서 나르시시스트일 수가 없다」처럼 나르시시즘과 윤리적인 자기-인식의 차이를 놓고 씨름하는 긍정문처럼 읽히는 것도 있었다. 또 어떤 것은 "나는 친구의 장례식에 가는 대신에 도자 수업에 갔다"처럼 뒤틀리고 음산하게 희극적인 메타-형식주의를 통해 고백적이었다. 왕이 계속 제작한 고백적인 회화와 조각품에서, 매체들과 대형 캔버스의 아크릴화, 그보다 작은 가마에 구워 유약을 바른 도자기 위에 큰 글씨로 적힌 가열하리만치 통렬한 자기-폭로의 문장이 발견되었다. 「나는 건강보험에 들려고 결혼했다」, 「난 단지 백인 소녀이고 싶어」, 그리고 가장 논쟁적일 「나는 강간 포르노를 사랑해」(모두 2017년 작)와 같은 작품들은 장전된 "진리들" — 젠더, 인종, 섹스, 계급, 정치경제의 개인 정치(the personal politics)에 몰두해 있는 — 을 공개적으로 폭로하는 그의 실천을 계속해서 예시한다.

비평가 페이글의 리뷰는 무비판적으로 나르시시스트인 21세기 페미니스트 예술가 왕, 그리고 지적으로 생산적인 자기-변형을 시도하며 자기성찰적인 작업을 한 아우구스티누스 같은 인물들 사이에서 단호할 만큼 상호배제적인 대립을 확립한다. 페이글은 왕의 작업이 그런 자기-실현적인 의미에서는 자기-인식적이지 않다고, 대신에 청소년들이나 하는 시시한 방식으로 자기를-보는 작업이라고 추정한다. 왕의 작업이 소박하다고 가정한 페이글의 시각은 여성은 소박한 나르시시스트라는 프로이트의 견해를 21세기 미술계로 끌어들여 확장시킨 것이다. 왕의 작업이 그런 나르시시즘을 통해 통렬하고 신랄한 비판을 가하고 있다면 프로이트와 페이글은 **우연히** 그렇게 하게 된 것이라고 가정하려 들 것이다.

내가 보기에, 로스앤젤레스에서 열린 첫 개인전에서 왕의 작업에 담긴 나르시시즘은 자기-이미지 만들기와 미러링을 사회에 대한 미러링으로 확장한 것이 아닐까 싶다. 페이글은 왕의 회화와 조각을 "트위터의 시각적 등가물: 발송자가 생각하는 것보다 훨씬 덜 똑똑한(그리고 전혀 중요하지 않은) 엄지척 반응들"이라고 묘사한다. 이것은 트위터가 미국 대통령이 자신의 공중과 소통하는 일차적인 양태 — 일견 사소하지만 상당히 중요한 포퓰리스트들의 소통 매체(페이글의 지적처럼 "엄지척"이면서 동시에 맑은 정신으로 효력을 행사하는) — 로 봉사하게 된 트럼프가 집권하기 2년 전에 작성되었다. 결정적으로 페이글은 왕의 작업의 본질적인 부분은 전혀 읽지 못한 채로, 진짜 정치의 자리를 자기-패배적인 태도가 차지했다고 적었다. "더 위를 욕망하는 왕의 생각 때문에 전 지구적 온난화에 대한 단순 정보 같은 것이 끼어들어 그의 작업을 어지럽히고 있다." 페이글이 왕의 작업에서 지각한 "나르시시즘"은 사소한 자기-보기가 아니다. 그것은 2014년 미국의 정치적 기후에 대한, 개인적으로는 상황적이고 사회적으로는 인식적인 재현이다. 레오나르도 디카프리오 같은 영향력을 휘두르는 팝 문화적 인물들의 말과 행동에 만연한 위선을 호출하는 이 예술가의 전략이 유익하지 않다는 것인가? 이렇듯 삶에-충실한-재현은 페이글의 취향에는 너무 냉소적인 것이었을까? 좋은 예술이 하는 것이 이런 것 아닌가—사회로 거울을 돌리고 그것을 사회에게 비취주는? 이것은 그 많은, 상당수가 백인 남성인 작가들과 예술가들이 작업으로 보여주고 있다고들 하는, "특수"에서 "보편"으로의 움직임은 아니었던 것일까?[15]

페이글의 "가혹하리만치 고백적인"이란 분석을 대신해서, 나는 왕의 작업을 기술하기 위해 "포스트-고백적"이란 단어를 제안하고 싶다. 1950년대의 고백주의 이후를 가리키는 이 단어를 대신하는 것은 이제 포스트모더니즘이 소개한 정치적이고 미학적인 흐름이다. 왕과 다른 예술가들의 작업이 보여주는 동시대 자기이론은, 포스트고백적인 고백과 자기 인식적이고 비판적인 나르시시즘과 같은 전략들을 이용해서 여성들의 "자기"로의 전회를 비판적이거나 명민한 것과는 다른 것으로 일축한 그 긴 역사들을 전복하는 데 관여한다. 페이글의 것과 같은 리뷰들은 예술가와 작가 들의 자기이론적 충동에서 나타나는 경향, 즉 "자기로 방향을 돌리는" 장르인 회고록과 자서전 같은 명칭을 거부하고, 대신 자기이론이 그러하듯 자신들의 작업에 내재된 임계(criticality)를 전면에 내세우는 용어를 선호하는 경향을 부분적으로 설명해준다.

결론

이 책은 자기이론을 예술가들의 실천으로 간주하고 고찰하면서, 동시대 예술, 영화, 비디오, 시각 문화와 이론, 페미니즘과 젠더연구, 문학 연구 사이에, 그리고 그것들 가운데에 존재하는 중요한 연결점들을 줄곧 주의 깊게 살펴볼 것이다. 나는 캐나다의 초원, 제4 조약이 체결된 땅(Treaty 4 lands)에서[128] 살고 있는 백인 정착민-식민적 가족이란 맥락에서 등장한 노동계급 1세대 학생일 뿐 아니라 작가-연구자-독학한 큐레이터-예술가로서, 이 책에서 채택한 많은 연구 대상과 지금도 여전히 정의되는 중인 페미니스트 양태로서의 자기이론을 마주한 채 그 텍스트들이 끌어안은 방법론 모두를 투여하여 이 책을 썼다. 이 과정에서 내 사유의 대상이나 동반자가 되어주었던 예술 및 글쓰기 작업은 모두 개인적으로나 지적으로, 정치적으로나 정동적으로 내게는 뭔가를 **의미한다**. 그리고 자기이론과 공명하는 그런 작업들은 호기심으로 충만한, 이론화하려는 내 몸 안 어딘가에서 진동하면서, 그것들이 엄선해 손을 댄 텍스트들과 나란히 그것들 스스로의 프로세싱에 필요한 방식으로 한동안은 나를 떠나지 않은 채로 머물렀다.

1960년대 이전에 부글부글 끓어오르다가 1960년대 이후로 줄곧 더 일관적인 형태를 취하게 된 예술가의 실천으로 자기이론을 이론화하려는 내 방식 때문인지, 나는 종종 미묘한 차이를 드러내는 양가적인 방식으로 이론과 철학의 담론들에 직접적으로 관여한 예술과 글쓰기의 작업들에 관심을 기울이게 되었다. 그 작업들은, 단지 뭔가를 기각하는 글을 쓰지 않고(그리고 그렇기에 뭔가가 "끝장났다"는 "취소 문화"와 구분될 수 있는) 비판을 제공하고 비평을 긍정하는, 또는 잘-실행된 비판 행위에서 독선적이고 젠체하는 자기-만족의 느낌(잘난 척은 나에게 언제나 유난히 부르주아적이란 느낌을 준다)이 발견되지 않는 것들이었다. 시인 대니엘 라프랑스는 강렬한 자기이론적 스크립트인 「여파에 대해」에 다음과 같이 썼다. "핵심은 절대로 비판에서 만족을 발견하는 것이 아니다. 만족은 아이스크림을 먹을 때나 필요한 것이고."[129]

이 책은 가장 완벽하게 교차적이고 페미니스트적이며 포스트식민적인 방식으로 무엇인가를 비판하는 방식을 닮고 싶은 욕망으로 쓰였지만, 그런 식으로 작업이 완성될 리 만무하고 또 모든 것을 포용하거나 아무런 오류도 없는 비판은 존재할 수가 없다. 4장에서 다룰 앨리슨 미첼과 디어드러 로그가 모니크 위티그와 호세 에스테반 무뇨스를 관통하며 글을 쓰고 둘이 키운 고양이들의 마룻바닥 시점에서 비디오를 촬영할 때 염두에 두었던 것과 같이, 모든 표준은 우리가 기어가면서 도달할 수 있을 이상적인 지점, 추상이다. 나는 자기이론적 충동에 대한 이 이론을 쓸 때, 그리고 많은 유명한 페미니스트 예술가, 작가, 비평가, 큐레이터, 활동가 그리고 고된 노동에 헌신한 삶을 살아낸 사람, 다른 사람들만큼 목소리를 내지도 안전하다는 느낌을 갖지도 못한 사람, 또는 철학자를 제대로 **이해하지** 못한다는 사실을 인정하기 부끄러운 사람(아마도 노동계급 1세대 학생이어서 철학적 관념을 대학원 과정에서 처음 접했거나, 통달한다는 맥락에서 철학자가 **되는 것**이 핵심이 아님을 이해하기 때문에)을 참조하면서 나도 같은 취지를 견지했다.

나는 1장에서 에이드리언 파이퍼의 1971년의 퍼포먼스 「영혼을 위한 음식」을 다룰 것이다. 이 퍼포먼스에서 파이퍼는 칸트의 『순수이성비판』을 읽는 것과 개념적으로 칸트의 미학적 철학을 신진대사화(metabolize)하는 방식으로 카메라와 거울을 이용해 "원(原)-셀피"를 찍는 것 사이에서 움직인다. 나는 파이퍼의 작업을 자기이론의 개념에 비추어 재해석함으로써 초기 개념주의와 보디 아트에서 자기이론의 선구자들에 대한 통찰력을 제공하고 그 영역의 개척자로서 파이퍼를 소개할 것이다. 동시에 칸트에 대한 학계의 연구에 파이퍼의 섬세한 작업이 어떻게 기여했는지, 그리고 칸트 미학이 제기한 여전히 해소되지 않은 쟁점들 — 칸트 자신의 사유 안에 현재하고 그렇기에 드러날 수밖에 없는 자기이론적인 웅얼거림을 포함한 — 을 검토할 것이다. 2장에서는 예술가들이 이론, 신분, 경제와 자본의 문제틀을 수줍게 비판할 때 자기이론을 하나의 실천으로 이용했음을 고찰한다. 나는 소나 사페이, 헤이즐 마이어, 소니아 페르난데스 팬과 같은 예술가 및 기획자의 작업을 면밀히 바라보면서 이론이 문화 안에서 가치를 유통하고 축적하는 방식에 말을 걸고 접근하기 위해 그들이 어떻게 자기이론에 관여하는지를 다룰 것이다.

3장과 4장은 자기이론적인 작업에서 인용의 실천들, 혹은 정보와 영향의 출처로서 다른 사람들과 텍스트들을 참조하는 방식을 다룰 것이다. 3장의 앞부분은 바르트의 『사랑의 단상』을 옆에 두고 넬슨의 『아르고호의 선원들』을 읽음으로써, 수행적인 인용이 퀴어 페미니스트 작업의 전략일 수 있는 맥락을 확립할 것이다. 4장에서는 이러한 상호텍스트적인 친밀감과 동일시의 개념을 확장하여, 예술가들이 이론을 인용하는 양태로서 수작업으로 책을 재현하는 동시대 예술의 모방적 충동을 고찰할 것이다. 나는 자서전적인 소재와 인용을 나란히 배치하기 위해 시각적 수단을 사용하는 콜린 스미스, 앨리슨 미첼, 디어드러 로그의 설치 작업을 살펴볼 것이다. 자기-굴절적인 필사 과정을 통한 촉각적이도록 만드는 행위는 리서치와 연구의 대상을 인간적으로, 어쩌면 인간미 있는 무언가로 번역하는 인간-만들기이기도 하다. 5장에서 나는 #미투와 같은 자기이론적인 실천과 운동을 중심으로 미묘한 차이를 드러내는 페미니스트 정치를 고찰하면서, 폭로와 노출의 미학과 윤리에 집중할 것이다. 이 책의 마지막은 이론과 타자성의 관계, 탈식민화하는 이론의 가능성들, 자기이론의 미래를 둘러싼 질문들을 지식, 자기, 땅, 장소와 연관된 지속적인 쟁점들과의 연관 속에서 다루는 것이 차지한다.

자기이론적인 충동은 명백히 주관적이고 신체화된 누군가의 관점에서 비판적으로 철학을 하고 이론을 하려는 다음의 충동을 포함한다. 일종의 이론가나 철학자로서 자신이 직접 겪은 경험을 프로세싱하기, 자신의 자기와 삶을 이론 및 철학과 연관해서 이해하기, 그리고 자기를 작품 — 회화든 글이든 영화든 다른 무엇이든 — 을 만드는 실천의 일부로 이해하기. 자기이론적 실천들이 다종다기하고 복수인 것과 마찬가지로, 이론적 작업의 몸체나 예술가나 작가가 자기 작업에 사용하는 철학의 특정 양태와 전통은 작업의 내부적 맥락과 그들 자신의 비판적 감수성에 따라 달라진다. 1960년대 말 미국에서 활동한 선도적인 개념미술가 에이드리언 파이퍼에게, 내부의 맥락은 20세기 중반 미국 미술계에서 여전히 영향력이 있었던 칸트의 미학적 철학이다. 크라우스에게 그것은 당시 남편이었던 로트링제가 미국에 들여온 것으로 이해되는 질 들뢰즈와 펠릭스 가타리 등의 1970년대 프랑스 후기구조주의 사상이다. 크라우스는 이른바 실패한 영화제작자로서 그것을 프로세싱한다. 넬슨에게 그것은 바르트와 세지윅이 대표하는 서로 뒤얽힌 퀴어 이론의 계보이다. 넬슨은 주민발의안 8호가 발의된 시기에[130] 캘리포니아 퀴어로서 자신의 삶을 통해 그것을 프로세싱한다.

마이크 발에 의하면 예술-만들기는 사유하기이다.[131] 살아가는 데는 사유하기의 실천 역시 필요하다. 자기이론적인 많은 실천에서 예술-만들기와 살아가기는 예술가들의 이론화하기 실천으로 바뀌어간다. 삶과 예술, 이론과 실천, 이들의 상호관계는 이론화 작업을 위한 대상, 장소가 된다. 자기이론은 우리가 속한 특수한 상황에 근거한 이론하기와 철학하기에 의존하고, 존재론, 인식론, 정치, 섹슈얼리티 혹은 예술과 같은 주제를 비판적으로 성찰하기 위해 자기 자신의 몸, 경험들, 일화들, 편견들, 관계들, 감정들에 의존한다.

자기이론은 사유하기, 예술-만들기, 살아가기, 이론하기 사이에서, 그리고 그 안에서 반영적으로 움직이는 것을 포함한다. 자기이론의 복수성은 예술, 삶, 이론, 비평 사이를 이렇게 자기-성찰적으로 움직이는 것에 의해 정의될 수 있다. 이러한 움직임은 발이 자기이론을 "소용돌이 같은 활동성"이라고 묘사한 것과 연관된다.[132] 이론과 자기의 혼합은 자기-성찰의 필요를 동반한다. **자기**와 **이론**은 모두 자기이론적 실천인 이론하기와 철학하기를 필요로 한다. 따라서 그 둘은 모두 작업을, 엄격하고 종종 어려운 작업을 수반한다. 제니퍼 도일의 형성적인 글쓰기는 누군가에게는 "어려운" 작업이나 소재를 구성하는 것이 어떻게 다른 사람에게는 어렵지 않은 일일 수 있는지를 보여주었다. 도일은 동시대 미술의 대화가 논쟁의 담론에서 "어려움"의 언어로 옮겨 가야 한다고 주장한다. 도일의 미술사 저술은 자기이론적이다. 도일은 자신이 직접 체험한 일화로 시작해 한 손에는 비평적 미술 쓰기와 다른 한 손에는 퀴어 페미니스트 정동 이론을 들고 일화적 지식의 다른 몸들을 가로지르며 움직인다. 경험을 예술가의 소재로 보는 도일은 "여기서 말하는 경험은 우리가 숨어드는 개인적 진실이라는 의문의 여지가 없는 지대가 아니다. 그것은 생성(becoming)의 부지, 주체 형성의 부지이다. 그것은 인정, 이해, 차이를 위한 가능성의 조건들을 생산하는 지속적인 과정이다"라는 확신을 자신의 논증에 부여한다.[133] 누군가의 경험은 누군가의 작업으로 공유될 때 비평에 열리게 된다.

나는 자기이론을 예술가의 실천으로 이론화하면서 과거 — 다양한 선례들에 비추어 자기이론을 역사화하는 — 와 미래 역시 주시한다. 나는 매기 넬슨이 『잔인함의 기술』에서 역사적으로 여성과 젠더-비순응적인 이들을 배제했던 아방가르드의 마초적인 지배의 역사들을 "분해하거나" 혹은 적어도 "놀리려고" 한 포스트-아방가르드 미학을 서술하면서 요청한 양태가 바로 자기이론이었다고 생각한다.[134] 지금 만들어지고 있고 융통성이 있으며 계속 진화하는 자기이론의 역사에 대해 글을 쓰면서, 나는 여성들, 선주민 예술가들, 흑인 예술가들, 유색인 예술가들, LGBTQQ2S+ 예술가들, 또 가난한 노동계급 예술가들이, 그들 각자의 신체화된 실천과 관계론적인 삶을 통해 이론의 틀(framework)과 담론을 변형시키고 프로세싱하는 방식으로 자기이론에 의지하는 것에 맞춰 나 자신을 조율했다. 동시에 한쪽에는 "남성 이론"이나 "정전적인 이론"을, 다른 쪽에는 "페미니스트 실천"이나 현상에 대항하는 여타 다른 실천을 놓고 그 둘을 지나치리만치 단순한 방식으로 대립시키는 호전적인 틀에 대해서는, 설사 내가 이것들을 잠정적으로 참조할 때에도 저항한다(내가 보기에는 이렇게 경화된 구분에 지나치게 의지하면 지적·정치적·사회적으로 반[counter]생산적이게 될 수 있다). 나는 자기이론이 이론 대 실천, 혹은 예술 대 삶의 구분에 너무 쉽사리 호소하는 것을 경계하고 문제시할 방법을 고찰할 것이다. 21세기 문학계와 미술계에서 일고 있는 자기이론으로의 최근의 전회를 미디어에서 망라하는 더 역동적이고 트랜스내셔널한 페미니스트 실천들의 역사 안에서 맥락화함으로써, 이 책은 트랜스분과적인 영역으로서의 동시대 자기이론에 대한 철저하고 상세한 개관을 시도할 것이다. 그리고 나는 이런 나의 시도가 다른 학자들에게 힘과 용기를 줌으로써, 이렇듯 풍부한 주제와 작업체(body of work)를 계속 쌓아올릴 수 있기를 희망한다.

1장

퍼포밍 칸트

자기-이미지 만들기를 통해
생존하는 철학

| 이론은 동화되기에 앞서 신체화되었다.
... 앨릭스 백, 『무제, 95년 가을』

| "캔트(can't)로 발음된" 칸트.
... 프레드 모튼, 「(챈트[Chant, '성가'라는 뜻]로 발음된) 흑인 칸트」

미국의 개념미술가 에이드리언 파이퍼는 1971년에 뉴욕에 있는 자신의 스튜디오 아파트에서 사적인 작업을 공연했다. 파이퍼는 단식을 하면서 칸트의 『순수이성비판』(1781)을 읽었고, 주기적으로 책 읽기를 멈추고 자화상 사진을 찍었다. 예술가 파이퍼가 철학 텍스트를 선정한 것은 의미심장했다. 계몽주의 시기 철학의 정전인 『순수이성비판』은 당시 미술계에서 대화의 단골 소재였는데, 이는 영향력 있는 미국 미술비평가 클레멘트 그린버그가 칸트의 미학에 심취해 있었기 때문이었다. 칸트의 철학은 파이퍼가 작업하던 20세기 중반 미술계의 모더니즘 예술론과 그린버그식 형식주의에서 핵심을 차지하고 있었다.

미술 학교를 막 졸업한 파이퍼에게 동료들은 칸트를 읽을 것을 추천했는데, 칸트의 철학적 글쓰기가 천착한 존재론적·인식론적 질문들이 파이퍼가 스튜디오 작업에서 파고들던 것과 유사했기 때문이다. 파이퍼는 칸트를 읽겠다고 결심했지만, 이러한 독서와 자신의 스튜디오 실천을 분리하는 대신 칸트 읽기를 개념적인 예술 작업의 일부로 끌어와 프레이밍했다. 파이퍼는 자신의 퍼포먼스에 「영혼을 위한 음식」(이하 「음식」)이라는 제목을 붙였다. 파이퍼의 이 퍼포먼스는 칸트의 『순수이성비판』(정확히 말하면 칸트의 제1 비판서)을 수도승처럼 경건하게 읽으며 책의 여백들에 주석을 휘갈기는 것과, 코닥 브라우니 카메라와 거울을 사용해 자신의 이미지를 네거티브 사진 필름에 담는 일을 오가는 것으로 구성되었다. 지속적인 퍼포먼스를 마친 후 현상된 사진들은 작품의 일차적인 기록문서로 기능했고, 사적인 퍼포먼스를 대신해 원본으로서 종종 갤러리나 미술관에 전시되었다. 나의 관심사에 비추어봤을 때 더 중요한 점은, 이 사진들이 철학사와 당시 태동 중이었던 페미니즘 예술 운동 모두에서 자기이론적 충동을 나타내는 신호라는 것이다. 그러한 충동을 보았기에 나는 **철학적인 것**과 **자기-이미지 만들기**를 왕복한 파이퍼의 퍼포먼스를 자기이론이나 자기철학의 초기 작업으로 간주하고 꼼꼼히 관찰하게 되었다.

「음식」을 위해 작성한 작가 노트에서 칸트의 철학이 "나의 자기-동일성의 토대를 뒤흔들었다"고 설명하는 파이퍼는, 자신이 직면한 근본적인 철학적 문제, 즉 철학적 요구들과 예술가의 신체화된 자기 혹은 "나"의 요구들 사이의 분할이라는 문제를 도입한다. 이 진술은 「음식」의 개념적 전제를 잘 보여준다. 작가 노트는 사진들 및 약간 손을 본 칸트의 제1 비판서 사본과 함께, 베를린에 소재한 파이퍼의 개인적-제도적 아카이브인 에이드리언 파이퍼 리서치 아카이브 재단(APRAF)에 보존되어 있다. 퍼포먼스가 끝난 뒤에 작성된 작가 노트는 다음과 같다.

> 사적 공간인 아파트 꼭대기 층에서 진행된 퍼포먼스는 칸트의 『순수이성비판』을 읽고 논문을 쓰고, 단식을 하고, 요가를 하고, 나 자신을 사회적으로 고립시킨 가운데 여름 내내 계속되었다. 칸트의

> 심오한 사유 때문에 나의 자기 감각을 잃고 있다는 느낌이 들 때마다, 나는 거울 앞으로 가서 내가 아직 거기에 있는지 확인하고 나의 자기-동일성의 토대를 뒤흔들었던 제1 비판서의 구절(본문에 밑줄을 그은)을 그것이 단지 말이 될 때까지(심리적으로 제어할 수 있을 때까지) 큰 소리로 반복했다. 나는 나 자신의 사진을 찍고 반복되는 구절들을 테이프에 녹음함으로써(이후 테이프는 파괴되었다) 나 자신을 고정시키기 위해 이런 시도들을 기록했다. 이런 시도들은 성공하지 못했다. 결국 이런 행동을 포기하고, 그저 제1 비판서를 공부했다. 논문을 끝내자마자 나는 향후 2년 동안 제1 비판서를 펴보거나 그것에 대해 사유할 수 없을 것임을 알게 되었다.[1]

파이퍼는 철학책을 읽는 과잉 몰입으로 시간이 팽창되는 종종 추상적인 과정을 겪으면서도 자신을 시간과 공간 속에 "붙들어 매려는" 강령술적인 시도로서 사진을 찍었다. 고립된 채 칸트를 읽는 작업과 함께 나타나는 듯한, 자기 자신을 "잃을지" 모른다는 두려움은 파이퍼가 거울 앞에 서도록 부추겼고, 그는 자화상 사진을 찍음으로써 자신이 그럼에도 사실상 반영을 지닌 몸으로서 "존재"한다는 것을 확실히 했다. 파이퍼는 엄격한 철학적 연구와 "나르시시스트적" 자기-이미지 만들기 사이에서 움직였기에, 칸트의 미학을 프로세싱하면서 그 철학에서 "생존할" 수 있었고, 동시에 엄격한 연구와 자기-재현하기가 양립불가능하다는 오랫동안 이어져온 인종화되고 젠더화된 견해들에 도전할 수 있었다. 사진들은 그저 퍼포먼스 기록문서로 기능하지 않는다. 그것들은 자기-이미지 만들기가 제공하는 "나"의 경험적인 확증을 통해 파이퍼가 칸트의 초월론적 미학을 글자 그대로 해석한 것을 신체화한다.

파이퍼의 작업은 이전에는 자기이론적으로 설명되는 일이 없었지만, 「음식」의 구조 — 예술가의 자기-이미지 만들기와 열렬한 철학적 실천 사이의 형식적인 움직임 — 는 자서전을 철학 및 이론과 통합하려는 동시대 문화적 생산의 경향과 발생적인 유사성을 담지한다. 파이퍼의 보디 아트를 자기이론적인 예술로 간주함으로써 학자들과 예술가들은 20세기의 페미니스트 실천에서 그리고 페미니스트 실천을 통해서 표명되고 있던 자기이론적 충동의 다학제적이고 다매체적인 역사를 더 잘 이해할 수 있을 것이다. 파이퍼의 1971년의 「음식」이 있었기에, 자기이론은 인종화된 한 여성 예술가가 계몽주의 시기의 사유 그리고 1950년대 전성기 모더니즘과 형식주의로부터 1960년대와 1970년대 동시대 미술과 개념주의로의 이행 시기에 발전했던 유럽-미국 미술계 모두에 현존했던 문제들을 헤쳐나가려 한 수행적인 방식이 된다.

이 장은 파이퍼, 그리고 칸트에 관여한 파이퍼의 방식에 초점을 맞춘다. 「음식」을 자기이론적으로 독해함으로써, 파이퍼의 스튜디오 미술 실천이 예술가의 섬세함을 통해 칸트와 칸트의 철학에서 아직도 해결되지 않은 쟁점(엘리트 학자들로 이루어진 철학 집단에서 여전히 논쟁을 일으키고 있는 초월론적 관념론과 초월론적 미학 등 칸트의 애매하고 불확실한 개념들을 포함한)을 연구하는 학계에 기여했다고 주장할 것이다. 자기이론적 움직임이 「음식」에 있었기에, 파이퍼는 칸트의 철학을 프로세싱하고, 칸트 체계의 용어들 그리고 페미니스트 및 비-페미니스트 학자 모두에 의한 동시적(contemporaneous) 칸트 읽기를 능가하는 신체화된 읽기를 진행할 수 있었다. 나는 파이퍼의 「음식」이 칸트 철학에 대한 기존의 연구를 확장하고, 페미니스트적 비판의 변형적인 작업, 즉 예술가 파이퍼의 **자기**를 인종화된 여성 예술가이자 철학자인 그를 배제하는 체계(칸트의 철학 체계와 파이퍼가 작업하던 시기에 대부분 백인 남성으로 이루어진 개념미술계) 내부에 각인하는 것으로 기능한다고 주장할 것이다. 칸트 철학을 프로세싱하는 실천-기반 접근 방식을 통해 파이퍼는 칸트의 사유 내부에 존재하는 자기이론적인 웅얼거림을 드러낸다. 자기이론적인 자기-재현을 경유해서 긍정과 비판이 우아하게 얽혀 있는 작업을 제시함으로써 파이퍼는 스스로를 칸트의 이상적인 독자이자 참된 상속자로 드러낸다.[2]

이제 1장은 자기이론에 비추어 파이퍼의 「음식」을 재구성함으로써 초기 개념주의, 보디 아트 및 퍼포먼스 분야에 존재했던 오늘날 자기이론의 중요한 선구자들에 대한 통찰력을 제공하고, 파이퍼가 일찍이 이 분야의 혁신자였음을 납득시키려고 할 것이다. 자기이론적인 것이라는 새롭게 발전하고 있는 프레임의 맥락에서 그의 「음식」을 재고함으로써, 나는 자기이론을 역사적으로는 페미니즘의 한 양태로 기능하게 하고, 그보다 더 큰 동시대 미술, 이론, 젠더 및 인종의 맥락들 안에서 "자기"와 "철학"을 향하는 이중의 경향이 수행하는 것을 이론화할 수 있었다. 1971년의 작업에 대한 문서기록(사진적인 자기-이미지들과 칸트의 제1 비판서에 새까맣게 주석을 달아가며 손을 댄 사본)과 파이퍼의 미술비평 및 철학적 글쓰기 같은 파라-텍스트적인 요소들을 나는 「음식」을 통해 고찰할 것이다.

파이퍼의 작업은 공연학자, 미술사가, 예술가 및 비평가로부터 많은 주목을 받았지만,「음식」에 계속적으로 관여하고 분석하는 노력은 없었다. 특히 파이퍼는 칸트에 대한 상당히 중요한 출판물을 계속 만들어냈지만, 그의 작업에서 칸트가 차지하는 위치에 주목하는 경우는 거의 없었다.「음식」을 학문적으로 연구한 사례가 거의 없다는 것, 칸트의 철학과 개념미술 그리고 이론 분야에 인종화된 흑인 페미니스트 예술가들이 기여해왔음을 인정하는 것이 1장을 쓴 주된 이유이다.

동시대 예술가로서 파이퍼는 방대한 매체를 사용해서 작업하고, 보디 아트와 퍼포먼스, 드로잉과 페인팅, 사진 및 기타 사진-기반 작업, 비디오 아트와 설치, 콜라주, 그 외에 언어-기반 및 텍스트-기반의 오브제 작업들(「칠판」과「명함」을 포함한)에서도 창조적인 작업을 만들어내고 있다. 파이퍼의 일련의 실천은 2018년 뉴욕현대미술관에서 열린 회고전 《에이드리언 파이퍼: 직관들의 종합, 1965-2016》에 전시되었다. 비평가 홀랜드 코터는 이 이정표가 될 만한 전시에 대한 반응으로서 쓴 글에서 수십 년간 쌓인 파이퍼의 전작(全作)을 "사유하는 캔버스"로 묘사했다. 이러한 평가는 생애-쓰기(life-writing)나 회고록 같은 비교적 잘 정의된 장르들과 견주어 자기이론을 "생애-사유하기"(life-thinking)의 실천으로 묘사하는 최근의 경향을 떠올리게 한다. 50여 년에 걸친 파이퍼의 작업을 망라한 회고전에서 강조된 것은 "시각예술가이자 학자, 시각예술가 못지않게 학자"(나는 철학자도 덧붙일 것이다)인 파이퍼의 미술 실천이 갖는 초학문적·트랜스미디어적·정치적으로 활동적이고 개념적인 본성이었다.[3]

문화에서 철학의 영향력과 효력이 쇠퇴하고 있던 20세기 중반에 부상한 개념미술은 철학의 작업을 차지한 하나의 공간으로 이해할 수 있다. 역사와 1960년대를 개괄한 프레드릭 제임슨의 글에 따르면, "철학"이 그 자체로 쇠퇴하면서 예술가가 철학자와 비슷한 사람이 되고 있다(이 책에서는 제임슨의 관점을 따르지만, 포스트모더니즘에 대한 제임슨의 극단적이리만치 냉소적인 태도에 대해서는 건강한 경계심을 견지한다).[4] 앞서 서문에서 언급했듯이 조지프 코수스와 솔 르윗과 같은 개념미술가들은 자신들이 개념미술로 하고 있는 것이 철학자가 글쓰기로 하는 것과 비슷하다고 이해했다. 파이퍼는 명시적으로 예술가이자 철학자이기에 더욱 흥미롭다. 철학적 논문과 책을 쓰면서 예술 작업을 하고 전시한 파이퍼의 일생에 걸친 실천은 이렇듯 지극히 중요한 두 개의 국면 사이에서 평등하게 움직인다.

「음식」은 매체, 내용, 형식, 예술가-청중 인구 통계의 차원에서 예술계에 필연적인 변화가 일던 시기에 출현했다. 1960년대 후반과 1970년대는 새로운 응집력을 가지고 페미니스트 미술 운동[5]과 기타 명시적으로 정치적인 운동들, 그중에서 특히 흑인 예술 운동(BAM)과 막 발아하던 LGBTQ+ 운동이 부상하던 시대이지만, 그때에도 칸트 철학에 관한 클레멘트 그린버그의 형식주의적 해석은 여전히 상당한 영향력을 행사하고 있었다. 칸트의 무관심 개념에 의해 모습을 갖춘 그린버그의 미학이론은 이제 "무정치적인"(apolitical) 예술 형식주의 이론을 발전시키려는 프로젝트로 확장되었다. 그린버그는 전성기 모더니즘 실천들인 미니멀리즘과 추상표현주의를 "예술 대상의 탈-물질화"의 부상으로 간주하고 높이 평가했다.[6] 그러나 1950년대에서 1960년대로 넘어가면서 보디 아트와 같은 실천들이 회화,

조각 같은 전통적인 예술 매체를 대체하기 시작했고, 예술작품의 창작에서 시간, 공간, 맥락 그리고 거의 불가피하게 **정치** 등의 일시적/개념적 요소가 강조되었다.

칸트에 대한 그린버그(및 다른 이들의) 설명은 주로 미적 판단이라는 특수한 질문을 던지는 칸트의 제3 비판서 『판단력비판』에 근거를 두고 있다. 그러므로 우리는 미적 판단이라는 특수한 질문이 거의 들어 있지 않은 『순수이성비판』에 초점을 맞춘 파이퍼의 「음식」과, 그린버그의 설명을 구별해서 생각해야 한다. 제1 비판서에서 칸트는 주체임(subjecthood)과 객체임(objecthood)의 존재론과, 우리는 어떻게 세계에서 자기와 다른 "객체"를 지각하는가에 초점을 둔다. 형식을 특권화하는 그린버그의 전성기 모더니즘의 핵심인 칸트의 "무관심" 개념은 취미(taste) 판단에 대한 칸트의 분석과 함께 마무리되고, 그러므로 『순수이성비판』의 많은 부분을 특징짓는 초월론적 미학의 존재론적 형이상학에서 몇 단계 떨어진 곳에서 마무리된다.

파이퍼는 초기의 개념미술을 "백인 마초들의 거주지, 지성과 남성성이 같다는 식의 굴절이 일어난 유럽-종족의 허깨비 집"이라고 묘사하면서, 재현의 정치에, 그리고 흑인 개념미술 실천, 흑인 철학 및 자기-이미지 만들기의 독특한 역사에 맞춰진 페미니즘 프레임과 개념미술 실천을 반드시 연결해야 한다고 강조한다.[7] 그러나 비판적인 인종학자들의 작업과 흑인 작가들의 개념적 실천 역사의 관행에 비추어 파이퍼의 작업을 맥락화하는 것도 중요하지만, 맥밀런은 파이퍼의 실천을 주로 혹은 오직 인종에 관한 것으로 이해하려고 할 때 무릎쓰게 될 위험을 다음과 같이 인정한다. "그렇게 시작할 때 치러야 할지 모르

는 대가: 하나의 미술 대상이 되기 위해 주체임과 객체임 사이의 경계들을 초월하려는 신체적이고 심리적인 실험."[8] 내가 이 장에서 초점을 맞추는 것은 이러한 파이퍼 작업의 국면(역사를 떠나지 않은 채 계속 떠도는 "주체임과 객체임" 사이의 철학적으로 고통스러운 긴장)이다. 나는 파이퍼가 「음식」에서 칸트를 자기이론적으로 신체화한 채 읽을 때 파이퍼의 실천이 형이상학과 존재론과 연관된 문제들, 가령 주체의 위상 그리고 재현에 있어서 주관성(subjectivity)과 객관성(objectivity) 사이의 긴장과 같은 문제를 예시함과 동시에 구체화한다고 주장할 것이다.

자기이론적으로 되새김질하기

작업하는 내내 파이퍼는 특정 인종적 정체성을 존재론적으로 긍정하는 것에 대해 양가적 태도를 취했다.[9] 홀랜드 코터는 역사적인 파이퍼의 뉴욕현대미술관 회고전 리뷰에서, 많은 다른 비평가와 마찬가지로 "파이퍼의 목표는 인종 정체성을 확언하는 것이 아니라 바로 그 인종 정체성 개념을 불안정하게 하려는 것이다"라고 썼다.[10] 파이퍼의 작업을 흑인성(Blackness)의 견지에서 읽으려는 시도는 파이퍼가 개념적으로는 "흑인임(being Black)에서 은퇴하려는" 쪽으로 움직인다는 점 때문에 복잡해진다. 예순네 번째 생일에 자신에게 주는 선물로 프레임된 2012년의 자화상 「좌절된 프로젝트들, 산산조각 난 희망들, 당혹스러운 순간」은 주어진 인종적 혹은 국가적 소속 지정이 예술가의 실천에서 어떤 역할을 하는지에 대한 질문을 제기한다. "인종적 소속 지정들"이 조상들로부터 물려받은 정보와 연관되어 자격을 갖춘다는 뜻이라, 파이퍼는 자신의 영국 및 독일 혈통이 자신의 "아프리카 유산"보다 더 크므로 "흑인임에서 은퇴"할 것이라는 결론이 나온다. 만약 파이퍼가 개념미술 실천의 맥락에서 설정한 규칙을 지키고자 한다면 나는 그를 흑인 예술가나 인종화된 예술가가 아니라 "이전에 아프리카계 미국인으로 알려진 예술가"라고 불러야 할 것이다.[11] 그러나 우리는 「음식」에서 자기이론적으로 칸트에 관여함으로써 자신의 자기를 비백인 여성으로 만든 파이퍼에 대한 고찰을, 그가 상연한 변형뿐 아니라 그 작업의 진짜 인종 정치(그리고 20세기 미국에서 흑인성과 그것의 퍼포먼스와 관련된 그의 실천의 유산들)에 대한 이해와 반드시 연결하고 통합시켜야 한다. 나는 파이퍼의 작업에서 인종을 승인할 여지를 마련하기 위해, 동시에 어떤 하나의 단일한 인종 범주와의 연관 속에서 그의 자기-제시가 경화(ossification)되는 것에 저항하기 위해, 파이퍼를 가변적인 언어 — 예컨대, 반(半)-흑인이자 인종화된 비백인이라는 — 를 통해 이해할 것이다.

칸트에 대한 파이퍼의 관심은 미술 학교를 졸업하고 자신의 최근작 뒤에 놓인 생각을 설명하고자 했던 20세의 어린 나이에 시작되었다. 파이퍼는 미술 커뮤니티 사람들의 지지와 격려를 받으며, 당시 이론적인 담론과의 연관 속에서 자신의 미술 실천, 즉 동시대 예술가들의 작업에서 점점 더 중요해지고 있던 실천을 맥락화할 방법, 그리고 그들 예술가가 학계와 미술계 기관에 의해 어떻게 받아들여지는지를 맥락화할 방법을 찾고 있었다.[12] 그는 칸트의 관념들인지 알지 못한 채 자신의 스튜디오 실천에서 칸트의 관념들을 통해 작업한 뒤인, 1969년에야 칸트의 제1 비판서를 최초로 만나게 되었던 상황을 다음과 같이 설명한다.

> 나는 서구 철학이 그렇게 부른다는 것을 충분히 알기 전에 흄의 자기 개념에 뭔가 문제가 있다는 것을 은근히 눈치챘다. 1965년에 『우파니샤드』, 『바가바드 기타』, 『요가 수트라』를 읽을 것을 종용한 앨런 긴즈버그, 티머시 리리, 에드워드 설리번, 스와미 비슈누데바난다에게 감사한다. 무엇보다 필립 존에게 감사한다. 그는 이들 텍스트의 함의를 놓고 나와 오랜 시간 기꺼이 논쟁했고, 1969년 뜻하지 않게 칸트의 초월론적 관념론을 반향했던 시간과 공간에 대한 나의 미술 텍스트("가설")를 읽고 나에게 칸트의 『순수이성비판』을 추천했다.[13]

칸트에 입문한 뒤 파이퍼는 스튜디오 실천에서 골머리를 썩고 있던 문제들에 대해 칸트가 통찰력을 제공할 것이라는 지인들의 조언을 따라 칸트의 정전 텍스트를 따라잡는 데 필요한 시간과 공간을 확보하기 위해 「음식」을 만들었다. 「영혼을 위한 음식」이라는 제목을 이용해서, 파이퍼는 단식 기간 내내 그를 지탱하게 될 것, 즉 되새김질의 과정(심오한 사유와 씹기 같은)을 글자 그대로 보여줄 배역을 칸트의 철학에 일임했다. 그의 자화상 사진에서 그가 특별히 생기 있어 보이지 않는다는 사실은 아이러니하다. 퍼포먼스 예술가 개브리엘 시빌이 이 작업에 대해 자기이론적으로 비판한 글에서 볼 수 있듯,[14] 점점 말라가는 파이퍼의 모습은 실질적으로 영양 부족 상태임을 시사한다.

파이퍼가 지은 제목은 개념적으로 철학이 철학자와 페미니스트 모두에게 제기하는 문제, 즉 철학에서의 몸(및 다양한 몸들)의 장소와 위상을 나타낸다. 파이퍼는 제목과 예술가의 작가 노트를 포함한 개념적 작업을 프레이밍하는 장치들을 통해 자기 이론을 환기한다. 칸트의 도식 안에서 일종의 내면성을 의미하는 "영혼"을 "음식" — 글자 그대로 내재적인(immanent) 신체에 먹이는 물질적 질료이자 비유적으로는 영적이고 철학적인 삶을 위한 자양분 — 과 융합시킴으로써 그렇게 한다.

사적인 퍼포먼스로서 작가의 스튜디오에 무대화된 「음식」은 찌는 듯한 여름의 뉴욕 열기를 감내하며 한동안 반복된 지속적인 움직임, 즉 배를 곯은 채로 꼼꼼하게 칸트를 읽는 것과 사진 필름으로 파이퍼 자신을 재각인하는 것 사이를 오가는 움직임이었다.[15] 그 결과물인 원(原)-셀피들에서 작가는 아주 금욕적이지는 않지만 아주 "정동적"이지도 않은 **합목적적인** 현존의 느낌을 갖고 카메라를 똑바로 응시하고 있다. 칸트 철학 내부의 주요한 아포리아들을 프로세싱하면서 파이퍼는 칸트 작업의 핵심을 차지하는 인식론적이고 존재론적인 질문들, 일차적으로는 가상들 혹은 표상들과 "물자체"의 관계, 감성("초월론적 미학")과 오성("초월론적 논리학")의 관계, 그리고 그와 연관해서 "통각의 초월론적 주체"와 경험적 주체 사이의 긴장에 대한 통찰을 제공한다. 파이퍼는 철학을 읽는 행위(그 자체로 "소모"의 한 형식)를 신진대사로 프레이밍한다. 이 프레임 안에서 칸트의 철학인 초월론적 미학은 "영혼을 위해" 물질을 먹이는 것으로 배치된다.

작업이 진행되는 동안 작가는 제의적으로 개념적 성변화(聖

變化)¹⁶ — 칸트의 철학은 자양분 혹은 "음식", 퍼포먼스를 수행하는 동안 비유적으로(그리고 그의 단식에 비추어 어느 정도는 글자 그대로) 파이퍼가 먹고 연명할 음식으로 표현된다 — 를 상연한다. 철학적 자양분이라는 신체화된 은유는 몸에서 추상화된 "영혼"이란 개념과 지속적으로 긴장 상태에(칸트 철학에서 유지되는 긴장들과 비슷하게) 있게 된다. 파이퍼는 철학을 신체적인 물질로 신진대사하는 것을 개념미술의 작업, 곧 자기-반영성이 이러한 철학화 과정과 실천들(반추, 신진대사, 소모) 자체에 관심을 두도록 만드는 작업으로 프레이밍한다. 즉, 파이퍼는 철학이 요구하는 읽고 이해하려는 노력이 신체화된 과정을 가지고 예술을 만들어낸다. 칸트와 흄에 대한 두 권짜리 저서 『합리성과 자기의 구조』에서 파이퍼는 "우리가 선호하는 도덕 이론들에 대한 우리의 개인적인 투자들"이 "심오해지는" 방식에 대해, 그리고 이러한 도덕 이론들이 어떻게 소화되어 우리 몸으로 통합되어 들어오고 우리를 칸트의 이성적인 도덕적 주체로 변형시키는지를 검토한다.¹⁷

파이퍼는 칸트의 제1 비판서가 그를 "양육한다"는 장치(conceit)를 문자 그대로 만들어내며, 단식 행위를 통해 이 지적인 작업이 예술가가 지적 자양분을 위해 은유적으로 소비할 수 있는 물질로 번역될 것임을 보여준다. 파이퍼는 개념미술과 보디 아트의 프레임 안에서 철학이나 고급 이론(어쩌면 더 고급한 권력?)에 대한 이런 믿음을 무대에 올리고, 단식과 엄격한 읽기의 실천을 통해 동시대 예술가인 그를 둘러싼 헤게모니적 담론에 대한 헌신을 상연한다. 파이퍼는 일종의 자기를-기록하는 칸트식 수도승이 되고, 칸트의 구절들을 만트라로 반복하면서도 거울을 통해 자신의 자기를 유령 같은 이미지로 포착한다. 「음식」의 주제는 트랜스휴머니즘 철학과, 그 철학이 우리의 신체화의 한계를 "초월할" 수 있는 수단으로서의 테크놀로지로 전환되는 방식과 연결된다. 이는 「음식」이 진행되는 과정에서 자기를 사진으로 촬영하는 반복적인 과정의 또 다른 효과 — 자기를 불멸화하기 위한 수단으로서의 예술-제작과 자기-이미지화, 그리고 대상으로서 자신의 신체 경계 밖에 존재하기 위한 수단으로서의 예술-제작과 자기-이미지화(사진 테크놀로지를 통해서 가능해진 변형) — 이다.

파이퍼는 칸트 철학을 사용하는 데서 발생하는 위험성이 높다는 점을 이해했고, 이처럼 이론적으로 상당한 위험을 정동적이고 심리적인 용어로 번역한다. 칸트의 관념을 "(심리적으로 관리 가능한) 단어들"로 바꾸는 데 대한 파이퍼의 묘사가 시사하는 것은 불가항력적으로 압도하는 철학과 이론의 느낌(작업의 내용에서 일어나는 정동적인 관리를 형식의 층위에서 표상하는 괄호들을 사용한, 일종의 심리적인 급습)이다. 그러나 파이퍼는 자기 자신에 대해 획득한 이미지들에서 압도당했거나 지친 것으로는 보이지 않는다. 파이퍼는 거울 앞에서 절제할 줄 알며 침착한 칸트의 독자, 그리고 자기 자신의 힘으로 발아하는 철학자로서 퍼포먼스한다. 그는 생물학적 여성이고 인종화되어 있으며 다양한 수준의 벌거벗음을, 즉 칸트의 공간에서 열렬하게 취약한 방식으로 자신을 개방한 상태이다. 파이퍼는 칸트를 다룬 후기의 저서에서 주체가 자신의 세계에서 이론적이고 개념적인 변칙들을 맞닥뜨릴 때를 뜻하는, 그가 이른바 현실의 "개념적 관리 불가능성"이라고 부른 것을 반복적으로 언급한다.[18] 셀피가 파이퍼에게 제공하는 "글자 그대로의 자기-보존"은 칸트의 층위에서는 칸트식 주체의 "합리적 행위성"을 보존해주기에,[19] 파이퍼는 칸트를 읽을 때 만나게 되는 이론적이고 개념적인 변칙들을 관리할 수 있다. 수행적인 방식으로 셀피를 찍거나 스스로를 이미지화하는 실천은 그러므로 자기-조율하기로 이해될 수 있다.

파이퍼는 칸트를 읽는 실천이 너무 많은 것을 요구하는 자기-부정적 제의임을 제시함으로써, 철학이 필요로 하는 자기-훈육과 자기-부인이 예술가에게는 얼마나 타협하기 어려운 것인지를 보여줄 방법을 찾아냈다. 그는 작업의 개념미술적 장치로 단식과 요가 수련을 선택해 이러한 자기-부인을 작업의 신체화된 상태로 확장한다. 이것이 지속적 퍼포먼스(퍼포먼스가 함축한 물질성과 인내심도)의 일환이라는 점이 물리적으로나 심리적으로 너무나 힘든 작업을 더욱 힘들게 한다. 파이퍼는 이 과정이 "자기-동일성"을 불안정하게 만들었다고 묘사한다. 그가 알려주었듯 이는 궁극적으로는 심리적으로 관리 불가능한 것이기도 하다. 제의적으로 칸트의 텍스트로부터 고개를 돌려 거울을 향했기에 한편으로는 이론과 철학의, 다른 한편으로는 자기의 이중적 실천이 수립되었다. 파이퍼는 철학적 독서 및 연구를 녹초가 되는 일로, 심지어 어떤 독자들에게는 대항실천으로서의 자기-이미지 만들기를 요구하는 일종의 자기-희생적인 것으로 묘사한다.

파이퍼는 철학적 실천 내에 스스로를 "고정시키는" 방법으로 자기-이미지 만들기에 의지했고, 그럼으로써 포스트-1960년대 페미니스트 실천 양태로서 자기이론 내부에서 일어나고 있는 더 큰 움직임을 알렸다. 그런 움직임의 페미니스트적 뿌리는 아무리 강조해도 지나치지 않다. 자기이론에서 어떤 한 예술가가 작업에서 다룰 수 있는 이론과 철학의 몸체들은 그의 작업이 속한 역사적·지리적·제도적 혹은 파라-제도적 맥락에 의존한다. 그리고 파이퍼의 경우 그 맥락은 그의 개념미술 실천을 정당하게 인정하지 않고 배제한 20세기 중반 전성기 모더니즘 형식주의의 헤게모니이다. 설사 파이퍼 자신의 작가노트와 작업의 문서기록이 부분적으로 뒷받침하는 것 같아 보이더라도, 이리가레와 존스와 같은 페미니스트 철학자와 미술사가 들이 이해한 것처럼 파이퍼의 자기-이미지 만들기를 단순히 칸트적 초월론의 조망에 대한 불안으로 점철된 반응으로만 해석할 수 없다는 것도 유념해야 한다. 오히려 파이퍼의 자기-이미지 만들기는 다름 아닌 칸트 스스로도 작업하며 씨름하고 있던 문제틀과 용어들의 예시이고, 그렇기에 우리는 그것을 읽을 때 그것이 해내는 바 그대로 정교한 철학적 추론의 작업으로 다루어야 할 것이다.

셀피들, 거울반사, 주체-객체의 변증법

파이퍼는 거울과 접속 상태에 있는 카메라를 사용해서 나르시시즘을 통한 자기의 이중화를 소환한다. 칸트의 철학에 존재하는 주체의 개념화(경험적 주체와 초월론적 통각의 주체와 나란히 개념화되는)에서 우리는 어떤 이중화 효과를 볼 수 있다. 그것은 주체**로서** 자신의 실존에 대해 갖는 자기-의식을 가리킨다.²⁰ 칸트가 보기에 "순수한 통각 혹은 근원적인 통각은 자기-의식인데, 이것은 '나는 생각한다'라는 표상을 생산하는 동안에는 그 이상의 표상을 전혀 수반할 수 없다".²¹ 예술가 파이퍼의 카메라 때문에 자세를 취하는 이 순수한 주체는, 파이퍼가 가슴에서 조금 아래, 몸통 중앙에 카메라를 위치할 때 거울 안에 가시적으로 반사된다. 이런 연유로 파이퍼의 작업은 페미니스트 미술과 동시에 오늘날 소셜 미디어 플랫폼 양쪽에서 셀피들과 연결된다.

사진적 실천, 또는 존스가 "자기-이미지 만들기" 실천이라고 부른 셀피는 20세기에 발명된 스냅샷(파이퍼가 「음식」에서 사용한 사진기의 제조업체인 코닥 브라우니 카메라에 의해 시작된)을 사용해서, (「음식」에서 볼 수 있듯) 거울의 반사면이나 직접적으로 카메라를 자신을 향하게 하는 행위(핸드헬드 카메라 및 휴대전화 카메라와 같은 기술 발전을 통해 가능해진 포즈)를 이용해 자화상을 찍는 기법이다.²² 카메라는 빛의 물리학을 통해 세계의 이미지를 재-현전하는 매개 도구이다. 그러나 거울 또한 파이퍼의 원(原)-셀피의 물리적 작용에서 중추적인 기능을 한다. 자기 쪽으로 카메라를 향하게 해서 직접적으로 자기 이미지를 포착하는 대신에, 파이퍼는 카메라를 거울 쪽으로 향하게 해서 카메라가 뒤집힌 외부의 표면에 의해 반사될 때 자기 이미지를 포착하려고 한다. 거울은 카메라의 순수한 눈 또는 "나"(I)를 예술가 파이퍼의 물리적 실존의 일부로 바꿈으로써 초월론적이면서 경험적인 주체를 하나이자 동일자인 것으로, 이중으로 출몰하는 상태로 무대에 올린다.

한 사람이 물리적 몸으로서 여전히 "실존한다"는 것을 보증

해줄 수단으로 거울을 이용한 파이퍼의 방식은 다른 페미니스트 개념미술가들도 탐구한 주제이다. 팔레스타인계 영국 예술가 모나 하툼의 모래 분사된 거울 유리로 이루어진 조각 작품 「너는 아직 여기에 있다」는 거울 표면에 작품 제목이 텍스트로 적혀 있다.[23] 거울은 관람자가 "아직 여기에" 있다(즉, 살아 있고 거울-이미지 반영을 생산하고 있다)는 것을 텍스트로 확증해준다. 관람자는 거울에 비추어진 이미지, 참여적 요소를 도입하는 이미지이다. 관람자가 떠나고 나면 텍스트는 거짓말이 된다. 나는 2016년 봄 테이트 모던에서 이 작품을 우연히 처음 접했다. 미술사적인 여러 예술가의 서베이 전시 ≪카메라를 위한 퍼포먼스≫에서 파이퍼의 「음식」 사진 기록을 관람하고 모나 하툼의 기념비적인 회고전을 구경했다. 자기이론을 마음에 품은 채 모나 하툼의 거울, 즉 시·공간 속 나 자신의 유한성과 실존을 상기시키는 거울 표면에 각인된 텍스트를 응시하면서 그의 실천 궤적을 고찰했다. 1970년대에 하툼은 보디 아트, 비디오, 퍼포먼스, 설치 작업을 하면서 자신의 몸과 자전적 소재를 활용한 작품을 만들었다. 더 최근에 제작된 것들은, 그의 몸과 자서전이 요약된 인상적인 대형 조각 작품들에서 볼 수 있듯 형식주의적이고 통제된 미학을 향하고 있다.

하툼과 파이퍼 두 사람은 모두 개념미술 실천을 횡단하면서, 실존의 증거로서 거울에 의존하는 나르시시스트적인(혹은 자기-보기로의) 전회를 상연하는 것이 양가적으로 긍정하는 효과(와 정동)를 갖고 있음을 인정하는 듯하다. 그러나 거울 이미지는 우리 자신의 정확한 이미지가 아니라 전도된 반영, 시·공간 속 대상인 우리 몸을 뒤집은 것이다. 뤼스 이리가레는 페미니즘 이론과 철학 분야에서 그의 형성적인(formative), 심지어 정전적인 작업인 『반사경』에서 이 점을 강력한 장치로 사용한다.[24] 이리가레의 『반사경』 — 1970년대 파이퍼의 작업과 동시대에 전개된 칸트 철학에 관여한 페미니스트의 또 다른 주목할 만한 사례이다 — 은 가부장적인 세계관이 여성과 여성의 몸들에 대한 우리의 이해를 왜곡하면서 일으키는 효과들에 대한 은유로서 거울이 제공한 왜곡된 현실관을 배치한다. 이리가레는 거울 표면에 반사된 현실관은 전혀 객관적이지 않으며 주관적이고 (생물학적 남성으로) 젠더화되어 있고 무엇보다 결과적으로는 왜곡이라는 주장 — 거울 반영은 역전이다 — 을 전개한다. 칸트는 『형이상학 서설』에서 거울 이미지는 역전이며, 거울이 자신의 철학하기에 임계점을 제시함을 인정했고, 여기서 경험적 형이상학(그 자체로 사변적이고 심지어 불가능한 목적)을 창조하려는 일생에 걸친 욕망을 전개해나갔다.[25]

『반사경』에서 특히 칸트 철학에 천착한 파트인 「역설적인 아 프리오리」에서(각기 다른 생물학적 남성 철학자들의 연대기를 뒤집어, 즉 프로이트에서 시작해 플라톤으로 끝나는 식으로 검토한다) 이리가레는 서양 철학의 맥락에서 거울 반사라는 왜곡시키는 본질을 철학화하고, 우리가 철학에서 수용한 우주로 난 모든 "창"은 "이미 항상 남성(man)의 주체성 안에서 주체성에 의해 정의되어 있다"라고 쓴다.[26] 물론, 이리가레의 철학적 글쓰기에서 사용되는 "man"은 모든 인류를 대표하는 보편적인 주체(가령 킹 제임스 성경에서와 같이)가 아니다. 이는 주관적인, 신체화된, 생물학적 남성인, 인종화된 등등으로 철학의 젠더화된 본성을 축소하고 제한하려는 용어이다. 따라서 이리가레의 『반사경』은 특수한 시·공간으로서의 포스트-1968 프랑스에서 등장한 페미니스트적 철학함의 작업 — 칸트와 그가 "철학을 괴롭히는 허위의 보편자들"이라고 부른 것을 비판하기 위해 자기이론적인 양태를 촉진한 — 의 아주 통렬한 사례이다. 이리가레는 칸트와 서구 철학이 철학적 관점의 주관적 본성을 인정하는 데 실패했음을 비판하는 여성으로서 자기-반영적으로 글을 썼다. "『반사경』은 어떻게 철학자가 이른바 객관을 들먹이면서 자기들의 주관성을 표현하는지를 폭로하려는 내 몸짓이다. 『반사경』에서 나는 철학자들이 추정한 객관성 안에서 그들의 주관성이 나타나도록 했다."[27]

이리가레는 생물학적 남성 철학자와 이론가 들이 자신들의 작업 토대에 남자로서의 체험이 있음에도 불구하고 추상화를 통해 그것을 보편화, 일반화할 수 있는 것으로 제시한다고 설명한다. 생물학적 남성 저자들의 철학적 담론이 있는 그대로의 자신을 인정하는 데 실패했다고 꾸짖으면서 이리가레는 언어의 메커니즘(젠더나 몸 없이 존재하는 "보편적인" 진리들의 이름으로 말하는 특수한 주체를 생략하는)에 대해 탐구했다. 이리가레의 프로젝트는 여성이나 여성적인 것을 담론과 주체성에서 배제하는 것에 대한 분석과 함께 시작한다. 언어에 참여하는 것과 관련해서 이리가레는 그에게 열려 있는 선택지를 다음과 같이 요약한다. 남성(혹은 "중성"-"성차" 없이)으로서 발화하고 이해받을 수 있거나, 아니면 생물학적 여성으로서 입을 열고 이해받지 못할 운명(가령 히스테리)이 되거나. 그가 여성으로서 "이해 가능하게 말하고", 젠더화된 몸을 가진 생물학적 여성이나 문화적 여성으로 각인된 존재로서 철학적 담론에 참여할 수 있으려면, 여성은 그가 미메시스라 부르는 방법을 통해 담론적인 주체-형성의 메커니즘 안으로 들어가야 한다. 파이퍼는 「음식」과 여러 텍스트에서 이리가레와 유사한 "추상화" 및 자신의 신체적 초월성에 대한 욕망을 고백했다. 궁극적으로 이리가레는 칸트의 "초월론적 환영"이 현상적인 것으로부터 초월적인 것을 구분했기에 그것을 거부했으며, 페미니스트 정신분석 이론에 근거해 칸트 철학에서의 이 쟁점은 칸트가 자신과 "어머니"와의 관계를 억압한 데서 나온 것이라는 결론을 내린다.

경험적으로 입증하기:
초월론적 미학을 신체화하기

파이퍼의 자기이론적인 셀피들은 이리가레와 비슷하게, 어떤 층위에서는 이런 문제들에 대한 페미니스트 비판이다. 내가 이제 증명할 것처럼 파이퍼의 셀피들은 칸트가 57세에 쾨니히스베르크에서 『순수이성비판』을 쓰던 내내 씨름했던 철학적 질문들을 예시하고 신체적으로 프로세싱한다. 이 책에서 칸트는 주관적 경험의 조건들을 철학화하는데, 파이퍼 역시 「음식」에서 자신의 몸과 실천을 통해 그렇게 한다. 파이퍼의 자기-이미지 만들기는 라이브(그리고 사적인) 퍼포먼스, 즉 거울을 보는 동안 자신의 반영을 자신에게 되돌려주는 퍼포먼스가 끝난 뒤 남은 물질적 증거이다. 이는 칸트의 제1 비판서와 연관된 용어들 및 독서-과정들 안에서 파이퍼의 철학적 주관성과 실존을 나르시시즘을 경유해서 경험적으로 입증하는 것이었다. 당연히 양가성이 존재한다. 그러나 또한 단호하고 굴하지 않는 현존, 긍정적이고 복잡한 방식으로 칸트 철학에 참여하기 위해 자기이론적 페미니스트 실천을 예시하는 현존도 존재한다. 파이퍼의 거울반사는 연구 행위에 대한 대리보충이 아니라 칸트를 읽는 작업의 필수적인 부분이 되어간다.

칸트의 인식론적 체계 안에는 아프리오리(a priori)한 지식과 관련된 "물자체"(Ding an sich)가 존재하고, 아포스테리오리(a posteriori)한 지식과 관련된 사물에 대한 지각이 존재한다.[28] 칸트에 따르면 우리는 지각할 수 있지만 아프리오리한 "물자체"에 접근할 수는 없다. 예술가-철학자이자 지각자(지각을 통해 자기 자신[과 자신의 자기]을 지각한)로서의 파이퍼가 보기에 셀피는 거울을 보는 라이브 이벤트 이후, 재-현을 통해 "물자체"로서의 자신의 존재에 접근하려는 시도가 되어간다. 이런 식으로 셀피는 아포스테리오리한 인식의 표상으로서, 그리고 형이상학적 오성의 경험적 양태에의 시도로서 존립한다. 파이퍼의 자기이론적 셀피들은 이러한 현상학적 매개의 과정을 신체화한다. 그것들은 제1 비판서의 자기(와 그것의 인식 가능성)의 위상과 맞붙어 씨름한 파이퍼의 흔적들이다. 이런 식으로, 어쩌면 좀 더 명백하게 드러나는 페미니스트적 반향을 넘어서서, 자신이 몸으로서 "실존한다"는 사실을 경험적으로나 경험주의적으로 보증하기 위해 자화상을 찍은 파이퍼의 행위는, 자기이론적 실천을 통해 아프리오리한 지식과 아포스테리오리한 지식 사이에서 칸트의 문제틀을 예시한 것으로 해석할 수 있다 (파이퍼는 자신을 찍은 사진을 수단으로 이용해서 칸트의 아프리오리한 추론과 아포스테리오리한 추론을 탐색한다. 일단 필름이 현상되면, 파이퍼는 자신이 실존한다는 것을, 혹은 적어도 그 작업을 만드는 맥락에서는 실존했다는 것을 이론적으로, 아포스테리오리하게 알 것이다). 셀피는 물질적인 반영을 지닌 자기로서 파이퍼의 세계-내-실존에 대한 아포스테리오리한 지식 — 혹은 아프리오리한 지식이나 경험에서 독립적인 것으로 알려진 지식보다는 경험을 토대로 해서 알려진 지식 — 을 제공한다.

파이퍼는 자기-초상을 통해 이성적이면서 신체화된 주체로서의 자신의 실존을 입증한다. 칸트가 그의 철학에서 관심을 두었던 표상의 불안정성이 파이퍼의 사진들에서 지속된다. 과연 경험적-형이상학적 표상을 입증하는 대상으로서 사진을 신뢰할 수 있는가, 어떤 식으로 신뢰할 수 있는가라는 질문을 각기 다른 이미지들을 횡단하는 파이퍼의 상대적인 가시성과 비가시성이 제기한다. 개념미술 작업의 맥락에서 본다면, 이들 자기-초상들은 증거 입증이란 기능에서는 "경험적이고" 동시에 시각적 언어에서는 "형이상학적"이다. 인화지 표면에서 파이퍼가 우리에게 나타난다고 해서 그것이 우리가 "물자체"로서의 그에게 접근하고 있다거나 그를 아프리오리하게 알 수 있다는 의미는 아니라고 칸트의 철학은 주장할지 모른다.

노출 부족 상태로 찍은 사진들에서 매번 다르게 가시화되기 때문에 파이퍼의 가시성 정도는 사진마다 다르다. 가시성의 역설에 대한 파이퍼의 실험은 한편으로는 감각적 직관(초월론적 미학)을 이해할 수 있게 만드는 방식으로 읽힐 수 있고, 다른 한편으로는 그 당시 페미니스트 퍼포먼스 아트와 보디 아트 실천에서 탐구된 가시성의 역설들의 어려움에 그가 휘말려 있었던 것으로 이해될 수도 있다.[29] 대비가 약하고 노출이 부족한 사진들의 시각 언어는 과거의 수행적인 사진 실천들의 형이상학적 유희 — 19세기 심령사진이나 이폴리트 바야르의 「익사자의 자화상」(1847) 같은 수행적인 유령-자화상 실험들 — 를 떠올리게 한다. 사진들의 미장센은 매번 달라지지만, 대부분의 사진에서 파이퍼는 무릎 위에서부터 보이도록 설정했다. 머리 위에는 빈 공간(아마도 읽기와 철학하기의 과정을 통해 파이퍼가 욕망한 종류의 "초월"을 위한 공간, 형이상학적 관조의 공간)이 존재한다.

「음식」을 기록한 사진에서 빛은 흐릿하고, 파이퍼는 다소 유령처럼 보이며, 연작 전체에서 그의 가시성은 정도는 다르지만 불분명하다. 백인 남성 유럽인에 의해 쓰인 계몽주의 시기 독일 관념론 철학을, 비슷하게 생물학적 남성 백인이 지배하는 1960년대와 1970년대 개념미술의 맥락에서 유색인 여성으로서 직면한 파이퍼의 역사적 이해 불가능성을 내포한 사진들에는 거친 입자들이 존재한다. 파이퍼의 노출이 부족한 사진들은, 역사적으로 백인이나 피부가 밝은 사람에게 부합하는 조명을 특권화한, 사진 기술 및 조명에서의 인종적 편견의 정치를 통해 이해될 수도 있을 것이다. 파이퍼는 19세기 사진 미학(상대적으로 한가한 시간과 경제적 수단을 갖춘 유럽-미국의 남자들이 개발하고 지배한 분야)을 시대착오적으로 복구하면서, 비네트 효과[30]가 적용된 사각 프레임 가장자리와 주체(여기서는 파이퍼)와 초점면의 거리로 인한 노출 부족으로 대비가 존재하지 않도록 만든 것으로 해석할 수 있다. 중앙에서 약간 벗어난 곳에 자리를 잡은 파이퍼는 수평 대칭으로 프레임되어 있고, 파이퍼의 머리 위로는 거대한 네거티브 공간이[31] 다가온다. 이런 구도가 분명하게 보여주는 것은 파이퍼에게 더 중요한 것은 자신의 응시를 뷰파인더(권위적이고 전통적인, 그러나 파이퍼에게 더 많은 통제권을 줄 수 있을 접근 방식)가 아니라 카메라의 반사된 렌즈(개념적인, 심지어 단호하게 저항하는 자세) 쪽으로 향하게 만든다는 점이다. 그럼으로써 파이퍼는 칸트에 대해 연구하는 것의 현기증 나는 효과들로까지 자신의 자기-노출을 확장할 수 있었다. 편안하고 단호한 표정을 짓고 있는 파이퍼는 카메라(이후에는 사진을 보는 관람자)를 똑바로 바라보며 자신의 공간을 주장한다. 벌거벗었지만 취약하지 않은 모습의 파이퍼는 형이상학적인 것을 암시하는 이미지 안에서, 칸트적이면서 칸트를 초과하는 방식의 배역을 자신에게 부여하는 자신의 벌거벗음, 흑인성, 생물학적 여성임 안에서 퍼포먼스를 기록한다.

  칸트의 미학은 "감각 지각"을 뜻하는 그리스어 아이스테시스(aisthesis)를 따라, 지각적인 것, 즉 감각에 의해 지각 가능한 것에 적용된다. 칸트에게 미적인 것은 "그것을 규정하는 토대가 오직 주관적일 수 있을 뿐인 것"이다.[32] 동료 독일 철학자 알렉산더 고틀리프 바움가르텐이 구상한 "미학"(aesthetics) 개념에 기초하는 칸트에 의하면, 미학은 "**아이스테타**($αἰσθητά$)와 **노에타**($νοητά$)를 구분했던 고대와 상응하면서 '감각적 지각의 조건을 다루는 과학'"이다.[33] 초월론적 미학에 관한 글에서, 칸트는 대상을 **현상**(phenomena)과 **본체**(noumena)로 구분하는데, 여기서 **현상**은 우리가 지각하는 것(**표상들**, "한갓된 가상들")이고 **본체**는 "물자체" 혹은 알 수 없는 것이다. 칸트는 공간과 시간 속 대상을 표상들 또는 "한갓된 가상들"로, 공간과 시간 자체를 "가상들"로 간주한 것으로 유명하다. 바로 이것이 "초월론적 관념론"이라 불리는 독트린이다. 칸트는 이렇게 말한다.

> 시간 속에서나 공간 속에서 직관된 모든 것, 따라서 우리에게 가능한 모든 경험의 대상은 오직 가상들, 즉 한갓된 표상들, 면적을 갖는 존재들이나 일련의 변조들로 표상되었을 때에는 우리의 사유 바깥에서 자기 자신에 근거한 어떠한 실존도 갖지 못하는 한갓된 표상들이다.[34]

칸트에게 현실은 감각적 능력을 가진 신체화된 주체로서의 우리가 그것을 지각하는 데 의존한다. 만약 우리가 주체 — 여기서는 파이퍼(주체로서, 예술가-철학자) — 를 제거하면 시·공간 속의 대상들 — 역시 파이퍼(예술적 대상으로서, 주체에 의해 지각될 수 있는/그 주체의 지각을 통해 구성되는 시·공간 속 대상) — 도 "사라질 것이다".[35] 파이퍼는 (작업의 개념적 타격에 기여할) 어느 정도의 추상화와 불신의 중지를 수반하는 방식으로 칸트 철학의 초월론적 관념론에 대한 믿음을 증명한다. 주체이자 대상으로서의 그가 엄격하게 훈육된 방식으로 칸트에게 가담하는 동안 (통일된, 일관된 자기로서는) "사라질 수 있다"는 가능성이 「음식」의 퍼포먼스를 통해 그리고 제스처와 이미지를 둘러싸고 예술가 파이퍼가 만드는 시각적 결정들을 통해 무대에 올려지고 상연된다.

시간과 공간 속에 존재하는 인간으로서, 「음식」에서 예술가로서 파이퍼는 "경험의 [대상]"이며 따라서 "그저 [가상], 즉 한갓된 [표상]이다".³⁶ 그러나 그는 또한 그 자신을 사진 찍는 행위를 통해 전경화되는 표상의 대상이기도 하다. 미학적으로 연출·표현되었기에 감각을 통해 지각할 수 있게 된 파이퍼는, 이제 거울이란 매개를 통해, 그리고 자신의 이미지들이 사진으로 제시될 때 자신과 그 외 다른 사람을 지각하는 감각들 — 일찍이 칸트의 제1 비판서에서 "무매개적이고" "전-인식적인" "직관"의 과정과 대비되는 것으로 단언되었던 — 을 통해 자기 자신을 본다. 파이퍼가 「음식」에서 환기한 이런 식의 칸트 해석은 그의 후기 글들 — 칸트가 초월론적 분석에서 어떻게 "직관과 오성의 의존성을 효과적으로 재고하고, 마침내 그 둘이 상호의 존적인 설명을 제공하는지"를 서술한 — 에서도 입증된다.³⁷

「음식」에서 셀피는 사진에 나타난 예술가-철학자의 유령 같은 이미지를 통해, 칸트의 "초월론적 연역"을 찍어 누르는 "경험적 연역"의 긴장이 물리적으로 예시되는 과정의 흔적으로 봉사한다. 칸트에 따르면, "초월론적 연역"이 가리키는 것은 "개념들이 **아프리오리**한 대상과 관련될 수 있는 방식", 또는 개념들이 인간의 (감각적) 경험에서 독립적일 수 있는 방식이다. 이에 반해 "경험적 연역"은 "개념이 경험과 경험에 대한 성찰을 통해 획득되는 방법"을 가리킨다.³⁸ 「오성의 순수 개념의 연역」에서 칸트는 주관과 객관의 구분과 관련해 오성의 기능에 존재하는 주요 아포리아를 다음과 같이 요약한다. "다시 말해서 사유의 주관적인 조건들이 어떻게 객관적인 타당성을 가져야 하는지, 즉 대상에 대한 모든 인식 가능성의 조건이 어떻게 산출되는지이다. 왜냐하면 가상들은 분명 오성의 기능들 없이도 직관 속에서 주어질 수 있기 때문이다."³⁹ 사변적으로 말해서, 파이퍼의 자기-이미지 만들기는 다음의 문제에 대한 타협적 반응이다. 자신에 대한 자신의 감각적 지각을, 설사 이것이 아무리 일시적이고 애매해 보이더라도 구체적 대상(사진)으로 변환시킴으로써 파이퍼는 자기에 대한 자신의 지각, 즉 "사유의 [주관적] 조건"을 무언가 "객관적인 타당성"을 갖는 것으로 변형시키게 된다.

"나르시시스트적" 셀피의 이중적 메커니즘은 직관에 접근할 수 있는 것을 오성에 접근할 수 있는 것으로 변환시키려는 기능적 시도로 바뀌어간다. 파이퍼가 「음식」의 개념적 전제 — 예술가가 직접 칸트의 제1 비판서에 자기를 부정하는 방식으로 참여함을 통해 "영혼"으로 바뀌어가는 — 를 통해 이러한 자기-이미지 만들기에 철학적 엄격함을 주입하기에, 그의 "가상들"은 적어도 이론상으로는 "오성"과 접속하게 된다.

텍스트적으로 신진대사하기

파이퍼가 퍼포먼스 중에 주석을 단 칸트의 제1 비판서의 물리적 사본에서, 우리는 파이퍼가 칸트의 미학에서 핵심적인 주관/객관의 관계를 모색하는 부분에 특별히 심취했다는 것을 알게 된다. 파이퍼는 칸트의 제1 비판서의 핵심에 자리한 이러한 형이상학적 문제들, 그리고 서구의 표상주의의 구조들이라는 더 거대한 매트릭스를 이론화할 때, 자기-이미지 만들기와 책의 여백에 칸트의 문장을 손보는 행위를 진행한다. 더 많은 메모가 필요했기에 파이퍼는 책의 몇몇 페이지를 찢었고, 책을 찢는 폭력은 「음식」을 철학의 헤게모닉적 개념과 철학이 소비되는 방식에 대한 대항-실천으로 독해하는 데 힘을 실어준다.

칸트의 철학을 이해하기 위해 파이퍼가 선호한 좀 더 물리적인 참여의 방식은, 주어진 특정 페이지에 더 자주 접근하고 그가 자신의 미술 실천과 이해에 핵심이라 여긴 구절들을 강조하는 것이다. 어떤 식으로든 책을 훼손하지 않거나 그 위에 뭔가를 적지 않음으로써 철학 텍스트의 순수성을 유지하는 대신에, 파이퍼는 철학 텍스트를 자기 것으로 만들고, 한정된 시간과 공간 속에 실존하는 몸을 가진 사람으로서의 자신의 필요에 맞춰 그 텍스트를 조정한다. 읽는 동안 단식을 한 파이퍼는 어쩌면 배가 고팠을 것이고, 그래서인지 게걸스럽게 칸트의 책 위에 끄적거리며 칸트에 대한 자신의 되새김질 과정을 가시화하려 한다. 제1 비판서의 사본에 글을 쓰면서 파이퍼는 상징과 속기를 이용해서 구절들에 주석을 달았다. 예를 들어 472쪽에서 그는 "너 자신을 알라"와 같은 문장에 박스 처리를 하고 여백에 감탄조의 "NB!", 일그러져서 "NG!"로 보이는 단어를 휘갈긴다.[40] 파이퍼의 '여백에 글쓰기'에서 한결같이 드러나는 이러한 의미론적 미끄러짐의 순간들은 형식 면에서 연구의 과잉을 상기시킨다. 그가 자신의 감각 체계를 통해 칸트를 소비함에 따라 여백들은 그의 소화 과정의 흔적을 담지한다. 이렇듯 개인적인 표기법을 이용해 모든 페이지에서 칸트에 개입하는 파이퍼의 텍스트 흔적들을 읽으며, 나는 1971년 여름 뉴욕의 스튜디오에서 독서 중인 파이퍼에게 가장 큰 반향을 일으켰을 것이라고 상상되는 칸트 읽기 순간들의 증인이 된다.

독자가 느끼는 파이퍼 메모의 가독성은 매 페이지마다 다르다. 어떤 메모는 읽기 어려운데, 예컨대 파이퍼가 다음 구절 옆에 "논리적 동맹"(logic ally)[41]으로 보이는 것을 쓸 때와 같은 예외가 있다. "어떻게 주관적인 사유의 조건들이 객관적 타당성을 가질 수 있는가. ... 가상들은 오성의 기능들에서 독립적인 직관에서는 분명 주어질 수 있기 때문이다."[42] 이런 식으로, 우연이든 아니든 파이퍼는 철학 — 주인 담론 — 을 "논리적인 것"을 초과하는 어떤 것이자 그의 미술 실천을 담론적으로 지지하는 동맹자나 출처라 부르며 환영한다. 자기 작업의 담론적 토대로서 칸트의 이성에 호소하는 것이다.

칸트를 읽을 때 파이퍼는 칸트의 주체에서 자기-의식이 갖는 중요성과, 칸트 체계의 논리에 의해 "우리는 자기-의식적이려면 표상들의 객관적이고 한갓되게 주관적인 연결들 사이에서 이렇듯 일반적인 구분을 만들어야 한다"라는 것을 이해한다.[43] 파이퍼는 그러한 자기-의식이 불가피하게 신체화되고 내재적이라는 것을 지각한다. 「음식」과 『합리성과 자기의 구조』 모두에서, 파이퍼는 칸트의 합리적인 자기 개념을 신체화된 자기-참조적인 페미니스트 실천 — 존재론과 이성과 연관된 이렇듯 오래 지속되는 질문들 안에 투여된 — 을 통해 명확히 한다. 파이퍼는 "칸트에게 자기-의식은 한결같이 통일된 도덕적 행위성의 우발적인 산물이 아니라 그 행위성의 필수불가결한 전제이다. 나의 설명은 이런 점에서 칸트를 따른다"라고 쓴다."[44] 「음식」은 철학을 알고 이해하길 간구하는 예술가의 실천인 만큼이나 자기 자신을 알고 이해하려는 예술가의 실천이기도 하다. 근대 철학과 자신의 예술 실천의 관계를 통해 작업하면서, 파이퍼는 자기-지식 및 성찰과 연관되어 지속된 철학적 질문들에 대한 통찰력을 드러낸다. 파이퍼는 「음식」의 자기-이미지 만들기를 통해 그러한 "자기-의식"을 퍼포먼스한다.

파이퍼가 밑줄을 긋고 강조한 칸트의 마지막 구절은 그가 인간(man)을 "현상" 혹은 감성과 "순전히 인식 가능한 대상" 둘 다를 구성하는 것으로 기술한 부분이다. 칸트 철학에서 이런 존재론적 이원성은 이리가레와 같은 페미니스트들의 비판을 받아왔다. 이리가레는 "초월론적"인 것(영혼) — 전형적으로 남성을 위해 마련된 — 과 "현상"(몸)의 구분을 문제 삼는다. 파이퍼는 퍼포먼스에서 칸트 제1 비판서의 다음 구절을 상연한다. "[그는] 그렇듯 한편으로는 현상이고 다른 한편으로는 … 순전히 인식 가능한 대상인 [자신]에게 있다." 그는 칸트의 제1 비판서를 읽는 동안 제의적으로 셀피를 찍는 과정을 통해 자기-의식과 "순수한 통각"이란 칸트의 개념을 무대에 올린다. 특히 칸트의 용어집에서 통각은 자기-의식을 가리키고, "통각의 초월론적 통일"은 "칸트가 구상한 통일된 의식의 기본 구조"이다.[45]

파이퍼의 단식, 그리고 정해진 기간에 칸트의 제1 비판서를 놓고 진행한 정교한 분석은 더 고매한 지식을 추구하기 위해 자처해서 자신의 몸을 희생한 예술가를 증명한다. 파이퍼의 자기-이미지 만들기를 "생존"(살아남은 철학의 한 양태)의 견지에서 읽으려는 나의 독서는 글쓰기에서 그가 선택한 어휘들과 일치한다. 파이퍼는 칸트의 자기-의식에 대한 자신의 철학하기를 통해 우리가 삶에서 만나는 인식적 "폭행들"과 그것에 "대처하기" — 칸트에 기반해서 파이퍼가 만든 "유사-합리적 변호들"을 상기시키는 — 위해 의지하는 전략들을 언급한다.[46] 파이퍼가 언급한 "폭행들"은 철학보다는 세계의 이론적·개념적 변칙들에서 유래한 것이다. 칸트에게 그렇듯이(그에게 이성의 적절한 사용은 인간 사회의 생존 가능성의 핵심이다), 파이퍼에게도 철학과 "이론적 이성"은 생존의 수단으로 단언되었다. 만약 이게 사실이라면 우리는 자기-훈육적인 철학적 제의의 일환으로 셀피-찍기에 의지하고 호소하는 파이퍼, 이런 활동을 생존의 메커니즘으로 기술하는 파이퍼를 갖고 무엇을 해야 하는가? 파이퍼는 다음과 같이 적었다. "따라서 이론적 이성의 요구들은 약화되어야 하고, 우리의 한계들의 윤곽으로 휘어져야 한다."[47] 이런 주장은 개인적이고 신체화된 삶의 "한계들"이 이론적 작업을 생산한다고 이해하는, 자기이론적인 양태에 대한 지지와 인정으로 해석할 수 있다.

신체화되고 내재적이며 정동적인 (우리의 능력들과 합리성들에) 제한된 자기, 바로 이것을 향해 이론적 이성(또는 적어도 이론적 이성의 "요구들")은 "약화되고 휘어져야" 한다. 나는 파이퍼와 같은 철학하기의 진술이 이론과 주체 둘 다를 위한 일종의 유연성을 촉구하고 있다고 읽었다. 앞의 구절은 칸트에 관여하면서 파이퍼가 내린 이론적 이성에 대한 결론을 요약하고, 동시대 페미니즘 이론의 관심사(장애인차별주의, 접근성, 자기의 장소를 포함한)와 공명한다. 나는 자기이론적인 페미니스트 실천을 통해 칸트의 체계를 미묘한 방식으로 전복하고 환유적으로 신체화한 것이 바로 파이퍼의 진술 — 칸트의 많은 용어를 지지하면서도 동시에 하루하루의 일상에서 우리 스스로 발견하는 "비이성적인" 상황들에 비추어 "이론적 이성"과 그것의 "요구들"을 "약화시키자"고 요구하는 — 이라고 이해한다.

페미니즘은 칸트 철학이 페미니스트들이 혼신의 힘을 다해 이론화하고 무대에 올리려고 하는 철학에서의 신체화와 주관성을 억압한다고 보는 편이다.[48] 페미니즘에 팽배한 칸트에 대한 이러한 읽기는, 물질적 몸에 대한 칸트의 인지된 무시와 미적 무관심이란 개념을 물고 늘어진다. 가령 어밀리아 존스는 칸트 미학을 "그 말 많은 신체적 관심의 우여곡절을 지우려는 시도"로 해석하면서, 페미니스트 보디 아트를 직접적으로 칸트의 미학과 대비를 이루는 것으로 단언한다.[49] 존스의 관점에 따르면, 페미니스트 보디 아트 덕분에 여성 예술가가 자신을 주관이자 객관, 몸이자 정신으로 구성할 수 있다. 존스는 무엇보다 파이퍼의 「음식」과 연관지어 자신의 주장을 개진한다. 이 경우, "주관"과 "객관"은 꼭 칸트가 생각했던 그것이 아니라 좀 더 일반적인 가부장제 미술사의 맥락 — 이리가레에서 보부아르에 이르는 페미니스트 철학자들이 주장하듯이 여성들을 여성들의 신체화를 빌미로 지적인 주관성과 "초월"의 가능성에서 배제하는 — 을 가리킨다. 칸트의 저작에서 신체에 대한 근본적인 억압을 지각한 존스의 칸트 미학에 대한 설명은, 다른 페미니스트 미술사적인 글쓰기들에서도 발견된다. 이는 20세기 중반에서 후반까지 그린버그의 "신비화된 칸트주의"[50]가 미술계에서 헤게모니를 장악했던 것에서 연유한다. 그런데 이런 식의 칸트 읽기에는 무엇이 빠져 있을까?

파이퍼의 자기-이미지들은 그의 엄격한 칸트적 철학하기에 대한 대리보충이 아니라, 인식론과 존재론의 질문에 투여된 꼭 필요한 부분인 미술-제작과 철학하기의 자기이론적 실천으로 기능한다. 여기서 흥미로운 것은 자기이론적 실천으로서 페미니스트 보디 아트와 개념미술이 단지 적법한 이론하기의 현장들이 아니라, 오랫동안 논란의 진원지였거나 해결이 어려운 철학적 문제를 해결하고 예시하는 데 꼭 필요한 현장들로 바뀌고 있다는 점이다. 근대와 동시대의 이론가는 모두 "가상들을 그것들의 표상들과 동일시하려는 [칸트의] 경향의 명백한 결과들"로 인해 어려움을 겪고 있다.[51] 바로 이렇듯 비스듬하고 글자 그대로 자기-반영적이고 신체화된 칸트 읽기의 실천을 통해서, 파이퍼는 장구한 세월 동안 이어져온 질문에 대한 신선한 통찰을 제시한다. 「음식」을 "리서치 크리에이션"의[52] 초기 사례로 간주한다면 그 무렵 지배적이었던 칸트에 대한 이해 방식 — 그린버그가 주도하고 지지받은 칸트 미학에 대한 영향력 있는 해석을 포함한 — 을 파이퍼가 문제 삼으려고 했음을 이해할 수 있다. 파이퍼는 철학(그것의 언어, 구조, 역사적 짐, 제도적 발판)을 자기 자신 그리고 작업과의 복잡하고 신체적인 상호작용으로 끌어들인다. 예술작품을 통해 일어난 칸트에 대한 파이퍼의 관여는 개념적이면서 동시에 형식주의적이고, 신체화된 것이면서 동시에 추상적이어서, "내용"과 "형식"의 모호한 구분을 조장한 그린버그의 칸트주의 용어들을 복잡하게 만든다. 파이퍼는 그린버그가 어떻게 형식주의 미학 이론을 통해 젠더, 인종, 성별 등에 대한 관심과 직결된 "정치적 내용"과 "형식"을 대립시켰는지에 대해 직접 글을 썼다. 그린버그의 1950년대 형식주의는 예술의 "사회적 내용, 특히 명백히 정치적인 주제를 … '순수성'을 더럽히거나 작품의 '초월성'을 방해하는 것"으로 설정했다.[53] 칸트에 대한 파이퍼의 읽기는 좀 더 변증법적이다. 칸트가 전개한 개념들, "주관적 보편성"과 같은 개념에 비추어 읽을 때 "내용"과 "형식"의 선명한 대립은 솔직하지 못한 듯 보인다. 칸트는 미적 판단과 형식의 질문이 제기한 문제를 해결하기 위해 "주관적 보편성"이란 개념을 제안했다.[54]

「음식」에서 이루어진 칸트에 대한 파이퍼의 비판적 해석은 에세이나 피어 리뷰 논문이 아니라 신체화된 예술작품과 예술가의 작가노트를 통해 청중이나 "독자"에게 재현된다. 「음식」은 페미니스트 미술 실천과 자기이론적 작업 안에서 셀피를 이해하려고 한다는 점에서 혜안이 있었으며, 리서치로서의 미술 실천 면에서도 시대를 앞서 있다. 작업은 그 자체로 "충분"하다. 파이퍼는 MFA 프로그램이나 스튜디오 기반 PhD에 요구되는, 다소 임의적인 기한을 초과하여 수십 년 동안 칸트의 작업에 대한 연구를 계속해왔다. 막 성인이 되는 시기에 칸트를 읽겠다고 결정하고 평생을 배우며 공부하기를 게을리하지 않은 파이퍼처럼, 많은 동시대 예술가들, 특히 개념적으로 작업하는 이들도 이를 실천하고 있다.

생존하는 철학:
자기-보존으로서의 자기이론

「음식」에서 자기이론적 경향을 활성화함으로써, 파이퍼는 페미니스트 실천과 칸트의 사유가 상충한다고 선언하는 것이 지극히 불충분하다는 점을 드러낸다. 파이퍼는 칸트의 사유를 미적 무관심의 하나로 특징짓는 모더니스트적·그린버그적 방식을 비판한 페미니즘 전통에 반응한다. 수십 년에 걸쳐, 오늘날까지도 칸트의 철학에 심화된 형태로 참여하고 있는 파이퍼의 비판은 복잡하고 정교하다. 그의 작업은 칸트와 함께 그리고 칸트를 통해 사유하기이고, 예술가이자 철학자로서 그 자신의 신체화이다. 파이퍼는 어떤 호기심 때문에 이 작업을 시작했다. 사전에 미리 결정된 페미니스트적 "목적"이 아닌 호기심이 작업의 원동력이다. 「음식」은 정치적 실천이라기보다 철학의 실천인 듯 보인다(철학과 정치가, 심지어 이론에서라도 분리될 수 있다고 가정한다면). 그러므로 다른 식으로는 불가능할 것이라는 결론에 다다른다. 「음식」은 칸트에 접근할 때 다른 페미니스트들 — 특히 칸트의 작업을 **신체**에 대한 페미니즘적 동맹"과 지나치리만치 단순하게 대립시키는 페미니스트 미술사가 및 학자 — 의 작업들보다 더 간접적이고 완곡한 방식을 사용하고, 작업에 현존하는 인종화된 여성 작가로서 자기-이미지화된 내재성-초월성 덕분에 철학적인 것을 자신도 모르게 **정치적으로** 만드는 관점에 입각해, 칸트적 질문들에 대한 다른 종류의 통찰력을 낳는다.

파이퍼의 자기-이미지들은 그의 철학하기 실천과 분리된(혹은 분리 가능한) 어떤 것으로 기능하지 않는다. 오히려 자기-이미지들은 바로 그 실천에 꼭 필요한 부분이다. 철학적으로 생성적이고 정치적으로 쇄신시키는 **자기**와 **이론**의 케미(형식적 혼합)에 뭔가가 있다는 것을 여러 방식으로 보여주기에 그것은 동시대 예술가의 실천으로서 자기이론이 떠안은 부담을 고찰하는 데 중요하다. 그렇게 함으로써 파이퍼는 칸트 철학과 오늘날 우리가 반-인종주의적, 교차성 페미니즘이 이해하는 것 사이에 간과된, 동맹의 여러 지점을 드러낸다. 자기-이미지 만들기에서 힘을 얻은 파이퍼는 비백인 여성 예술가와 철학자 — 칸트의 글쓰기들(강력한 잠재적 가능성들에도 불구하고 유럽 중심적이고 남근 중심적인 범위에 머물러 있는)에서 배제된 주관성 — 로서 현존한다. 철학의 일부로서의 그의 위상 — 사유하고 읽고 쓰는 능동적인 **주체** — 은 엄격한 철학하기 실천과 병치된 채 강조된다. 파이퍼가 예시한 것은 그의 자기-재현을 통한 칸트와의 공감 어린 대면이다. 파이퍼의 신체화된 주체임은 칸트가 글을 쓸 당시에 실존했던 철학적 주관성과 그 글의 독자였을, 대체로 백인, 독일인, 중산층 남성의 범주를 능가한다. 그러나 칸트는 [정말로] 그들을 **위해** 글을 썼을까, 혹은 그들이 역사의 그 지점에 존재한 칸트 저작의 유일한 독자였을까? 철학적 연구의 유물론적 역사와 관련해 중요해 보이는 이런 구분을 칸트 연구에 전념해온 파이퍼는 인식하고 있었던 것 같다.

퍼포먼스 이후의 성찰에서 파이퍼는, 자기-초상이라는 제의로써 칸트의 사유의 비신체화 효과에 맞서려고 했지만 성공하지 못했다고 쓴다. 동시대 미술 실천들에서 페미니스트적 자기-이미지 만들기의 효력이나 "성공"은 계속해서 논쟁을 일으키는 문제이며, 자기이론적으로 — "자기"에 초점을 맞춘 실천들과 나란히 철학과 이론에 관여하는 양태로서 — 작업하는 사람들이 차지한 곳은 이러한 논쟁에 반응하기에 좋은 위치이다. 「음식」의 뒤를 이어서 파이퍼는 1974년에 흥미로운 책 『혼잣말하기: 미술 대상의 지속적인 자서전』을 썼다. 이 책은 주체의 존재론을 주관성과 객관성과 연관해서 자기이론적으로 철학화하려는 실천을 확장시켰다.[55]

파이퍼는 고된 「음식」 퍼포먼스가 종료된 후 2년간 칸트 철학과 떨어져 있어야 했지만, 지금까지 칸트 철학에 예술가, 학자, 철학자로서 관여하면서 칸트와 흄에 대한 두 권 분량의 방대한 저작을 출판했고, 에이드리언 파이퍼 리서치 아카이브 재단(APRAF)을 통해 칸트 리서치에 필요한 독특한 다학제적 장학금 펠로우십을 설립했다. 예술가 파이퍼는 단지 약간의 시간이 필요했던 것일까? 철학을 자신의 몸 안으로 통합해 들이기 위한, 칸트와의 짧은 결별인 것일까? 확실히 칸트와 파이퍼의 모호한 관계는 예술가들과 그들의 작업이 관여한 이론 간의 종종 양가적이고 강력한 정동이 투여된 관계들 — 페미니즘과 퀴어 문화적 생산에서 점차 증가하는 자기이론을 향한 충동에서 발견되는 — 과 같은 종류인 듯하다. 자기-반영적으로 주관적이며 엄격한 접근 방식인 자기이론이 있었기에 예술가, 작가, 활동가, 학자 들은 삶에 관여하는 방식으로 이론과 철학을 작업 안에서 프로세싱할 수 있다. 신체화된, 담론을 초과하는 삶의 뚜렷한 특수성을 통해 철학의 담론을 프로세싱하는 이런 작업은 복잡한 비판과 긍정적인 전복을 낳는다.

전례 없이 탁월한 개념미술 작품인 「음식」은 칸트의 『순수이성비판』을 소생시키는 다른 독서, 가령 가라타니 고진이 『트랜스크리틱』 — 이 책에서 고진은 칸트와 마르크스를 서로 충돌하는 방식으로 독창적으로 읽음으로써 칸트의 제1 비판서에서 사회주의의 윤리적 뿌리를 확인한다 — 에서 보여준 독서 방식과 잘 어울린다.[56] 파이퍼와 비슷하게 예술가, 작가, 학자, 철학자의 다양한 위치를 아우르면서 활동하는 프레드 모튼은 자기-기술적인 "이론 강연"인 「(챈트로 발음된) 흑인 칸트」에서 자신이 큰 소리로 낭독한 텍스트를 "노먼 H. 프리처드의 시를 이론적 렌즈이자 앰프로 동원해서 더욱 상상력을 갖고, 즉 정확하게 칸트를 보고 들으려는" 시도로 프레이밍했다.[57] 자신의 보디 아트와 개념주의 안에서 프레드 모튼과 비슷하게 비스듬하고 우회적인 방식으로 칸트에 접근했던 파이퍼의 방식을, 우리는 칸트의 철학적 체계의 중심에 놓인 아포리아를 "더 정확히" 이해하려 한 시도로 이해할 수 있을 듯하다.

「음식」의 개념적 프레임 안에서 파이퍼의 칸트적 셀피들은 그의 자기의 경험적 증거(칸트의 제1 비판서에 내재한 아포리아를 읽고 이해하려는 시도의 통합적 부분)로 기능한다. 셀피는 자기-보존의 시도와 그러한 시도의 유익한 실패들 사이에서 지속되는 긴장을 증언하는 흔적의 담지자로서 봉사한다. 카메라를 위한 퍼포먼스와 철학적 연구의 결합을 통해, 파이퍼는 형이상학과 존재론과 관련된 오랜 철학적 문제들 — 표상에서 주체의 위상 그리고 주관성과 객관성 사이의 긴장을 포함한 — 을 프로세싱하고 살을 붙여 구체화한다. 칸트를 엄격한 규율 하에 읽는 데서 촉발된 불안에 대한 반응으로 반복된 파이퍼의 자기-이미지 만들기는, 페미니스트 예술가로서 철학을 반추하는 과정과 실천에 대한 자기이론적인 후렴구가 된다. 「음식」을 자기이론의 작업으로 읽을 때 우리는 페미니스트 미술 실천과 칸트 철학 사이에서 지속적으로 발생하는 긴장에 대한 쇄신된 통찰력을 얻을 수 있다.

예술과 글쓰기 실천을 통해 파이퍼는 칸트 철학과 페미니스트 개념미술 및 보디 아트 실천들 — "무관심적" 예술을 특권화했던 20세기 중엽 미학의 이데올로기에 도전한 — 사이의 미학적 대치를 촉발한다. 또한 칸트의 철학 체계 — 지성, 지각, 감각, 오성의 불가분성을 원(原)-현상학적으로 단언할 때에는 자기이론의 선례로 읽힐 수 있지만, 동시에 신체화의 특별한 국면(인종, 젠더, 섹슈얼리티, 비장애성을 포함한)이 주관성의 구조들 안에서 행하는 역할을 무시한 체계 — 를 반향함과 동시에 그것에 도전하는 방식으로 예술가-철학자인 자신에게 집중한다. 그럼으로써 파이퍼는 칸트에게서 영감을 받은 그린버그의 모더니즘 형식주의를 일종의 나쁜 형이상학이라 비판하고, 그 과정에서 자신을 칸트의 정교한 독자로서 드러낸다. 「음식」은 칸트의 최고의 독자들 중 한 명으로서 파이퍼를 드러낸 작업이다. 파이퍼는 칸트 철학적 체계의 역설 — 감각적 관점에서, 따라서 신체에 근거해서 단언되었지만 동시에 신체의 젠더화된, 인종화된, 비장애적인 국면을 고려하는 데 실패한 — 을 이해했다. 칸트의 철학을 자기이론적으로 신진대사함으로써, 파이퍼는 그를 따르는 일단의 예술가와 아웃사이더 철학자가 낱낱이 분석하기에 가장 어려운 철학(지나치게 남용된 말장난인 "I Kant"를 소재로 무수히 많은 밈이 만들어지기도 했다)으로 가는 길을 창조한다.[58]

2장

이론이여,
울지 마오

자기이론의 경제와 유통

이제 나는 자유롭고 전쟁은 끝났고 페미니즘은 끝났고 사회주의는
끝났다는 네 말.
그래, 이제 나는 내가 원하는 것을 소비할 수 있다는, 이제 내가 원
하는 것을 소비할 수 있다는 네 말.

... 예니 발, 「전쟁은 끝났다」, 『아포칼립스 걸』

스튜디오 대 이론

"몇 달간 그림을 안 그렸어"라고 화가 친구가 내게 말했다. 종합대학으로 승격한 캐나다의 유수한 미술대학에서 막 순수미술 석사과정을 시작한 친구는 스튜디오에서 작업할 시간이 부족하다는 데에 점점 더 강한 불만을 토로해왔다. "우리가 하는 거라곤 이론을 읽는 거야!" 그리다 만 캔버스들에 둘러싸인 친구는 지치고 격앙된 상태로 작품을 만들 시간이 이렇게나 부족한데 왜 예술가로서 대학원을 다니려 했는지 스스로도 의아해했다. 이 친구만 그런 것이 아니다. 스튜디오 아트 석사과정과 박사과정 프로그램을 위한 커리큘럼의 상당 부분을 철학과 이론, 비평이 차지하고, 미술대학이 종합대학으로 승격하는[1] 이런 흐름에 반발하는 예술가들이 있다. 이들 중 어떤 예술가들은 자기이론적으로 작업을 하면서, 동시대 미술과 학계, 그리고 그것의 사회적·정치적·재정적 혹은 문화적 경제들에서 중심을 차지한 이론과 담론에 비판적으로 관여하는 예술을 만듦으로써 대응한다.
자기이론에 경도된 흐름은 그보다 넓은 담론적·물질적·사회

적·제도적 변화들과 나란히 출현했다. 이런 변화 속에서 우리는 종합대학으로 승격한 미술대학과 동시대 아트 갤러리를 포함한 21세기 기관들에서 이론과 지식의 생산 및 동원에 대해 생각한다. 스튜디오 실천에서 박사과정 프로그램이 부상한 것은 어떤 맥락상의 신호이다. 또 다른 신호는, 리서치 기관과 캐나다 사회과학 및 인문학 리서치 심의회 같은 자금 지원 단체에서 일어나는 전회, 즉 "리서치-크리에이션"을 학문적 산출물의 합법적인 양태로 인정하는 쪽으로의 전회이다. 지난 수십 년간 모든 주요 미술대학이 종합대학으로 바뀌어온 영국과 그 뒤를 따른 미국과 캐나다의 숫자상으로는 얼마 되지 않는 종합대학의 순수 미술 프로그램에서 실천-기반 스튜디오 아트 프로그램에 등록하는 박사과정생들을 환영하기 시작했다. 이러한 변화의 전제는 예술가의 미술 실천이 학술적인 리서치일 수 있고, 수반되는 텍스트 논문을 통해 명료한 형식을 취할 수 있다는 것이다. 시각 연구, 비평 및 창의적 연구, 공연학, 환경학, 여성학 및 젠더 연구와 같은 학문 분과가 오늘날 이론과 실천의 통합을 다양한 수준에서 장려한다. 스튜디오 아트 박사과정 프로그램의 증가는 이전에 "최종 학위"였던 순수미술 석사를 가진 예술가들의 퇴거를 뜻하며, 종합대학으로 승격된 미술대학에서 가르칠 수 있을, 특히 정년 트랙에 지원할 수 있는 현업 작가들의 "고용 가능성"을 둘러싼 정치에 영향을 미친다. 그러한 프로그램은 리서치를 도구로 실천하는 경향이 어디까지 받아들여질 수 있으며 받아들여져야 하는지 의문을 품게 하며, 적어도 다음과 같은 질문, 이렇듯 확장일로에 있는 전문화-로서의-아카데미화가 과연 현업 예술가에게 유익한가라는 질문을 제기하게 한다.

예술가들이나 학계 어느 쪽도 점차 늘어나는 스튜디오 아트 박사과정 프로그램을 일반적으로 옹호하는 것 같지는 않다. 스튜디오 아트 박사 후보생들에게 주어진 임무는 이론에 기반한 학술 언어로 자신의 미술 실천을 해명하고 변호하는 것인데, 이는 순수미술 석사 기간의 공부와 박사과정 기간에 이론적 논문과 졸업 전시에서 만나게 되는 담론을 정교화하고 다듬는 것에 바탕을 둔다. 스튜디오 아트 박사 후보생들이 자신들의 실천을 그들에게 요구된 이론적 용어로 적절히 설명하지 못한다는 교수들의 한탄을 들은 적이 있다. 또한 예술 실천은 학계가 요구하는 좀 더 경험적인 리서치 결과물과 전혀 어울릴 수 없는 것이라는 확신을 빌미로 스튜디오 아트 박사과정을 이수하지 않겠다고 말하는 현업 작가들도 자주 만났다. 스튜디오 박사과정 프로그램을 진행 중인 예술가들은 그들이 속한 학과가 프로젝트를 위한 사회과학 및 인문학 연구 위원회의 지원금을 확보하느라 어려움을 겪고 있다는 이야기를 들려주었다. 그리고 마지막으로 스튜디오에서 박사 과정을 마쳤지만 번아웃, 환멸 또는 전문 학자의 자격을 취득한 후 당면한 다른 요구들과 욕망들 때문에 적극적인 미술 실천에 더 이상 관심을 가질 수 없게 되었다는 예술가들의 한탄도 들었다. 그러나 의도적으로(그리고 심지어 기꺼이) 박사 학위 프로그램을 이수하고, 여전히 활발한 — 어쩌면 주요 미술 기관들의 눈에는 더 강한 — 실천을 보이며 두각을 나타내는 예술가도 많다는 점 또한 분명한 사실이다.

이런 프로그램들 바깥의 예술가들, 특히 페미니스트 사회 정의의 공간에서 작업하는 예술가들의 눈에 이 모든 이론은 상명하달에 의해 움직이는 문지기로 보인다. 그들은 "실천"(손을 더럽히는 것)과 "이론"(담론적인 것과 학술적인 것) 사이의 이분법적 대립을 본다. 그들이 보기에 이론은 선진화된 담론이자 전문 용어이기 때문에, 동시에 이론에 관여하고 이론을 생산하는 데 시간, 에너지, 학비 등의 자원이 필요하기 때문에 잠재적으로 해방적인 것이기는커녕 접근 불가능한 것이자 특권의 표시이다. 페미니스트 아트 콜렉티브[2]를 조직한 이들처럼 몇몇 예술가는 평등하고 반(反)-권위적인 예술 조직의 양태를 발견하려 노력하면서 이론과는 거리를 둔다.

엘리트주의 담론들은 오랫동안 페미니즘의 쟁점이었다. 그러나 동시대 미술의 대안적인 조직화 양태들이 오늘날 동시대 미술 기관의 문지기인 학계의 인정을 받지 못했을 수도 있는 예술작품을 위한 공간을 마련하고 있기는 하지만, 이론에 대해 지나치게 방어적인 반응은 행동주의 공간들 내부에 반-지성주의를 초래할 수 있다. 벨 훅스는 『경계 넘기를 가르치기』에서 "구체적 행위"를 위해 문어와 구어를 폄훼하는 위험에 대해 경고한다. 훅스는 이론과 실천이 대립적이라고 공언하는 대신에, 또는 모든 "이론"을 거부한다고 알려진 실천을 추구하는 대신에 실천에 기반한 사회적으로 참여적인 페미니즘 이론을 촉구한다. 훅스의 관점에서 보면 모든 페미니즘 이론(그것을 그 자체로 '페미니즘' 이론이라고 올바르게 부를 수 있다면)은 무엇보다도 "구체적인 것을 붙들고" 씨름하는 것이고, "일상적인 경험을 의미"있게 만드는 수단이다.[3] 이론은 변형적인 (transformative) 방식으로 일상의 경험을 명료하게 표현할 수 있게 한다. 가령 흑인 페미니즘 이론은 명확한 표현과 실천을 통해서 백인-우월주의적 가부장 제도들을 위반한다. 훅스는 모든 사람의 생생한 체험이 이론이 구축될 수 있는 다면적이고 긴급한 지점들을 제시한다는 사실에 유념하면서 다양한 배경의 여성들이 자신들의 삶에 근거해서 이론을 창조하도록 격려한다. 이런 통찰과 긴급함이 자기이론적인 충동의 뿌리이다.

이론과 그 외 다른 지적인 양태를 "엘리트적"이라고 비난하며 기피하는 것은, 우파 정치인들, 즉 자유주의자들에게 "엘리트"("샴페인 사회주의자", "라테를 마시는 자유주의자")라고 낙인만 찍을 뿐이고 더 전형적인 엘리트주의의 산물인 재정적 부와 물질적 권력으로부터 관심을 돌리려는 그들의 손아귀에서 놀아나는 것이다. 동시에 문화에서 이론과 이론의 보급은 자본과 기관의 형식에 에워싸여 있다. 이 장에서는 예술가들이 예술과 페미니스트 공간에서 전문화된 언어로서 이론의 유통과 가치화에 접근하는 동시대 자기이론적 실천들을 탐구한다. 헤이즐 마이어, 소나 사페이, 매들린 베클스, 제이슨 머슨 등을 포함한 미국, 이란, 캐나다 예술가들의 자기이론적 작업을 통해 이론이 문화자본, 평가 그리고 유통과 맺은 관계를 풀어볼 것이다. 특히 이들 작업의 정치와 자기이론의 변형적 가능성을 고찰하고, 그러면서도 신식민적·후기−선진 자본주의의 맥락, 이들 작업의 경우에는 대체로 유럽−아메리카 중심의 글로벌 아트와 이론 신(scene)의 맥락을 주시한다. 또한 다양한 매체를 아우르는 이들의 실천을 검토하면서 담론적이고 물질적인 이론의 경제, 특히 개인주의와 자기−정의(定義)를 향한 충동과 연동하는 신자유주의라는 더 큰 맥락에서 이론이 움직이는 모습을 살펴보려 한다.

이론이여, 울지 마오

헤이즐 마이어의 작품 「이론이여 울지 마오」는 동시대 미술이 경합하고 있는 장소인 이론에 대한, 장난스럽고 패러디적인 자기이론적 반응 중 하나이다. 처음엔 스케치였던 이 작품은 이후 펠트, 실크, 튤(tulle, 미세한 다각형의 그물 모양을 한 얇은 천), 실로 이루어진 6×8피트 길이의 배너로 복제되었다. 배너에는 손으로 대충 그린 인물(마이어의 작업에서 퀴어적 모티프로 기능하는 그 자신의 만화적 버전) 위에 "이론이여 울지 마오"라는 문장이 어린애 같은 글씨체(마이어의 실천에서 일종의 캐릭터가 된 표현적인 폰트)로 장난스럽게 쓰여 있다.[16] 「이론이여 울지 마오」는 마이어가 순수미술 석사 프로그램에서 배운 이론 때문에 경험한 좌절, 즉 담론적인 것과 이론적인 것 안에 정서적인 것과 신체적인 것을 위한 공간이 없어서 겪어야 했던 좌절에서 유래했다. 텍스트는 (작업에 등장하는 또 다른 캐릭터가 된) 이론의 담론을 정동적으로 다시 무대에 올린다. 마이어는 현재 존재하는 "이론"의 세계에 장난스럽게 개입하면서도, 그가 원하는 이론, 정확히 말하자면 폭포처럼 눈물을 쏟는 정동적인 이론을 각인한다.

  마이어는 시각적 작업에 수반되는 서정시뿐만 아니라 일종의 작가 노트로도 기능할 텍스트에서 이론에 대한 자신의 모호한 감정을 다음과 같이 표현한다.

> 이론이여 울지 마오는 / 엄격하고 분명하고 호언장담하고 유독하고 / 감정적이고 걸핏하면 우는 성향을 보인다 / 이론은 돕는다 /

> 이론은 방해한다 / 떠들썩한 관계 / 예술적 프로세스 / 인공 보철 경추 / 정복과 패배의 동시성 / 이론이여 / 울지 마오는 / 되돌려 보낼 수 있는 가능성이고 / 이빨을 훈련시켜서 당신의 엉덩이를 물어뜯을 수 있게 한다.[4]

마이어는 자주 리믹스되어온 밥 말리의 레게음악, 그 자체로 양가성의 찬가인 「여인이여 울지 마오」를 다시 쓴다. 이 작품은 종합대학으로 승격한 미술대학과 같은 제도적 공간을 포함한 동시대 미술 공간에서 많은 예술가가 겪는 이론의 양가성을 언어와 이미저리, 유머러스한 인용을 통해 재현한다. 「이론이여 울지 마오」는 자기-반영적으로 "되돌아갈" 수 있는 능력을 갖추고 자기이론의 이미지를 제시한다. 마이어는 "분명하고" 동시에 "유독한", "호언장담하면서" 동시에 "감정적인" 이론을 실천할 방식이 있으리라고 바라마지 않는다. 이런 비판은 이해가능성과 가독성의 정치를 사유하는 페미니즘의 역사와 제휴한다.

선주민, 흑인, 유색인 페미니스트, 신경다양성 페미니스트, 장애인 페미니스트, 가난한 노동계급 페미니스트를 포함한 많은 페미니스트는 가부장제의 귀에 혐오스럽게 들릴("날카롭고", "유독한" 같은 단어가 떠오른다), 아니면 지나치게 "감정적"이거나 지적이지 않거나 일관성 없게 들릴 방식으로 말하면서도 비판적 이해가 가능하다는 인정을 얻기 위해 고군분투해왔다. 마이어는 「이론이여 울지 마오」에서 이론 속 페미니즘의 역사에 맞춰 자신을 조율하면서, 이런 작업을 "이론과 예술 제작 사이에서 대화를 촉구하려는" 시도라고 묘사한다. 그는 이론과 예술적 실천을 "떠들썩한 관계" 속에 존재하는 것으로 묘사하고, 이론과 예술적 실천 혹은 **프로세스**에 활력을 불어넣으려고 더욱 인간적이고 자애로운 용어들 — 희극적이고 의인화하는 효과를 창출할 — 을 사용한다. 이 작품의 브로슈어에는 다음과 같은 내용이 적혀 있다. "이론이 한 다발의 울음이라면 넌 그것을 안고서 이론아 울지 마라고 말하지 않겠니?" 마이어는 일상어를 사용하고 "이론"을 인격화하면서 부드러움에 호소한다. 이론은 전적으로 작가에게 의지하는 아이처럼 위로받고 양육되며 안긴 채 좌우로 흔들리는 "한 다발의 울음"으로 바뀐다.

자기이론적인 양태에 가담해서 오늘날의 미술계와 예술 실천을 비판하려는 다른 작업들과 마찬가지로 마이어의 「이론이여 울지 마오」는 근본적으로 양가적이다. "이론은 돕는다" 그러나 다음 번 호흡에서 "이론은 방해"하기도 한다. 2014년 나는 대학원생이자 예술가였던 메리 트리몬트와 제나 리 포드가 콜렉티브로 조직한 퀴어 페미니스트 진(zine) 『이론 발기』에 참여하면서 「이론이여 울지 마오」를 처음 접했다. 『이론 발기』의 힘은 많은 부분 제목의 유머와 직접성에 있다. 남근적 "발기"를 퀴어-펨적이고 트랜스-중심적이고 젠더-비순응적인 관점에서 전유한 제목이 넌지시 시사하는 바는, 기고자들이 이론을 목적으로 공유한 일종의 비유적 발기이다. 종합대학으로 승격한 미술대학에 기증된 인쇄 자료들을 이용해서 리소그래프 복사기로 조심스레 인쇄된 『이론 발기』는 주디스 버틀러에게서 빌린 인용문, 개인적인 것과 비판적인 것을 아우르는 에세이, 콜라주와 만화, 드로잉과 선언문, 종종 신체를 강조한 퍼포먼스와 비디오 스틸 등을 포함한 동시대 이론의 레퍼런스들을 수집해 쌓는다. 나는 내가 만든 비디오 작품 「자기 사랑 한계들」의 스틸 사진을 진에 기고했다. 이 작품에서 나는 끊임없이 립스틱을 덧바르고 내 몸의 각 부분들에 키스하려고 몸을 구부리고 비틀어댄다. 입술을 찍을 수 없어 남게 된 빈 공간은 말 그대로 자기-사랑의 "한계들"의 증거이자 지지와 돌봄이라는 집단적 실천이 필요하다는 증거이다. 이 작품은 자기 몸을 깨무는 다소 자학적인 작업으로 동의 문제를 복잡하게 다룬 비토 아콘치의 「트레이드마크」에 대한 우발적 변주이자 소프트 펨적 반응이기도 했다.[5]

마이어는 스포츠 세계를 다루는 프로젝트 작업을 하면서 자기이론적 접근 방식을 확장했다. 그룹 퍼포먼스, 조각, 배너, 텍스트가 포함된 혼합 미디어 퍼포먼스 작업에서 그는 운동 경기와 팀 스포츠 세계를 효과적으로 퀴어링하기 위해 가난하게 자란 퀴어 여성으로서의 자신의 경험을 끌어들였다. 텍스트에 접근함에 있어서는, 그가 작가와의 대화에서도 인용한 모더니스트 시인이자 미술 수집가 거트루드 스타인의 "반복 같은 것은 없다. 오직 주장이 있을 뿐이다"라는 말을 따른다. 마이어는 줄리아 크리스테바의 『공포의 권력』을 인용하기도 하는데, 자신이 직접 겪은 크론병 이야기로 가득하기 때문이다.[17] 퍼포먼스 「근육 패닉」을 살펴보면, ABC 방송국 프로그램 「와이드 월드 오브 스포츠」(1961-1998) 로고를 "와이드 월드 오브 홀스(wholes)"로 바꾸어 적어 넣은 휘장 오브제가 있다. 본래 방송국 마크와 세계지도가 있던 자리에는 그의 아이콘이라고 할 수 있는 수작업 스타일로 낙서처럼, 그러나 신중하게 그려 넣은 오렌지색과 핑크색의 항문 이미지가 자리한다. 여성의 구멍을 "결핍"으로 보는 정신분석학적 등식을 거부하고, (마이어의 실천 전체를 관통하는) 여성의 항문 에로티즘이라는 퀴어 페미니스트 정치의 모티프를 도입한 것이다. 여기에서 그는 여성이 주도하는 쾌락과 고결함(integrity)의 항문 정치를 통해 크론병으로부터 "자신의 항문을 되찾기" 위해 노력한다. "구멍"(holes)을 "전체"(wholes)로 재생산해 프로이트와 라캉의 정신분석이론에 유쾌한 다의적 반격을 가하는 그의 작업은, 퀴어 페미니스트 퍼포먼스, 집단 협업, 모두를 위한 접근성을 목표로 하는 개념미술 실천을 반기는 형식 등 현재의 미술의 맥락으로 의미를 확장한다.

『이론 발기』와 같은 프로젝트들에서는 예술가, 작가, 큐레이터 들이 합심해 비판 이론을 신체를 통해 프로세싱하고 바뀌어야 하며, 우리에게 매우 신체적이고 심지어 성적인 영향을 미치는 것으로 설정한다. "전율"과 "한기"를 불러오고 "눈물을 흘리게" 하는 이론의 능력을 인용한 「이론이여 울지 마오」와 비슷하게, 『이론 발기』는 퀴어, 젠더-비순응적 페미니스트 예술가, 활동가, 학생 들의 삶에 더욱 직접적으로 관련된 정동적이고 신체화된 이론과 관계를 맺을 수 있는 공간을 만든다. 생생하고 신체화된 경험과 이론적 담론 및 틀을 직접적이고 자기-반영적으로 통합하는 양태로서 자기이론은 학문적 방식과 행동주의적이며 커뮤니티에 기반한 방식(페미니스트든 아니든)을 화해시킬 수 있는 잠재력을 가지고 있다. 과연 자기이론이 접근성과 동시대 이론 사이에서, 포퓰리즘과 철학 사이의 긴장을 완화할 수 있을까?

자기이론과 활성화:
이론은 무엇을 할 수 있을까?

2009년 런던에서 프리즈 토크(Frieze Talks)의 일환으로 『프리즈』의 공동 편집자인 요르그 하이저의 진행 아래 철학자 사이먼 크리츨리, 큐레이터이자 비평가 로버트 스토어, 예술가 바버라 블룸이 자리한 공개 토론회가 열렸다. 토론회 제목은 "결혼식의 몇몇 장면들: 예술과 이론은 사이가 멀어진 것일까?"였다. 이 도발적인 제목은 오랜 "결혼 생활" 혹은 "행복한 동-거의 기간" 이후에 예술과 이론이 비유상으로는 "이혼"했음을 시사한다.[6]

포스트모던 이론의 여명기였던 1960년대와 후기구조주의로의 전회가 일어난 1970년대가 지나고 1980년대에는 예술 제작의 프로세스나 큐레이터 및 비평가의 비판적 반응과 맥락화 모두에서 이론이 구체화되고 중심을 차지했으며, 적어도 미술계에서는 "압도하게" 되었다고 하이저는 주장했다. 그러면서 2009년 현재 어떤 작가들은 이론과 거리를 두고 있고, 다른 작가들은 계속 이론을 "고수하고" 있다고 덧붙였다. 크리츨리는 "맞아요, 어떤 이론의 모델은 지루해졌어요"라고 맞장구치며, 이런 이론 모델이 "상명하달식의 모델, 또는 예술가를 정당화하는 이론"이라고 말한다. 이론을 이해하고 동원하고 작업에서 휘두르는 예술가가 있다면 그 예술가는 동시대 미술 공간과 학술 공간 — 이들 공간이 바라는 만큼 담론적인 — 을 헤쳐나갈 때 어떤 행위자성을 획득하게 된다.

크리츨리는 "테러리스트적인" 이론 모델이 지배한 1990년대 미술학교를 예시로 들며 설명을 이어간다. 이런 이론 모델이 당시 예술가들을 "대문자 T로 시작하는 주인 이론(master theory), 그러니까 D나 F나 T로 시작하는 저자의 이름이 적힌, 보통은 프랑스어를 영어로 번역한 텍스트를 뜻하는 주인 이론을 이해하지 못했고, 그래서 스스로 멍청하다고 느끼도록 만들었죠"라고 말하자 참석자들은 웃음을 터뜨렸다. "특별히 누군가를 모욕하지 않았기를 바라면서" 크리츨리는 1990년대 골드스미스와 같은 순수미술 석사 프로그램이 이론과 동시대 예술이 그런 식의 관계를 조성하는 데 유해한 영향을 미쳤다고 지적한다. (크리스 크라우스가 『비디오 그린: 로스앤젤레스 미술과 무의 승리』에서 자기이론적 페미니스트 아트 라이팅과 비평을 통해 상대하려고 했던 것이 바로 이 시기이다. 크라우스는 1990년대 로스앤젤레스의 맥락에서 순수미술 석사 프로그램과 동시대 미술 기관의 일처리 방식을 비판한다.)[7]

크리츨리가 예술가로서 "대체로 매우 우수했다"고 묘사한, 이 "테러리스트적" 이론의 모델에 종속되었던 예술가들은 "위축된 채로 종속되었거나 어떤 경우는 정신착란으로 내몰리고, 어떤 경우는 신경쇠약을 겪었다". 크리츨리는 이런 식의 이론의 표명, 특히 "대문자 'T'가 있는 이론"이 예술가들, 특히 자신이 속한 분야에서 대학원 학위를 받으려는 예술가들에게 야기하는 불안을 지적한다. 그리고 현재로 눈을 돌려 "예술이 이론에 익사당하지 않은 채 자신의 용어로 사유할 수 있는 방식에 우리는 어떻게 접근할 것인가?"를 묻는다.

같은 관심사를 예리하게 숙지하고 있던 많은 페미니스트들이, 이론이 미술학교 등에서 유통되는 더 억압적인 방식을 막아내기 위해 자기이론적으로 작업한다. 예술가의 작업을 담론적으로 정당화하는 데 봉사한 "상명하달식 이론 모델"은 종종 자기이론적 실천을 통해 쟁점화되었다. 크리츨리가 인정하듯이 예술은 순전히 개념적이지도 순전히 직관적이지도 않다. 자기이론적 작업은 예술가들이 그 두 극 사이에서 작업할 수 있는 능력을 예시한다. 트랜스미디어적 실천 양태로서 자기이론은 전성기 모더니즘의 뒤에 나타나 세계에서 상호작용하는 몸, 주관성, 삶의 경험에 반응하면서 이론의 권력과 영향력을 연마한다. 그런 작업들은 크리츨리적인 의미의 이론 안에서 "익사하는" 것이 아니라, 물을 밟고 헤엄치고 심지어 헤엄을 즐길 방식을 발견하고, **헤쳐** 나가는 실천 속에서 힘, 쾌락, 주이상스를 발견한다.

  자기이론적 방식으로 작업하는 데 끌리는 예술가, 작가, 비평가, 학자는 이론이 주관적이고 신체적이며 물질적이라는 진실, 그리고 이론이 할 수 있는 것에 한계가 있다는 진실에 적어도 무의식적으로는 익숙해진 듯하다. 이론 틀은 추상적인 개념에 구조를 제공하고, 아이디어를 발전시킬 발판을 마련하고, 유동적인 개념을 붙잡아두는 데에 매우 유익할 수 있다. 그러나 이론을 지적 담론으로서 맹목적으로 숭배하거나, 접근을 막거나, 폭력적으로 휘두르기 시작하면 문제가 발생한다. 학계와 대중적 맥락에서 자기이론적 전회가 주목받는 21세기에, 학자와 예술가, 비평가 들은 다른 많은 물질적인 **것**이 그렇듯 이론 또한 상품으로 굳어지고, 식민화되고 소외되며 억압적이고 파괴적인 방식으로 유통된다는 점에 익숙해지고 있다. 그러는 대신, 이론이 활력 있고 과하며 영양가 있는 색다른 관념들을 — 발포성 강장제를 담고 있는 그릇 마냥 — **담을** 수 있음을 기억할 수도 있다.

인지도: 이론을 사(들이)는 것에 대해

오늘날 이론이 포괄하는 범위는 대단히 넓을 수 있다. 페미니스트로 정체화한 예술가와 콜렉티브가 거리를 두고 싶어 하는 헤게모니적이고 제도적인 권력이 지각되는 어떤 것이기도 하고, 예술가의 소재로서 양가적으로 관여된 것, 또는 문화자본이자 학계의 인정을 받은 물신적 대상으로 숭배받는 어떤 것이기도 하다. 이론의 "테러리스트적 모델"의 이면에는 뜨겁고 정동적인 무엇, 비판 없는 충성, 특정 학파나 이론가에 대한 컬트 비슷한 숭앙으로 변질될 가능성이 있는 관계가 존재한다.

 온건한 형식으로라도 자신을 "데리다적"이라고 부르는 것은 스스로와 이론적 정체성을 통합하는 것이다. 스스로를 "데리다적", "니체적", "라캉적", "버틀러적"이라고, 심지어 — 요즘에는 드물지만, **이데올로기** 같은 추상적인 개념과 관련해 철학자나 이론가의 작업과 행동이 세상에 미치는 효과를 진지하게 받아들인다면 — "하이데거적"이라고 정체화할지 모른다. 이런 경향은 버틀러를 예외로 한다면 생물학적 남성 이론가들에게서는 더 자주 나타난다. 딱 보기에 그러한데도 "훅스적", "로드적", "아메드적", "이리가레적", 심지어 "크리스테바적"이라고 부르는 사람을 결코 본 적이 없다. 생물학적 남성 이론가들과 버틀러처럼 남성에-가까운 부치 이론가들의 성(姓)이 더 쉽게 호명된 것이 우연의 일치일까? 페미니스트적 이론하기는 덜 동화적이면서 동맹이나 친구를 만드는 방식으로 이론과 함께하는 방법을 추구한다. 이브 코소프스키 세지윅이 자기이론적인 논문 「터칭 필링」에서 지지한 바로 그 의미, **곁에**(beside) 위치한 어떤 것처럼 말이다.[8] 이후 3장과 4장에서 친밀한 관계의 양태로서 퀴어 페미니스트적 인용의 정치를 다룬다. 거기에서 상호텍스트적 친밀성과 상호텍스트적 동일시의 여러 개념을 통해 자기이론을 실천한 최근의 문학적이고 시각적인 예술작품들을 분석할 것이다.

개념미술가 소냐 사페이는 자신이 선별한 이론가, 개념미술가, 미술 평론가의 이름을 법인 로고나 브랜드처럼 만드는 작업에서, 동시대 미술 공간들에서 일어나는 이론의 물신화를 포착한다. 이론가와 동시대 예술가 들의 이름을 루이비통 패스티시(pastiche) 브랜드스케이프[9]에 적은 후 그것들을 상업적으로 다르게 생산된 오브제들과 파라-상품화된 소재들 위에 인쇄했다. 「서지학」(2013)에서는 사람들이 그 앞에 서서 포즈를 취하고 사진을 찍을 수 있는 큼지막한 배경지,[18] 「V+1」(2014)에서는 구매에 제한이 없는 머그잔,[19][20] 「빠른 기념비」(2016)에서는 한정판 럭셔리 핸드백이었다.[21] 2000년대 중반의 사회경제적 특징을 상징하는 루이비통 가방과 비슷한 이 핸드백은 후기 선진 자본주의의 모방적 반복이라는 모순을 신체화한 오브제이다.[10] 루이비통 로고를 이론가와 예술가의 이름으로 대체함으로써 익숙하면서도 낯설게 느껴지는 「빠른 기념비」는 가치 평가와 담론적 교환의 과정에 동시대 예술 이론이 투자하는 상황을 성찰하는 장으로 변모한다.

이 작업은 저자의 기능이 신자유주의적·후기 선진 자본주의적 가치 경제에 어떻게 휘말리는지를 보여준다. 소유한 루이비통 가방을 팔에 걸고 돌아다니며 과시하는 데서 파생하는 문화 자본은, 이론가나 저명한 동시대 예술가에 대한 지식을 소유하고 화려한 언변으로 들뢰즈-가타리의 리좀에 대한 지식을 뽐 냄으로써 생산되는 문화자본과 다르지 않다. 이 작업이 건네는 농담의 핵심은 "포스트철학" 또는 제임슨이 부르는 대로 "메타철학" 이론 공간에서 일종의 이론으로 효과적으로 기능하는 작업을 하는 이론가 및 동시대 예술가들의 인지도이다. 그래서 마이클 애셔, 앤드리아 프레이저(제도 비판)와 니콜라 부리오(관계 미학)와 들뢰즈-가타리, 라캉, 바르트, 보드리야르가 나란히 있는 것이다. 1세대 이란계 캐나다인 예술가인 사페이는 2000년대 후반 토론토에서 공부하던 대학원 시절에 자주 접한 이들의 이름을 선별함으로써 푸코가 말한 "저자 기능"(author function)을 패러디하며 무대에 올리고, 예술 공간에서 이론이 물신화되고 있음을 지적하고 배움과 인용의 문화자본(과 다양한 비용)에 대한 성찰을 촉구한다.

관객은 미국-이란 관계를 둘러싼 전 지구적 맥락과, 미국의 경제 제재[11]가 1979년 11월부터 사페이의 아버지가 살고 있는 이란에 미친 구체적 충격을 고려할 때 비로소 그의 자기이론적 국면을 선명하게 이해할 수 있게 된다. 사페이는 초국가적 정치·경제 관계를 고려해 가방(작가의 복수미술 셋 중 하나)에 가격을 매기겠다는 개념적 결정을 내렸다. 오랫동안 미-이 관계를 둘러싼 정치·경제에 관심을 가져온 그는 전 지구적 정치·경제 및 문화자본에 생산과 가격 결정 면에서 실제로 그리고 개념적으로 영향을 받는 미술 오브제를 창조한다. 사페이는 아트 컬렉터들을 위해 작품의 가격 책정 방식을 개념적으로 결정하고, 전 지구적 미술 시장에 대한 국지적 개입을 선보인다. 중국 회사에 의뢰해 생산한 머그잔(「V+1」)의 경우, 구매가 이루질 때마다 비용이 증가한다. 작품 수요가 증가하면 비용이 오르고, 그다음 시장 가치도 오른다. 한편, 핸드백(「빠른 기념비」)의 경우는 그 가격이 구매자의 국적에 따라 변하도록 설정해 미국의 대이란 제재가 가방의 생산에 영향을 미친다. 교환의 대상으로서 가방이 후기 자본주의와 신자유주의가 득세한 시기에 개인적인 것과 정치적인 것 사이에 놓인 긴장을 신체화한 것이다.

복제 가능한 이론 브랜드스케이프를 창조한 사페이의 작업은 크리스 크라우스가 『비디오 그린: 로스앤젤레스 미술과 무의 승리』에서 다룬 미학, 즉 1990년대 로스앤젤레스에서 순수 미술 석사 교육을 받은 학생들이 만들어낸 예술을 지배한 "신기업 신개념주의"(neocorporate neoconceptualism) 미학을 신체화한다.[12] 개념적으로 충만한 자의식을 겸비한 사페이는 지적 담론의 상품화 그리고 동시대 미술 교육 프로그램과 가까운 미술기관 및 출판물을 통해 이론가들이 브랜드로 **변모하는** 프로세스를 보여줌으로써, 신기업 신개념주의 미학을 액면 그대로 구현한다. 물론 사페이식 농담을 이해하려면 동시대 이론의 몇몇 기본 지식과 작품이 참조한 이론가 및 예술가의 이해관계와 주장에 대한 배경 지식이 있어야 한다.

『아이 러브 딕』(1997)에서 크라우스가 "바타유 보이즈"(Bataille Boys)라는 명명에 대해 의견을 피력한 것은 이론과 담론, 그리고 이것의 사회·정치적인 효과들(과 정동들)을 소비하는 성찰을 촉구하는 것이었다. "바타유 보이즈"는 당시 출판사 세미오텍스트를 설립한 저명한 문화비평가이자 크라우스의 남편인 실베르 로트링제가 비판 이론 및 예술 행사들에 참석할 때마다 금방이라도 졸도할 듯 황홀해하며 그에게 몰려들던 젊

은 남성 팬들을 지칭한다. 크라우스는 그들을 아첨꾼에 여성혐
오자로 간주했다. "바타유 보이즈"란 명민한 호명을 이해하려
면, 독자는 바타유가 무엇을 의미화하는지 알아야 한다. 이론가
가 어떻게 스스로를 프레임에 넣고 사회적·제도적으로 사유하
는지 알아야 한다. 어떤 특정 학파를 둘러싼, 예컨대 바타유를
성인처럼 숭배하고 추종하는 이들에게 그리고 생물학적 남성
을 중심으로 한 현상에 만연한 성차별주의(『아이 러브 딕』의 초
점이 성차별주의와 반유대주의 정치에 있기는 하나 인종차별
또한)에 얼마나 좌절했는지를 크라우스는 바타유의 이론이 담
지한 위반, 에로티즘, 에너지 경제 같은 마초적 개념들을 시사
하면서 써 내려간다. 이름을 브랜드로 바꾼 사페이도, 이와 비
슷하게 이론이 물신화되고 똑똑한 대중에 의해 무비판적으로
소비되는 방식을 짐짓 부끄러운 듯한 태도로 논평했던 것이다.
  2008년 에세이 「사실 고수」에서 크라우스는 미국 종합대학
의 순수미술 석사 과정생들이 어떻게 "어떤 형태의 담론 안에
서 작업을 정당화하도록 괴롭힘을 당하는지" 이야기한다. "담
론(삶과 마찬가지로)이 거의 대부분 의뭉스럽고, 그 당시에 권
력을 행사하는 이들의 발밑에 있을 것을 강요한다."[13] 학생들은
자신들의 실천을 전문화하는 과정을 거치면서, 동시대 예술가
로 이해받으려면 어떤 이론(혹은 더 일반적으로 크라우스가 전
문화된 "담론"이라고 부른 것)에, 특히 본인이 순수미술 석사
과정을 밟는 중에 유행하고 영향력을 떨친 이론에 통달해야 함
을 깨닫는다. 사페이의 작업은 마치 패리스 힐튼 시대라 할 만
한 2000년대를 연상시키는 루이비통 가방의 채색 패턴처럼 특
정 시기의 유행과 영향력을 담은 이론의 타임캡슐이다. 그의 특

별한 선택들에는 지나친 찬사(metanods)가 있다. 순수미술 석사 과정에 있을 당시 유행한 부리오의 관계 미학이 그러하고, 문화자본과 정전 형성에 대한 존 길로리의 작업이 그러하다. 존 길로리의 작업은 사페이가 이론가에게 부여된 문화적 가치를 제국주의적 제재 및 전쟁과 결부된 금융 자본에 비유한 것과 관련이 있다.

"딱딱한 이론":
추근대고 재미있는 페미니스트!

몇몇 예술가는 이론이 소비되는 방식을 비판하는 장소로서 페미니스트 이론의 정전들을 검토한다. 매들린 베클스는 2010년대 후반 페미니즘 이론의 유통과 평가를 유쾌하게 비판하며 자기이론적 양태를 설명한다. 그는 페미니즘과 반페미니즘 맥락 모두에서 이론이 소비되는 방식을 논평하기 위해 인포머셜(infomercial)[14]과 그 외 다른 판매 양태의 수행적 전략을 사용했다. 비디오 작업「우머니즘은 특히 흑인 여성의 조건과 관심사를 강조한 페미니즘 형식이다」(2016)에서 베클스는 TV 인포머셜 형식을 전유해 20세기 페미니즘 이론, 즉 그가 "딱딱한 이론"이라 부른 것을 판매하는 카메라를 위한 퍼포먼스를 펼친다. 과장된 연기를 하는 베클스는 브래지어와 팬티만 입은 채 춤추는 "추근대는 페미니스트"의 위치를 점한다. 보이스 오버 내레이션으로 광고 카피를 직접 읽으면서 벨 훅스의『분노 죽이기: 인종차별 종식』(1995)과 저메인 그리어의『완전한 여성』

(1999)의 페이지들을 눈에 띄게 어루만지며 애무한다.

> 당신의 스타일에 어울릴 다양한 책이 비치되어 있습니다. 일부 여성들이 대학 학점을 따려고 수천 달러를 지불하며 [만나는] 저자들의 정전을 가질 수 있어요. 저렴한 가격으로 훅스, 로드, 그리어를 실컷 읽으시죠! 오늘의 브랜드인 페미니즘 덕분에 당신은 더 이상 귀엽게 보일 필요가 없습니다. … 지금 당장 전화주세요, 여성다움(womanhood)으로 여행을 떠나세요. 깨어 있는 여성다움으로.[15]

제시하는 책과 함께 베클스는 의상과 제스처를 바꾼다. 시몬 드 보부아르의 책을 넘길 때는 검은색 란제리를 입은 변태스러운 모습으로 담배를 피우면서 몸을 앞으로 굽히고 『제2의 성』(1949)으로 자신의 엉덩이를 때린다.[22] 로즈마리 통의 『페미니즘: 교차하는 관점들』(1989)을 읽을 때는 책을 펼쳐 놓은 채로 바닥에 앉아서 명상하고 스트레칭하고 필라테스를 한다. 화자가 계속 책을 읽고 있기에 분명해지는 것은, 이 개념적 광고가 판매하고자 하는 제품이 페미니즘 이론과 점점 더 많은 사람이 깨어나고 있는 세상에서 광고 독자들이 주목하는 "깨어 있음"(wokeness)이라는 가치 있는 무엇임이 분명해진다. 또한 광고 속 제품을 대학 진학의 저렴한 대안으로 제시하고, 등록금의 계급 정치를 지적하며, 대학원에 대한 접근성과 실행 가능성을 둘러싼 질문을 제기한다. 더 넓게 보면, 페미니즘과 이론의 상품화를 꼬집으며 교양 과목을 공부하는 데 드는 과도한 비용에 의식적으로 잽을 날린다. 지식이 권력이고, 교차성 페미니즘을 아는 것이 "깨시민성"이라면, 교차적 페미니즘 이론과 그것의 정전들을 아는 것이 오늘날 특별한 종류의 권력이 된다. 카메라를 위한 퍼포먼스를 통해 베클스는 풍자와 진지함을 아우르며 페미니즘 이론을 관통하는 "깨시민" 담론이 "사고팔리는" 방식을 다룬다.[23]

또 다른 비디오 퍼포먼스 「영 걸 이론」(2017)에서 베클스는 프랑스의 포스트-마르크스주의 콜렉티브 티쿤의 책 『영-걸 이론을 위한 예비 자료』(2012)를 비평한다. "나는 너무 행복해, 자유에 대해선 좆도 관심 없어" 같은 티쿤의 문장을 읽으면서 신체적 제스처, 어조, 물리적 오브제를 이용해 티쿤의 문제들을 넌지시 암시한다. 티쿤의 책이 익명으로 쓰였다는 사실은, 자기 자신으로서 공연하는 유명한 젊은 혼혈 여성의 하이퍼-가시성과 놀라운 대비를 이룬다. 『영-걸 이론을 위한 예비 자료』는 "영-걸" 현상을 담론적으로 전유함으로써 자본주의를 이론화한다는 점에서 기발하다. 이 책의 저자들은 후기 자본주의를 가장 명료하게 신체화한 것은 바로 "영-걸"이라고 주장한다.[16] 카메라 앞에서 텍스트를 읽으면서 베클스는 티쿤의 텍스트가 얼마나 불안을 초래하는지, 소녀성(girlhood)을 틀리게 전유하고 경멸조로 물신화하는지를 증명한다. 동시에 자신이 작업에서 취한 일반적 주제인 페미니즘의 실패들에 대해 언급한다. 그리고 비디오 퍼포먼스와 페트라 콜린스 등의 예술가와 협업한 퍼포먼스를 통해 긍정과 비판 사이 어딘가에 존재하는 성찰적 회의주의에 입각해 페미니즘 이론의 정전들에 접근한다.

베클스는 립스틱을 바르고 카메라 렌즈를 똑바로 응시하며 금욕적인 얼굴로 "영-걸은 표준적인 도착(perversion)에 대해 알고 있다"라는 문장을 읽는다. 딸을 어린애 취급하며 통제하는 아빠 같은 방식에 성인 여성의 표현을 통해 저항할 때처럼, 베클스 티쿤의 이론이 보여주는 유아화를 더 오싹하게 만드는 의상과 디자인을 선정한다. 언뜻 보면 베클스가 영-걸이 의미화하는 무엇 또는 사람에 대한 티쿤의 입장에 가담하는 듯하지만, 곧 그는 거기에 쉬이 동화될 수 없는 실천에 천착 중인 페미니스트 예술가라는 점이 분명해진다. 티쿤의 이론서에서 "영-걸"은 탈-신체화된 추상물이고, 베클스의 비디오에서 영-걸은 주체적이고 인간적인 누군가 — 베클스 자신의 말하는 몸을 통해 신체화된 — 이다.

이제는 유명해진 쇼트에서 베클스는 버블(bubble) 폰트로 "이론"이라고 쓰인 수제 책 위에 손을 놓고 손톱을 분홍색으로 칠하고, 비디오가 끝날 즈음 "영-걸은 당신을 이해할 수 있으리라고 기대하지 않는다"라고 말한다.[24][25] 오랫동안 페미니즘이 지속해온 "이해 가능성"의 정치 — 자기이론적 실천은 이에 대한 반응으로 시작되었다 — 에 연루된 이 의미심장한 문장을 읊은 뒤 베클스는 화면이 검게 변할 때까지 카메라를 쳐다보며 정지 상태로 서 있다. 베클스의 비디오 작업은 카메라 퍼포먼스와 웹 기반 개입 등 동시대 실천 형식을 통해 자기이론적 양태를 활성화해 특정 커뮤니티와 사회 영역에서 이론과 담론의 형태가 가치와 권력을 획득하는 동시에 타인들을 배제하거나 심지어 노골적으로 억압하는 방식에 대해 질문한다. 자기이론은 유독한 신자유주의적 삶에서 이런 담론의 권력을 (양가성을 지닌 채) 비판하는 아주 미묘한 방식으로 기능한다.

소셜 미디어 속 자기이론:
교차성 페미니즘의 밈

소셜 미디어 플랫폼과 만연한 셀피라는 포스트인터넷 맥락에서 작업하는 예술가들은 이론적-담론의-신체화된-프로세싱이라는 자기이론적 양태를 밈, 해시태그, 그리고 담론적-자기-동일시의 소셜 미디어 계정이나 디지털 형식으로 확장한다.

바르셀로나 기반의 큐레이터이자 작가인 소니아 페르난데스 팬(@sf__pan)이 시작한 #상의탈의이론읽기(ToplessTheoryReading)는 스페인, 독일, 그 외 다른 지역의 작가와 예술가, 큐레이터 들이 동참하며 퍼졌다. 그들은 상의를 탈의한 채 이론서를 읽는 초상사진을 인스타그램에 올렸다. 처음에는 해시태그 이용을 꺼렸던 페르난데스 팬은 이제는 해시태그를 페미니스트가 이용할 수 있는 탈중심화된 지식 분류 및 생산적인 동원 형식으로 간주한다.[17] #상의탈의이론읽기를 검색하면 가슴을 가리도록 이론서와 미술비평서를 펼쳐 들고 젠더 스펙트럼을 횡단하는 사람들이 나타난다. 그들은 손에 든 책—『아이 러브 딕』의 스페인어 번역본을 포함해 독어와 스페인어 책을 포함한—의 표지, 제목, 저자를 앞으로 내세우고 모든 젖꼭지의 젠더를 선제적으로 가림으로써 "시스젠더 여성"의 젖꼭지를 검열하는 알고리즘을 제대로 파악하고 있음을 보여준다.[26] 이는 해시태그로 조직되며 초국가적 운동이 되었고, 사람들은 자유롭게 자신을 드러내고 책을 고르고 상의를 탈의한 채 자세를 취했다. 의자에 기대 앉아 있거나 햇볕을 쬐며 야외에 있기도 했다. 그 모습이 편안하고 느긋해 보인다. 하지만 예컨대 페르난데스 팬이 뒤편에 경찰차를 두고 찍은 사진에서처럼 미장센 속 적대적 맥락이 환기되기도 한다. 페르난데스 팬의 이 사진은 독일 극우파에 대항하는 시위 중에 찍은 것이다.[27] 이 해시태그는 사람이 많은 곳에서 했을 때에도 사람들이 잘 알아차리지 못해 배경의 일부로 인식되는 혼자서 독서하는 행위를 조용한 전복의 행위, 우크라이나의 급진적인 단체 페멘(Femen)의 나체 시위와는 다른 전복의 행위로 간주다.

#상의탈의이론읽기의 주축은 상의를 벗은 상태의 자기-이미지 만들기, 책을 온라인에서 자기-구성 및 커뮤니티 형성 실천의 하나로 만들기라는 자기이론적 움직임을 유쾌하게 표현한 사진들이다. 2019년 새해 전야제 포스팅에서 팬은 자신의 예술가, 작가 친구들과 함께 #상의탈의이론읽기 사진을 공유했다.[28] 루시아 모랄레스와 수위신을 포함한 사진 속 인물들은 독서를 즐기고 자신의 책을 뚫어져라 응시하고 카메라와 활발하게 눈을 마주치고 있었다. 이 게시물에 자극을 받은 다른 친구들은 "함께 읽자"는 등의 댓글을 달았다. 이는 해시태그가 이론 읽기에서 초국가적 커뮤니티를 드러내고 동원하는 데 어떤 역할을 할 수 있는지를 잘 보여준다.

해시태그뿐 아니라 소셜 미디어 계정도 자기이론적일 수 있다. 가령 에세이스트이자 비평가 안드레아 롱 추의 트위터 계정은 @TheoryGurl이다. 단편 「여성을 좋아한다는 것에 관하여」(2018)에서 롱 추는 자신이 동일시한 "트렌스섹슈얼"의 관점에서 밸러리 솔라나스의 「SCUM 선언문」을 자기이론적으로 통독한다. "남성거세결사단(Society for Cutting Up Men, SCUM)은 트랜스섹슈얼 독서 클럽을 위한 정말 멋진 이름"이라고 주장하는 롱 추는 솔라나스를 읽는 경험을 통해, 트랜스 여성으로서 여성을 좋아하는(욕망하는) 현상학을 통한 글쓰기를 통렬하게 진행한다.[18] 그는 개인적–비평적 에세이 형식 채택하고, 욕망과 동일시의 관계("사실을 말하자면 나는 여성을 좋아하는 것과 그들과 같은 사람이 되고 싶은 것을 결코 구분하지 못했다"고 쓴다)에 대한 포스트–주디스 버틀러적인 질문을 하면서 10대 시절의 자신의 퀴어성에 대해 쓴다. 이 텍스트는 여성과 페미니즘을 트랜스로서 욕망하는 강렬한 경험을 성찰하고, 20세기 페미니즘 역사에서 종종 비체화되고 급진적인 유령으로 취급되어온 솔라나스와 오늘날 페미니즘의 번뜩이는 관련성을 탐색한다.

롱 추 등의 저자들이 이제는 하나의 장르로 자리 잡은 개인적–비평적 에세이를 가장자리의 생각과 텍스트에 자기이론적으로 관여하는 방법으로 간주, 확장하려고 한다면, 자기이론과 예술, 페미니즘과 연관된 질문을 하면서 긴 글과 밈을 생산하는 양태로 "이론"에 가담하는 작가들도 있다. 가령 몬트리올 기반의 라틴계 예술가 @gothshakira는 자신이 밈으로 유통하던 이미지 매크로[19]의 일부가 될 긴 글을 인스타그램에 포스팅한다.[20] 자신을 교차 페미니스트 밈 관리자라고 소개하는 그는 "고백적 펨 밈"을 작성해 인스타그램에 유포한다. 그는 제니퍼 로페즈, 셀레나 고메즈, 샤키라 등의 라틴계 여성 인물을 포함한 대중문화 이미지를 차용하고, 유행하는 패션에 맞춰 옷을 입은 자신의 자화상을 이용한다. 그러고는 이미지를 텍스트 덩어리 옆에 놓아 하나의 이미지 안에서 더 큰 텍스트–이미지 쌍을 창출한다. 텍스트는 종종 "당신이 깨달을 때" 같은 수사나 그것의 다른 버전으로 시작한다. 그렇게 함으로써 그는 자신의 작업을 쓰고 유통하는 밈 유니버스를 집처럼 편안한 곳으로 즐긴다.

@gothshakira는 긴-형태의 자기이론적 밈이 어떤 형식을 갖게 되는지 잘 알고 있다. 2017년 초에 게재되었다가 삭제된 한 밈에는 "고백적 펨 밈이 한 문장보다 길 때"라는 텍스트가 실비아 플라스의 『벨 자』를 읽고 있는 아지즈 안사리의 이미지 — 약간 혼란스러운 아지즈의 얼굴에 초점을 맞춘 — 위에 겹쳐져 있다. 아지즈 안사리의 자전적 TV 시리즈 「마스터 오브 제로」 2016년 시즌 중 한 장면인 이 이미지는 2018년 1월 안사리의 "미투 순간" 이후에 비난과 공격을 받았다.[21] 그레이스라는 이름의 여성이 안사리와 가진 성 경험에 대해 공개했기 때문이다. 확실하고 지속적인 동의란 무엇인가를 둘러싸고 대중문화와 뉴스에서 일어난 대화들은 점점 더 복잡해졌고, 성추행, 성폭행, "나쁜 데이트"를 가르며 전선이 형성되었다. 처음 @gothshakira가 만든 밈의 농담은 펨 예술가의 "고백적 밈"이 한 문장보다 길면 독자들이 그것을 페미니스트적인 무거운 고백적 소설 — 여러 챕터와 페이지로 구성되어 읽기에 따분할 것이라는 예감이 드는 — 을 읽는 듯한 느낌으로 접근할 것이라고 가정했다. 그래서 그는 가치를 담지한 관념을 망라하는 한 단락을 작성하면서 무종지문[22]을 이용하기로 결심했다.

많은 페미니스트 밈 크리에이터에게 반페미니즘 혐오 메일과 악플이 수없이 쏟아진다. @gothshakira는 자신의 작업이 명시적으로 페미니스트적**이면서** 지적이기에 악플러로부터 받는 독설의 수준이 더 높다고 믿는다. 확실히 그가 작성한 문구들은 여타 밈들에 비해 길고, 종종 더욱 지적이고, 이론적으로 정교한 언어를 구사한다. 그는 훅스나 데이비스, 로드 같은 이론가와 저자를 참조하고 그들의 문장을 끌어들여 통합한다. 고백적이면서 이론적인 그의 가장 강력한 밈들은 그가 몰두하는 지적 관념과 좌파 담론, 그리고 절합(과 탈절합)의 양태를 문제화하기 위해 교차성 정치와 페미니즘 이론에 대한 그의 예리한 의견을 연결한다. 나는 @gothshakira를 몬트리올에서 열린 미술사 학술회의에서 처음 만났다. 그는 놀랍게도 "중립적 미술, 중립적 미술사가는 더 이상 끝"이란 주제의 기조연설을 통해 해당 분야의 헤게모니 양태들을 뒤흔들었다. @gothshakira는 자기 작업의 일차적 매체인 밈 안에서 "깨시민성"의 "담론적 특권" — 비판 이론 같은 인문대학 및 대학원에 진학한 이들의 학문적 언어 — 이라 불릴 만한 것, 즉 계급과 인종 등의 요소와 연결된 접근성의 문제를 다룬다. 그러한 밈 중에는 카메라가 아닌 다른 쪽을 부드러운 시선으로 바라보는 샤키라의 옆얼굴이 긴 텍스트 다음에 배치된다.[29] @gothshakira의 특징이 드러나는 언어로 쓰인 이 텍스트는 밈들에 공통된 수사 장치인 "당신이 깨달을 때"로 시작해 자유주의 교육의 "깨시민" 언어를 둘러싼 접근성과 계급 쟁점에 대한 축약된 교차성 페미니즘적 분석으로 끝난다. "밈의 대사제"(GRAN SACERDOTISA DE LOS MEMES)를 태그라인으로 삼고 @gothshakira는 밈이라는 바이러스 형식을 통해 이론적 아이디어를 퍼트리고 자기이론적 내용을 만들기 위해 소셜 미디어 플랫폼을 취하는 예술가들의 방식을 예시한다.

유머러스한 밈의 형식과 인터넷의 드넓은 독자층을 지렛대 삼아 @gothshakira는 20-30대 여성으로서 데이트를 포함한 일상의 맥락에서 지성, 젠더, 인종, 권력의 문제를 다룬다. 스톡 사진[23] 조명을 배경으로 웃고 있는 셀레나 고메즈가 등장하는 밈에 적힌 문장은 이렇다. "당신이 자기보다 더 똑똑하다는 것을 깨달은 남자는 자신의 지배력을 확보하기 위해 그리고 자신의 희미해진 남성성의 느낌을 재확인하기 위해, 그것을 빌미로 당신에게 성적 매력을 부여하거나 당신을 경멸하고/하대하려고 할 것이다." 이 예술가는 젊은 여성 — 위협적으로 여겨지는 지성을 겸비한 — 에 대해 유독한 남성성이 취하는 특정한 형식을 발견한다. @gothshakira의 유머가 반향을 일으킨 것은 공감할 수 있고 알아볼 수 있는 맥락 — 2010년대 후반 몬트리올(진보적·대안적·보헤미안적 "아트 신"이 있다면 다른 도시로 대체되어도 무방하다) — 에 기반하기 때문이다. 밈 관리자의 너무나 편안한 수사적 구조를 자기이론적 전복의 담론적 양태로서 사용하는 @gothshakira의 전략은 "올바른 영어" 문법을 거부하기에 자기-삭제적이고 동시에 그를 둘러싼 세계에 대한 명민한 비판에서는 자기-확신적이라는 점에서 역설적이다.

통달에 맞서:
다른 식으로 이론 읽기

미국의 예술가 제이슨 머슨이 2000년대에 만든 확장된 작업 「아트 소츠」는 비디오 연작(또는 카메라를 위한 퍼포먼스)으로 유튜브에 올라와 있다.[24] 여기에서 "하이퍼-블랙" 부캐 헤네시 영맨(Hennessy Youngman)으로 분한 그는 동시대 미술의 핵심 개념과 인물을 소개한다. 자기이론적 소품이라 할 수 있을 각각의 비디오는 개념미술과 제도 비판 작업으로 기능하면서, 동시대 미술계를 잠식한 글로벌 자본주의와 백인 우월주의에 정면으로 말걸기를 시도한다. 영맨은 패러디 퍼포먼스 — "과잉된" 블랙 힙합 페르소나를 통해 동시대 미술의 핵심어와 약호에 접근할 수 있게 하거나 그것의 허위적 논리와 용어를 폭로할 수 있게 하는 — 를 통해 "미술계 담론을 장악하기 위해" 스스로-정의한 흑인 방언을 사용한다.

1990년대 말의 사운드 아이콘 제이-지의 「빅 핌핀」과 같은 시끄러운 랩 음악이 비디오의 문을 열면, 곧 영맨이 등장해 그날의 주제를 소개한다. 동시대 미술계의 용어와 아이콘을 탈신화화함과 동시에 비디오를 보는 인터넷 시청자에게 해당 용어를 설명함으로써 그것들의 권력을 약화하고, 일종의 교육을 제공함으로써 그것에서 배제될 수 있었던 이들에게 권력에 접근할 수 있게 한다. 유머러스하게 관념을 설명해내는 이 비디오들은 (동시대 미술과 힙합에 대해) 패러디적이고 교훈적이다. 신체화된 젊은 남성, 좀 더 상세하게는 미국에 사는 젊은 흑인 남성을 통해 수행되었기에 이 퍼포먼스는 헤게모니적 미술 담론과 교육에 대한 설명이자 그에 대한 대안으로도 기능한다. 머슨은 압도적으로 많은 서구의 저명한 인물들[25]과 실천들[26]의 정전뿐 아니라 동시대 미술계의 담론과 후기구조주의 이론의 애매한 용어들을 해박하게(그리고 코믹하게) 깨부순다.[27] 그럼으로써 구조적 인종 차별에서 접근성이 얼마나 중요한지를 밝혀낸다. 가장 통렬할 순간은 작품의 패러디 방향이 불편하게도 "현실"로 향할 때이다. 가령 비디오 「성공한 예술가가 되는 방법」의 서두에서 성공한 예술가가 되는 최고의 방식으로 영맨이 "백인"을 거론할 때가 그러하다.

1장에서 다룬 에이드리언 파이퍼의 작업 가운데서도 선례로 볼 만한 것이 있다. 1970년대 초반에 행한 드랙 퍼포먼스「신화적 존재」에서 파이퍼는 "아프로 가발과 콧수염, 항공 선글라스로 분장을 하고 호전적이지만 철학적으로 힙한 남성 페르소나, 즉 '당신이 싫어하고 두려워하는 면모를 신체화'한 페르소나뿐만 아니라 칸트식의 궁지를 시사만화의 생각풍선으로 해결하는 타자기에서도 발견될 페르소나를 떠안는다".[28] 다이애나 스톨은 이 작업을 1970년대 "철학적으로 힙한 남성"의 권위와 스타일에 대한 파이퍼의 풍자적 해석으로 읽는다.[29] 칸트를 참조하는 가운데 파이퍼가 구사한 유머는 칸트가 문화자본의 층위에서 재현하는 것 안에 놓여 있다. 칸트는 좀 더 많이 아는, "철학적으로 힙한 남성들"이 읽는 것의 재현이다. 머슨에게서 볼 수 있듯 이론이 권력이 되는 방식에 대한 풍자는 대학원과 같은 곳에서 떠받치는 구조와 이론을 재구성하고 재조정하는 데 기여한다.[30]

이런 작업은 개념적 작업이 수용될 때 형식과 맥락이 중요하다는 점과 맥락이 작업에 접근하는 양태와 위치를 포함한다는 점을 상기시킨다. 머슨의「아트 소츠」는 인터넷-특정적이고, 머슨은 작업을 전파하기 위해 온라인 문화를 이용한다. 우리는 미술과 학문 바깥의 청중이 언제든 머슨의 비디오를 발견할 수 있을 것이라고 당연히 예측할 수 있다. 여기에서 "아트"라는 단어는 잠재적으로 개념적인 어떤 것, 동시대 미술과 연관된 어떤 것을 알리며 펄럭거린다. 그러나 다른 맥락상의 단서들은 눈에 띄게 모호해진다. 자기이론적 실천은 예술가의 실천에서 비판적 사유가 행하는 특별한 역할에 자주 주목한다. 머슨의 「아트 소츠」와 마이어의 「이론이여, 울지 마오」 같은 작업에서 수행적인 자기-이미지 만들기는 미술관과 갤러리부터 예술가가 운영하는 센터와 미술대학에서 승격한 종합대학에 이르기까지 이론이 경합하는 다양한 미술 기관과 이론의 미묘한 정치를 다루는 코믹한 수단이 된다. 손으로 그린 페르소나와 비디오를 위한 퍼포먼스에서 두 작가는 "자기", "이론", "신체", "텍스트" 사이를 왕복하는 자기이론의 방식을 통해 동시대 미술 실천의 지배적 담론과 이론의 틀을 프로세싱하고 전복한다.

자기이론적 실천은 "통달"(mastery)과 무관하게 이론을 읽는 방식을 제시한다. 어떤 예술가들은 이론을 액티비즘의 한 형식으로 읽고, 또 어떤 예술가들은 쾌락의 한 형식으로 읽는다. 팟캐스트 「북슬럿」에서 한 인터뷰에서 매기 넬슨은 이론을 읽는 자신의 물리적 경험을 "당신의 키보다 훨씬 깊은 물에서 수영하기"와 유사하다고 설명한다. 여기서 이론 읽기는 정신분석의 주이상스 경험과 비슷한 "헤아릴 수 없는 심연을 즐기는 것"에서 오는 일종의 고통스러운 쾌락이다.[31] "주인 담론"으로서 이론이 제기하는 위협의 문제를 고려할 때, 이론에 참여하는 과정을 주어진 텍스트의 목적을 위해 지배하거나 통제할 어떤 것이 아니라 밀려오는 어떤 것(깊은 물)으로 간주하고 접근하는 것이 더 나을 것이다. 어떤 예술작품들(특히 동시대 미술 작업들)을 경험하는 과정도 마찬가지다. 이론처럼 예술도 오래 연구하거나 작품 뒤에 숨겨진 의미를 풀어낼 수 없으면 이해하기가 너무나 어렵다. 그러나 예술과 이론을 배타적이고 이해 불가능한 것으로 여기고 물러서는 대신, 그것을 흥미롭게 복잡한 무엇 — "내 키보다 훨씬 깊은 물에서 수영하기"와 같은 도전 — 즉, 비범하고 전문화된 무엇이 아니라 가능한 의미들, 이해들, 적용들, 반응의 방식들의 스펙트럼을 가진 무엇으로 본다면 어떨까?

헬렌 스투르-롬머레임과 인터뷰에서 크라우스는 이론 읽기 실천을 "예술작품을 보는 경험과 흡사한 … 위대하고 확장적인 도취감"을 주는 "너무나 짜릿한" 경험이라고 묘사한다.[32] 이 세계를 몸으로 살아내는 사람에 의한 이론 읽기의 본능적인 효과와 정동들에 대한 이러한 주목은, 초점을 통달이 아닌 쾌락, 실험, 유희와 같은 다른 것, 우리가 학계 강당에서 흔하게 발견하는 "지식의 지배"를 피하거나 심지어 뛰어넘을 수 있는 이해의 다른 형식들로 옮겨놓는다. 반론이 하나 있다면 독서(이론 읽기는 말할 것도 없고)를 위한 "여가 시간"이 있는 사람들에게만 쾌락이 허락된다는 것일 테다. 이론과 독서에 도달할 수 없다고(대중 매체는 자본화할 여가 시간을 찾는 데 어려움이 없어 보이지만) 무비판적으로 말하는 경향은 다음과 같은 정치적으로 유해한 구분, 즉 "연구하고 읽는 엘리트"와 미디어 문해력이 부족해 자신에게 최선일 이익에 반하는 투표를 하면서도 "교육받지 못함"을 자랑스러워할지도 모르는 "모든 (인간)남성"(Every(hu)man) 사이의 구분을 항구화한다. 이 장에서 검토한 예술가들이 다양한 배경과 삶의 경험을 아우르며 이론에 가담할 때 보여준 유연성 — 형식, 물질, 프레임, 내용, 이름, 비판의 대상으로서 — 은 누가 담론과 지식에 접근하는지를 역사적으로 명령해온 견고한 구조에 저항하고 그것을 무시하고 개조할 수 있는, 그리고 그런 지식을 통해 가능해진 권력과 행위성의 다양한 형식을 조명할 수 있는 자기이론의 잠재성을 보여준다.

도판 모음 1 - 54

1 리사 스틸, 「아주 개인적인 이야기」, 1974, 싱글채널 비디오(스틸).
   작가와 브이테이프 제공.

2 앤드리아 프레이저, 「미술관의 볼거리: 갤러리 토크」, 1989, 퍼포먼스(사진 기록).
사진: 켈리 앤드 마사 포토그래피. 작가 제공.

3 앤드리아 프레이저, 「미술관의 볼거리: 갤러리 토크」, 1989, 퍼포먼스(사진 기록).
사진: 켈리 앤드 마사 포토그래피. 작가 제공.

4 진 랜돌프, 「삭제된 아이디어들의 박물관」, 2014, 사진.
사진: 윌리엄 에이킨. 작가와 윌리엄 에이킨 제공.

5 진 랜돌프, 「객체들의 서커스」 폴 퍼포머 버지니아 드래기-랜슨과 함께한 저녁,
2019, 퍼포먼스. 사진: 알렉시스 킨로치. 작가와 알렉시스 킨로치 제공.

6　로니 혼, ≪리스펙토르의 고리들(아구아 비바)≫, 2004,
황토색 고무 타일에 주황색 고무 텍스트 삽입(설치 모습, 전시 도록).
사진: 스테펀 앨튼버거. 작가와 하우저앤드워스 제공.

7　로니 혼, ≪리스펙토르의 고리들(아구아 비바)≫, 2004,
황토색 고무 타일에 주황색 고무 텍스트 삽입(설치 모습, 전시 도록).
사진: 알렉스 델파네. 작가와 하우저앤워스 제공.

8 로 빌, 2016, 퍼포먼스(사진 기록). 사진: 달리아 카츠. 작가와 달리아 카츠 제공.

9 서자 컷핸드, 「서자 컷핸드는 인디언 법이 규정하는 인디언이다」, 2017, 싱글채널 비디오(스틸). 작가 제공.

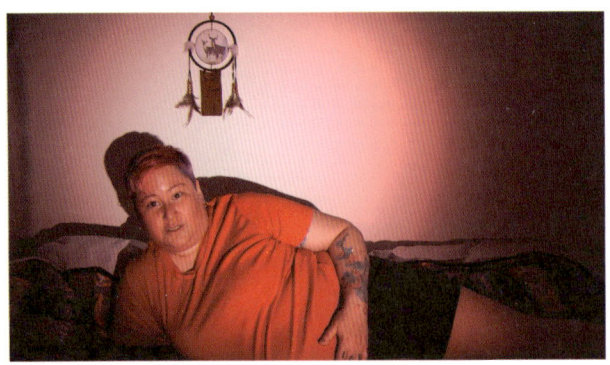

10 서자 컷핸드, 「투 스피릿 드림캐처 닷 컴」, 2017, 싱글채널 비디오(스틸). 작가 제공.

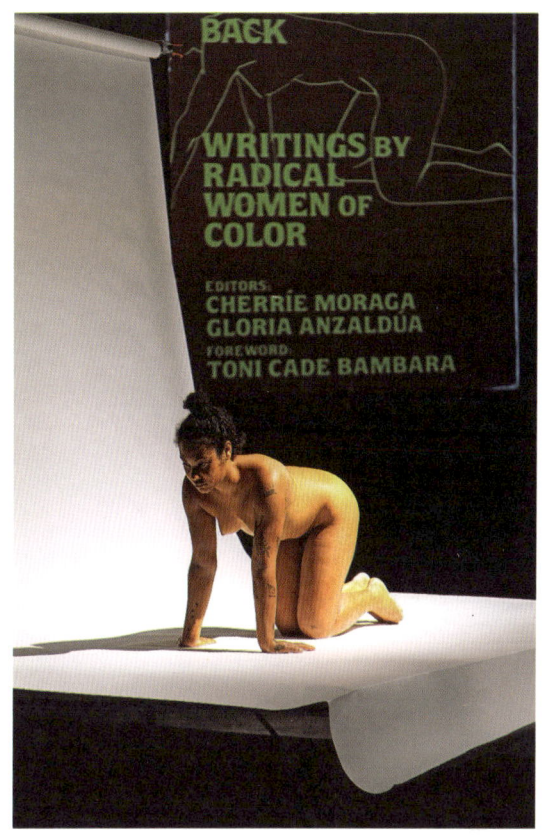

11 메들린 베클스, 「내 등이라 불린 이 다리」, 퍼포먼스(사진 기록).
    사진: 온타리오 미술관. 작가와 온타리오 미술관 제공.

12 　요하나 헤드바, 「아픈 여자 이론」, 2016, 사진.
　　사진: 퍼밀라 페인. 작가와 퍼밀라 페인 제공.

13　요하나 헤드바, 「아픈 여자 이론」, 2016, 사진.
　　사진: 퍼밀라 페인. 작가와 퍼밀라 페인 제공.

14 개브리엘 시빌, 「푸가-소멸, 아크라에서」, 2013, 퍼포먼스(사진 기록), 사진: 푼가이 마치로리. 작가 제공.

15 크리스틴 티엔 왕, 「나르시시스트」, 2019, 세라믹, 유약 처리. 작가 제공.

16 헤이즐 마이어, 「이론이여 울지 마오」, 2009, 배너, 펠트, 실크, 툴, 실. 오캐드대학교 대학원 갤러리에 설치된 모습, 토론토, 2009. 작가 제공.

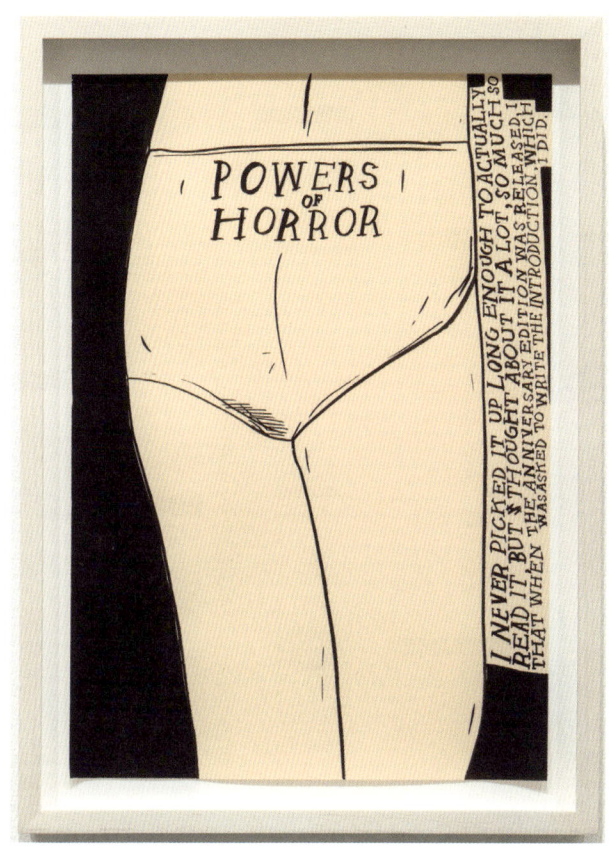

17 헤이즐 마이어, 「공포의 권력」, 2015, 드로잉, 종이 위에 잉크와 수채화. 잘럭키 컨템포러리 설치 모습, 토론토, 2017. 사진: 토니 하프켄시드. 작가 제공.

18   소나 사페이, 「서지학」, 2013, 바이닐 프린트. 작가 제공.

19   소나 사페이, 「V+1」, 2014, 조각(작가의 복제품). 작가 제공.

20   소나 사페이, 「V+1」, 2014, 조각(작가의 복제품). 작가가 찍은 싱글채널 비디오(스틸). 작가 제공.

21 소나 사페이, 「빠른 기념비」, 조각(복수 제작 작품, 웹사이트 www.swiftmemorial.com과 연동), 잘럭키 컨템포러리 설치 모습, 토론토, 2017. 사진: 토니 하프켄시드. 작가 제공.

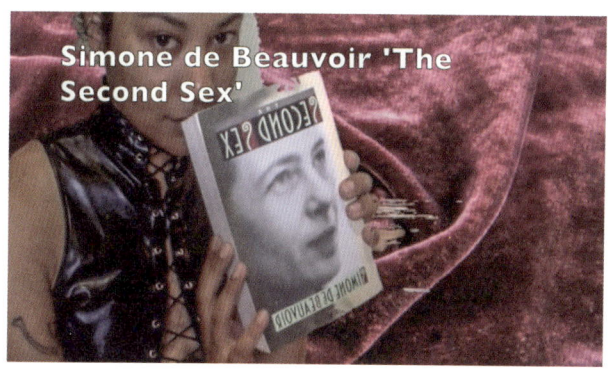

22 매들린 베클스, 「우머니즘은 특히 흑인 여성의 조건과 관심사를 강조한 페미니즘 형식이다」, 2016, 싱글채널 비디오(스틸). 작가 제공.

23 매들린 베클스, 「우머니즘은 특히 흑인 여성의 조건과 관심사를 강조한 페미니즘 형식이다」, 2016, 싱글채널 비디오(스틸). 작가 제공.

24 매들린 베클스, 「영 걸 이론」, 2017, 싱글채널 비디오(스틸). 작가 제공.

25 매들린 베클스, 「영 걸 이론」, 2017, 싱글채널 비디오(설치 모습, 전시 기록). 작가 제공.

26 소니아 페르난데스 팬, 「상의 탈의 이론 읽기」(크리스 크라우스의 『아이 러브 딕』을 읽는 아누 체), 2019. 사진: 소니아 페르난데스 팬. 소니아 페르난데스 팬과 아누 체 제공.

27 소니아 페르난데스 팬, 「상의 탈의 이론 읽기」(『소리 가족』을 읽는 페르난데스 팬), 2018. 사진: 아나이스 세늘리(Anaïs Senli), 2018년 5월 27일 인스타그램 포스팅. 작가 제공.

[28] 소니아 페르난데스 팬, 「상의 탈의 이론 읽기」(소니아 페르난데스 팬, 수위신, 왕추팅, 루시아 모랄레스, 아누 체, 아니아 노바크), 2019. 사진: 레기나 데 미구엘, 2019년 12월 31일 인스타그램 포스팅. 소니아 페르난데스 팬 제공.

when u realize that aggressively and abrasively shaming everyone who does not share the same fourth-wave feminist views as u and/or has not been liberally educated and/or has not spent copious amounts of time on tumblr or in other social justice-oriented spaces whether intangible or tangible is classist, counterproductive, and is employing the same strategies of the very systems of oppression that ur trying to circumvent and that, although the emotional and social labor reserves required from u may be great, the answer lies in compassionate understanding and patient/educational dialogue in the interest of coexistence/the forward progression of humanity as a whole

29 인스타그램 화면 캡처, @gothshakira, 밈, 2016. 텍스트는 다음과 같다. "당신과 똑같이 4물결 페미니즘의 관점을 공유하지 않고/않거나 자유주의 교육을 받지 않았고/않았거나 엄청난 시간을 텀블러나 사회정의를 지향하는 다른 유무형의 공간에 쏟아붓지 않는 사람들을 공격적이고 거칠게 비난하는 것이 계급 차별이고 반생산적이며, 당신이 피하려고 노력하는 바로 그 억압의 체계와 똑같은 전략을 사용하는 것임, 그리고 설사 들여야 하는 감정적·사회적 노동이 막대해도 정답은 인류 일반의 공존/진보에의 관심에 대한 끈기 있는 대화와 온정적인 이해에 놓여 있음을 당신이 깨달을 때" @gothshakira 제공.

30 모이라 데이비, 「여신들」, 2011, 필름(스틸), 작가 제공.

31 모이라 데이비, 「여신들」, 2011, 필름(스틸), 작가 제공.

32 모이라 데이비, 「여신들」, 2011, 필름(스틸), 작가 제공.

33 모이라 데이비, 「여신들」, 2011, 필름(스틸), 작가 제공.

34 앨리슨 미첼과 디어드러 로그, ≪나는 전혀 나 자신이 아니다≫, 2015.
멀티미디어 아트 전시, 아그네스 에서링턴 아트센터, 킹스턴,
온타리오(설치 모습). 사진: 아그네스 에서링턴 아트센터. 작가들 제공.

35 앨리슨 미첼과 디어드러 로그, ≪나는 전혀 나 자신이 아니다≫, 2015.
멀티미디어 아트 전시, 아그네스 에서링턴 아트센터, 킹스턴,
온타리오(설치 모습). 사진: 아그네스 에서링턴 아트센터. 작가들 제공.

36 앨리슨 미첼과 디어드러 로그, ≪나는 전혀 나 자신이 아니다≫, 2015. 멀티미디어 아트 전시, 아그네스 에서링턴 아트센터, 킹스턴, 온타리오(설치 모습).
사진: 아그네스 에서링턴 아트센터. 작가들 제공.

37 앨리슨 미첼과 디어드러 로그, 「그녀의 것은 여전히 축축한 동굴이다: 퀴어 지평을 향해 기어가기」, 2016, 싱글채널 비디오(스틸). 작가 제공.

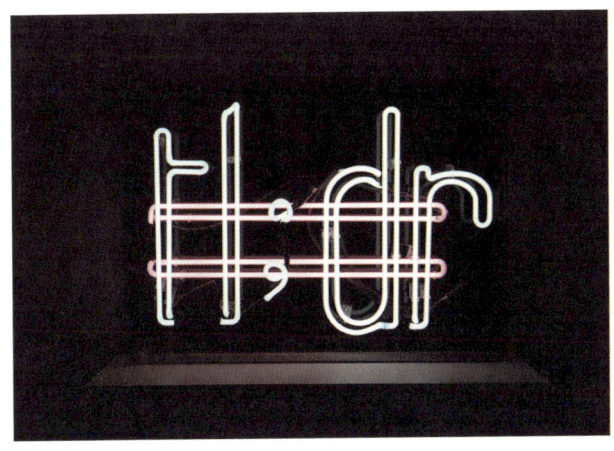

[38] 로라 허스피스, 「TL;DR」, 2017, 네온사인(설치 모습), 프로젝트 갤러리, 토론토. 작가 제공.

[39] 히바 알리, 「탈식민적 언어」(쉬레야 세티, 다이아몬드 스팅길리, 알레 알바레스, 히바 알리 출연), 2013, 싱글채널 비디오(스틸). 작가와 브이테이프 제공.

40 콜린 스미스, 「휴먼_3.0 독서 목록(오드리 로드)」, 2015, 드로잉. 작가 제공.

41 콜린 스미스, 「휴먼_3.0 독서 목록(벨 훅스)」, 2015, 드로잉. 작가 제공.

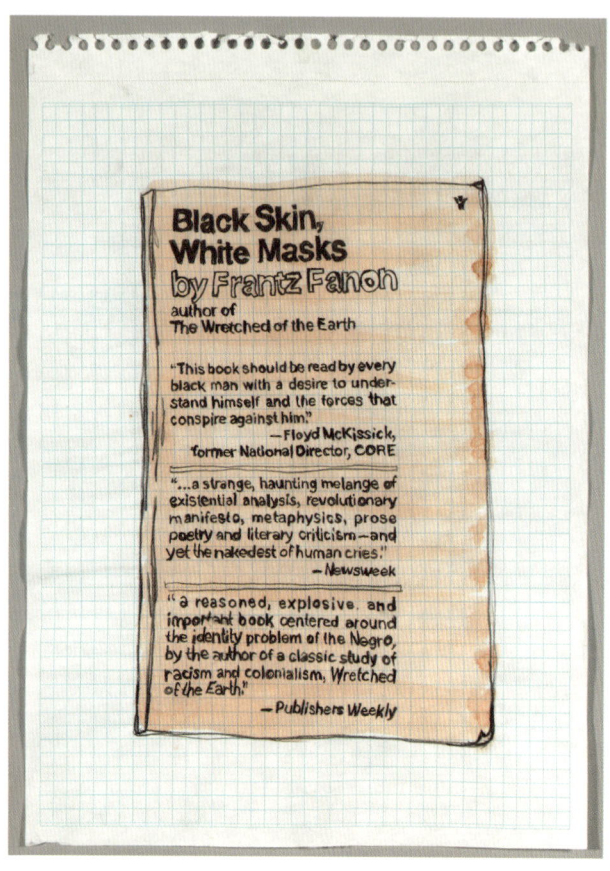

42 콜린 스미스, 「휴먼_3.0 독서 목록(프란츠 파농)」, 2015, 드로잉. 작가 제공.

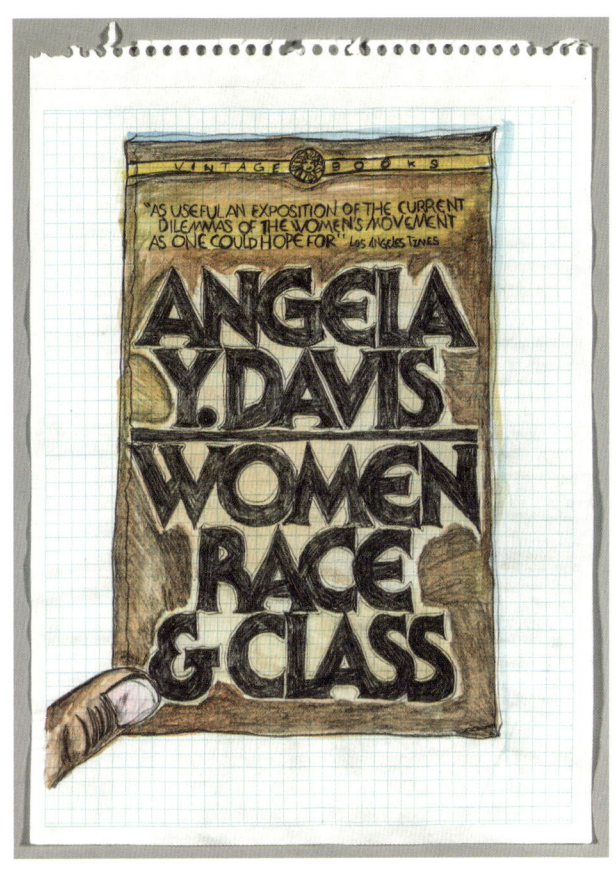

43 콜린 스미스, 「휴먼_3.0 독서 목록(앤절라 데이비스)」, 2015, 드로잉. 작가 제공.

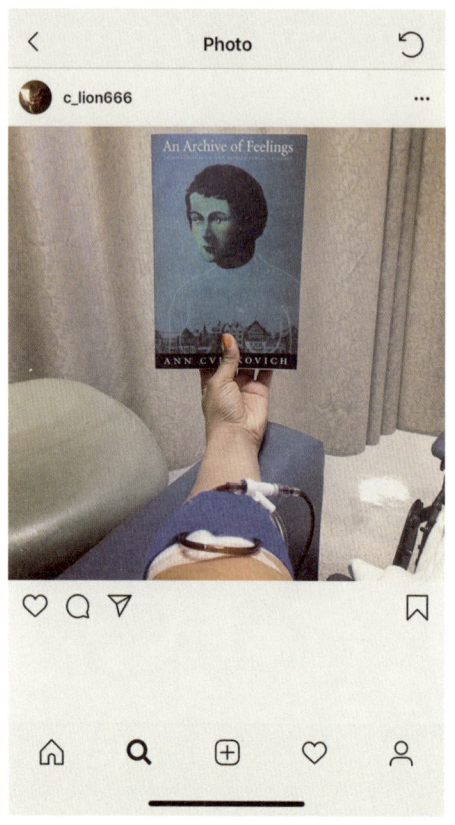

44　캐럴린 라자드, 「아플 때와 공부(『느낌의 아카이브』)」, 2015, 인스타그램에 게시한 디지털 사진. 작가와 에식스 스트리트 갤러리 제공.

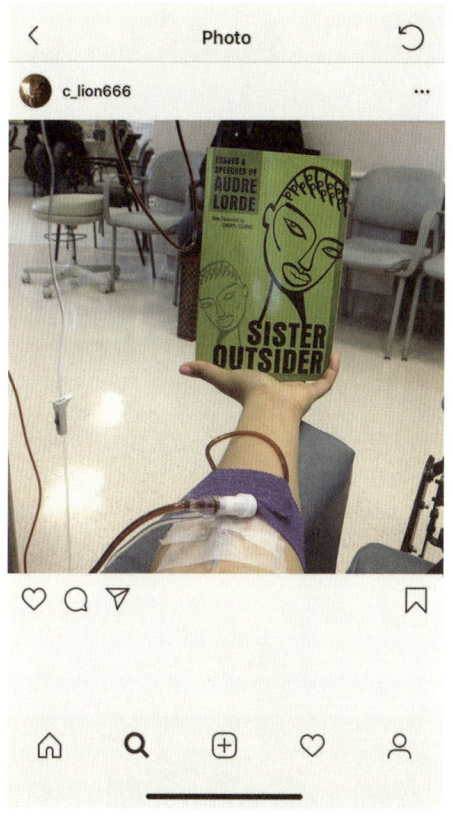

45 캐럴린 라자드, 「아플 때와 공부(『시스터 아웃사이더』)」, 2015, 인스타그램에 게시한 디지털 사진. 작가와 에식스 스트리트 갤러리 제공.

46 래리 아치암퐁과 데이비드 블랜디, 「파농을 찾아서 3편」, 2017, 필름(스틸), 촬영: 클레어 배렛. 작가들 제공.

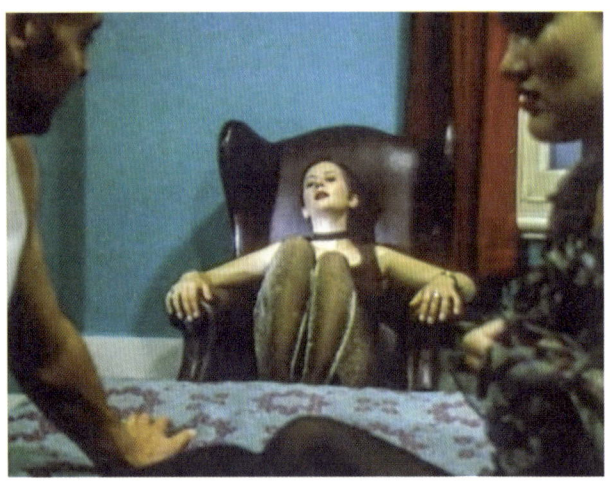

47 크리스 크라우스, 「중력과 그레이스」, 1995, 필름 스틸(16mm 필름을 비디오로 변환). 작가 제공.

48 크리스 크라우스, 「황금 그릇 또는 억압 (2)」, 2018, 100lb 무코팅 용지에 디지털 프린트, 다섯 점의 한정판 중 하나. 작가 제공.

49 크리스 크라우스, 「통과하기 위해서 (1) — 단절성」, 2018, 100lb 무코팅 용지에 디지털 프린트, 다섯 점의 한정판 중 하나. 작가 제공.

50 애니 스프링클, 「포스트-포르노 모더니스트 애니 스프링클의 공적 자궁경부 발표」, 1989년부터 2004년 사이 공연됨, 퍼포먼스 아트(자료 기록). 작가 제공.

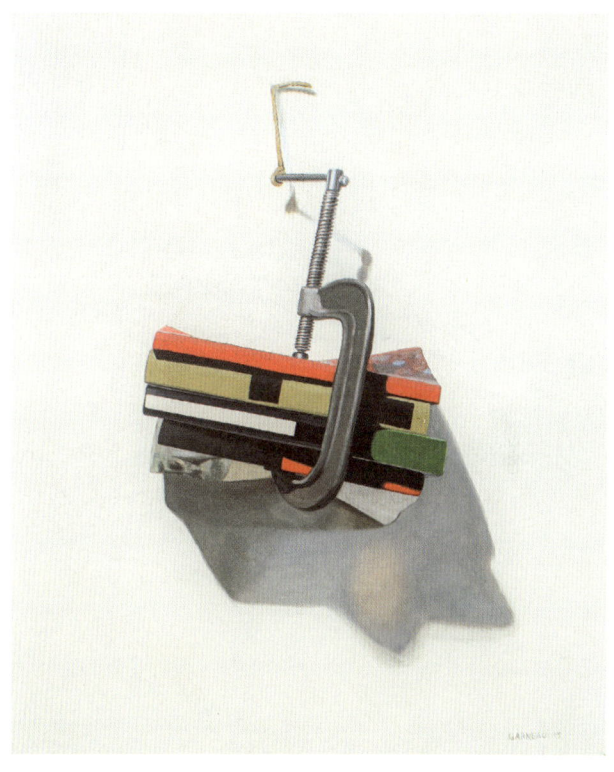

51　데이비드 가르노, 「선주민, 학문, 연대」, 2019, 캔버스에 아크릴, 92×76.5cm. 작가 제공.

52 데이비드 가르노, 「사이-텍스트 I」, 2019, 캔버스에 아크릴, 92×76.5cm. 작가 제공.

53 데이비드 가르노, 「공감적 순응」, 2019, 메이소나이트에 아크릴, 40×50cm. 작가 제공.

54 데이비드 가르노, 「선주민 학문에서의 선주민, 추방」, 2019, 캔버스에 아크릴, 122×79cm. 작가 제공.

3장

관계로서의 인용

상호텍스트적인
친밀성과 동일시

| 읽기를 통해 나는 삶을 더 완전하게 살 수 있었다.
... 제너비브 허드슨, 「모두와 약간은 사랑하는」

| 당신 안의 모든 것이 당신의 것은 아닙니다.
... 앤 보이어, "자기-"(2019) 기조연설

포스트회고록, 마지널리아, 미장파주

비평가 제시카 와이스버그는 『뉴요커』에서 "모든 사람이 회고록을 쓰는 것 같다"며, "독자가 남아 있기는 한지, 블로그 활동을 하느라 다들 너무 바쁜 건 아닌지 궁금하다"라고 썼다. 그의 2012년 5월 기사 「자기-폭로는 사적인 것일 수 있는가?」는 2012년 휘트니 비엔날레에서 특별 상영된 캐나다계 미국인 예술가 모이라 데이비의 필름 「여신들」(2011)에 대한 응답이었다. 와이스버그는 데이비가 맨해튼에 소재한 자신의 아파트에서 철학과 문학 문헌들, 그리고 그 자신과 그의 삶에 대한 시적 표현 사이를 오가는 것에 주목하며 "그것은 언제나 그에게로 돌아온다"라고 말했다. 데이비가 책장에서 책을 하나 꺼내고, 아파트 창문을 열고, 가장자리에 몸을 기댄 채 책등의 먼지를 불어 날리는 장면은 「여신들」에서 가장 기억에 남을 만한 장면 중 하나이다. 와이스버그는 데이비가 "비평적 연구와 개인적 에세이 사이의 어딘가에" 해당하는 형식으로 구성된, 동시대적이지는 않지만 "놀라울 정도로 현재적인" 방식으로 철학사를 참조하는 데 주목한다.[1] 데이비가 책을 쓰고 영상을 만드는 성찰적이고 읽기적인(readerly) 방식을 설명하는 데 어떤 특별한 용어를 사용하지는 않는데, 와이스버그는 짐짓 "자기이론"이라는 용어를 피하려는 듯하다. [30] [31] [32] [33]

자기이론은 데이비와 같은 예술가의 에세이 영화를 포함해 다양한 매체와 실천을 망라하면서 다른 형태를 갖추어가고 있다. 동시대 자기이론의 가장 명백한 징후 중 하나는 이론과 철학의 레퍼런스들을 자서전이나 회고록의 맥락 안으로 들이는 것이다. 각주 달기나 여백에 메모하기 같은 기존의 "학문적" 관행이 자서전이나 회고록 장르와 제휴하는 작업들 안으로 통합된다. 예술가와 작가 들이 인용을 소재로 작업하고, 레퍼런스를 생산의 중요한 부분으로 드러내도록 자극하고 유도하는 것은 무엇일까? 독자와 청중은 창조적 작업에 학술적 양태들이 수행적으로 통합되는 것을 어떻게 이해해야 할까? 더불어 회고록적 실천과 비평 또는 여타의 비평적 실천이 흔히 하나의 모호한 텍스트의 일부로 통합되는 포스트회고록 — 자기이론적 전회와 유사한 속도로 증가하고 있다 — 으로 무엇을 만들어야 할까?

이 장과 다음 장에서 나는 인용에 대해 질문한다. 인용 — 다른 사람과 다른 텍스트를 영향력과 정보의 원천으로 참조하는 것 — 을 상호텍스트적인 친밀감과 동일시의 양태로 간주한다. 이를 염두에 두고 페미니즘의 맥락에서 커뮤니티 형성과 교감의 실천으로서 인용의 가능성과 문제틀을 성찰한다. 이 장에서는 주로 문학에 집중하는데, 특히 매기 넬슨의 『아르고호의 선원들』(2015)을 분석하고, 4장에서 시각예술의 사례를 다룬다.[2] 따로 다루지만, 두 분야는 계속해서 교차한다. 앞서 강조했듯, 자기이론적 충동은 예술, 문학, 비평이 만나는 확장된 동시대적 실천에서 가장 분명하게 나타난다. 롤랑 바르트의 『사랑의 단상』, 이브 코소프스키 세지윅의 정동 이론과 더불어 동시대 문학계에서 자기이론으로 묘사된 최초의 텍스트인 『아르고호의 선원들』을 다룸으로써, 퀴어 문학사를 수행하는 인용 실천을 소개하고, 이러한 자기이론적 작업에서 인용이 서로 다른 양태의 비평적 실천을 하나로 결합하고 변형하는 방식을 드러내고자 한다. 이는 페미니스트 퀴어 작업의 전략으로서 포스트 회고록과 자서전에서 인용이 수행적이고 심지어 연극적으로 사용된 방식을 읽어내는 맥락을 확립한다.

『아르고호의 선원들』이 어떻게 인용을 활용했는지는 선구자격의 중요한 작품들과 연관해 살펴볼 것이다. 예컨대 글로리아 안살두아의 『경계지대/경계선: 새로운 메스티사』(1987)와 니콜 브로사르의 『그림 이론』(1982)이 구현한 이론적 픽션이 있다. 이들 작가는 인용을 더 비판적이고 더 자기이론적으로 파고드는, 그리고 집단적 동기(레즈비언 메스티사/치카나/치카노 커뮤니티와 레즈비언 프랑코폰/퀘벡 커뮤니티 "집단" 각각의 사례를 위한)가 있는 이론화 및 명료화 프로젝트의 하나로 활용한다.[3] 넬슨의 형식적 혁신을 바르트와의 관계 속에서 맥락화하면서, 조애나 월시의 『브레이크.업』(2018) 같은 작품에서 발견되듯 이런 양태가 끊이지 않고 반복됨을 지적할 것이다.[4] 그럼으로써 생애-쓰기의 여백에 이론을 인용하는 방식의 미래를 살펴볼 것이다. 이는 이론 안에서 퀴어 페미니스트 커뮤니티가 가능한지(또는 불가능한지), 사적인 회고록 작업으로 통합되었을지 모르는 상황에서 이론에 대한 레퍼런스가 무엇을 자극하고 일으키는지에 대한 성찰을 이끈다. 넬슨은 연인이자 삶의 파트너인 미국인 트랜스젠더 시각예술가인 해리 도지를 자신이 쓴 텍스트의 인용적 구조에 통합해 들임으로써 상호주관성, 저자성, 글을 쓰는 "자기"와 "타자" 사이의 윤리적 관계를 성찰할 기회를 제공한다.

가장자리의 고려사항들:
퀴어하게, 가장자리를 표식하기

매기 넬슨은 『아르고호의 선원들』에서 페미니즘을 퀴어 이론과의 대화로 끌어들이고, 퀴어성과 규범성, 관계와 가족 구조, 페미니즘과 어머니다움(motherhood), 그리고 언어의 철학적이고 물질적인 수용력을 둘러싼 이론적인 질문들에 반응하는 텍스트를 생성한다. 여타의 자기이론 작품과 마찬가지로, 『아르고호의 선원들』은 장르와 형식의 한정된 범주를 뛰어넘는다. 문학계에서 "자기이론"이라 불리는 경향을 형성한 작품을 쓴 넬슨이 장르를 넘나들며 능수능란하게 글쓰기를 하게 된 것은 우연이 아니다. 넬슨은 시인, 에세이스트, 전기 작가, 소설가, 미술평론가, 미술사가로 활동해왔고, 시와 시각예술이 제휴하는 작업을 많이 해왔다. 이전에는 스튜디오 기반의 캘리포니아예술학교에서 문예창작과 학과장을 맡았으며, 최근에는 서던캘리포니아대학교 영어학과 교수로 자리를 옮겼다. 클로디아 랭킨, 크리스 크라우스, 힐튼 앨스, 제니퍼 도일과 함께 문학 및 예술계에서 점증하는 자기이론적 경향을 대표한다.

1장에서 파이퍼가 『순수이성비판』에 남긴 표시에서 드러났

듯, 책을 읽으면서 여백에 표식을 남기는 실천은 종종 더 깊은 층위에서 일어나는 텍스트에 대한 가담을 보여준다. 그러면서 책은 읽고 쓰기 쉽게 책등이 꺾이고 페이지가 저절로 활짝 펼쳐지는 상태가 된다. 표식이 생긴 가장자리(margin)는 책에 대한 물리적 참여를 드러낸다. 탐색 중인 생각과 관련된 중요한 구절 옆에 예술가나 작가는 화살표를 그리거나 메모를 추가한다. 마지널리아(marginalia)는 작가가 읽기에 대한 자신의 반응을 정교하게 만드는 수단, 혹은 작가가 미래에 다시 돌아가서 시작하고 싶어 할 중요한 구절을 확인하는 하나의 방식이다.

자기이론은 가장자리와 흥미로운 관계를 맺고 있으며, 자기이론적으로 작업하는 작가와 예술가는 종종 개념적 방식으로 가장자리에 글쓰기, 주석 달기, 끄적거리기와 같은 장치를 확장한다. 출판된 작업『아르고호의 선원들』의 미장파주(mise-en-page)[5]에서 이런 장치가 재생산되는 것을 볼 수 있다. 넬슨은 이론가, 작가 또는 예술가의 생각을 인용하거나, 요약한 페이지 바로 옆 가장자리에 그들의 이름을 적어둔다. 이 같은 형식 차원의 혁신적인 실천, 텍스트-옆(beside-the-text)과 가장자리-안(in-the-margins)에서 인용을 사용하는 실천을 넬슨이 처음 시작한 것은 아니다. 그는 사실 바르트가『사랑의 단상』에서 쇄신한 형식을 되풀이한 것이다.

바르트는 이 책에서 괴테, 니체, 사르트르에서 플랑드르의 신비주의자 라위스브룩과 정신분석가 도널드 위니콧에 이르기까지 다양한 철학자들의 성(姓)을, 사랑의 담론에 의해 호명된 연인들의 각기 다른 "단상들" 또는 시적 삽화로 구성된 자서전이라 부를 수 있을 책의 가장자리에 배치한다. 넬슨은 이 구조를 일종의 용기(容器)로 사용하면서 그 안에서 해리 도지와 자신의 관계에서 사랑의 담론에 의해 호명된 퀴어로-정체화한 여성으로서의 경험을 분석하고 이해하려 한다. 또한 언어와 사랑과 관련한 질문을 철학화하려는 바르트의 욕망을 공유하고, 텍스트를 끌고 나가는 비평적-개인적인 것에 대한 바르트의 호기심을 자신의 삶에 관련된 질문들 — 시스젠더 여성이 퀴어하게 임신할 수 있는지부터 오늘날 퀴어 가족 만들기와 페미니스트 양부모 노릇하기가 어떤 모습일지까지 — 로 확장한다.

처음 보면 『아르고호의 선원들』은 뤼스 이리가레와 랠프 왈도 에머슨에서 파울 B. 프레시아도와 앤 카슨에 이르는 저명한 철학자, 이론가, 작가 들이 페이지의 가장자리에 레퍼런스로 등장하는 회고록 같은 인상을 준다. 넬슨은 도지와의 서사를 문학, 이론, 철학 및 예술을 출처로 한 상호텍스트적 인용의 지형 안에서 맥락화한다. 인용은 자신이 경험한 것을 다양한 참조적 텍스트를 통해 이론화하려는 실천이며, 그렇게 함으로써 개인적인 것이 이론적이면서 동시에 윤리적·미학적·정치적인 것임을 드러낸다. 이름들이 가장자리에 적혀 있으면 읽는 사람은 인용에 주목하게 된다. 영어로 쓰인, 일반적으로 유럽과 미국의 출판물은 왼쪽에서 오른쪽으로, 위에서 아래로 읽는다. 따라서 가장자리의 인용들에 눈이 가는 것은 당연하며, 읽기의 일부가 된다. 이것은 아주 섬세하고 학구적인 독자만이 할 수 있는 행동으로, 그것을 읽을지 건너뛸지를 선택할 수 있는 미주나 각주와는 다르다.[6]

『브레이크.업』(2018)에서 영국 소설가 조애나 월시는, 제사(題詞, epigraph)처럼 작가의 이름과 함께 텍스트를 인용한 단문 인용구를 가장자리에 — 서사의 축을 이루는, 이별 이후 화자(표면적으로 윌시)가 떠난 트랜스내셔널한 여행 옆에 — 배치한다. 너무 많은 단어들이 가장자리에 쒸어 있기에 인용이 텍스트의 본문을 밀어내는 것 같고, 텍스트는 미장파주 위에서 거의 구불구불한 뱀 모양으로 바뀌어간다. 윌시의 "개인적인" 서사 — 낭만적인 정사가 끝난 뒤 여행을 하고 이메일을 쓰는 여주인공의 경험을 따라가는 일종의 포스트회고록적 회고록(postmemoir memoir) — 를 읽는 독자의 경험에 인용들이 개입한다. 많은 면에서 『브레이크.업』은 다른 사람들을 자기이론적 커뮤니티의 구성원으로 인용하면서, 우로보로스처럼 원을 이루는 반영적이면서 성찰적인 자기이론의 움직임을 보여준다. 그가 인용하는 작가 대부분이 자기이론적으로 작업해온 바르트에서 크라우스에 이르는 이들이라는 점은 우연이 아닐 것이다.

가장자리-에-쓰기라는 주제는 『아이 러브 딕』에서 서사내적인(intranarrative) 주제의 층위에서도 불쑥 등장한다. 이는 크라우스가 마지널리아를 쓰는 크리스 크라우스라는 등장인물에 대한 메타픽션 레퍼런스를 통해 생물학적 여성의 관행으로 약호화된 일기-쓰기를 독일의 고급이론과 회극적으로 충돌하게 만들 때에 나타난다. 크리스 크라우스의 프로세스를 기술하면서 크라우스는 다음과 같이 설명한다.

> 그는 할리퀸 로맨스를 읽고 일기를 쓰고 실베르가 아끼는 하이데거의 『라 케스티옹 드 라 테크니크』 판본에 딕에 대한 사랑을 끄적거렸다. 이 책은 독일 파시즘의 지적 기원에 대한 증거였다. 그는 그 책을 『라 테크니크 드 딕』이라고 불렀다.[7]

메타적 인물인 "크리스 크리우스"가 볼 때 독자로서 가장자리에 표식을 남기는 것은 생물학적 남성 작가의 텍스트에 비평적-창조적 개입을 예시하는 것이다. 그것은 작가로서의 목소리를 찾는 생물학적 여성 인물이 취하는 방법이다. 텍스트를 덮어 쓰거나 무시하는 것과는 대조적으로 가장자리에 표식을 남기는 여성의 행위는, 텍스트와 나란히 그리고 그 옆에 쓰는 방식으로써 텍스트를 따르면서 동시에 전복할 수 있는 행위이다. 크라우스는 치밀하게 작성하고 배열한 레퍼런스들을 텍스트 본문에 통합시키는 한편 — 말하자면 페이지의 여백을 "깨끗하게" 남겨두는 — 세심하고 엄격한 읽기 실천에서 마지널리아의 중요성을 인정한다. 가장자리에 끼적이는 물리적 행위는 엄격함과 성찰의 동시성을 나타내게 된다.

연인의 담론으로서 자기이론

페이지의 여백과 내용 모두에서 드러나듯이, 매기 넬슨의 『아르고호의 선원들』은 "퀴어 이론" — 그가 그 자신의 명백히 퀴어한 삶의 곁에 위치시킨 — 이라 불리는 다양한 계보와 실천이 만나는 장이다. 첫 번째 계보는 구조주의 기호학과 후기구조주의를 연결하는 프랑스의 게이 남성 이론가 바르트 — 그가 동시대 이론에서 맡은 역할에서 중요했던 그의 퀴어성은 그의 텍스트들에서는 보이지 않는다 — 가 대표한다. 내적으로 연결된 두 번째 계보는 스스로를 뚱뚱한 여성이자 게이 남성으로 정체화한 퀴어 페미니스트 정동 이론가 세지윅으로부터 유래한다.[8]

넬슨은 뉴욕 스쿨의 시인들과 비트겐슈타인의 언어게임의 전통 안에서 이러한 계보를 수행적으로 엮어 자기이론 작품을 쓰고, 인용을 사용해 문학과 철학을 아우르는 페미니스트 정전을 구축한다.

넬슨은 이러한 계보를 한데 모아 자신의 삶의 맥락을 통해 프로세싱함으로써 퀴어 이론의 이론적 변형에 더 크게 기여할 공간을 개방했다. 작가, 연인, 학자로서의 자전적 경험과 이론적 탐구의 관점을 통해 바르트와 세지윅을 재방문하고, 그들의 작업을 상호텍스트적 동맹자로 간주하고 접근한다. 그가 책에서 가장 많이 다루는 질문 중 하나는 퀴어 이론과 퀴어 생활에서 작동하는 규범적/위반적 이분법의 위상이다. 프로이트를 따돌리는 모성적 성애학(erotics)이 무엇을 의미할 수 있는지를 묻는 데 이른 넬슨은 바르트와 세지윅의 틀을 그런 질문을 탐구하기 위한 텍스트적 가능성의 조건이자 촉매로 사용한다.

『아르고호의 선원들』은 이론을 공유하는 친밀한 장면으로 시작한다. 넬슨과 도지는 언어가 표현할 수 없는 것을 포함할 수 있다는 비트겐슈타인의 생각을 놓고 토론한다. 작가인 넬슨이 언어를 충분하다고 보는 것으로 시작하는 반면, 시각예술가인 도지는 "말이 충분하지 **않다**"[9]고 믿는다. 이로 인해 텍스트의 마지막까지 지속될 갈등이 확립된다. 친밀한 접촉을 통해 넬슨의 이론적 입장은 바뀌게 되고, 『아르고호의 선원들』은 이제 그에게 언어를 이해하는 데에 문제를 일으키는 것과 표현하기 어려운 것을 돌파해나가는 부지로 변해간다. 가장 명백한 수준에서, 언어는 성별 대명사의 사용으로 인한 제한이 있다. 도지는 "남자도 여자도 아니"[10]다. 그러므로 항상 이미 언어로/에 의해 제한된다. 자기이론의 실천을 신체화하는 텍스트의 단편 또는 조각은 넬슨이 도지에 대한 사랑을 표현하는 수단이 될 뿐만 아니라 그의 작업에서 새로운 이론을 생성하는 수단이 된다.

넬슨이 도지와 공유하는 두 번째 구절은 『롤랑 바르트가 쓴 롤랑 바르트』에서 왔다. 바르트의 작품은 넬슨에게 중요한 참조점이다. 넬슨의 책 제목은 "거듭 재건됨으로써 이전 형태와는 어떤 목재 조각도 공유하지 않지만 그럼에도 어느 정도는 그 자체로 남아 있는 전설의 선박"[11]인 '아르고호'에 대한 이야기에서 따온 것으로, 변형과 생성의 주제와 관련해 넬슨의 텍스트의 틀을 이룬다. 책의 서두에서 그는 "'당신을 사랑해'라고 말하는 이는 '선박의 이름은 그대로임에도 바다를 항해하며 배를 점차 새로이 만들어가는 아르고호의 선원'과도 같다"[12]라고 쓰며 아르고호의 상징을 사랑, 반복, 언어, 시간의 모티프와 연결한다. 넬슨은 이와 같은 양태로 바르트의 『사랑의 단상』의 구조와 형식을 전유하고, 새로운 페미니스트적 취지에 맞춰 그것을 반복한다. 텍스트를 페이지 가장자리에 배치함으로써 그는 처음에는 다소 전통적인 회고록이나 생애-쓰기 텍스트로 보일 수 있는 것 안에서 미장파주의 한계를 안고 실험한다. 넬슨은 자서전적 담론과 인용의 선택을 통해 바르트적인 "재건"을 무대에 올려 상연한다.

바르트는 『사랑의 단상』 첫머리에 "이 책은 어떻게 구성되었는가"[13]라는 제목의 절을 넣었다. 이 때문에 책이 개념미술 작업 — 독자나 관객에게 입구가 되어주는 작가 노트가 딸린 — 과 비슷해진다. 『사랑의 단상』은 바르트가 "문채들"(文綵, figures)이라고 부르는 것의 연속 — 매 쪽 상단에 적힌 제목은 "주장"으로 기능하고 단어(대체로 동사, 가끔 명사)의 사전적 정의는 일종의 제사로 기능하는 "담론의 파편들" 또는 사소한 도발들 안에서 틀지어진 연인의 삶의 일화들 — 으로 구조화된다. 페이지 가장자리에 자신의 "레퍼런스들"(이름, 제목, 이니셜)을 포함시키는 바르트의 실천은 『아르고호의 선원들』에서 반복된다. 바르트의 글쓰기가 형성적인 토대로 작용하는 후기구조주의 유산의 일부는 모든 문학적 혹은 문화적 텍스트를 "문화의 화덕 수천 개에서 나온 인용들의 직물"[14]로 이해한다는 데 있다. 「저자의 죽음」에서 바르트는 문학적 텍스트가 가진 의미의 유일한 원천을 오직 작가로만 제한하는 유구한 관점 — 저자의 천재성과 기원을 (대부분 생물학적 남성인) 필사자(scribe)에서 찾는 낭만주의 시대의 유물 — 에 도전한다. 텍스트로서 『아르고호의 선원들』은 "어느 것도 기원적이지 않은 다양한 글쓰기들이 섞이고 충돌하는 다차원적 공간"[15]이라는 구성 방식을 반영한다. 그리고 그런 방식으로 바르트가 미래 문학의 특징으로 묘사한 후기구조주의적 유희를 확장한다.

바르트는 『사랑의 단상』이 삶으로부터 기록된 것이라기보다 연인의 담론을 "시뮬레이션"한 것으로 본다. 이론적인 퍼포먼스의 은유들을 사용하고 담론의 단상들을 물리적이고 신체화된 "문채들"과 유사한 것으로 간주하기에, 정신분석적인 것이 아닌 수행적인 것이 자신의 실천적 위치라고 주장한다. "문채라는 단어는 수사학적 의미라기보다는 차라리 체조나 무용에서 사용되는 의미로 이해되어야 한다"[16]라고 쓴 그는, 어떻게 자신이 "분석이 아니라 발화를 무대에 올리는지" 그리고 텍스트를 통해 심리적 초상보다는 차라리 "구조적인" 초상을 구성하는지를 분명히 하면서 작업에 수행적인 것을 끌어들인다. 『사랑의 단상』은 "텍스트는 많은 문화로부터 나오고, 대화, 패러디, 경합이라는 상호적 관계로 진입하는 다중적 글쓰기로 이루어진다"고 공표한 이론가가 쓴 담론의 "시뮬레이션"이다.[17] 이 덕분에 바르트의 이론은 실천으로 넘어가고, 일련의 목소리와 텍스트를 한데 모아 역설적으로 사랑의 언어 — 그것의 언어적 구조, 기묘한 논리 — 에 기반한 독백의 "대화"를 창조한다.

『사랑의 단상』의 형식과 구조를 통해 바르트는 자기이론적인 것을 향한 분명한 움직임을 증명한다. 그는 낭만적 사랑의 본성과 연관된 철학적이고 담론적인 질문을 성찰하기 위해 자신과 실제로 대화를 나눈 이들과 더불어, 다양한 저자와 텍스트의 이름과 제목(대부분 철학적이고 이론적인)을 결합한다. 바르트는 이처럼 다른 유형의 인용을 야기하는 다양한 읽기 실천을 "정기적인 책읽기 ... 지속적인 책읽기 ... 가끔씩 책읽기 ... 친구들과의 대화"[18]라고 부른다. 읽기 실천에 대한 이러한 관심(그리고 그것들이 생성하는 각기 다른 담론적이고 인식론적인 양태들)을 세지윅과 넬슨 모두와 공유한다.

텍스트 의미의 단일한 기원으로서의 저자에서 의미의 복수성을 위한 새로운 "목적지"로서의 독자로 강조점을 옮기려고 하는 동안에도,[19] 바르트는 서로 다른 텍스트들을 모으는/조립하는 사람, 마치 다큐멘터리 작가처럼 독자가 만나는 서사(끝이 열린 경우에도)를 구축하는 데 상당한 통제력을 가진 사람으로 남는다. "조립하다"라는 단어 옆에 그 단어를 액면 그대로 믿지 말라는 손짓을 흉내 내며 인용-표시를 하지만, 그럼에도 바르트는 고전적으로 포스트모던한 방식으로 다양한 문학적·

이론적 출처에서 끌어온 레퍼런스들을 조립해서 자신의 단어와 성찰 옆에 둔다. 두 연인이 상대에게 말하거나 대화하는 대신, 바르트의 『사랑의 단상』 속 한 남자는 "말하지 않는 다른 타자(사랑하는 대상)를 앞에 두고, 사랑에 빠진 채 자기 자신 안에서 말한다".[20] 여기서 "타자"는 대상화되고("사랑받는 대상") 침묵하는("말하지 않는") 반면, 연인-화자는 — 어렴풋이 자전적인 바르트인 — 그 생리적이고 정동적인 상태에 대한 자신의 경험에 기반해서 사랑함의 열정과 고통에 관해 "자기 자신 안에서" 말한다. 화자는 자기 자신을 사랑에 미친 사람으로 위치시킨다. "나는 미쳤어"와 같은 단상들을 포함하는 "자기 자신 안에서 말하는" 분열된 자기로서의 화자라는 장치는, 들뢰즈와 가타리의 "정신분열"에 대한 작업과 그 외 다른 후기구조주의 및 정신분열증에 관한 실험적 접근 방식(이 중 상당수가 영어권 미국 독자를 위해 세미오텍스트 출판사의 "스키조/컬처"[Schizo/Culture] 시리즈로 번역·출판되었다)을 포함한 1970년대 동시대 프랑스의 이론적 글쓰기에서는 친숙한 것이다.

『사랑의 단상』을 쓸 때 바르트의 목표 중 하나는 (사적이고 일상적인) 연인들의 담론을 비판 이론의 영역으로 끌어올리는 것이었다. 그러나 글을 쓸 무렵 사랑의 담론은 "그것을 둘러싼 언어에 의해 완벽하게 유기되었다. 그 언어들에 의해 무시당하거나 폄하되거나 조롱당했고, 권위뿐만 아니라 권위의 메커니즘(과학, 기술, 예술)과도 단절되었다".[21] 바르트는 연인의 발화의 "낮음"과 철학의 "높음"을 하나로 조합한다. 일반 대중을 염두에 두고 텍스트를 구성하면서, 그는 이러한 "문채들" — 현상학적 상태인 사랑함의 일화와 같은 단상들 — 이 독자 자신의 삶에 입각해 인식될 수 있기를 희망했다. 그는 작품의 성공이 바로 이런 식의 수용에 달려 있다고 강조했다. "적어도 누군가 이렇게 말할 수 있다면 문채는 성립된다. '그건 진짜야! 나는 그런 언어의 장면을 알아보았어.'"22 이러한 장르 교차적인 작업의 의미는 직접 살아낸 체험 ― 저자와 독자의 관점 양쪽 모두에 근거한 ― 에 기반한다. 물론 여기서 "저자"는 바르트가 암시한 "인용들의 직물"을 가장자리에서 언어로 구성해내는 작가들과 바르트이다. 게다가 바르트의 논리에 따르면, 독자는 텍스트의 의미의 공동 제작자이고 작업 안에서 자신을 알아보고, 독자적 소화(readerly digestion)라는 적극적 과정을 통해 텍스트의 의미에 기여한다는 점에서도 부분적 저자라 할 수 있다.

가장자리의 인용들은 생각의 출처를 인정하려는 바르트의 제스처이며, 이러한 방식으로 그는 아무리 양가적이라고 해도 저자의 ― 혹은 그가 플라톤 대신 『향연』을, 괴테 대신 『젊은 베르테르의 슬픔』을 언급할 때 볼 수 있듯이 텍스트의 ― 위상을 기원적인 것으로 보존한다. 그는 레퍼런스를 "권위적이고" 학문적인 것이라기보다 "친밀하고" 우호적인 것으로 간주하고 끌어들인다. 참조하기에 대한 바르트의 접근은 전형적인 학술적 참고문헌보다 더 쾌활하고 정서가 충만하며 형식적으로 실험적이다. 바르트는 가장자리에 인용한 이름들과 제목들이 "매혹하고 설득했던, 또는 ... 한순간이나마 이해하는(이해받는?) 즐거움을 주었던"23 관념에 대한 회상을 표식한다고 썼다. 텍스트가 오성 ― 1장에서 우리는 칸트(와 파이퍼)가 수행을 통해 이 이성 능력을 개념화하려고 하는 것을 보았다 ― 과 공명하는 순간은 또한 "이해받는" 순간이기도 하다. 기억의 옆에 배치된 인용은 한 사람의 삶을 이해 가능하게 만드는 방법이 된다.

『사랑의 단상』은 사랑에 빠지거나 사랑에 빠진 사람의 사랑을 받는 사람은 사랑의 담론에 의해 호명된다고 주장한다. 특정 단어("이미지"[image] 또는 "마술"[magic])와 구("미친"[mad]에 대한 "'나는 완전히 빠졌어'"[I am crazy], "괴물 같은"(monstrous)에 대한 "'나는 끔찍하다'"[I am odious])로 구성된 자기이론적 삽화들을 통해 바르트는 담론에 의해 수행적으로 호명되고 따라서 취약하고 정서적으로 바뀐 존재로서 사랑의 담론을 성찰한다. 궁극적으로 바르트는 연인의 담론을 역설로 간주하고 그렇게 제시한다. 즉, 연인들의 언어는 이론적으로 표현될 수 있는 한편, 초담론적인 정서적 경험 ― 언어(학)적이고 기호학적인 담론의 용어들과 매개변수를 뛰어넘는 ― 이기도 하다.

바르트는 사랑의 언어의 프레임을 이론의 실천으로 구성함으로써 이론의 거장들이 연구한 다른 담론들에 필적할 만한 방식으로 사랑과 애정의 언어에 학계의 권위와 무게를 부여한다. 그의 참고문헌은 철학자와 작가(또는 능동적 글쓰기 실천을 한 이들)의 이름을 포함한다. 바르트가 인용하는 인물들은 니체, 프로이트, 괴테, 프루스트, 위니컷, 라캉, 루소, 발자크, 그리고 드 사드 등 대다수가 프랑스 또는 독일 출신인 유럽 남성이다. 프로이트와 니체를 포함한 바르트의 인용은 폴 리쾨르가 "의심의 해석학"[24]이라 부른 비판적 전통, 즉 동시대 "이론"이라 불리는 것들의 선구자들을 불러 모은다. 그렇게 함으로써 서구에서 환영받은 어떤 지적 계보나 이론의 정전 내부에 사랑의 담론을 위한 자리를 마련한 바르트는 일생에 걸쳐 다른 방식으로 자기이론적인 것에 추근댄 구조주의자에서-전환한-후기구조주의자로서 글을 쓴다.

넬슨은 『아르고호의 선원들』 — 주민발의안 8호[25] 시기의 캘리포니아에서 트랜스 남성과 사랑에 빠진 자기 경험의 정동과 철학적 문제를 각인한 책 — 에서 연인의 담론에 대한 바르트적 역설을 확장한다. 『아르고호의 선원들』의 인용적이고 시적인 장 안에서 넬슨은 자신의 사랑의 상대인 해리 도지를 자신의(연인의) 담론의 주체인 동시에 대상으로 표현한다. 바르트가 1977년 『사랑의 단상』에서 소개한 형식과 주제를 확장하면서 21세기 초에 자신의 텍스트 안에서 도지의 이름을 부르는 것이다. 『아르고호의 선원들』이 단단한 지지대 위에서 자기이론적일 수 있도록 담론적 프레임을 제공한 넬슨은 여타의 인용들(이론가나 작가의 이름) 안에 도지를 포함시킨다. 형식과 내용 모두에서 바르트의 텍스트를 차용하고, 바르트도 인용한 몇몇 이름(위니컷과 라캉)을 인용한다. 바르트가 자신이 글을 쓰는 내부적 맥락 — 구조주의에서 후기구조주의로 전환하는 1970년대 프랑스의 문학 이론 신 — 에서 레퍼런스를 이끌어낸 것과 마찬가지로, 넬슨 또한 자신의 글쓰기의 맥락인 캘리포니아의 포스트-3물결 페미니즘과 퀴어 이론, 시와 문학 등에서 레퍼런스를 이끌어낸다.

『아르고호의 선원들』의 텍스트를 통과하는 내내 인용적 실천이 일어나기에 우리는 지난 수십 년 동안 동시대 이론이 어떻게 다양해지고 이론적 실천의 각기 다른 부분집합에서 구체화되었는지를 확인할 수 있다. 주요한 후기구조주의 이론가들

(들뢰즈, 푸코, 버틀러), 정신분석학자들과 심리학자들(도널드 위니컷, 윌리엄 제임스), 프랑스 페미니스트들(뤼스 이리가레, 쥘리아 크리스테바, 모니크 위티그), 그리고 미술, 사진, 영화에 대해 글을 쓰는 페미니스트 이론가들(수전 프레이먼, 수전 손택)이 대표적으로 인용된다. 바르트는 도(道)와 하이쿠(俳句) 같은 동양의 실천과 전통을 참조한다. 넬슨은 앨런 긴즈버그와 도디 벨러미 등 서구의 맥락에서 불교에 대해 저술한 미국인뿐만 아니라 미국의 티베트 불교도인 페마 초드론을 참조한다. 또한 퀴어 정동 이론가이자 현상학자인 세지윅, 사라 아메드, 율라 비스와 나란히 과거와 현재 모두의 정전이라 할 만한 퀴어 이론가인 푸코, 버틀러, 버사니, 프레시아도를 참조한다. 또한 시인 아일린 마일스, 데니즈 라일리, 루실 클리프턴, 앤 카슨과 무용가 데버라 헤이를 인용한다. 텍스트 안에서 계속 출몰하는 긴즈버그와 들뢰즈는 그들이 작가로서 관계를 맺었던 여성들과의 관계 속에서 강조된다. 긴즈버그의 경우, 넬슨은 "나오미 긴즈버그, 앨런에게"[26]라는 인용을 통해 시인의 어머니 나오미(긴즈버그가 쓴 유명한 시 「카디시」에서 애도되는 대상)에게로 관심의 방향을 돌려 그에게 몸짓이 반영된 목소리(gestural voice)를 수여한다. 들뢰즈의 경우 넬슨이 주목하는 것은 1977년에 『디알로그』를 공동 집필한 클레르 파르네이다. 넬슨이 『아르고호의 선원들』에서 자신의 글쓰기 실천의 맥락에서 공동 작업과 작가적 통합을 둘러싼 불안을 상술할 때마다, 들뢰즈와 파르네는 쌍을 이루어 인용되며 되돌아온다.

자기 자신의 "나"에 입각해 글을 쓸 때에도 넬슨은 자신의 책이 근본적으로 도지를 위해 존재하는 것으로 만든다. 파울 프레시아도 역시 『테스토 정키』(2008) — 넬슨이 "자기이론"이라는 용어를 가져온 책 — 에서 유사한 움직임을 보이면서 자신의 책을 부재하는 특정 독자를 위한 것으로 만든다. 프레시아도는 2005년 의도치 않은 약물 과다 복용으로 사망한 프랑스 게이 작가 기욤 더스탕을 위해 "당신이 이 책을 읽을 수 있는 유일한 사람이다"[27]라고 적으면서 그의 이름을 부른다. 『아르고호의 선원들』에서 인용을 수행적으로 사용하는 넬슨의 방식은 형식의 층위에서 친밀성을 촉진하고 장려한다. 넬슨은 이것을 자신의 텍스트의 주제로 확장한 뒤 (문학과 시와 같은 다른 텍스트뿐만 아니라) 이론을 공유하는 실천을 퀴어 연인 간의 친밀하고 의미 있는 행동으로 구성한다. 두 층위 모두에서 퀴어 상호텍스트성이 사람들 사이의 상호주관적이고 회복적인 관계를 위한 공간을 만들어낸다.

그러나 『사랑의 단상』에서와 마찬가지로 『아르고호의 선원들』에서 사랑하거나 사랑받는 타자는 양가적 공간을 점유한다. 두 텍스트는 모두 대화체 형식으로 전개된다. 작가이자 이론가로서 바르트와 넬슨은 둘 다 관계와 연관된 문제에 관심을 기울이면서, 언어, 철학 및 (범위와 효과는 서로 다르지만) 퀴어성이란 주제를 통해 이러한 쟁점에 자기이론적으로 접근한다. 두 사람 모두 인용을 통해 다성성(polyvocality)의 공간을 발동시키지만, 공동 작업(다음 장에서 논의할 앨리슨 미첼과 디어 로그의 경우처럼) 또는 "동등한" 두 사람 사이의 지속적인 대화(캐시 애커와 맥켄지 워크가 『네게로 나는: 1995-1996년 사이의 편지들』[28]에 기록한 이메일 교환에서와 같이)로 텍스트를 작성하기보다는 단수 저자의 위치를 택해 글을 썼다.

넬슨은 저자성의 공유를 둘러싸고 일어나는 자신의 불안에 대해 잘 알고 있다. 특히 트랜스인인 연인 도지에 대해 쓸 때 상황은 더욱 가열된다. 왜냐하면 적어도 트랜스 작가들의 가시성과 그들에 대한 대중의 지지가 커지고 있는 최근까지도 철학에서 트랜스 주체성에 입각해 글을 쓰는 것은 종종 배제되어왔기 때문이다. 이후 도지는 자신의 자기이론적 저술 『나의 운석』을 2020년에 출간한다. 아버지의 죽음, 온갖 종류의 사랑(넬슨과 마찬가지로 바르트를 변주하는)이 등장하고 엔트로피적 카오스의 세계 안 무작위성의 한가운데에서 의미를 발견하는 포스트회고록적인 이 책 역시 철학이란 장르에 도전한다.[29]

비교를 통한 삶-읽기: 상호텍스트적 친밀감과 동일시

"자기이론"이라는 용어에서 강조점은 "자기"(또는 **자기들**, 자신)에 놓이지만, 많은 작업에서 자기는 타자들과의 관계 속에서 다루어지고, 그 관계는 자기이론적 양태들을 통해 이론화된다. 나는 2018년 로스앤젤레스에서 개최된 미국비교문학협회 컨벤션에 참가했다. 내가 참여한 파트였던 "학계 안팎에서의 자기이론의 부상"이라는 제목의 3부 패널 토론이 진행되는 동안 동료이자 친구인 앨릭스 브로스토프는 논문 「상호텍스트적인 친족의 자기이론을 향해」에서 자기이론의 사회성을 심도 있게 설명했다. 『아르고호의 선원들』과 『테스토 정키』를 주된 분석 텍스트로 삼은 이 논문에서 브로스토프는 "자기이론"이 사실상 "틀린 이름"[30]라고 주장했는데 이는 적절하다. 『아르고호의 선원들』에서 넬슨이 발전시킨 이론과 자서전의 관계는 상호주관적인 것 — 넬슨의 삶에 등장하는 인물은 물론이고 그의 이론적 선조들과의 소통, 친밀감이 대단히 강력한 특징인 — 을 통해 고도로 매개되어 있고 그것에 의존하고 있다. 이론을 인용하는 행위는 이 세계에서 자신의 경험을 더 잘 이해할 수 있게 해주는 방식인 동시에 경험에서 얻은 통찰력을 섹슈얼리티, 정치, 예술, 가족, 커뮤니티 및 다른 주제에 제공하는 방식으로 변해간다.

넬슨은 형식적 유희를 통해 쓰는 자기(writing self) — 화자이자 등장인물인 "매기 넬슨" — 가 타자들과 부인할 수 없을 만큼 밀접한 상태에서 작동하고 글을 쓰는 방식임을 강조한다. 그들이 그가 연인으로서 친밀하게 관계를 맺은 타자이든, 독자로서 텍스트를 통해 "알게 된" 타자이든 중요하지 않다. 이러한 트랜스텍스트적 관계는 다른 인간 존재들, 이야기들, 텍스트들 안에서, 그것을 가로지르며, 그 옆에서 발생하며, 작가는 각각을 차례로 인용한다.

이런 접근은 안살두아의 『경계지대/경계선: 새로운 메스티사』 같은 초기의 자기이론적 저작에서 찾아볼 수 있다. 책의 한 챕터인 「새로운 의식을 향하여」— "메스티사의 의식"(la conciencia de la mestiza) — 를 쓸 때 안살두아는 멕시코 철학자 호세 바스콘셀로스 칼데론의 "우주적 인종"(la raza cosmica) 이론을 자신이 동일시한 "메스티사"로서의 경험과 함께 인용하면서 메스티사의 의식을 명료하게 분석한다.[31] 안살두아는 보통 학술 연구에서 사용되는 미주를 자신의 창의적-비평적 작업으로 끌어들여 퀴어, 페미니스트, 메스티사-되기를 위한, 인용과 관련된 공간을 조성한다. 이 인용들은 읽기 목록이자 개인적-시적-이론적 내레이션을 뒷받침할 상호텍스트적 토대이다. 그는 칼데론과 이레나 클레피시, 이사벨 파라 등에게서 철학적·정치적 연결고리를 찾았고, 그들 옆에서 "경계지대" — 땅, 존재론, 의식, 인식론, 타자와의 관계, 다중언어의 번역과 의사소통, 선주민-되기로서의 — 에 대한 자기이론적 호소문을 쓸 수 있었다. 넬슨이 『아르고호의 선원들』의 여백에 연인 해리 도지를 인용한 것[32]과 달리 안살두아는 『경계지대/경계선』의 4장 「시와틀리요틀, 홀로 있는 여자」의 틀을 만들 때 자신의 짧은 시 한 편을 제사로 씀으로써 자기 자신을 인용한다. "글로리아 안살두아"라는 이름은 자기-인용을 통해 화자로서 인정받고, 이는 사실상 자기-결정과 자기-존중의 행위가 된다. 안살두아는 자신의 작업을 작업으로, 자신의 시를 시로 인식하기 위해 책에 공간을 마련한다. 로드가 말한 "자기-돌봄"(self-care)의 의미를 상기시키는 안살두아의 행위는 주변화된 사람들을 위한 "정치적 전쟁의 행위"이며, 그들에게 줄곧 적대적이었던 공간들에서 고집스럽게 생존하면서 자기 자신을 단언하는 행위이다.[33] 신자유주의와 자본주의에 의해 쉽게 왜곡될 수 있는 자기-돌봄이란 개념을 로드는 집단적이고 해방적인 형태로 재해석함으로써 교차성 페미니스트들에게 진정으로 힘을 실어주는 자기-돌봄의 틀을 제공한다.

　『아르고호의 선원들』이 가진 힘은 넬슨의 이론적 아이디어, 사유와 글쓰기의 양태들을 퀴어로서, 양모이자 생물학적 엄마로서, 도지의 연인으로서, 그리고 알코올중독에서 회복되고 있는 지금-금주 중인 여성이라는 자신의 특수한 경험을 프로세싱하는 데 있다. 넬슨이 인용한 내용들은 자신의 삶의 환경과 그가 다루고자 하는 질문에 특화되어 있다. 자기이론에서 작가와 예술가는 자신의 경험과 이론을 발전시키는 예술사, 문학, 철학, 영화, 대중문화에 대한 상호텍스트적 레퍼런스들을 결합한다. 나는 이러한 인식론적 왕복(epistemological shuttling)을 "상호텍스트적 동일시", "상호텍스트적 친밀성"이라고 부른다. 이는 자기이론적으로 작업하는 사람들이 자신의 경험과 타인의 경험 사이에서 유사점을 찾으려는 경향을 나타내며, 그들은 그 유사성을 인용할 내용을 선택하는 근거로 삼는다. 항상은 아니지만 자주 이런 상호텍스트적 동일시, 즉 타자에게서 자신을 보거나 자신의 경험을 새로운 방식으로 인식하는 순간은 자신의 작업에 깃든 지식이나 영향의 출처를 인정하는 파라-학술적 방식인 인용 및 레퍼런스 사용과 궤를 같이한다.

상호텍스트적 친밀성과 상호텍스트적 동일시는 읽기의 방식, 글을 쓰고 만드는 방식, 참조하고 **나란히** 배치하는 방식에 대한 묘사이다. 자기이론가는 자신이 동일시하거나 자신의 경험과 공명하는 인용들을 읽고 선택한다. 그런 다음 자신의 삶("자기")과 타인의 삶이 제공한 증거를 바탕으로 가설이나 이론을 제시한다. "자기"와 "이론"은 모두 특수한 질문과 아이디어 — 개인적이든 철학적이든, 대부분은 둘 다인 — 를 프로세싱할 수 있다. 예술가의 삶은 일종의 "삶-텍스트"(life-text)가 되어 이론을 발전시키고 진전시키는 방식으로서 다른 인용문들과 나란히 인용되며, 자기와 삶은 질문을 탐구하고, 이론을 형성하고, 각기 다른 형식의 증거들 — 일화적·정치적·사회적·

예술사적·문학적·대중문화적 또는 다른 형식의 — 을 바탕으로 이론들을 "시험"하는 소재가 된다. 크라우스, 랭킨, 알스, 마샤 투피친과 같은 작가들과 모이라 데이비, 콜린 스미스와 같은 예술가 및 영화 제작자의 자기이론적 작업에서, 상호텍스트적 동일시는 특정한 실천이라기보다 그들 자신의 삶을 더 잘 이해할 방식에 입각해서 텍스트를, 그리고 그와 연관된 삶과 신화를 읽는 일반적인 경향을 의미한다. 「여신들」에서 모이라 데이비는 메리 울스턴크래프트와 퍼시 비시 셸리의 이야기 옆에 자기 자신과 자매들에 대한 오토픽션 이야기를 배치하고, 그 주위에 괴테와 수전 손택 같은 사상가들을 엮어 교차-역사적(cross-historical)으로 인용한다(마르그리트 뒤라스를 언급할 때 데이비는 큰 소리로 말한다. "손택이 말했듯이 그는 정력적이었고 젖는 것을 두려워하지 않았다."[34]).

넬슨은 도지와의 관계에서 느꼈던 질투를 이론화한다. 그는 거트루드 스타인과 앨리스 B. 토클라스 등 존경하는 퀴어, 페미니스트 문인들의 일화 옆에 자신의 일화를 배치함으로써 자신을 중요한 사람으로 만든다. 넬슨은 질투의 손아귀에서 벗어날 수 있을 프로젝트에 매달리며 철학적이면서(무엇이 질투의 본성인가?) 동시에 개인적인(질투 때문에 도지와의 관계에 문제가 생긴다) 문제를 처리한다. 또한 역사에 입각한 텍스트(삶과 작품)에 눈을 돌려 작품 주제에 대한 관점과 통찰력을 얻는다. 『아르고호의 선원들』이 커플에 초점을 두고 있는 한 넬슨이 역사에서 끌어낸 문학적이고 예술적인 커플과 듀오 — 스타인과 토클라스, 조지와 메리 오펜, 들뢰즈와 파르네 — 에 집중하는 것은 놀랄 일이 아니다. 넬슨은 토클라스와 스타인 사이에 있었던 질투에서 묘한 위안을 받는다. 존경하는 신체-마음들에서 위로받으면서 이상한(queer) 질투를 느낀 사람이 자기만이 아니라고 확신하게 된 것이다. 이렇듯 상호텍스트적 친밀감과 동일시는 비판적으로 프로세싱하고 성찰하려는 충동인 만큼, 내장이-몰고 가는 자기-보호 충동이기도 하다. 인용은 개인적인 것으로부터 뭔가 보편적인 것 — 내가 존경하는 작업을 했던 이들도 같은 것을 겪었거나 내가 느낀 것을 느꼈다는 것 — 으로 더 가까이 다가가려는 철학적 움직임의 증거가 된다. 이것은 퀴어 로맨틱 관계에서의 질투이거나(넬슨), 가부장제의 냉소주의를 거부하는 양태로서의 자기-굶주림(시몬 베유에게서 자신을 보는 크라우스)일 수 있다.[35]

변형의 자기이론화

『아르고호의 선원들』에서 가장 기억에 남을 만하고 자주 인용되는 구절 중 하나는 책에 인용한 세지윅과 바르트 등 이론가와 그 외 다른 사람들을 일컬어 "내 마음속 복수 젠더 어머니"라고 쓴 것이다.[36] 넬슨은 미국 시인 데이나 워드에게서 이 구절을 빌려 자신의 글과 삶에 영향을 미치는 사람들을 설명하는데, 이 두 가지는 자기이론가에게 불가분하게 얽혀 있는 실천이다. "어머니들"(자식을 가진 모성적 인물들)을 "복수 젠더"를 가진 이로 묘사하는 것을 시작으로 넬슨은 어머니다움을 퀴어화하고, 부모적 형상인 어머니를 시스여성의 어원적/존재론적 연관성으로부터 떼어낸다. 또한 어머니들이 "내 마음속"에 있다고 강조함으로써 넬슨은 자신의 읽기와 쓰기를 구조화하는 인용적 실천을 정동적이게 만든다.

넬슨이 철학과 어머니다움과 관련해 발전시킨 주장들, 가령 "아이는 모성의 유한함에 분개하며 전능한 가부장 — 신 — 에게로 돌아선다"[37]라는 신랄한 진술은 넬슨이 발명한 것이라기보다는 다른 이들이 제기했던 주장을 재명료화한 것이다(이 주장은 카자 실버만이 『나의 살의 살』에서 제기했으며, 넬슨이 알맞게 참조했다). 탈중심화된 복수의 인용 양태가 천재나 창안자로서 단수(생물학적 남성) 저자 — 이렇게 가부장제에 권위가 부여된다 — 를 대체한다. 작가나 예술가에 대한 탈중심화된 관점이 단지 페미니즘적 관점에 불과한 것은 아니다. 20세기의 이론적 장면을 보면, 바르트는 구조주의에서 후기구조주의로의 변화를 일으켰다고 인정받는 이론적-에세이-선언문인 「저자의 죽음」을 통해 이런 견해를 발표한 바 있다. 그러나 『아르고호의 선원들』 같은 작업은 "자기"를 탈중심화하는 것과 관련해, 그리고 서사나 텍스트보다 단독 저자성과 소유권을 우위에 두는 것과 관련해 갈등을 일으킨다.

어떤 면에서 『아르고호의 선원들』은 (트랜스젠더인 사람 대신) 트랜스젠더를 사랑하는 사람, 즉 트랜스 남성과 파트너 관계에 있는 시스젠더 여성의 관점에서 쓰인 트랜스 서사이다. 넬슨은 이 책이 도지에 대한 사랑의 헌신적인 증거물이라고 단언한다. 누구를 인용할지에 관한 선택이 일어나는 동안 넬슨의 책은 섹슈얼리티, 가족-만들기, 관계에 관한 질문을 중심으로 퀴어 페미니스트의 목소리가 모이는 공간으로 변한다. 그렇지만 비평가들이 지적했듯이, 『아르고호의 선원들』이 온통 도지에게 집중하는 텍스트임에도 도지는 이상하리만치 내내 침묵을 유지한다. 논쟁의 여지가 있지만 어떤 면에선 심지어 착취당하고 있다. 넬슨은 자신의 작가적 접근 방식을 바르트로부터 빌려오는데, 『사랑의 단상』에서 바르트는 화자가 "말하지 않는 타자(사랑받는 대상)을 앞에 두고, **사랑에 빠진 채** 자기 자신 안에서 말하는"[38] 공간을 만드는 것이 자신의 방법론이라고 설명한 바 있다. 후기 포스트모던 문학적 맥락에서 글을 쓰면서, 넬슨은 실존하는 유명 인사에 대해 글을 쓸 때 발생하는 문제들을 자각하고 있다. 그래서 바르트식 유아론(solipsism)을 끌어와 자신의 퀴어적 사랑에 대해 글을 쓰겠다고 한 넬슨의 결정은 호기심을 일으킨다. 이는 "자기이론"이 작가에게 **자기-지식**이라는 자유 안에서("이건 내 경험이야. 내가 할 수 있는 건 내 경험의 상대적 한계에 입각해 글을 쓰는 것뿐이야"라는 의미에서) 어느 정도 편안함과 행위성을 허용하는 지향점임을 강조해준다.

그러나 넬슨은 또한 트랜스 서사 안에 있기도 하다. 『아르고호의 선원들』의 초점 대부분은 임신한 몸을 퀴어링하는 철학적 프로젝트이다. 넬슨은 도지의 생물학적 여성에서 남성으로의 젠더 전환 서사와 자신의 임신 서사를 나란히 배치함으로써 이 퀴어링 프로젝트를 진행하고, 인용을 통해 둘 사이에 유사성을 발생시킨다. 넬슨은 서로에게 밀착된 채 변형하는 두 몸의 퀴어 서사를 제시한다. 상호텍스트적 친밀감과 동일시라는 자기이론적 전략에 의지하면서, 테스토스테론에 의한 변형이라는 도지의 본질적으로 "퀴어한" 서사와 매기의 임신한 몸이라는 소위 "규범적인" 서사가 병치된다. 넬슨이 쓴 것처럼 "우리의 몸은 나날이 낯설어졌다. 스스로에게도, 서로에게도."[39] 포스트 현상학적 양태로 임신의 존재론을 이론화하면서 넬슨은 다음과 같이 묻는다. "이리도 심층부터 낯설고 거침없는 야생성을 띠며 사람을 탈바꿈하는 경험이 어떻게 그와 동시에 궁극적 순응을 상징하고 실행할 수 있는 거지? 이렇게 보는 것도 뭐든 여자 동물과 지나치게 밀접히 매였다 싶으면 특전에 해당하는 용어들(이 경우 비순응이나 래디컬)이 아우르는 범주에 들지 못할 실격 조건으로 보고 마는 태도와 다를 바 없으려나?"[40] 넬슨은 파트너 도지가 경험한 젠더 트랜지션의 경험과 자신의 임신 경험을 나란히 씀으로써, 규범적인 것과 급진적인 것 사이, 이른바 동성애규범적인 것과 더 위반적인 "퀴어한 것" 사이의 경계를 퀴어링하려고 한다. 그는 21세기 퀴어 담론 안에 존재하는 가정 — 예컨대 트랜스젠더 신체는 "더 퀴어한" 존재론적 상태를 재현하는 데 반해, 시스젠더 여성의 임신한 몸은 "규범성"을 재현한다는(버틀러의 강제적 이성애 개념을 에델먼적 의미에서 이성애규범적인 재생산 미래[성]로까지 확장하면서) 가정— 을 가져와 자기이론적 추론 과정을 통해 해체 혹은 탈-구축한다.

이렇듯 임신한 몸에 대한 퀴어링과 더불어, 리오 버사니와 리 에델먼을 통해 퀴어 이론에 존재하는 반사회적 전회에 대한 퀴어링이 이루어진다. 넬슨의 글쓰기는 게이-남성-저자가 쓴 퀴어 이론 정전의 언어와 틀 짓기, 그리고 좌파의 새로운 불안정성의 정치(『아르고호의 선원들』)와 퍼포먼스에서 볼 수 있는 남성적 아방가르드의 극단주의와 폭력의 전통(『잔혹함의 예술』)에서 등장하는 거부의 정치를 페미니즘적으로 접근해 검토한다. 우리는 넬슨의 글을 실험적이고 진보적이라고 소문난 공간들 내부의 지배 담론을 퀴어 페미니스트의 관점으로 해체 또는 탈구축하려는 것으로 읽을 수 있다. 그러나 넬슨이 세지윅의 지도하에 이분법적 사유를 극복하려 하는 때에도, 본질적으로 더욱 퀴어한 어떤 것이 존재한다는 관점이 텍스트를 떠나지 않고 계속 등장한다. 실제로 어떤 면에서 이 텍스트는 넬슨 자신의 퀴어성에 대한 옹호로 읽힌다. 처음에는 그가 시스젠더 퀴어 임산부라는 지위에도 불구하고, 나중에는 바로 그 지위로 인해 — 페미니스트 이론가 제인 갤럽의 일화적 이론과 젠더 연구자 프레이먼의 "남색적 모성"(sodomitical maternity)[41] 개념을 끌어들인 자기이론적 추론을 거쳐 — 동성애혐오적 이성애규범성과 퀴어 부정성을 향한 반사회적 요구 모두를 거부하게 된다.

『아르고호의 선원들』에서 가장 복잡하고 해소되지 않은 구절 중 하나는 넬슨이 책의 초고를 도지와 공유하고 그가 읽은 후 나눈 대화를 서술하는 부분이다. 넬슨은 합의의 문제를 인정하지만, 곧바로 이를 제쳐두고 상대방의 감정보다 말하는 "나"의 "자유로운 자기 표현"을 강조하는 글쓰기 실천의 철학으로 기운다.[42] 넬슨은 세지윅을 따라 정직(철학적 의미에서 정직이 무엇을 의미하든 간에 그것이 자신이 정직하다고 믿는, 말하는 자아에 뿌리를 두고 있듯)을 다른 충동들보다 우선시하면서, 불편함과 다른 어려운 감정들의 복잡성을 인정하되 계획했던 대로 프로젝트를 진행하자고 호소한다. 이 지점에서 넬슨은 21세기 페미니즘의 맥락 — 이것의 교차성 틀은 아주 냉소적인 관점에서 보면 자신을 가장 억압받는 사람으로 제시할 수 있는 사람에게만 목소리를 주는 일종의 위계로 바뀔 수 있다 — 에서 "정치적으로 완벽한" 또는 "최선의 페미니스트 실천" 방식과 자기 욕망에 양보하기 사이를 오간다.

도지가 넬슨에게 "자기를 제대로 보지도 보듬어주지도 못하는 느낌"이라고 말할 때, 넬슨은 자신의 경로를 변경하지 않는다. 그 대신 넬슨은 도지의 말에 어떻게 화를 낼지, 또 자신이 너그럽고 수용적이지 않을 때에도 **그래야 함**을 어떻게 깨닫는지에 대해 정직하려고 한다. 넬슨은 "나는 그 말을 귀담아들으려 애쓰며, 애초 자신에 대해 쓰는 걸 허락해준 해리의 아량을 되새"긴다고 쓰지만, 이 "아량"이 자신에게 충분하지 않다고 인정한다. "책이 자유로운 자기 표현의 산물인 동시에 교섭의 결과일 순 없잖아?"라고 물은 그는 둘이 같이 책을 쓰기로 했을 때 나눈 이야기를 회상한다. "제목은 『근접도』로 정했다. 질 들뢰즈와 클레르 파르네가 공동 저술한 『디알로그』의 에토스를 따를 계획이었다."[43] 넬슨이 보기에 이러한 사회적·윤리적 쟁점은 글쓰기와 관련된 철학적 쟁점과 불가분의 관계에 있다. 그는 작가로서 자신과 타자 모두를 적절히 담아내는 글쓰기가 어떤 모습인지 파악하지 못했다고 시인한다. 이것이 자기-의식적인 인용의 구조, 즉 여백에 시각적으로 자기이론적 움직임을 형식화하는 시도를 한 이유일 것이다.

자기이론적 전회에 가담한 다른 이들처럼 넬슨도 측면 인용[44]을 사용한다. 이는 위쪽(인정받는 철학자, 종신 재직권이 있는 학자)을 향하는 대신 또래, 친구, 지지자, 동료 들을 인용한다는 걸 뜻한다. 넬슨은 『아르고호의 선원들』의 대단원에서 연인의 이름 "해리"를 가장자리 여백에 세 번 인용한다.[45] 그럼으로써 넬슨의 파트너의 이름이 거물 이론가들의 이름과 함께 "정당한" 인용으로서 텍스트 공간을 차지한다. 동시에 넬슨이 해리를 인용할 때와 다른 사람을 인용할 때는 수사학적인 차이가 있다. 그는 해리를 오직 이름으로만 언급함으로써 자신의 연인 해리를 그 외 다른 이론가들, 성과 이름으로 언급되는 "베아트리스 프레시아도"나 "미셸 푸코"와 같은 이론가들과 차별화한다.

페미니스트적이고 퀴어 페미니스트적인 인용 실천은 영향력의 위계를 불안정하게 만들면서 관계의 정치를 향해 나아가려는 경향을 품고 있다. 넬슨은 자신의 텍스트 인용 실천을 "해리"에 대한 인용들로 마무리함으로써 해리(또는 해리에 대한 사랑의 감정, 다르지만 관련된 두 개의 문제)에 대한 오마주로 텍스트를 끝맺으려 한다. 이 책이 출판된 후 진행된 인터뷰에서 넬슨은 유사한 인용 실천에 참여한, 자신이 존경하는 작가들의 이름을 열거했다. 예를 들어 그는 율라 비스가 "철학자를 인용할 때만큼 중요하게 여동생을 인용한다"[46]고 언급했다. 아니시나베[47] 예술가 리베카 벨모어와 여동생 플로린 벨모어의 평생에 걸친 협업도 떠오른다. 플로린은 수년간 친구이자 가족으로서, 국제 비엔날레에 동행하며 작업에 대한 피드백을 제공하는 설치 지원 스태프로서 리베카와 긴밀한 파트너십을 맺어왔고, 이후 자매의 예술에 대한 글을 쓰기도 했다. 친밀성의 측면에서 플로린의 아트 라이팅과 비평은 1980년대 토론토에서 작업한 랜돌프의 픽토크리티시즘(fictocriticism)의 정신을 상기시킨다. 플로린의 작업이 서구의 식민주의적 개념인 비판적 거리 두기와 전문적 경계에 도전하는 선주민 친족 네트워크와 연결되기 때문이다. 벨모어 자매는 아니시나베크웨[48]의 관점으로 자신들이 오랫동안 진행해온 협업을 비평에 대한 여러 실험들과 연관지어 성찰했고, 사적인 대화를 공개적으로 무대에 올림으로써

선주민들의 친족 네트워크를 극화했다.⁴⁹

그러나 이론상으론 협업이 가진 유토피아적 페미니즘의 잠재력을 인정한 넬슨이지만, 저자들의 "통합"이라는 아이디어 자체가 "너무 큰 불안"을 야기해 그것을 실행에 옮길 수는 없었다고 한다. 그래서 그는 다른 사람들을 자기 이야기의 일부로 인용하면서 단수 작가로서 글을 쓴다. "내 나를 망각"⁵⁰하는 것에 느끼는 저항을 정직하게 인정하고, 자신이 인용하는 이론가, 시인, 연인의 경험만큼이나 자신의 경험에 근거한 실천으로서 자기이론을 택한다. 이런 감정이 특별하진 않지만, 넬슨의 솔직함은 특기할 만하다. 작가이자 예술가인 미라 마타는 요르단에 있는 가족과 나눈 대화가 포함된 최근 프로젝트에 대해 이렇게 말했다. "나는 얽매이지 않는 상호-주관성을 원했다."⁵¹ 많은 자기이론적 작업에는 자신의 삶이 상호주관적이라고 해도 그 삶을 이론화하려는 욕망, 타인과 분리된 상태로 "자기"의 경계를 유지하려는 욕망이 존재한다. 에이드리언 파이퍼가 고립된 상태로 칸트를 읽으며 겪게 된 자기 상실의 불안에 직면했을 때 제의적으로 거울을 봤던 것처럼(1장 참조), 넬슨의 불안은 부분적으로 훌륭한 페미니스트 실천과, 관계와 위험 속에 있는 더 복잡하고 더 정직한 상호주관적인 무언가를 원하는 그의 욕구 사이의 간극에서 비롯된다. 교수의 위치에서는 "그저 마음 가는 대로 말할 수 있"다고 기분 좋게 인정한 뒤 넬슨은 말한다. "이게 좋은 교육법이라는 말은 아니"지만, "아주 깊은 쾌락과 만족감을 준다"고.⁵² 페미니스트적 자기이론은 이론화의 쾌락과 솔직함의 쾌락이 만나는 공간인가? 넬슨이 인정한 바와 같이, 자기이론은 이론을 실천하는 쾌락이 자신의 이야기를 들려주는 쾌락과 만나는 공간이다. 또는 다른 사람이 어떻게 생각하든지 간에 세상에서 자신의 실제 행동과 태도를 어떻게 바라보는지 정직하게 전달하려고 시도하는 공간이다. 그렇다면 진실의 폭로와 "진실"의 추구는, 특히 합의적이고 윤리적이며 비판적인, 그리고 삶을 긍정하는 방식으로 타인과 관계를 맺는 페미니스트 및 퀴어 페미니스트적 존재 양태와 관련해서, 자기이론적 이론화 실천과 어떤 관계가 있을까?

정체성들의 한계들: 허용 가능성과 자기-동일시

『아르고호의 선원들』은 제목과 형식 면에서 바르트의 작업과 근접하다는 점을 공공연히 말하고 있는데, 가장 큰 이론적 친연성은 세지윅의 작업에 있다. 초기 단계의 『아르고호의 선원들』은 상호연관된 텍스트에서 시작되었다. 세지윅에 대한 넬슨의 강연, 세지윅 사후에 출판된 『프루스트의 날씨』(2011)에 대한 넬슨의 리뷰, 넬슨이 미국 트랜스미디어 아티스트 A. L. 스타이너의 2012년 전시 「강아지들과 아기들」에 대해 쓴 전시 에세이가 그것들이다.[53] 또 다른 상호텍스트적 층위를 더하자면, 나는 『아르고호의 선원들』을 책이 출간된 해인 2015년에 처음 읽었는데, 2015년은 넬슨의 파트너 해리 도지가 뉴욕 윌스페이스에서 개인전을 가진 해이기도 했다. 이 전시는 세지윅의 1995년 에세이 「사이버네틱 폴드의 수치심: 실번 톰킨스 읽기」에서 따온 「사이버네틱 폴드」란 제목으로 열렸다. 세지윅의 에세이와 도지의 개인전 사이에 놓인 20년의 격차에도 불구하고, 세지윅이 자신의 이론을 실천하는 양태 — 종종 퀴어 페미니스트 정동 이론이라고 불리고, 개인적-비평적 경향의 자기이론이라고도 불리는 — 에서 천착한 관념들이 여전히 왁자지껄한 소리를 내고 있음이 분명해 보인다.

이론은 무엇을 아는가? 세지윅이 협력자이자 이전에 자신의 학생이었던 애덤 프랭크와 함께 쓴 에세이는 "오늘날 이론이 알고 있는 몇 가지"라는 문장으로 시작된다.

> 또는, 더 공정하게 표현하자면, 오늘날 인간이나 문화에 대해 설명하려고 할 때 이론(주요 이론 텍스트가 아닌 일상적 비평 프로젝트들에서 나타나는 "응용 이론"으로서의 이론, 이제는 인문학 전반에 걸쳐 있고 역사와 인류학으로까지 확장된 광범위한 프로젝트로서의 이론, 푸코와 그린블랫 이후의, 프로이트와 라캉 이후의, 레비스트로스 이후의, 데리다 이후의, 페미니즘 이후의 이론)의 주먹구구식 습관들과 단언적 절차들의 모양새를 만들어내는 몇 가지 포괄적인 가정들이 있다.[54]

세지윅과 프랭크는 이어서 상당히 규범적이 되어버린, "응용이론"의 한 형식으로 표명된 동시대 이론의 특징을 우회적으로 제시한다. 예컨대, 좋은 이론을 실천하려는 이는, 재현을 이해하기 위해 언어와 담론을 다른 모든 것보다 우선시하고, 생물학에 의지하는 것을 충분히 멀리함으로써 철저하게 반본질주의적이어야 함을 알고 있다. 두 사람은 1960년대 미국의 심리학자이자 이론가 실번 톰킨스 — 그의 정동 연구를 바탕으로 세지윅과 프랭크는 수치심에 대한 이론을 전개한다 — 에게 의지해 자신들이 이론적으로 제휴했다고 말한다. 제휴의 금기들을 숙지했기에, 즉 앞의 인용문에 나열된 후기구조주의적 규범에 충성하지 않기 때문에 아웃사이더나 "퀴어" 이론가 — 사실상 유행에 뒤떨어진 포지셔닝을 통해 적극적으로 이론을 퀴어링하는 — 를 자처한다. "이론 유치원만 나왔더라도, 이를테면 인간의 생물학적 시스템에 프로그래밍되어 있는 여덟 개의 … 구별되는 정동의 존재에 의존하는 심리학 따위는 박살 낼 수 있다."[55] 두 저자는 심지어 앞서 언급한 논문이 이론과 비평계의 저명한 동료들이 심사하는 학술지 『크리티컬 인콰이어리』에 게재되었음에도, 자신들을 "이론적인" 것의 아웃사이더로 포지셔닝한다.

「수치심」을 발표하고 몇 년이 지난 1999년에 출간된 세지윅의 전기적 연구인 『사랑에 관한 대화』는 그가 유방암 화학요법을 받은 후 겪은 우울증 경험을 다룬다. 생물학적 남성 치료사와의 심리 치료 세션을 중심으로 구성된 이 텍스트에서, 세지윅과 치료사의 관계 맺음과 대화의 상호주관적 양태가 "사랑에 관한 대화"의 전제를 형성한다. 케이티 호킨스가 말했듯이 『사랑에 관한 대화』는 "신체적 위기를 이해하는 새로운 방법을 [촉진하는]" 방법으로서 "형식 실험"을 시도한다. "전이성 유방암을 다루는 방식으로 인해 그의 작품 전반에서 이론적 개념들이 전면을 차지하게 된다."[56] 아이비리그에서 훈련한 문학 연구자라는 특권적인 위치 때문에 아웃사이더를 자처하는 세지윅의 주장이 복잡해지긴 하지만, 동시대 이론과 퀴어 이론이라는 문학과는 다른 장에서 관습을 위반하는 글쓰기를 실천한 세지윅의 태도의 핵심은 개방성과 정직함이었다.

학문에 대한 페미니스트 접근법(approach)으로서 자기이론의 접근성(aceess)과 정당성에 대한 질문을 고려할 때, 세지윅이 먼저 헨리 제임스 같은 19세기 작가들을 좀 더 관습적인 방식으로 연구함으로써 자신의 학문적 능력을 입증해야 했다는 사실에 주목할 필요가 있다. 그 이후에야 그는 자기-반영적으로 자서전적인 서정적인 것, 이론적인 것, 정신분석적인 것 그리고 수행적인 것 사이에 다리를 놓는 신선한 글쓰기 양태들 안에서 동성애자의 삶과 연관된 쟁점들, 퀴어성을 이론화할 수 있었다.[57] 학계에서 받아들여질 만한 이론하기의 방식에 도전한 것과 마찬가지로, 세지윅은 가장 "퀴어"하고 "급진적"인 LGBTQQIA2S+ 공간 안에서 받아들여질 만한 동일시하기의 방식에도 도전한다. 뚱뚱한 여성과 게이 남성으로 정체화하고, 표면적으론 시스젠더 남성과 오래도록 일부일처제 결혼 상태에 있으면서도 퀴어성을 느끼고 이론화하는 생생한 실천에 몰두하면서, 세지윅은 퀴어성, 욕망, 섹스 그리고 동일시의 관계들에 대한 이해를 불안정하게 만든다.

잘 알려져 있듯, 세지윅은 "퀴어"라는 용어에 대한 새로운 정의를 제안했고 이 정의는 이후 수십 년간 퀴어 커뮤니티에서 계속해서 반향을 일으켰다. 세지윅이 규정하는 퀴어란 다음과 같다. "누군가의 젠더, 누군가의 섹슈얼리티를 구성하는 요소들이 단일하게 의미화할 수 있도록 만들어지지 않을 때(혹은 만들어질 수 없을 때) 의미의 가능성들, 간극들, 중첩들, 불협화음들, 공명들, 착오들, 과잉들의 열린 그물망."[58] 퀴어성과 성적 지향 사이에 약간의 거리를 두는 공공연하게(혹은 과도하게?) 포괄적인 세지윅의 이 정의는 오늘날까지도 퀴어 이론과 대중문화 영역에서 퀴어성에 대한 여러 정의를 논쟁적으로 끌어낸다. 모든 것이 퀴어인가? 그럴 수 있는가(혹은 그래야 하는가)? 의식적으로 횡단하는 세지윅의 동일시(뚱뚱한 여성, 게이 남성)가 지금 통용되는 퀴어 페미니즘 담론 안에서 정치적으로 이해 불가능하다고 단정하기보단, 오히려 더 유동적이고 비순응적인 세계에서 존재하는 방식들을 주장하고 젠더를 불안하게 만들자는 호소를 확장하는 것으로 이해해볼 수 있다. 세지윅은 트랜스 작가와 이론가가 게이 생활의 중요한 일부로 활발하게 작업을 하면서도 지금처럼 대중문화나 학계에서 가시성을 얻지 못했던 시기에, 모호한 젠더 정체성의 관점에서 퀴어성을 이론화했다.[59] 1980-90년대 퀴어 이론에서는 논바이너리, 팬섹슈얼, 젠더퀴어 등 이분법적이지 않은 젠더 정체성과 성적 지향이 2010-20년대처럼 논의의 주요 부분이 아니었다. 만약 세지윅이 오늘날 살아서 글을 쓰고 느끼고 추근거리며 유혹한다면 그의 언어가 어떻게 달라질지 궁금하다.

주체성과 되기(becoming)의 관점에서 동일시하기의 한계라는 것이 존재할까? 특히 퀴어 페미니즘 정치와 관련하여 '-로서 정체화하기'(identifying as)와 '-와 동일시하기'(identifying with)의 구분을 어떻게 분석할 수 있을까? 넬슨이 시스-임신을 퀴어한 것으로 정체화한 것은 "트랜스"를 인용적 장치로 사용함으로써 가능했는데, 이는 아마도 세지윅의 자기이론적 작업에서 제시된 동일시와 욕망들의 유동성보다는 논쟁의 여지가 덜할 것이다. 넬슨의 개념화는 버틀러가 데리다식으로 욕망과 동일시를 분리하고 젠더 이분법을 더욱 모호하게 만드는 수행적 젠더 개념을 따르는 데서 비롯한다. 관계론적인 것으로 자기를 통해서 글쓰기를 하는 양태인 자기이론은 동일시와 관계성의 문제를 만들기도 하지만, 복잡한 동일시의 미묘한 느낌을 구체화하는 데 잘 들어맞는 양태이다. 작가와 이론가 들은, 퀴어 정치와 같이 더 진보적이고/이거나 위반적인 공간들 안에서도, 일인칭 관점에서 글을 쓰고 자신들에게 적절한 것이 무엇인지를 모호하게 만드는 동일시(와 동일시-욕망)를 드러내는 자기이론가로서, 적절한 동일시에 대한 기존의 여러 구상을 불안하게 하는 힘을 갖고 있다.

세지윅의 자기-동일시는 당대나 현재의 퀴어 맥락 모두에서 지지를 받지 못했는데, 넬슨은 『아르고호의 선원들』의 상호텍스트적·자기이론적 구조 안에서 이 문제를 숙고한다.[60] 자신의 임신 경험을 통해 자신도 그런 비슷한 상황에 있다고 본다. 넬슨의 책 전반에 걸쳐 반복되는 쟁점은 시스젠더 여성의 임신이 (그것이 어떤 의미이든 간에) 진정으로 퀴어한 것으로 이해될 수 있는가 하는 점인데, 이는 그가 트랜스 남성과 관계를 맺고 있는 퀴어 여성임에도 그러하다. 넬슨은 동시대적 맥락에서 "퀴어"가 의미하는 바의 문제를 다루기 위해 세지윅의 저작과 그에 대한 수용을 참조한다. 그리고 캘리포니아에서 주민발의안 8호가 발의된 시기에 도지와 퀴어 결혼을 하고 가족을 만든 경험 속에 자신의 탐구를 위치시키며, 아메드, 손택, 버사니, 초드론 등의 사이를 자연스럽게 오가다가 마침내 세지윅에 도달한다. "양쪽을 다 원하기"라는 "퀴어"에 대한 세지윅의 정의에 크게 공감한 그는 퀴어성의 근거를 성적 지향에 두면서도 퀴어성과 성적 지향 둘 다로부터 거리를 둘 수 있었다. 자기가 쓴 텍스트의 양가성을 음미하는 여러 순간 중 하나에서 "양쪽 다 원하는 태도로부터 배울 수 있는 건 많다"라고 쓴 넬슨은 텍스트 곳곳에서 줄곧 이론의 작업이란 경계적 공간을 구체화하고, 일반화에 저항하고, 양가성과 함께 머무는 것임을 상기시킨다. 역설적이게도 자기이론적인 퀴어-이론하기의 일환이라는 그의 인식론적-윤리적 프로젝트의 "진실"에 도달하려는 뚜렷한 욕망 또한 내보인다. "'퀴어'라는 술어를 사실로 만드는 — 유일한 — 요소는 이 말을 일인칭적 단어로 사용하고자 하는 충동"이라는 세지윅의 진술을 인용하면서 넬슨은 세지윅이 "실제 삶"에서 일인칭 동일시를 한 것에 대해 설명을 덧붙인다.

> 그것조차도 결국은 건설적이라고 봐야 할 테다. *샤워 후의 바닐라 섹스만 알던 남자라고 본인 입으로 묘사한 남편과 그리 오래 결혼 생활을 유지한 걸 생각하면, 세지윅은 '퀴어'의 일인칭적 사용이 가능케 하는 것들에 대해 다른 누구보다 잘 알았던 건지도 모르겠다.* 세지윅은 남자와 결혼해 살았다는 이유로 비난받았고 게이 남자들과 동일시한다는 이유로도 (그뿐 아니라 게이 남자**로 정체화했다는 이유로도**) 비난받았으며, 레즈비언에 대해서는 간혹가다 한번 언급하고 마는 식이라는 이유로도 비난받았다.⁶¹

넬슨은 자기이론 실천을 통해 진실이라는 해묵은 질문 — 진실이란 무엇인지, 우리는 어떻게 진실에 이르는지, 어떤 것을 진실되게 만드는 것은 무엇인지 등 — 에 대한 통찰을 추구한다. 정직성과, 아마 훨씬 더 부담스러운 진정성에 대한 담론들은 진실에 관한 철학적이고 인식론적 질문들에 복잡성을 더한다. 또한 세지윅의 "퀴어" 동일시들을 성찰한 뒤 "세지윅은 그리 정체화하고 그 방면에 관심을 가졌으며, 무엇보다도 정직했다"라고 결론을 내린다. 넬슨은 세지윅에 대한 파토스와 그의 작업에 대한 온화한 연대를 불러일으키며, "남성성과 여성성의 양극이 허용하는 수준을 뛰어넘을 정도로" 더 진실하게 퀴어했다고 공표한다.[62] 세지윅은 물론 퀴어 이론의 과거 유령들과 함께 글을 쓰면서, 넬슨은 젠더, 섹슈얼리티, 정체성을 둘러싼 이분법적 대립을 문제 삼는 자신의 프로젝트를 확장하는 동시에 정직성과 진정성에 대한 고집을 유지한다. "정직"과 "진실"이란 말들이 그 자체로 불가능하더라도, 이론가-작가가 지향할 수는 있으나 결코 닿을 수 없는 지평으로 어렴풋이 나타날 그것들의 공간을 그는 갈망하고 있다.

자기이론의 타자들:
내가 들려줄 이야기는 무엇인가?

자기이론은 글쓰기와 예술을 둘러싼 윤리적 질문들 안에서 더 강력하게 부상한다. 당신의 이야기는 누구의 이야기인가? 당신의 "나"의 경계가 어디까지이며, 당신은 그 경계 안에서 말하고 있는가? 만약 당신의 진실이 당신의 진실이고 나의 진실이 나의 진실이라면, 누구의 진실이 **진실**인가? 넬슨은 퀴어, 페미니스트, 자기이론적 실천의 형식을 통해 이를 수행함으로써 살아 있는 윤리를 이론의 공간으로 가져오려고 (그리고 그 반대로도) 노력한다. 그것을 가능케 하는 것은 자신의 약점과 더 성숙한 관계를 맺으려는 욕망을 공개하는 것이다.

한데, "내"가 말할 수 있거나 말하도록 허락된 이야기는 어떤 것들인가? 트랜스가 아닌데도 넬슨은 트랜스 주체성과 정치에 대해 글을 쓸 수 있는가? 이와 유사한 질문이 최근 몇 년 사이에 등장했다. 트랜스가 아닌 배우가 트랜스 인물 배역을 맡을 수 있는가? (그 때문에 트랜스일 가능성이 있는 배우에게서 그 역할을 빼앗는다는 누군가의 주장처럼) 선주민이 아닌 작가가 선주민성에 대해 쓸 수 있는가? 더 밀고 나가면, 생물학적 남성 작가가 주인공이 여성인 글을 쓸 수 있을까, 혹은 써야 할까 같은 주류에서 흔히 제기되는 질문들과 만나게 된다.

넬슨이 『아르고호의 선원들』에서 기대고 있는 자기이론과 저자성을 둘러싼 윤리적 질문들은 앨리슨 벡델의 『당신 엄마 맞아? 웃기는 연극』(2012)에서 직접적으로 다루어지는데, 그래픽 아티스트의 두 번째 그래픽노블인 이 책은 자기이론적이라고 가장 잘 설명될 수 있다.[63] 벡델은 이 책에서 퀴어성, 글쓰기, 영향력, 정신분석과 심리치료, 정전성(canonicity), 시간에 관한 질문을 중심으로 어머니와의 관계를 깊이 파고든다. 벡델이 계속해서 돌아오는 핵심 문제는, 삶에 입각해서 사랑하는 사람에 대해 **진실하게** 글을 쓰는 것의 문제이다. 이런 이야기를 써서 널리 읽힐 수 있는 형태로 출판한다는 것의 의미는 무엇일까? 『당신 엄마 맞아?』는 그래픽 회고록으로 불리는데, 벡델의 2007년 작 『펀 홈』(장례식장을 운영했던 클로짓 게이였던 아버지와의 관계를 중심으로 한 퀴어 성장 이야기)도 그러하다.[64]

그래픽 회고록을 쓰기 전, 벡델은 자서전적 영향이 엿보이는 연재만화 『주의해야 할 다이크들』(1983-)로 유명했다.[65] 벡델은 상호텍스트적 동일시와 그에 따른 중층적인 인용들의 병렬적 서사 구조로 책을 구성한다. 어머니와의 관계에 대한 서사는 그가 역사 속에서 생성적 연결점을 발견한 다양한 서사들(위니컷, 버지니아 울프, 에이드리언 리치의 삶)과 나란히 배치된다. 이들 중 어떤 것은 벡델 자신의 삶에 속하기도 한다(일례로, 리치에게서 받은 거절의 편지는 이야기에 동기를 부여하는 사건이 된다).

벡델은 가령 울프가 공언한 부모에 대한 "집착"에 동일시하면서 울프가 『등대로』를 쓰는 과정과 자신이 『당신 엄마 맞아?』를 쓰는 과정을 나란히 놓는다.[66] 벡델은 유사점을 찾고 자서전과 페미니스트 글쓰기 실천을 둘러싼 더 광범위한 철학적 질문들을 고찰하며 이를 이론화한다. 넬슨과 도지가 언어와 글쓰기의 쟁점을 둘러싸고 의견을 달리했듯, 벡델과 그의 어머니는 글쓰기에서 자전적 "자아"의 적절한 위치를 두고 의견이 갈린다. 벡델의 어머니는 (벡델이 인용하는) 문학평론가 헬렌 벤들러처럼, "어떤 것들은 사적이"며, "좋은 글쓰기에는 자아가 설 자리가 없다"는 관점을 지지한다.[67] 반면 벡델은 보편적이기 위해서는 때때로 개인적이고 구체적이어야 한다고 말한다. 그는 "사적인" 문제들을 그래픽 노블에서 탐구했는데, 『펀 홈』에서는 아버지의 퀴어성과 자살에 대해, 그리고 『당신 엄마 맞아?』에서는 본인과 어머니 사이의 껄끄러운 관계에 대해 다룬다. 『경계지대/경계선』의 안살두아와 『아르고호의 선원들』의 넬슨처럼, 벡델은 철학적 질문들을 더 잘 이해하고, 다양한 삶과 텍스트, 역사, 맥락 사이의 상호주관적 관계를 촉진하는 방법으로 인용들에 활기를 불어넣는다. 삶 그리고 읽기를 통해 연결된 것 모두에서 그렇게 한다.

벡델은 어머니에 대해 글을 쓴다는 것이 어머니의 바람을 거스르는 것임을 인정할 뿐만 아니라, 심리치료사와 개인 상담을 하며 이 문제를 털어놓는 지난한 과정까지 책에 포함시킨다. 도덕적 책임을 지려는 이러한 노력 속에서, 벡델은 이런 질문들과 씨름하는 과정을 투명하게 드러낸다. 넬슨처럼, 텍스트 안에 그 텍스트에 대한 사랑하는 사람들의 반응을 포함시킴으로써 작업에 솔직함을 더한다. 넬슨과 벡델의 자기이론적 텍스트는 서사, 인물, 개념과 예술작품을 병렬해 더 큰 담론적·사회적·정치적 맥락 안에 "개인적인" 경험을 위치시키며, 개인적-비평적인 방식으로 이런 질문들과 씨름한다.

정직과 진실은 미끄러지기 쉬운 용어이다. 진정성과 마찬가지로 정직은 수행적·포스트-개념적인 미술 실천을 논할 때 이야기하기 어렵다. 한 가지 방법은 정직을 그 자체로 작가나 예술가가 다양한 효과를 내기 위해 수행하는 수사학으로 간주하는 것이다. 1980년대와 1990년대 초에 페미니스트 학자들이 학문을 하는 더 합법적인 양태들과 함께 잠깐 재미 삼아 손을 댄 주변부적 실천인 "개인 비평"(personal criticism)에 대해 낸시 K. 밀러는 다음과 같이 말한다.

> 개인 비평은 개인적인 것을 쓴다는 위험을 통해 하나의 규약을 신체화한다. 자기-진실의 구성에서 작가와 독자를 묶는 "자서전적 규약"처럼, 작가에게 위태로운 것은 타자들에게도 중요하다는 규약이다. 개인적 목소리의 자기-픽션 어딘가에는 그 글쓰기가 위험을 감수할 가치가 있다는 믿음이 존재한다. 이런 의미에서 개인적 글쓰기는 저자의 목소리를 스펙터클로 전환함으로써 자기 자

신의 퍼포먼스를 이론화한다. 이는 일종의 개인적 유물론(personal materialism)이다.[68]

충동과 효과 면에서 자기이론을 닮은 밀러의 개인 비평은 작가와 독자 사이에 형성될 관계를 전제로 한다. 탁월한 포스트모더니스트답게 밀러는 모든 주관적인 글쓰기 실천이 수행적임을 이해한다. 글을 쓰는 "나"는 글쓰기 행위를 통해 스스로를 구성한다. 그러나 한편으로는 "자기-진실의 구성과 다른 한편으로는 "개인적 목소리의 자기-픽션" 사이에 생산적 긴장이 존재하는데, 이는 개인 비평과 최근의 자기이론적 텍스트 모두에서 발견된다. 회고록 같은 장르보다 자기이론이 더 잘할 수 있는 일은 "저자의 목소리를 스펙터클로 전환하는" 반영적 행위이며, 이를 통해 "자기 자신의 퍼포먼스의 위험을 이론화"하는 것이다. 이런 관점에서 보면, 넬슨이 자신의 불완전한 사유들과 한계를 폭로하는 것은 파토스를 불러일으키거나 비판으로부터 자신을 선제적으로 보호하려는 목적이 아니라, 밀러가 말하는 수행적인 '개인적 유물론'을 확립하기 위한 것일 수 있다. 넬슨은 자신의 폭로가 품고 있는 위험(그가 글을 쓰는 더 큰 맥락 안에서 고려되는)을 폭로라는 행위를 통해 이론화한다.

페미니스트적인 자기이론 작업에서 투명성 — 다른 말로는 폭로 — 의 사용은 작가들마다 매우 다르게 나타난다. 크라우스의 『아이 러브 딕』과 넬슨의 『아르고호의 선원들』은 20년 가까이 차이가 나지만, 두 책 모두 21세기 밀레니얼 세대의 독자들에게 많은 관심을 받았다. 나는 5장에서 『아이 러브 딕』에 나타난 페미니스트 정치로서의 폭로와 노출, 그리고 크라우스가 남자들의 악행을 폭로하는 방식이 페미니스트 "귓속말 네트워크"의 메아리이자 오늘날 초-대중적(ultra-public) 운동인 #미투에 대한 예언자적 선취였음을 이론화할 것이다. 두 텍스트 모두에서 여성 화자가 사랑하는 사람에게 말을 건네는데, 텍스트가 말을 거는 사랑하는 이 또는 "욕망의 대상"은 대중적으로 이름이 알려진 인물이다.

넬슨의 서사는 도지와의 낭만적이고 헌신적이며 합의된 관계라는 "실제" 경험에 기반하지만, 크라우스는 딕의 동의 없이 그를 주된 착상으로 끌어들이는 수행적 집착을 보여준다. 크라우스와 딕의 이성애적 만남은 과장되고 심지어 캠프적(campy)[69] 패러디를 통한 이성애 퀴어링으로 읽을 수 있는 반면, 넬슨은 "생물학적 남성도 생물학적 여성도 아닌" 파트너와의 자기-반영적으로 퀴어한 관계를 탐구한다. 두 텍스트 모두에서 (버틀러가 전개한) 수행성의 이론적 맥락이 이성애적 욕망에 대해 비판적 접근을 형성하며, 두 작가 모두 이성애를 수행적 구성물로 본다. 그러나 독자는 넬슨이 불러내는 사랑하는 타자가 텍스트 바깥의 "현실"에 존재하는 반면, 크라우스가 불러내는 "딕"은 "현실"보다는 실재에 대한 과장된 퍼포먼스에 근거한다는 것을 안다. 이는 1990년대 후반에 집요해졌던 이성애규범의 왜곡된 권력 역학과 망상(혹은 은유?)을 건드린다. 이처럼 두 책의 윤리적 함의는 다르며, 두 작가는 그런 관계를 독자들에게 재현할 때 다른 어조를 취한다.

넬슨은 "여과 없이 내보내는 즉각적인 디지털 자기 현시보다 큰 악몽이 내게는 없다"라고 말할 정도로 소셜 미디어와 거리를 둔다. 그는 자기이론적 표현 양태로서 소셜 미디어를 사용하지 않는 것에 대해, 인터넷이 오랫동안 페미니스트의 "사적인 것을 공공에 드러내는"[70] 공간으로 줄곧 기능해온 것은 사실이지만, "페이스북이라는 무대에 세웠을 때"의 "유혹과 압박"에 대한 불안이 있다고 말한다.[71] 그 대신 더 많은 사려 깊음과 고려의 여지를 주는 다른 종류의 시간성(아마도 느림)이 존재하는 장소인 책에 자신을 쓰고 이론화한다.

그렇다면 넬슨이 자신의 글쓰기에서 보여주는 정직의 수사학은 무엇인가? 『아르고호의 선원들』에서 이 수사학은 어떻게 활용되는가? 『아르고호의 선원들』과 『아이 러브 딕』 모두 페미니스트적 폭로의 정치라 부를 수 있는 것에 참여하지만, 넬슨에게 폭로란 타인의 악행을 발설하는 것이 아니라 한 인간, 파트너, 작가로서 자신의 한계, 문제, 공모, 불완전함을 드러내는 것에 가깝다. 작업의 추진력을 세지윅식 정직에서 끌어내는 넬슨은 페미니스트이자 퀴어로서 살고, 일하고, 사랑하고, 글을 쓰고, 떡치고(fucking), 이론화하는 동시대적 실천 안에서 미끄러짐과 간극을 드러내는 데 천착한다. 완벽하게 올바른 페미니즘을 수행하기를 거부하는 넬슨은 세지윅이 추구했던 철학적 포용과 (가장 문자 그대로의 의미에서) 비이분법적 사유를 위한 공간을 만든다. 세지윅이 그랬듯 넬슨도 이러한 움직임 때문에 비판을 받았는데, 이는 어떤 면에선 당연한 일인지도 모른다.

『아르고호의 선원들』을 쓰는 내내 넬슨은 자기이론적으로 작업하면서 (퀴어성, 가족-만들기, 로맨스의 존재론과 연관된 더 큰 이론적 질문들을 자기이론적으로 다루면서) 자신의 퀴어성과 퀴어 이론가로서 정당성을 위한 논증을 구축하려고 한다. 이런 넬슨의 실천은 회복적 읽기와 편집증적 읽기의 경계를 넘나드는 것으로 설명할 수 있다. 회복적 읽기는 학계의 헤게모니적 양태로서 편집증적 읽기의 한계에 대한 세지윅의 대응 — "독점적 프로그램으로서 편집증적 앎은 회복적 동기에 대한 모든 명시적 호소를 체계적으로 불허하며, 그것이 또렷하게 표명되자마자 방법론적 근절의 대상이 된다"[72] — 이다. 반위계적 추동력과 개선적 본성으로 인해 회복적 읽기는 다른 비판적 페미니스트 혁신과 마찬가지로, 특히 미지(unknowing)를 향한 열렬한 충동에 비추어볼 때 경박하다거나 진지하지 않은 것으로 쉽게 일축된다.

『아르고호의 선원들』 대한 편집증적 읽기는 어렵지 않다. 나는 책 말미에 넬슨이 자신의 백인 아기에게 선주민 이름을 부여하는 그의 전유(및 선제적 방어)에 대해서만큼이나 신속하게 트랜스 전유의 문제에 대해 비판할 수 있다. 넬슨의 텍스트의 요점은 오늘날 퀴어 커뮤니티에서 읽고, 쓰고, 대화하고, 생각하고, 이론화하는 불확정적인 방식으로 회복적인 것을 대우할 공간을 마련하려는 시도라고 생각한다. 하지만 넬슨의 정직의 수사학이 도지를 향한 그 자신의 정치화된 사랑의 담론을 구성하고, 자신을 관계론적이고 자기-인식이 있는 사람으로 수행하는 방식이라는 것도 안다. 정직에 관한 넬슨의 수사학적 퍼포먼스는 더 예측 가능한 페미니스트 비평으로부터 작가를 은밀하게 지켜주는 선제적 방패로 기능한다. 넬슨은 이를 위해 자신의 한계를 맨 앞에서 솔직하게 들어줄 믿을 만한 화자를 설정한다. 이는 정치적이고 대중문화적인 논쟁에서 유통되는 "완벽한 사람은 없다"라는 방어의 한 버전이다. 그러므로 독자인 나는 회피하고 싶어 하는 넬슨의 미끄러짐과 글쓰기에 관한 자기이론적 접근에 기여하는 날카로움 사이의 긴장 속에 남겨진다.

정직과 폭로라는 문제틀과 함께 자서전과 허구화 사이의 긴장이 존재한다. 앞서 논의했듯, 로드와 안살두아 같은 퀴어 페미니스트들도 1980년대에 비슷하게 인용적인 방식으로 자신의 삶을 썼다. 예를 들어, 니콜 브로사르의 『그림 이론』(1982)은 비트겐슈타인의 언어게임 이론과 관련된 말을 책 제목에 썼다. 브로사르는 장르와 형식을 자유자재로 오가며 레즈비언 관계를 자서전적 방식으로 써 내려가지만, 그의 작업 대부분은 허구화의 프리즘을 통과하며 만들어진다. **자서전적인 것을 "허구적"인 것을 통해 변용하는 방식에서 1970-80년대 브로사르의 글쓰기와 2010년대 넬슨의 글쓰기가 차이를 보이며, 크라우스의 『아이 러브 딕』과 같은 1990년대 작업들은 이 두 작업을 연결하는 기이한 경첩처럼 보인다.

나는 5장에서 크라우스가 역사를 통틀어 어떤 문학적 장면들에서는 허구화가 불성실하다고 비판하는 방식을 다룰 것이다. 많은 작가가 실제 사건에 대해 글을 쓰고 있기 때문에, 이 사건들을 허구화하는 것은 작품이 기반한 "개인적인" 소재로부터 허위의 거리를 만드는데, 이는 작품을 비평적으로 더 인정받게 만들고 나르시시즘의 혐의로부터 보호하는 효과를 낳는다. 크라우스는 남자들이 쓴 소위 허구적 작업의 대부분이 사실 실제-삶을 소재로 삼고 있으며, 그런 이유에서 정전화된 생물학적 남성 작가들이 그런 작품을 허구로 제시하는 경향은 불성실한 것이라고 주장한다. 이론적인 것과 허구적인 것 사이의 긴장 속에서 자서전적인 페미니즘 정치학은 "자기이론"이라는 용어 자체가 아포리아를 노정하면서 생기는, 자기이론적인 것 전반에 걸친 핵심 문제이다.

자기이론과 윤리: (도덕적) 주체 되기

『아르고호의 선원들』에서 이론적 또는 문학적 인용은 이론적 성향이 강한 사람들에게 밈이 될 만큼 영감 어린 직접인용처럼 열망의 형태로 등장한다. 넬슨이 책의 앞부분에서 도지와 공유하는 텍스트 중 하나는 "마이클 온다치가 쓴 시의 구절"이다. 책에 제목 없이 등장하는 시는 온다치의 「시나몬 필러」이다. "배에 입을 맞춘다 / 너의 흉터 진 / 살갗 선박에. 역사란 / 네가 타고 온 곳이자 / 이고 가는 것"으로 시작하는 시를 선택한 것에 대해 넬슨은 이렇게 설명한다. "이 시에 담긴 평정심을 나도 얼마간 확보하게 되어 보낸 건 아니었다. 언젠가는 나도 이러한 경지에 이르기를, 이글거리는 질투심이 사그라지는 날이 오기를 바라며 보냈지. 네 살갗에 잉크로 새겨진 다른 이들의 이름과 이미지를 괴리감이나 불쾌감 없이 바라볼 수 있는 날이 오길 희망하며."[73]

넬슨은 자신의 현재 모습과 자신이 되고 싶어 하는 모습 사이의 긴장관계를 말하면서, 인용 실천을 과거나 현재의 상황에 대한 묘사만큼이나 열망으로서 위치시킨다. 더 나은 사람이 되기 위해 분투하는 자기이론적 작품 『아르고호의 선원들』과 실라 헤티의 2010년작 『사람은 어떻게 해야 할까?』는 작가가 목격하고, 우연히 듣고, 참여하고, 읽은 실제 일화와 대화를 글로 옮겨 적은 후 그것을 그들 자신의 작업의 맥락에서 재전유함으로써 윤리적 질문을 다룬다. 헤티의 책은 자기이론이라기보다 오토픽션에 가깝지만, "사람은 어떻게 해야 할까?"라는 질문을 던지면서 세상에 존재하는 방식을 성찰한다(어린아이의 어투로 들리지만 성인을 위해 쓰인 책이다).[74] 이러한 방식으로 이 작업들은 우리를 철학의 뿌리, 즉 어떻게 하면 잘 살아갈 수 있는지를 성찰하는 실천(그것을 알아내는 수단이 역설적으로 목적과 모순될지라도)으로 되돌려놓는다.

텍스트에서 자신의 한계와 이론적 결함에 대해 정직한 것이 그런 결함들에 대한 세간의 비평을 선제적으로 방어하는 것일까? 동시대 페미니즘 이론과 실천의 맥락에서, 이런 종류의 자기를 낮추는 정직은 수사학적으로나 철학적으로 효과적이거나 전복적일까? 아니면 그것은 여성에 대한 상투적 고정관념을 강화하는 것일까? 페미니스트적 폭로와 연관된, 그리고 타자에 대해, 타자를 위해, 타자와 함께 혹은 타자를 향해 글을 쓰는 행위와 연관된 윤리적·정치적 문제는 까다롭다. 작가나 예술가의 접근 방식이 수행적 적대(크라우스 대 딕)이든 진지함(마찬가지로 수행적이다)이든 상관없이 그렇다. 넬슨이 자기이론적인 생각하기와 글쓰기의 실천을 통해 현재 모습과 자신이 되고 싶어 하는 모습의 차이를 도출하는 것과 비슷하게, 관계성, 상호주관성, 친밀성의 이상은 그가 추구하는 이상으로서 텍스트에 존재한다. 넬슨은 텍스트에 타인의 목소리를 깃들게 하면서도 저자성을 공유하는 것에 대한 자신의 뿌리 깊은 저항을 시인한다. 하지만 사랑하는 사람이 실제로 목소리를 내는 실천들은 어떠한가? 협업자들끼리 저자성을 공유하는 경우에는? 자기이론이나 타인을 자신의 작업에 끌어들이는 행위 — 친밀감을 향한 움직임으로서의 인용 행위 또는 호명을 통해 민중(folks)에게 악행의 책임을 묻는 수단으로서의 폭로 행위 — 와 관련하여 페미니스트 자기이론이 도덕적 또는 윤리적 의무를 구성하는지를 두고 질문이 제기된다.

동시대의 문화적 생산, 특히 페미니즘, 퀴어, BIPOC 실천(말 그대로 "주변부에서")에서 표명되는 자기이론적 충동을 고찰할 때 나는 줄곧 이론화가 **윤리적** 실천인지 아닌지 질문해왔다. 2017년 11월 17일, 나는 캐나다예술재단이 후원하는 온타리오 아트 갤러리에서 열린 매기 넬슨의 강연에 참석했다. 넬슨이 실라 헤티와 대화를 나누고 있었다. 강연의 초점은 『아르고호의 선원들』이었지만, 헤티는 대화의 초반에 넬슨의 작품을 일주일 전에야 처음 읽었다고 고백했다. 그는 넬슨이 어머니다움에 관한 책을 집필 중이란 소식을 들었고, 자신도 같은 주제로 책을 쓰고 있다며 초조해했다. 헤티는 이 유료 강연을 준비하며 자연스럽게 넬슨의 책을 읽을 기회를 갖게 되었다. 그는, 내가 상상하기에, 자기 자신의 책에 유의하면서 넬슨의 책을 읽었고 자신과 넬슨이 어머니다움의 문제에 매우 다르게 접근하고 있음을 확인하고 안도했다. 그 후 헤티는 — 페미니스트 공간들에서도 특정 형식의 경쟁과 "누가 먼저 도달했는가"에 근거한 — 상업 시장에 선보일 자신의 프로젝트를 계속해도 안전할 것이라고 생각했던 것 같다(헤티의 『마더후드』[75]는 후년에 출판될 예정이었다).

강연장 뒤편에서 넬슨의 책을 구매할 수 있었다. 공간을 흘깃 둘러보니 느낌상 300여 명에 달하는 참석자 모두가 이 책을 적어도 한 번은 읽었을 성싶었고, 다른 페미니즘 및 퀴어 이론 책들이 꽂혀 있는 책장에 이 책을 꽂아둘 것 같았다. 강연이 시작되었고, 헤티는 넬슨에게 몇 가지 자유로운 질문을 했다. 나는 넬슨이 말하는 것을 들으며 생각했다. '철학자는 이렇게 말하는구나. 이게 철학자가 하는 일이군.' 심오한 지성의 소지자인 넬슨은 정치, 윤리, 미학의 주제들에 대해 그저 신중함이라고밖에 표현할 수 없는 태도로 강연에 임했고, 나는 (다시 말하지만, 나 자신도 모르게) 이런 페미니스트의 강연에 놀라고 있었다. 수사학적으로, 넬슨은 철학적 사유의 양태들에 집중했고, 무지(not knowing)라는 지적인 위치에서 철학자처럼 질문에 접근했다. 넬슨은 페미니즘 문제들에 관여하면서도 누구나 예상 가능한 교차성 페미니즘의 상투적 주장을 되풀이하지 않았다. 내가 보기에 이런 방식이 (다양한 배경의 사람들을 포함한 인민이 사회 쟁점을 보는 방식을 바꿈으로써) 변화를 불러오는 데 더 효과적일 수 있었다. 나는 2019년 봄 런던 왕립예술대학에서 열린 '자기-' 컨퍼런스에서 미국의 시인이자 에세이스트인 앤 보이어가 괴테와 악마상, 고집으로서의 반복, 그리고 트라우마가 어떻게 계급의 문제인지를 엮어서 이야기한 기조연설을 들을 때까지 이런 경험을 다시 접하지 못했다. 보이어의 말은 대학원생 페미니스트 작가들과 예술가들을 열광시켰고, 이론화 작업, 자기에-관여하는 비판적 사고, 그리고 교차적 삶에 대한 작업을 계속하도록 고양했다. 내 주변에, 인정하건대 내 취향의 또 다른 이론가-팬클럽인 "보이어 베이비"(Boyer Babes)가 형성되는 분위기였다(런던에서 만난 다양한 여성들과 논바이너리 친구들이 그를 향해 외쳤다. **완전 사랑해, 완전 멋져!**).

넬슨과 헤티는 약 한 시간가량 대화를 나눈 후, 참여자들과 질의응답 시간을 가졌다. 도슨트가 발언을 원하는 사람에게 마이크를 건네며 강연장을 돌아다녔다. 먼저 지역 페미니스트 작가이자 활동가인 내 친구 마조 펠드먼이 누가 자기이론적으로 글을 쓸 수 있는지를 박사과정생의 위치에서 질문했다. 또 다른 여성은 출산 경험을 털어놓으면서 — 아니면 단지 공유하려고, 경험의 상호 공유를 희망하면서 — 한때 내 안에 있었던 아이가 점점 나와 별개의 인간으로 성장하는 것을 지켜볼 때 엄습하는 감정을 어떻게 조절했는지를 넬슨에게 물었다. 공간의 분위기에 어울리는 몇몇 질문이 이어진 후, 한 젊은 여성이 일어나 떨리는 목소리로 넬슨의 『잔혹함의 예술』 속 한 구절을 인용하기 시작했다. NBC 리얼리티 TV쇼 「약탈자 잡기」에서 미성년자를 만나는 과정에서 붙잡힌 한 남자(명명되지는 않았지만 아마도 소아성애자로 추정되는)의 경험을 묘사하는 어려운 장면이었다. "그들이 그 남자의 집에 나타났을 때," 젊은 여성이 계속해서 문장을 읽었다. "그는 자신의 머리에다 대고 총을 쐈다." 방이 더 차가워졌고 내 심장은 빠르게 뛰기 시작했다. 그는 금방이라도 울 것 같은 표정을 지었을 때에도 흔들리지 않고 말을 이어갔다.

"그래서 제가 묻고 싶은 것은 최근의 페미니스트 운동이 도를 넘은 것인가 하는 것입니다"라고 여자가 물었다(어쩌면 "우리가 도를 넘은 걸까요?"라고 말했을 수도 있다. 정확히 기억나지 않는다). 이 여성은 #미투와 강간 및 성폭력을 저지르는 남성들의 공개(그리고 그에 따른 '처분')를 암시하며, 불편하고 골치 아픈 질문들을 이해하려 애쓰는 게 분명했다. 내 주위의 여성들이 서로를 바라보며 속삭이고 부드럽게 비웃기 시작했다. 그들의 얼굴이 일그러졌다. 서 있는 여자를 비웃으며 비난하는 게 분명했다. 나는 고등학교 시절로 돌아가 못된 소녀들에게 둘러싸인 듯한 기분이 들었다. 질문자는 그 공간의 합의(합의라는 게 있긴 했을까?), 우리가 읽는 동안 힘차게 고개를 끄덕였던 『아르고호의 선원들』 같은 책을 탐욕스럽게 소비하는 젊은 생물학적 여성 및 논바이너리 대학원생들의 마음 한가운데에 자리한 이데올로기적 전제에 반하는 발언을 했다. 그가 그런 질문을 할 수 있을 정도로 용기가 있었다는 생각이 들자 머리가 좀 맑아졌다. 내 생각에 그는 트롤이 아니라, 사회 정의라는 페미니즘 정치에 진지하게 몰입해 있지만, 다른 관점(즉 회복적 정의의 급진적 틀과 같은 비백인, 반식민지 정의 개념에 더 부합하는 관점)에서 페미니스트 강연들의 취지에 반하고 있었다. 그는 매우 복잡한 문제들과 연결된, 진정한 의미에서 철저히 공감하는 질문을 이론 강연에서 던졌다. 하지만 참가자 대부분이 이를 불쾌해했다. 그것은 페미니스트적 사유와 그것의 복잡한 관념들이 작동하는 공간에서 다룰 것이라 전제되는 범위를 초과하는 무언가였다.

   나는 넬슨의 대답을 지켜보았다. 질문자처럼 넬슨은 구체적인 사안을 언급하지 않았다. 그 대신 자신은 작업을 할 때 특별히 **일반화**하는 데에 관심이 없다는 더 광범위한 철학적 대화로 넘어갔다. (이것은 과격한 발언처럼 느껴졌지만, 방에 있던 모든 사람이 넬슨에게 열중했다. 왜냐하면 그들은 팬걸처럼 넬슨과 함께하는 "넬슨 걸즈"였기 때문이다. 『아이 러브 딕』 속 "바타유 보이즈"의 미래적 판본처럼 말이다.) 넬슨은 글을 쓸 때 모호성 같은 전략을 어떻게 사용하는지, 그리고 이론화할 때 여러 입장을 오가며 복수의 관점에서 질문을 바라보고 글을 쓴다고 설명했다. 그는 일반화를 경계하며, 퀴어로서 성 도착에 대한 담론 역시 매우 경계한다고 덧붙였다. (넬슨이 이렇게 말했을 때 나는 그 말을 과격하고 파격적인 발언으로 받아들였다. 그 무렵 루이 C. K.가 "#미투 순간"을 겪고 있었고, 도착에 대한 담론이 수면 위로 떠올라 주류의 관심사가 되어 있었다. 깨어 있는 퀴어 페미니스트의 관점에서 그런 언어의 사용을 방어하는 것은, 적어도 동의라는 명백히 핵심적인 요소를 떼어놓고 생각한다면, 루이 C. K.와 그의 행동의 정치적 의미를 복잡하게 만든다. 방에 있던 다른 사람들도 그렇게 생각했는지는 모르겠다.) 나는 넬슨이 어떻게 폭력과 섹스를 둘러싸고 다른 식으로 전개될 페미니스트 대화를 위한 공간을 만들 수 있을지 궁금했다. 철학적이면서(무지, 임계성, 회색이란 점에서) 동시에 정치적인, 심지어 고무적인 대화 말이다. 넬슨이 보기에 페미니스트 문제틀을 통한 자기이론적 사유하기는 철학이 가장 잘할 수 있는 것, 일반화하는 진술들과 이분법적 대립을 넘어서 미리 결정되지 않은, 회복적일 수 있는 사유와 존재의 방식으로 확장되는 것이었다. 질문자는 넬슨에게 감사의 인사를 전한 후 자리에 앉았다.

강연 다음 날, 나와 동일한 페미니스트 예술 커뮤니티와 사회적 영역에서 활동하는 친구가 페이스북에 글을 올렸다. 그 글은 이렇게 시작했다.

| 매기 넬슨의 강연에서 '강간범은 어떻게 하죠?'라고 진지하게 물었

던 여자에게 냅다 '꺼져! 씨발'이라고 외치고 싶었다. 이렇게 말한 건 아닌데, 내가 무슨 말을 하려는 건지는 다 알 듯. 여성혐오가 내면화된 사람과 시간을 보내야 하는 모든 분께 심심한 위로를 보낸다.

한편으로 나는 내 친구의 입장을 이해할 수 있다. 아마 그들은 나와 같은 생존자였을 것이고, 그 여성이 인기 없는 질문을 하도록 만든 순수한 공감이나 타자를-이해하려는-욕망이 이미 배제된 분노의 장소에서 글을 썼을 것이다. 다른 한편으로는, 적절하고 생산적인 이해를 위한 맥락을 정말로 필요로 하는 내용을 탈맥락화하는 데에 소셜 미디어 플랫폼들이 얼마나 효과적인 장소인지를 다시 한번 상기하게 되었다. 담론적으로나 사회적으로 강간옹호자나 그에 진배없는 것으로 매도당하지 않고서는 해당 게시물에 반박 댓글을 다는 것은 매우 어렵거나 불가능하다(비록 내가 여성이자 퀴어 강간 생존자이며, 다른 강간 및 성폭력 생존자를 지원하는 일선 페미니스트 활동가로 오랫동안 활동해왔지만, 페이스북 댓글이라는 탈맥락화된 공간에서는 그런 것들이 전혀 중요하지 않게 된다. 거기서 나는 그저 "반대하는" 목소리, 심지어 트롤로 분류될 것이다). 하지만 나도 그 강연장에 있었고, 게시물에서 언급된 사건에 대해 그렇게 기억하지 않는다. 질문을 한 여성은 넬슨의 『잔혹함의 예술』을 언급했다. 그 책은 범죄, 폭력, 잔혹함, 극단주의에 대한 20세기 아방가르드의 종종 무비판적인 헌신 — 예컨대 자기-폭력적이고 극도로 자학적인 퍼포먼스 아트에서 발견되는 — 을 신중하게 해체 내지 탈구축하는 페미니스트 예술 역사기록(art historiography)이다. 그리고 그런 종류의 작업이 "소위 실재와 더 진정한 관계로 특징지어지는, 소외되지 않고 매개되지 않는 실존의 흐름으로 우리를 새롭게 이끌거나 회복시키기에"[76] 카타르시스적이거나 구원적인 힘을 가지고 있다는 전제에 문제를 제기한다. 이것이 그 여성의 질문에서 중요한 맥락이다. 그의 질문은 "강간범은 어떻게 하죠?"였다기보다 "페미니스트 공간에서, 용납하기 어려운 강간과 다른 형태의 성폭력과 관련해서 공감과 회복의 한계는 무엇인가요?"에 가까웠다. 그 질문엔 "이 사회에서 우리는 강간범을 어떻게 다뤄야 할까요?"라는 물음이 포함돼 있었다.

"비평가에게도 한계는 있다"라고 제니퍼 도일이 『나에 대한 원망: 동시대 예술의 어려움과 감정』(2013)에서 지적한 것처럼, 강연에 참석한 이들에게 강간은 사실상 한계 지점인 것처럼 보였다.[77] 친구의 게시물을 읽으면서 이런 주제는 너무 일촉즉발의 상태에 있어서 사실상 이해하기 어렵다는 생각이 들었다. 강간과 관련한 질문들에 관해서라면 우리는 아직 "비판적 거리를 가진"이란 의미에서 "철학적으로" 접근할 수 있는 단계에 이르지 못한 것일 수도 있다. 하지만 이 책이 보여주듯, 이것이 유일하거나 일반적인 의미는 아니다. 아마도 그 자리에 있던 생존자들에게 허용되는 유일한 말은 "강간범은 좆까라"와 "여성의 말을 믿어라" 같이 우리가 정치적 행위로서 유통시키는 밈(담론이나 이론의 대상이거나 논쟁의 여지가 있는 것이 아닌 깨시민들의 대처 메커니즘으로서의 밈)과 해시태그의 반향이었을지 모른다. 하지만 나를 포함한 또 다른 생존자들의 치유 과정이 고통을 넘어서 더 어려운 질문을 던지는 것을 의미한다면 어떻게 될까? 그렇다. 강간범은 분명히 나쁘고 자신의 행동에 대한 대가를 치러야 한다. 이것은 의심의 여지가 **없어야** 하며, 의심의 여지가 있다는 사실이 내 친구와 다른 사람들이 이 주제를 다룰 때마다 분노하고 경악하는 이유일 것이다. 그러나 소시오패스나 소아성애자처럼 강간범도 피와 살을 가진 인간이란 점에서, 윤리의 질문들에 진지하게 관심이 있는 사람이라면 폭력의 한계 지점에 다다른 사례들을 어떻게 다룰지 물을 것이다. 사회적으로 혹은 공동체로서 "우리"는 이것을 어떻게 다뤄야 할까? 페미니스트로서 "우리"는 무엇을 해야 할까? 이것이 『잔혹함의 예술』에서 보여주는 것처럼 넬슨과 같은 이론가들이 던지는 질문이다. 자신이 속한 커뮤니티와 교감하는 이들 중 누가 페미니스트 철학자들과 이론가들보다 이 질문을 더 잘 물고 늘어질 수 있을까?

　이 일화를 쓰면서 나는 내장이 비틀리는 듯한 고통을 느낀다. 그때 올린 게시물 때문에 친구들을 "공개 비난하고" 싶지는 않다. 나는 그들에게 공감하고 그들의 분노를 이해한다. 나 또한 그런 감정을 느꼈고 지금도 느끼고 있다. 넬슨의 강연은 브렛 캐버노 청문회와 같은 주에 열렸다.[78] 이 청문회는, 강간은 끔찍한 일이며 대부분의 경우 강간범들이 적절한, 심지어 어떠한 처벌이나 책임도 지지 않는다는 사실에 대한 긴박감과 경각심을 고취시켰다. 내가 하고 싶은 것은 포스트인터넷 문화가 **역사적으로 이해된** 철학적 실천을 어떻게 복잡하게 만드는지 고찰하는 것이다. 어쩌면 그 공간에 있던 일부 페미니스트에게 이론과 비평의 실천이 급진적 공감이나 인식론적·존재론적 미지의 영역에 뛰어드는 것은 아닐 수 있다. 이론은 윤리의 한계 지점에 관한 것이 아닐지도 모른다. 내게 모든 답이 있는 것은 아니다. 하지만 나는 페미니스트 양태로서의 자기이론을 고찰하는 맥락에서 이 일화로 계속 돌아오게 된다. 왜냐하면 이는 페미니스트 이론가의 강연과 강연 후 질의응답, 그리고 아마도 비슷한 정치적 충성심(가령 **우리는 모두 같은 편**이라는 식의)을 가진 청중이 모인 비평의 공간이 무엇을 위한 것이며, 어떤 종류의 질문과 대화가 허용되고 환영받는지에 대한 의문을 제기하기 때문이다. 강간범을 어떻게 다루어야 하는지를 질문하는 여성과 실제 강간범은 다른 사람이다. 그리고 이는 어렵고 논쟁적인 주제에 대한 공개적인 대화에 참여하는 페미니스트 이론가, 예술가, 비평가 들이 중요하게 다뤄야 하는 지점이다.

  2년 후에 나는 런던에 있었고 왕립예술대학에서 이틀간 열리는 '자기-'컨퍼런스에서 발표를 했다. 점점 더 대중화되는 동시에 모호해지는 두 개의 용어, 즉 자기이론과 오토픽션에 근접해 있는 실천과 관련된 작가, 예술가, 큐레이터, 비평가 들이 여기에 참석했다. 기조연설자로 나선 앤 보이어는 점심 식사를 하는 동안 X 세대, 즉 쿨하고 반문화적이라는 면에서 "반(反)-윤리적"인 세대와 밀레니얼 세대 — 일견 윤리적인 것에 강박적으로 집착하는, "도덕성 과시"(virtue signaling)[79]와 같은 용어로 묘사되는 세대 — 의 차이를 이야기했다. 나는 넬슨 강연의 일화와 그에 대한 내 친구의 반응을 보이어와 일부 다른 발표자들과 공유했다. 취소 문화 때문에 수업 시간에 질문하는 것을 너무 두려워하는 밀레니얼들에 대해 논하는 발표자가 있었다. "그들은 잘못된 말을 할까 봐 두려워해요. 잘못 말했다가는 파멸할 수도 있으니까요." 그들 사이에 잠시 이야기가 오고가다가 이내 보이어가 반박했다. "우리는 윤리적 존재로 태어나지 않아요. 배움과 질문하기를 통해 윤리적 존재가 되지요. 강의실에서 질문을 하지 않는다면 어디에서 이런 것들을 생각할 수 있죠?" 나는 철학과 이론, 함께 생각하기를 위한 다른 공간을 강의실에 더할 것이다.

매기 넬슨의 강연과 같은 철학적 공간에서, 생각이 비슷한 사람들(적어도 주요한 정치적 질문에 대해 비슷한 성향을 가진 사람들)이 모인 공간에서 이런 질문을 다룰 수 없다면, 대체 어디에서 이러한 질문을 다룰 수 있을까? 그리고 우리가 언제 어디서나 이런 질문을 고려하지 않는다면, 대답을-필요로 하는-질문들은 어떻게 될까? 곪아 터질까? (나는 넬슨 강연에 참석한 모든 사람이 적어도 이론적으로는[반복: **적어도 이론적으로는, 적어도 이론적으로는**] 교차성 페미니즘의 이상을 가지고 있다고 확신한다.) 그 자리는 분명 토론을 위한 안전한 공간이었거나 적어도 "좀 더 안전한 공간"이었다. 그 질문을 한 여성을 조롱했던 여성들은 아마 그 공간을 안전한 공간으로 묘사하고, 거기에서 자신들의 필요가 충족되기를 원했을 것이다. 하지만 페미니스트가 묘사하는 공간에 대한 내 경험에서 종종 그러하듯, 누군가의 경계선이 다른 누군가에게는 도화선이 될 수 있다. 누군가의 필요는 다른 누군가의 한계 지점이 될 수도 있다. 이 사실이 페미니스트 커뮤니티로서의 우리를 어디에 남겨두는 걸까? 폭력의 존재론이나 폭로가 "도가 지나칠" 수 있는지 아닌지에 대한 질문을 이론화할 만큼 충분히 거리를 취하는 데 어려움이 있는 생존자들도 있을 것이다. 그러나 이 질문들은 제기될 가치가 있다.

성폭력 및 성폭행의 생존자로서, 그리고 복합성 외상 후 스트레스 장애를 포함한 정신건강 문제를 진단받은 사람으로서, 나는 이런 질문을 순진하게, 아니 내면화된 여성혐오로 인해 제기하는 것이 아니다. 때때로 나는 번지르르한 말장난(방어기제이기도 하다)에 빠지기도 하지만, 가장 골치 아프고 임계적이며 긴급하고 **개인적인** 장소들에서 지속적으로 지식과 이해를 추구하려는 욕망, 그리고 미학적이고 정치적인 쟁점들뿐만 아니라 윤리적인 쟁점들에 대해서도 생각하고 말하는 방식을 변화시키는 방법으로서 자기이론적 실천에 대해 고민하려는 욕망에 입각해 이런 질문을 던지는 것이다. 내게는 바로 이것이 동시대적 실천의 양태로서 자기이론이 잘할 수 있는 일인 것처럼 보인다. 그렇게 되면 우리가 살아가는 사회 구조와 제도 — 우리가 생각하고, 울고, 웃고, 좌절하고, 흥분하고, 오해를 받는 곳으로서 — 를 바꿀 수 있을지도 모른다. 그런 복잡한 질문들을 함께 나누기 위해서가 아니라면 대체 왜 우리가 넬슨의 강연에 참석했겠는가? 그저 우리의 전제와 관점을 확인받으려고 참석했단 말인가? 이론은 단지 또 다른 진공이었던 것일까? 동시대 예술과 페미니즘 담론 역시 단지 또 다른 공백에 불과할까?

　내가 생각하기에 이론은, 특히 자기이론은 다른 것을 할 수 있다. 다르게 접근하는 능력과 응답가능성(responsibility)을 가지고 있기 때문이다. 자기이론은 살아 있는, 개인적이고 주관적인 경험과 맥락화된 고려, 비판적인 성찰 사이의 교환을 위한 공간을 조성한다. 세지윅의 "회복적 읽기" 이후의 페미니스트적 자기이론의 실천이 "타자", 심지어 오늘날의 교차성 페미니즘에서 가장 소외된 "타자들"에게도 근본적으로 회복적이고 공감적일 수 있을까? 만약 그렇다면 이런 공감에 한계가 존재할까? 나는 이 문제를 폭로와 노출의 페미니즘 정치를 다루는 5장에서 더 자세히 논의할 것이다. 그러나 먼저 다음 장에서는 시각예술, 설치, 혼합 미디어, 비디오와 같은 다양한 형식에 걸친 자기이론의 인용 실천과 이들 작업을 통해 형성된 상호텍스트적이고 상호주관적인 친밀감 및 커뮤니티의 종류를 살펴보고자 한다.

4장

인용들을 퍼포밍하기, 레퍼런스를 시각화하기

그려진 참고문헌들,

조각된 이론

그리고 다른 모방적 움직임들

모든 읽기, 매회의 읽기는 이미지에 대한 욕망, 재/현하려는 의도이고, 이는 우리에게 희망을 준다.

... 니콜 브로사르, 『공중 편지』

예술적 소재로서 인용:
조각, 비디오, 혼합 매체

앞 장에서 나는 작가와 예술가가 작품 내 매우 눈에 띄는 자리에 인용 — 자신의 가설이나 이론을 뒷받침하기 위해 다른 사람들의 생각을 참조하는, 널리 알려진 학문적 실천 — 을 위치시킴으로써 자기이론적 충동에 관여하는 방식들을 논했다. 각주나 미주에 있었다면 흐릿하게 보였을 레퍼런스에 곧장 눈길이 갈 것이다. 그렇게 레퍼런스는 미장파주나 미장센의 중요한 부분을 차지한다. 이런 작업에서, 예술가나 작가는 인용을 작업의 구성 요소로서 주목시키고, 인용은 이야기를 읽고, 비디오를 시청하고, 곡을 듣는 과정의 핵심적인 부분으로 바뀐다. 이번 장에서 나는 콜린 스미스, 앨리슨 미첼, 디어드러 로그의 작업을 분석할 것이다. 여기서도 자서전적 작업들의 맥락에서, 그러나 다른 매체와 다른 규모로 이론을 인용하는 실천들이 전개된다. 나는 시각예술가들이 자서전적인 예술에서 레퍼런스를 물리적인 소재로 사용하는 경향, 3장에서 검토한 회고적이거나 포스트회고적인 글쓰기 내부의 수행적인 인용과 연관된 실천을 다룰 것이다.

최근 동시대 미술에서 많은 예술가들은 이론서와 비판적 문학을 손으로 2D 드로잉이나 3D로 복제하는 방식을 택해왔다. 스미스가 블랙 라이브즈 매터 시대의 미국 흑인들의 생존을 다루기 위해, 프란츠 파농, 실비아 윈터, W. E. B. 듀보이스 같은 작가들의 책을 촉각적으로 복제해 흑인 민중의 "갑옷"으로 봉사할 손으로 직접 그린 도서 목록 「휴먼_3.0 독서 목록」부터, 미첼과 로그가 퀴어 미래성을 다룬 더 큰 설치 작업의 일부로, 글루텐 프리 종이 반죽(papier-mâché)을 이용해 퀴어 이론서를 사람 크기로 복제한 작품에 이르기까지, 이런 작업들은 동시대 미술의 더 거대한 흐름인 자기이론적 전회와 연동한다. 예술가들의 실천은 텍스트들의 의미를 어떻게 바꾸고 있을까? 예술가들의 삶, 인용된 텍스트, 관객, 동일시 그리고 커뮤니티 사이에 어떤 관계가 형성되고 있을까?

자서전 형식에 정통한, 그리고 신체화된 스튜디오 실천에 입각해 작업하는 미첼과 로그 같은 예술가들의 손을 거쳐 이론서, 참고문헌 또는 독서 목록은 순전히 색인적인 기능을 벗어나 설치미술이나 비디오를 위한 퍼포먼스의 맥락 안에서 정동적이면서 커뮤니티적인, 욕망의 대상이지만(desirous) 어려운 무언가를 함축하며 확장한다. 협업자이자 연인/파트너인 미첼과 로그가 2010년에 그들의 집을 거점 삼아 공동 설립한 다지점적(multisited) 공간인 페미니스트 아트 갤러리(the Feminist Art Gallery, FAG)는 뉴욕 기반 콜렉티브 LTTR[1]이 입증한 단기 퀴어 페미니스트 콜렉티브 모델의 여러 예시 중 하나였다.[2] 나는 작가이자 큐레이터로서 퀴어 이론과 그것의 역사 및 미래성을 자기이론적으로 프로세싱하는 그들의 실천을 방식을 고찰하고자 한다. 또한 그들의 최근 협업 전시들을 면밀히 살펴봄으로써 작품의 맥락 안에서 이론의 인용을 복제하려는 모방적 충동을 숙고할 것이다. 정체성의 문제(그것의 고정성 또는 가변성)와 정체성이 자기이론과 맺는 관계는 이 장의 말미에서 다뤄진다. 내가 검토할 관계들은 담론적인 흥망성쇠가 자기의 통합성을 위협하는 이름난(named) 정체성들로 바뀔 수 있다. 담론적으로 말해서 퀴어 소속과 연관한 레즈비언의 죽음을 둘러싼 자기이론적 질문들에 있어서 미첼과 로그의 최근작이 표면화한 "레즈비언"의 사례가 예시하듯이 말이다.

퀴어 페미니스트 실천에서 커뮤니티 정치학은 (적어도 이론에서는) 종종 작업의 중요한 부분으로 기능한다. 협업은 자기이론적 작업에 수반된 윤리적 쟁점들을 완화할 수 있는 한 가지 방법이다. 로런 벌랜트와 캐슬린 스튜어트의 『더 헌드레즈』는 정치적·이론적으로 자기-반영적 실천으로서 협업적 글쓰기를 보여준다. 두 사람이 자기이론적으로 함께 쓰는 행위는 단어 100개로만 단편을 쓴다는 제약 안에서 조직화된다. 벌랜트와 스튜어트의 글쓰기는 퀴어 페미니즘 정동 이론의 특정한 이론적 계보와, 히로미 고토와 데이비드 베이트먼이 알코올 중독을 주제로 쓴 『늦은 오후까지 기다리다』(2009)[3]와 같은 시를 포함한 인접 문학 실천에 뿌리를 두고 있다. 사랑하는 타자 혹은 다른 종류의 협업 파트너이자 친구와 작업함으로써, 그 타자의 목소리와 행위성이 더욱 행위성으로서(agentially) 통합되어 내부로 들어온다. 작업은 어느 정도는 그들에 의해 만들어지며, 통상 능동적이고 지속적인 대화와 협상 속에서 이루어진다. 측면 인용의 실천과 유사하게, 협업은 타가수분(他家受粉)과 좀 더 평등한 운동장이나 디딤판을 장려한다. 3장에서 보았듯 넬슨이 『아르고호의 선원들』에서 저자성의 공유에 대한 불안을 표했던 반면, 미첼과 로그는 함께 살고 잠자리를 함께하는 것(자기이론적 작업에 결합되는 모든 형태의 친밀함)에 더해 함께 일하는 이들에게 협업이 초래할 많은 잠재적 어려움에도 불구하고 기꺼이 이를 수용한다.

미첼과 로그는 연인/배우자로서 동거하고 페미니스트 아트 컬렉터, FAG의 큐레이터, 교육자, 커뮤니티 조직자로 활동하는 것 외에도, 개인적으로나 협업의 형태로 활발하게 예술가적 실천을 지속한다. 그들은 카메라를 위한 퍼포먼스, 부드러운 소재로 만든 자화상 조각 같은 자기-이미지 실천들, 텍스트와 선언문 같은 매체로 작업한다. 미첼은 오랫동안 자기-성찰적인 팻-펨(fat-femme) 예술을 실천함과 동시에 여성학 및 젠더 연구 교수로서 퀴어 이론과 정동 관련 강의를 해왔다. 리서치의 관념이 그의 작업에 영향을 미친 것이 놀랍지 않은 이유다. 이론을 예술로 통합해 들이는 미첼의 방식은 종종 매우 "저속"(lowbrow)하다. 그는 고상한 퀴어 이론이 퀴어-펨 맥시멀리스트 키치라 불릴 수 있는 방식을 택해 쉽게 접근할 수 있게 한다. 하지만 그들 작업의 자기이론적 취지는 예술가로서의 협업에서 표면화된다. 이 점에 착안하여 그들이 예술가-협업자로서 작업한 두 전시, 즉 2014년 레스브리지대학교 미술관에서 열린 《우리는 경쟁할 수 없다》전과 2015년 아그네스 에서 링턴 아트센터에서 열린 《나는 전혀 나 자신이 아니다》전을 살펴본다. 이 둘을 퀴어 가능성 및 미래성과의 관계 안에서 탐구할 것이다. [34] [35] [36]

《우리는 경쟁할 수 없다》는 비디오, 조각 작품, 사운드, 발견된 오브제를 포함한 다양한 매체로 구성된 전시이다. 코바늘로 짠 텍스트 "우리는 경쟁할 수 없다"와 "우리는 경쟁하지 않을 것이다"가 적힌 두 배너는 경쟁과 개인주의로 치닫는 예술과 아카데미의 신자유주의적·자본주의적 경향을 퀴어링하려는 연대의 메시지를 담고 있다.[4] 전시장 한쪽 구석에는 입장한 관람객들에게 첫 번째 구심점으로 작용할 혼합 매체 조각 작품이 서 있다. 이 조각 작품에 포함된 대형 오디오 스피커 두 개가 페미니즘 이론, 퀴어 이론 그리고 동시대 예술의 쟁점들을 다룬 이론 작업을 포함한, 이론 및 예술 서적과 색색의 바인더 더미를 받치고 있다. 예술가들이 캠퍼스 주변에서 책과 바인더를 가져왔고, 페미니즘 및 퀴어 예술에 대한 학술 텍스트와 도록은 대학 도서관 소장 자료들 중에서 수집했다. 스피커에서는 인디 밴드 '앱스트랙트 랜덤'(Abstract Random)의 곡들이 반복 재생되며 흘러나온다. 마치 이 설치 작품의 에너지원이라도 되는 양 조각 아랫부분에서 전시장 바닥으로 길게 뻗어나가는 붉은색 테이프 줄들이 관객의 시선을 사로잡고 매료시킨다. 이 이론-예술-바인더-스피커들로부터 사방으로 뿜어져 나오는 붉은 테이프 줄들은 진동하는 태양광선, 이 작업의 사변적인 "열원"과 같다. 예술가들은 이 작품을 전체 설치 작품의 심장(순환만큼 정동과 연결된 은유)으로 배치함으로써, 페미니즘 및 퀴어 이론과 예술의 중요성 그리고 도서관 리서치의 역할을 강조한다.

둘의 작업은, 예술작품의 차원에서뿐만 아니라 파트너, 협업자 그리고 캣맘이라는 그들의 삶의 차원에서도 퀴어 실천과 퀴어 이론의 불가분성을 보여준다. 아그네스 에서링턴 아트센터에서 열린 전시의 기획자였던 세라 E. K. 스미스는 "예술가들의 생활과 친밀하게 연결된 이 자기-참조적 작품들은 퀴어의 일상적 현실과 페미니즘 및 퀴어 담론(역사적이면서 동시에 동시대적인) 간의 접속을 모색한다. 궁극적으로는 퀴어 이론을 퀴어 실천 안으로 끌어들인다"라고 쓴다. 미첼과 로그의 작품을 "예술가들이 직접 체험한 것에 대한 비판적 성찰"이라고 묘사한 스미스의 방식은 예술-제작에 대한 자기이론적 접근 방식을 상기시킨다. 두 사람은 자기 자신의 삶의 정치, 미학, 이론을 비판적으로 채택했을 뿐 아니라 핵심 소재인 이론을 작업에 가담시키고 인용한다.[5] 미첼과 로그처럼 자기이론적으로 작업하는 예술가들은 페미니즘 및 퀴어 이론을 지식의 출처와 의식의 발흥으로서만이 아니라 퀴어 페미니스트적 삶과 생성의 자양분으로서도 특히 중시한다. 그들은 이론적 텍스트를 그들의 상호 연결된 역할들 — 예술가이자 큐레이터, 교육자이자 교수, 커뮤니티 활동가이자 조직가, 레즈비언이자 연인, 캣맘이자 이웃 — 이 하나로 합쳐지는 장소로, 비판적 사유와 통찰, 참여한 대화와 관념 및 이론의 뒤섞임, 그리고 차이들을 가로지르며 새로운 이해를 구축하는 것을 통해 자양분을 찾는 장소로 무대화한다.

전시 《우리는 경쟁할 수 없다》를 퀴어 이론과 퀴어 실천을 통합하려는 것으로 읽을 수 있는 한편, 전시의 형식과 소재, 주제를 통해서 다름 아닌 퀴어 미래성의 한계들과 (불)가능성들과 고군분투하려는 것으로도 읽을 수 있다. 비디오 작업 「그녀의 것은 여전히 축축한 동굴이다」에서 두 예술가는, 스크린 위의 텍스트에서 볼 수 있듯이 이론적으로 해박한 성찰을 자신들의 퍼포밍하는 신체들과 병치한다.[6] 이 비디오는 그들의 대형 전시에서 닻의 역할을 하는 작품이자, 가장 명백하게 정의된 자기이론의 형태를 보여주는 작업이다(예술가들이 이론서들 옆에서, 자기이론 안에서 퍼포밍하고 있다). 예술가들은 카메라를 위한 퍼포먼스와 비디오 아트 매체를 활성화해서, 이론 읽기의 실천을 다른 종류의 친밀함들과 뒤얽혀 있는 근본적으로 물리적인 협업으로 재현해냈다.

이 작품은 2015년 온타리오 아트 갤러리의 레지던시에서 했던 작업 ─ 여기서 두 사람은 그린 스크린 앞에서 「그녀의 것은 여전히 축축한 동굴이다」를 만들었다 ─ 을 확장한 것이었다. 비디오에서 미첼과 로그는 밝은 베이지색 ─ 백인 정착민인 그들의 "살색"에 가깝다 ─ 전신 보디 수트를 입고 크로마키 녹색 소재를 덧댄 마룻바닥 위에 설치된 그린 스크린 앞에 서 있는 모습으로 나타난다. 그들은 직접 만든 몰입형 공간에서 카메라를 바라보며 글루텐 프리 종이 반죽으로 만든 온갖 다양한 오브제를 갖고 장난기 넘치는 퍼포먼스를 진행했다. 보디 수트를 입은 이 두 예술가는 스크린 위의 텍스트와 상호작용하면서 장난기가 다분한 결기를 갖고 작업에 임했다. 페미니즘과 퀴어 이론의 텍스트들이 미첼의 장기인 맥시멀리스트 스타일로 확대되어 스크린 위에 나타난다. 페미니즘 이론의 유명한 문구들이 유머러스한 효과를 창출하면서 스크린 위에서 새롭게 반복된다. 예컨대 시몬 드 보부아르의 『제2의 성』(1959)의 유명한 말 "여자는 태어나는 것이 아니라 만들어진다"가 "줄무늬 고양이는 태어나는 것이 아니라 만들어진다"란 문장으로 번역되어 스크린 위에 등장한다. 그것은 두 예술가의 고양이들이 본의 아니게 배우처럼 등장하고, 마룻바닥에 놓인 카메라의 시점이 반(反)-인간 중심적이고 암고양이(pussy)-중심적 시각으로 이용된, 고양이-여인에게 어울리는 레퍼런스이다.[7][37]

미첼과 로그는 퀴어 이론가 호세 에스테반 무뇨스에 대한 애가(哀歌)로서, 거기에 적힌 그의 생몰 날짜로 보아 이것이 애도의 프로젝트임이 분명한 방식으로 사랑스러운 초상화를 만든다. 비디오의 한 장면에서 미소를 짓고 있는, 손으로 그린 이 무뇨스는 "내가 레즈비언인 것은 아무도 모른다"라고 적힌 플래카드를 들고 있다. 이것은 표면상 시스-동성애자 남성인 무뇨스가 이 작업을 만들고 있는 레즈비언 작가들과 연대한다는 것을 가볍게 윙크하듯 폭로하는 것으로 보인다. 이것이 무뇨스가 죽은 후에 그에게 명예 레즈비언 지위를 승인하는 동맹에 대한 논평인지, 혹은 작가에 대한 감춰진 "진실"의 계시인지는 사뭇 명랑한 채로 모호하게 남는다. 어쩌면 무뇨스에 대한 이런 경의 표하기는 의도한 것은 아니지만, 그보다 더 어리둥절할 만한 젠더 동일시, 가령 앞의 장에서 논의한 세지윅과 같은 동일시의 유희를 변주해낸다. 무뇨스의 저명한 책 『크루징 유토피아』에서 따온 문장들은 두 예술가의 가정생활과 예술 실천에서 갖고 온 이미지들과 나란히 등장한다. 물론 그들은 그들의 협업 단체인 "패그" — 또 다른 수사적 뒤섞이이자 젠더 유희로, 레즈비언으로 정체화한 이 예술가들은 "패곳"(faggot, 남성 동성애자를 혐오하는 비속어)의 준말 "패그"로 읽히는 약칭을 사용한다 — 를 통해 협업 활동을 하면서, 우연의 일치일 수도 있겠지만 "비디오 패그"(Video Fag) — 로그와 미첼이 그들의 공간을 공동 설립한 몇 년 후에 두 명의 게이 남성 예술가-파트너가 공동 설립한 — 같은 중심가/웨스트엔드 토론토 기반의 미디어 아트 프로젝트 공간들과도 관련을 맺고 있다.

이러한 자기이론적 비디오의 퀴어 정치는, 이론 읽기의 실천들 및 이런 이론 텍스트들과 예술가들 자신의 퀴어한 가정생활의 관계를 둘러싸고 한결같은 모습으로 지속된다. 비디오의 어느 한 부분에서 로그는 거대한 핑크색 "형광펜"(3미터 86센티미터 길이의 글루텐 프리 종이 반죽으로 만든 펜)을 잡는다. 이 우스꽝스럽게 크고, 핑크색이고, 남근적인(내가 발표 중에 이렇게 말하자 두 예술가는 웃으며 내게 말했다: "네가 한 말이지, 우리가 한 말은 아니야!") 펜은 목적을 달성하려면 그가 휘둘러야 하는 어떤 것이다. 로그 근처에 누운 미첼은 편지 사이즈의 종이로 만든 거대한 작품에 옆구리를 기댄 채 한 손으로는 머리를 떠받치고 다른 손으로는 형광펜으로 강조되어야 하는 줄을 가리키고 있다. 로그는 미첼이 가리킨 "페이지" 위 장소를 만지기 위해 형광펜을 움직이면서 그 거추장스러운 오브제와 자기 몸의 균형을 신중하게 유지한다. 형광펜을 움직임에 따라 확대된 "페이지"는 노란색으로 강조되고, 비디오 편집의 마술은 스크린 위에 그 과정-추이를 묘사함으로써 "실재"를 강조하는 행위를 표현한다. 동시대 페미니즘 담론과 그것의 불만들에 대해 유머 감각을 갖고 반응하는 미첼이 입은 흰 티셔츠에는 "내게는 문제들이 있다"라는 문장과 나란히 실크스크린으로 인쇄된, '가리키는 손' 표시 — 하단의 미첼 자신의 '가리키는 손'을 모방한 — 가 보인다. 퍼포먼스를 함께 공유함으로써 두 예술가는 이론 읽기의 장면을 지지와 후원이 필요한 뭔가 힘들고 고된 것으로 신체화한다. 그들은 종종 혼자 하는 이론서 읽기와 이론서의 의미를 파악하는 행위 — 대학원생이 종합시험 공부를 하거나 다음의 큰 학술 서적에 착수할 때 할 법한 — 를 둘이 하면 가장 사랑스럽게 잘해낼 수 있는 행위로 바꾼다.

퀴어 페미니스트의 세대 간 교감

두 예술가가 퀴어 이론의 역사와 미래를 자기이론적으로 프로세싱하는 방법 중 하나는 퀴어 이론하기의 여러 세대를 가로지르며 관계들을 재상상함으로써 가능해진다. 둘은 수행적인 방법을 따르면서 1970년대 레즈비언 페미니즘과 포스트-2000년대 퀴어 이론을 전략적으로 제휴하게 만든다. 그들은 20세기 레즈비언 이론의 초기를 구성하는 작업인 모니크 위티그의 『스트레이트 마인드』(1992)와 무뇨스의 『크루징 유토피아』(2009) 간의 대화를 도모하면서 이론에서 세대들 사이에 일어날 수 있는 대화를 무대에 올린다.[8] 계속 자기이론적인 경향의 작업을 진행하면서 두 예술가는 《나는 전혀 나 자신이 아니다》의 맥락 안에서 이론 텍스트들을 조각적 오브제와 2D 드로잉으로 구축한다. 전시 공간 안에서 비디오는 위티그의 『스트레이트 마인드』와 무뇨스의 『크루징 유토피아』의 모방적인 대형 복제물(형광펜과 마찬가지로 글루텐 프리 종이 반죽으로 만든)을 북엔드 삼아 설치되었다.

미첼과 로그는 두 권의 책을 조각적 오브제로 바꿈으로써 우리가 『아르고호의 선원들』 같은 문자로 쓰인 작품들에서 발견할 수 있는 상호텍스트적 친밀함들, 동일시들, 수행적인 인용의 양태들의 실천을 뻔뻔스러운 종점에 이를 정도로 확장시킨다. 미첼의 맥시멀리스트적 조각과 몰입형 설치 작업에서 이론적이고 문학적인 텍스트들 — 두 사람이 예술가, 페미니스트, 학자로서 직접 체험한 실천들의 형성적이고 핵심적인 레퍼런스들로서 두 사람의 작업에서 인용된 — 은 색인 기능을 넘어 글자 그대로 그 예술작품의 물질적인 구성 요소들로 바뀐다. 조각과 설치를 이용해 작업한 이들은 프랑스의 2물결 레즈비언 페미니즘의 성취에 한없는 존경심을 표하면서도, 동시에 이런 인식론적 양태의 한계들(예를 들어, 급진적인 다양성과 트랜스-포용성이란 쟁점들)을 의식한다. 그렇게 함으로써 레즈비언 페미니즘이 오늘날 퀴어의 맥락 안에서 어디에 어울릴 수 있는지를 이해하려고 분투한다.

두 권의 책은 상호텍스트적으로 구성된 전시의 쾌활한 유희 안에서 전시를 구조화하는 동기, 색인 레퍼런스의 지점들, 상징적-물질적 미술 오브제로 바뀐다. 동시대 미술에서 발견된 오브제들을 작품으로 통합해 들이거나 발견된 오브제를 예술작품으로 만들어내는 것은 드문 일이 아니다. 그러나 로그와 미첼은 책 자체를 갤러리 공간에 놓기보다는 직접 손으로 모방적 판형의 책들을 만들어 취약한 힘에 의지해 서 있는 종이반죽 오브제들이 되게 했다. 두 예술가의 손의 흔적들은 이론서들 — 자신들의 작업에 끼친 두 이론서의 영향력은 예술작품으로서 강조된다 — 에 대한 촉각적 복제를 통해 가시화된다. 둘은 인용들을 개념미술의 미술사적 전통들(개념미술이 자체를 "색인들의 미학화"로 묘사할 수 있는 곳)의 정상에 색인적 제스처로 쌓아 올린다.[9] 모방적인, 수작업 프로세스들을 통해 둘은 페미니즘과 퀴어 이론서들의 지위를 우상의 지위로 격상시킨다. 맥시멀리스트적 이론서들은 대형 설치의 부분이자 동시에 숙고되어야 할 자율적 조각 작업으로 기능한다.

두 권의 책이 영사되는 비디오를 글자 그대로 북엔드처럼 세워주거나 "프레이밍"하기에(결국 이론은 틀이고 여기서 이론은 물리적 프레임으로 기능한다) 관객의 작품 경험은 얼마간 이 두 책 작업이 작품을 만들 때 맡은 역할에 대한 인정에 의해 형성된다. 여기서 이론의 물신화에 대한 질문이 재출현한다. 우리가 이 작품에서 찾을 수 있는 것이 이론에 대한 솔직하고 직접적인 물신화하기 — 물론 둘의 작업에서 이 또한 지적인 방식으로 일어나고 있음을 확인할 수 있지만(과장된 사이즈로 확대된 두 텍스트는 손으로 칠한 물감과 아픈 여자와 제휴한 물질인 GF[10]의 가벼움을 갖고 자신들의 우위를 단언한다) — 가 아니라, 이론과 실천을 계속 잇고 연결하는 노동을 핵심으로 삼는 퀴어 페미니스트 예술가들의 퀴어하고 페미니스트적인 삶과 작업 실천에서 이론이 갖는 중요성을 강조하는 것임을 나는 제안할 것이다. 그것은 거대한 크기와 소재들에 대한 번득이는 선택을 통해 희극적 효과들로 확장된, 인정의 행위이다.

매들린 베클스와 페트라 콜린스는 2017년 뉴욕현대미술관에서 진행된 퍼포먼스에서 앤절라 데이비스의 책 『여성, 인종, 계급』을 대형 크기로 모방한 복제물을, 역시 비슷하게 대형 크기인 치토스 봉지 옆 카우치에 앉아 읽었다. 이 퍼포먼스는 집단적이고 미학화된 소비의 두 다른 형태, 어쩌면 안락한 "섭취"의 우회적 표현 중 하나로 기능한 듯하다.[11] 이는 베클스의 작업을 미첼과 로그의 작업과 연결해주는 많은 단서 중 하나이다

(또 다른 단서는 미첼이 베클스의 이모라는 것이다). 2019년 베클스와 미첼은 2인전 「무엇이 그녀에게 동기를 부여할까?」에서 협업했다. 페미니즘들, 섹슈얼리티, 인종 그리고 몸과 관련된 질문들을 성찰하기 위해, 전시 자체가 동시대 미술에서 세대 간 페미니즘들을 병치하는 하나의 형식으로 바뀌었다.[12] 이제 두 권의 이론서(위티그와 무뇨스) 대신 우리에게는 페미니스트적 이론하기의 두 세대를 대표하는, 혈연으로 이어진 두 여성이 있다. 두 예술가는 미첼이 다채로운 매듭 공예로 만든 "주머니" 안에 들어 있는 미러볼들을 설치작품으로서 천장에 매달았다. 미러볼은 인종적으로 다르고, 나이와 경험 덕분에 제도 및 권력과 다른 관계를 맺고 있는, 그러나 가족과 스튜디오 실천의 공유를 통해 합류했고 협업 안에서 서로를 지탱하는 두 예술가에 대한 통렬한 은유로 작동한다.

이렇듯 예기치 않은 병치를 통해 창조된 전략적인 연합은 물론 그보다 더 이른 시기의 자기이론적 페미니스트 작업들에서도 찾아볼 수 있다. 낸시 K. 밀러의 『개인적이기: 페미니스트의 경우들과 다른 자서전적 행위들』은 1991년 출판되었고, 같은 해에 페미니스트 학자 제인 갤럽은 논쟁적이고 자기이론적인 저서 『성희롱으로 고발된 페미니스트』(1997)에서 "일화적 이론"(anecdotal theory)이라고 부르게 될 실천을 처음 소개했다.[13] 갤럽은 일화적 이론을 정신분석, 해체, 페미니즘을 아우르는 문학이론 방식들에 근거한 "실천"과 "프로젝트"로 정의한다.[14] 라캉이 예시한 정신분석과 데리다의 프로젝트인 해체의 관계에 대한 자기이론적 탐구인 1991년의 「두 자크의 이야기」에서 갤럽은 처음으로 그 실천을 사용했다. 갤럽은 그것을 당시 지배적이었던 이론 경향들의 "70년대-중반의 조우"이자 "내가 직접 겪었던 드라마"에 대한 해명으로 묘사하면서, 자신의 이론적 상연의 수행적이고 동시에 자기이론적인 국면들을 강조했다.[15] 이 에세이에 뒤이은 1992년의 텍스트 「데리다를 90년대화하기」에서는 여성들에 대한 니체의 재현을 독해한 데리다의 1972년 작업에 자기이론적으로 관여함으로써 페미니즘과 해체의 관계를 심사숙고했다. 갤럽은 2물결 페미니즘의 "개인적인 것"과 데리다의 해체 같이 개인적인 것을 거부하는 것으로 보이는 후기구조주의 이론 — 갤럽의 동시대인들이 보기에는 1970년대 페미니즘과 근본적으로 불화하는 것으로 보였던 — 의 연합을 추구한다. 2물결과 3물결 사이의 시기에 일어났던 이론 내의 개인적인 것의 위치에 대한 관점의 변화를 주시하면서 갤럽은 다음과 같이 쓴다.

> 해체는 1970년대 페미니즘이 선호한 식의 개인적 담론과 종종 대립하는 것으로 간주되었지만, 1990년대에는 해체적인 개인적인 것을 인정할 수 있게 되었고, 개인화된 해체에 대해서도 말할 수 있게 되었다. 나의 프로젝트인 일화적으로 이론하기는 다름 아닌 해체와 개인적인 것의 이런 교차점에 위치한다.[16]

일화적 이론이란 "자기"와 "이론"을 통합시키는 것 외에도 "진정 문학적인 것"을 이론적인 글쓰기의 실천들 안으로 재기입하는 수단이다. 갤럽은 문학적 형식으로서의 일화에 대한 조엘 파인먼의 견해, 즉 "문학적이면서 동시에 현실적인", 혹은 "순간 … 지금 여기"로서의 체험을 뜻하는 은유적이면서 글자 그대로인 일화에 대한 견해를 인용한다.[17] 일화적 이론을 설명할 때 갤럽이 참조한 "간헐적인" 것은 1991년 밀러가 개인적 비평이나 "서사적 비평"을 묘사하기 위해 사용한 "간헐적인" 것 — 이런 개인적–비평적 글쓰기 양태가 어떻게 적어도 일시적으로라도 주변화된 채로 남는지를 강조하는 — 을 상기시킨다.

일화적인 접근 방식은 개인적인 것과 이론적인 것 사이에서 예기치 않은 병치를 창조할 수 있다. 섀넌 벨이 볼 때 병치는 페미니스트적 사유를 발전시키기 위한, 자기이론적이고 종종 수행적인 전략으로 기능한다. 벨은 『빠른 페미니즘』을 쓸 때 자신이 사용한 접근 방식을 이렇게 설명한다. "페미니즘은 명백하지–않은(non-obvious) 철학적 장소들로부터 주입될 필요가 있다는 게 바탕에 깔린 주장이다. ... 가장 명백하지–않은 장소는 폴 비릴리오, 과잉–남성주의적 철학자이자 속도 기술주의자의 작업이다."[18] 벨은 자신의 펨 같은, 성적으로 유동적인, 수행하는 몸 — 퀴어 파트너들과 성적인 활동에 가담하고 카메라를 향해 즐겁게 사정하는 — 을 비릴리오의 과잉–남성주의적 속도 이론 옆에 놓으면서 그가 "빠른 페미니즘"이라고 명명한 새로운 실천을 소개한다.

벨이 보기에 『빠른 페미니즘』에서 수행한 예기치 않은 병치는 벨 자신의 페미니즘 이론과 실천의 양태가 비평적으로나 개념적으로, 그리고 미학적으로나 정치적으로 이득을 얻을 수 있는 것이다. 이는 페미니즘 이론과 실험이 어떤 의미에서 필요로 하는 것이기도 하다. 파이퍼가 칸트의 제1 비판서인 『순수이성비판』에서 "명백하지–않은 장소들"로부터 페미니즘을 주입하듯이(1장 참조), 『아이 러브 딕』의 크라우스도 생물학적 남성–

저자의 철학인 "명백하지-않은 철학적 장소들"(2장 참조)로부터 페미니즘을 주입한다. 한편으로 이것들은 동시대의 좋은 예술가이자 이론가로서 그들이 그에 맞게 반응하는 맥락적으로 적절한 이론의 몸체들이다. 결국 의미는 맥락에 묶여 있다. 다른 한편으로, 처음에는 이상한 연합체들처럼 보이는 것도, 숙고해보면 자기이론가가 무대에 올리는 유의미한 동맹과 의도적인 대화로 이해된다.

미첼과 로그가 《나는 전혀 나 자신이 아니다》에서 무뇨스와 위티그(각기 다른 퀴어 이론의 혈통에 속하는 사상가들)를 오늘날의 퀴어 페미니즘 맥락에 맞춰 조율된 새로운 이론들과 지식들을 낳을 전략으로 병치시킬 때, 인용은 병치를 통해 위험을 감수하는 실험의 양태로 바뀐다. 그들의 메타-퀴어-페미니스트-이론의 세계는 난해하거나 "고상하기"보다는 키치스러운 장난이나 쾌활한 유머, 진지함으로 가득하다. 이는 두 예술가의 작업에서 자주 볼 수 있는 분위기이다. 이론적인 참조가 많음에도 불구하고, 이 작업의 유머는 부조리한 순간들을 통해 접근 가능해진다. 퀴어 이론서들은 가마솥을 휘젓는 마녀들처럼, 작가들이 셀러리 스틱으로 휘젓는 후무스 그릇에서 날아오르는 새들로 변신한다. 비디오가 끝날 즈음에 작가들은 나일론으로 만든 몸체들, 즉 구성된 "위민"(womyn)[19] — 천과 그 외 촉각적 재료들로 창조한 — 의 몸체들 사이 안락한 무더기 안에, 미첼이 창조한 레즈비언 몬스터들/레즈비언 사스콰치들(sasquatchs)[20]의 품에, 마치 자궁 같은 공간에 안겨 있다. 두 예술가가 캐나다 프로그레시브 록밴드 '러시'(Rush)의 노래 「심장에 더 가까이」의 포크 버전을 듣고 있는 동안 라이터를 쥐고 있는 손들로 이루어진 바다가 연대의 행위로서 좌우로 움직이며 흔들린다. 이렇듯 기묘한 또 하나의 병치에서 우리는 1980년대 수컷들의 메탈과 1990년대 레즈(lez)들의 어쿠스틱의 자기-인식적인 사운드 혼합을 보게 된다.

반대편 전시 공간에서 우리는 장소-특정적 드로잉 작업인 「권장 도서」(2010), 즉 책등을 세심하게 그려서 예술가의 개인 서재를 모방한 복제 작업을 볼 수 있다. 이 작업은 트랜스와 바이섹슈얼 페미니즘의 몇몇 표상뿐 아니라 2물결, 3물결, 레즈비언 페미니즘의 대표 텍스트들의 제목을 통해, 퀴어 페미니즘의 정전들을 벽 위에 정렬한다. '권장 도서'라는 제목은 강의 계획서의 수사를 이용해서 관객들이 책 제목을 받아 적고 여가 시간에 그 책들을 읽도록 초대한다. "필독서"가 제안하는 것처럼 필수라는 규칙은 없지만, 관객들이 읽으면 유익할 것이라고 믿고 있는 것들에 대한 비공식적인 제안이다. 이 손으로 모방한 작업에서 이론 텍스트들 — 제목, 저자, 종종 상징적인 표지 그림의 레퍼런스들이 곁들여진 — 은 인용은 되지만 갤러리 안에서 읽을 수는 없도록 되어 있다. 대신 책들은 관객이 갤러리를 떠난 후 행할 후속적인 읽기 실천으로 바뀌게 될 것과 연관된 레퍼런스들, 정동으로 충만한 기표들이 되어간다. 관객들은 자신들의 삶을 토대로 자기이론적 작업을 하는 두 예술가에게 상당한 영향을 준 원천-텍스트들을 살펴보도록, 그리고 이후에 정독할 독서 목록으로 그것들을 참조하도록 시각적으로 초대받은 셈이다.

유사한 인용적 제스처들과 전사(轉寫)의 제스처들은 다른 최근 전시들에서도 발견된다. 가령 몬트리올 소재의 아트센터

디아고날에서 2019년 마리-앙드레 고댕이 선보인 「(불)가능한 노동」, 즉 그의 연작 「WWW³ — 마술, 미래, 후기자본주의」의 한 파트가 그렇다.²¹ 섬유 작업, 관객들이 앉고 누울 수 있도록 초대된 손으로 장식을 붙인 카펫, 다른 벽면에 전시된 자기 이론적인 서사와 연결되는 일련의 텍스트들이 이 설치 작업을 구성한다. 출입구가 있는 갤러리 뒤편에 권장도서 목록을 담은 작은 액자가 있다. 당연히 갤러리에서 이용할 수는 없는 책들의 목록이지만, 이후 관객들이 독서와 성찰을 통해 고댕의 전시의 배후에 놓인 정치와 미학에 계속 참여하도록 격려한다.

최근 페미니스트 미술 전시의 주제는 #TL;DR(Too Long; Didn't Read, '길어; 읽지 마'의 줄임말) 같은 해시태그에 경도된 대중문화의 경향과 묘한 긴장을 형성한다.[38] 특히 (트윗처럼) 줄거리-개요로 소통하는 방식과 훑어 읽기(skimming)를 특권화하는 21세기의 가속화된 삶의 양태 속에서 텍스트가 너무 길어서 시간을 투자할 수 없다고 여기는 것과 대조적으로, 독서 목록이나 이론서를 중시하는 동시대 페미니스트의 작업들은 더 느리게, 더 헌신하는 읽기 실천의 중요성을 알리고 있다. 이것은 또한 길고 어려운 책들의 가치를 인정하려는 예술가의 실천을 알리는 것, 즉 사라 아메드의 『페미니스트로 살아가기』 같은 최근 책에서 볼 수 있는, 페미니스트로서 살아가는 것의 윤리, 미학, 정치의 일부일 수 있다.²² 2장에서 논한 것처럼 맥락과 예술가의 실천에 의지하면서 이론서를 색인으로서 참조하는 것은 신중한 독서 실천의 중요성을 인정하는 행위일 수 있지만, 동시에 그것은 뭔가 다른 것, 즉 도덕성 과시나 깨어 있음의 과시와 매우 흡사한, 여기서는 지성의 과시와 흡사한 것일 수 있다. 나는 여기서 한 무리의 힙스터들이 브런치를 먹으러 가서 『뉴요커』 같은 출판물들의 목록을 수도 없이 늘어놓으면서 상대를 이겨먹으려고 최근 자신이 읽은 기사의 제목을 열거하며 언쟁하는 포틀랜디아(Portlandia) 스케치[23] 중 하나, 결국 과장된 풍자적 스타일로 극단으로 치닫는 스케치 중 하나를 떠올리고 있다.[24]

이론을 손으로 그려서 만드는 모방적 실천들은 21세기 동시대 미술 신의 맥락에서 볼 때 무엇을 수행하는 것일까? 이론서를 조각적 오브제로 만들고 다른 오브제들과의 관계 속에서 정치적·미학적·상징적·사회문화적으로 읽는다는 것은 무엇을 의미할까? 무엇이 예술가들을 그들이 읽고 있는 바로 그 텍스트들을 **손으로** 복제하도록 내모는 것일까? 그리고 예술에서, 특히 페미니스트 예술가들과 퀴어 예술가들이 주도하는 동시대 미술에서 **이론서의 중요성과 의의**는 무엇일까? 예술가들의 자기이론적 실천은 텍스트와 텍스트의 의미를 어떻게 변형시키는가? 자서전적으로 굴절된 전사의 과정을 통한 행위로서 촉각적이게-만들기(making-haptic)는 리서치의 오브제들과 우리가 읽은 텍스트들을, 명백히 인간적인 것(어쩌면 자비로운 것)으로 만드는 인간적이게-만들기(making-human)인 것이다. 손으로 그려서 만드는 행위는 페미니스트적이고 퀴어적인, 그리고 BIPOC의 정치와 공명하는 방식으로, 이러한 형성적인 담론과 텍스트, 인용을 프로세싱하고, 그것들과 정동적으로 연결되며, 그것들을 상연하고 신체화하는, (일종의 카타르시스 안에서) 정화하는 방법이 된다. 러브는 《나는 전혀 나 자신이 아니다》에 대한 응답으로서, 로그와 미첼의 작업의 몸체에 대한 질문들, 더 일반적으로는 동시대 페미니스트 실천으로서의 자기 이론에 대한 질문들, 궁극적으로는 "당신이 사랑하는 것과 당신이 알고 있는 것"의 분리 불가능성을 시사하는 질문들을 제기한다.

> 「그녀의 것은 여전히 축축한 동굴이다」의 주요 질문 중 하나는 당신이 사랑하는 것과 당신이 아는 것의 차이를 어떻게 식별할 수 있느냐이다. 만약 실천이 "전통적인 양적·질적 학술 연구 방법"에 대한 대안을 제시한다면, 그것은 항상 친밀함은 과연 어떤 종류의 지식을 생산할 수 있는가란 질문을 제기한다. 우리는 실천-기반 리서치에 참여하는 때와 그저 살아가기만 하는 때를 어떻게 알 수 있을까? 일상에서 의미를 추출해내는 것이 우리가 그것과 맺을 수 있는 가장 풍부한 관계 아닐까?[25]

예술작품 속의 텍스트들은 이 예술가들에게 의미 있는 것이다. 이론적으로뿐 아니라 정동적·사회적·정치적·윤리적으로 의미가 있는 텍스트들이다. 예술가들은 자신에게 영향력이 컸던 이 텍스트들을 다른 이들에게도 읽고 응시하고 가담하라고 추천한다. 미첼과 로그가 강조하듯이 이것들을 읽고 인용하는 실천은 "그저 살아가는 것"에 못지않게 "실천-기반 리서치"이기도 한 것이다.[26]

이름들을 명명하기: 인용, 커뮤니티, 교감

앞서 살펴보았듯이 인용은 퀴어 페미니스트 실천인 세계-만들기(world-making)에 반드시 필요한 부분이다. 이론을 참조하는 것(예컨대, 설치 작업의 일환으로 책등이 보이도록 책장을 복제한 드로잉)은 담론과 관념 — 교차하는, 해방적인, 도전하는, 긍정하는 — 을 통해 커뮤니티를 만드는 방법이 된다. 이런 레퍼런스들은 숙고된 병치를 통해 (예컨대 2물결 레즈비언 사상과 포스트-3물결 퀴어 이론 사이에) 담론적인 가교들을 만든다.

예술적이고 문학적인 작업들이 인용을 이용하는 것에 대해 좀 더 냉소적인 관점을 견지하고, 자서전적인 작업에 인용을 통합하면 그렇게 하지 않았을 때보다 작품이 더 지적으로 보일 것이라고 생각하는 사람들이 있다. 제시카 와이스버그는 모이라 데이비의 영화 「여신들」(2011)에 대해 『뉴요커』에 이렇게 썼다. "좋아하는 작가들을 통해 자신의 이야기를 서술함으로써, 데이비는 나르시시스트적인 자서전의 함정을 모면한다."[27] 데이비의 작업에 대한 와이스버그(어쩌면 다른 이들보다 자기 이론적인 양태에 덜 호의적인 비평가일 듯한)의 이런 해석은 작업에서 자기 자신을 참조하는 여성 예술가들을 향해 "나르시시즘"이란 비난이 계속 퍼부어지는 상황을 상기시킨다. 그리고 대부분의 경우 "나르시시즘"이란 비난은 지적이거나 개념적인 것과 양립 불가능하다. 데이비가 나르시시즘의 함정에 빠지지 않도록 스스로를 "구하고", 그의 작업을 지적으로 타당하고 미학적으로 흥미로운 것으로 확립시킨 것은 다름 아닌 다른 사람들에 대한 인용이라고 와이스버그는 말한다. 자기 자신과 나란히 다른 이들을 참조함으로써 데이비의 작업은 지적으로 비참한 영역인 나르시시즘에 빠지지 않고 안전해진다.

미디어 아트 큐레이터 마이코 다나카는 「인용에 대한 페미니스트적 접근 방식들」에서, 미첼과 로그가 FAG로서의 협업에서 사용한 인용 방식과 더 전형적이고 가부장적이며 서구적인 인용 모델이 하는 것을 구분해서 분석한다. 다나카는 젠더 연구 학자인 케이티 킹의 비판적 페미니즘 문헌학(critical feminist bibliography) 이론을 인용하면서 "비판적 페미니즘 문헌학의 실천은 인용을 할 때 우리는 누구를 위해 무엇에 투여되는가, 무엇이 가치를 갖는다고 생각하는가, 어떤 종류의 리서치가 생산될 수 있는가를 묻는다"고 쓴다. 인용에 대한 페미니스트적 접근 방식은 제도적이고 법적인 장치(가령 표절을 피할 때 사용하는 장치), 그리고 인정(기존 시스템이 평가해준 작품을 만든 저자나 이론가에 대한)의 수단인 인용을 확장할 수 있다. 인용은 이론적이고 개념적인 계보들(관념의 출처)과 관계적/친족적이고 정동적인 계보들 양자를 추적하는 수단이 된다. 다나카가 보기에 FAG의 실천이 예시하는 것이 바로 이런 종류의 인용 실천, 즉 인용이 "페미니스트 예술 커뮤니티를 만드는 영감과 지지의 계보와 유산을 가시화하는" 수단으로 사용된 실천이다.[28] 이는 『아르고호의 선원들』에서 페이지 가장자리에 이름들을 적시한 넬슨의 인용 실천과 다르지 않다. 넬슨은 그 책에서 바르트의 『사랑의 단상』의 구조와 장치를 모방적으로 반복하면서 페미니즘 및 퀴어 이론과 함께 더 일반적인 정전적 이론가, 작가 그리고 비트겐슈타인 같은 철학자 모두를 참조한다.

페미니즘 이론과 실천은, 관념이나 텍스트를 인용하는 사람이 그 텍스트와 "개인적인" 관계를 맺고 있다는 생각에 아주 익숙하다. 진 랜돌프는 20세기 말의 아트 라이팅과 비평에 대한 자신의 오토픽션적 접근 방식을 묘사하기 위해 "픽토비평"(fictocriticism)이라는 용어를 고안했다. 랜돌프는 1980-90년대 토론토의 퀸 웨스트 신의 아주 끈끈한 유대에 기반한 커뮤니티에서 예술가이자 작가-비평가로 일하면서 예술 관련 글쓰기에 대한 자신의 접근 방식에서 "비판적 거리"를 낳을 수 있는 창의적이고 비평적인 방법들을 찾고 있었다. 픽토비평은 그가 응답하고 있던 예술가들(친구, 지인, 연인, 연인들의 친구, 이웃)과의 유대를 투명하게-만드는 방법으로서 출현했다. 그것은 또한 랜돌프가 이런 관계를 작품의 통합적 부분으로 프로세싱하고, 이를 수행적 방식으로 허구화하는 방식이었다. 아트 라이팅과 비평을 "주관화된" 양태로 수행함으로써, 랜돌프는 어떻게 "모든 예술 비평 텍스트가 주관화된 수사적 형식으로서 내속적으로 행위하는지", 다시 말해 어떤 예술 비평도 (그린버그가 이해한 것과 같은 칸트적 의미에서) 객관적이거나 무관심적이라고 주장할 수 없다.[29] 파라픽션에서 출발한 랜돌프의 픽토비평은 비판적으로 그리고 예술적으로 생성적인 방식으로 자신들의 관계적 삶을 개념적 작업으로 통합하는 실험을 했던 다른 포스트-1960년대 페미니스트 예술가 및 작가 들의 노력과 연결되어 있다.

친구와 동료 예술가, 사상가의 이름을 인용하는 것은 하나의 커뮤니티를 각인하고, 하나의 운동을 (그 내부로부터) 기록하고 정전화하는 방법이다. 이 경향은 프랭크 오하라와 뉴욕파의 첫 번째 세대에서 존 케이지와 머스 커닝햄과 플럭서스 신까지, 아일린 마일스와 3세대-4세대 뉴욕파 시인들까지를 아우르는 20-21세기 아방가르드 및 실험적 신들에서 발견된다. 오하라의 『점심 시집』(1964)이나 케이지의 「우리 어디서 먹나요? 그리고 우리 뭐 먹나요?」(1975) 같은 작품에서, 시인이나 예술가 들은 당시에 그들이 어울렸던 사람들의 이름을 언급한다. 그들 중 몇몇은 20세기의 미술, 시, 춤, 퍼포먼스의 역사 속 유명인사가 될 이들이었다.[30] 오늘날의 독자들이 보기엔 유명인사의 이름을 들먹이는 것처럼 보이겠지만, 이는 더 정확히 말하자면 시인이나 예술가가 속해 있고 투여하고 있는 커뮤니티나 신에서 공유하는 영향력을 명명하는 것이라 할 수 있다. 그렇다고 인용된 이름들이 실험적이고 아방가르드한 신에서든, 학술 신에서든 어떤 특정한 신에서 일정한 종류의 담론적 가치나 사회적 통화(currency)를 갖고 있지 않다는 뜻은 아니다. 2장에서 논의했듯이, 이론의 물신화란 쟁점, 그리고 특정 이론적 틀이나 사유의 양태를 추종하는 단체, 모임, 파벌의 형성 — 종종 그 이론가의 이름으로 요약되는(크라우스의 풍자적인 "바타유 보이즈", 혹은 밴쿠버의 사이먼 프레이저 대학 출신들의 "라캉 살롱" 같은) — 은 여전히 존재한다. 커뮤니티 건설과 교감을 긍정하는 비판적 형식으로서의 이론과 무비판적인 동료애나 "지지"(followership)로서의 이론 사이에 그어진 금은 이책 전체를 맴도는 질문이다. 그리고 자기이론적으로 작업하는 많은 예술가들이 그 둘 사이 어딘가로 빠진다.

 더 큰 비판적이고 이론적인 실천의 일부로서 자신의 삶 속에서 사람들에 대한 글을 쓰는 이런 실천들은, 타자들(다른 사람들, 다른 텍스트들)과의 관계에서 자신의 삶을 이해하려는 자기이론적 충동만큼이나 측면 인용의 충동과도 긴밀히 연결되어 있다. 조애나 월시의 『브레이크.업』은 자기이론의 자기-반영성을 원점으로 돌려놓는다.[31] 월시는 우리가 넬슨의 『아르고호의 선원들』에서 발견한 자기이론적 형식인 가장자리에-인용하기를 확장하면서 그 외 다른 동시대의 자기이론적 작업을 출처로 한 인용문들을 끌어들인다. 예를 들어, 크라우스의 『아이 러브 딕』과 『외계인과 거식증』(2000)을 상당히 자주 인용한다. 월시는 20세기 전반부터 후반까지를 아우르며 많은 철학자와 예술가 및 이론가 — 프로이트, 보들레르, 키르케고르, 바르트, 브르통, 손택, 스캐리, 카슨 등 — 의 인용문을 끌어들인다. 월시는 내가 이 책에서도 다루는 자기이론 작품을 다수 참조하면서, 자신이 속한 실험적 신 — 자신의 책을 출판한 세미오텍스트 같은 출판사들이 또 다른 자기-반영성의 메타레이어 안에서 핵심적 역할을 하고 있는 — 뿐만 아니라, 그가 변주하고 있는 자기이론적 역사에 대한 인식을 증명한다. 오하라와 케이지, 그리고 이전의 다른 이들처럼, 월시 역시 실험적인(여기서는 자기이론적인) 방식으로 작업하고 있는 다른 이들의 이름을 참조하면서 실천과 형식의 미학적 커뮤니티를 만들어낸다.

진보적인 커뮤니티 건설과 양성으로서의 인용의 이면에 도사린 것은 명명하기와 레퍼런스가 단지 주어진 특정 운동이나 작업을 더 고립시키고 접근 불가능하게 만드는 것은 아닌가란 질문이다. 나는 앞서 2장에서 자기이론 텍스트들에 대한 좀 더 패러디적인 텍스트들 — 머슨의 「아트 소츠」 영상들이나 소나 사페이의 이론 로고들 — 의 농담을 이해하기 위해서는 이론과 예술에 대한 실무 지식이 필요하다고 지적했었다. 그런 농담을 이해하려면 레퍼런스를 알고 있어야 한다. 크라우스가 남편의 주위에 몰려든 일단의 젊은 남자들을 "바타유 보이즈"이라고 부를 때 그게 무슨 의미인지(그리고 그것이 왜 웃긴지), 혹은 루이뷔통 스타일 가방에 들뢰즈와 가타리 로고가 찍혀 있는 것이 무엇을 의미하는지를 알려면 이론과 동시대 미술에 대한 실무적 지식이 필요하다. 이것은 단과대학이나 종합대학에는 다니지 않은, 국가 인구의 상당수를 차지하는 사람들 또는 대학은 다녔어도 이런 "교양 과목" 수업을 피할 수 있었던 사람들, 혹은 교육은 받았지만 예술이나 이론을 좋아하지 않고 미술 갤러리를 방문하거나 철학책을 읽는 데 흥미를 찾지 못한 사람들을 배제한다.

그렇긴 하지만, 이론이 문제가 되는 방식으로 접근할 수 없는 것인지는 논란이 있을 수 있다. 다른 분야나 직종처럼 이론과 예술은 특정 커뮤니티의 의사소통을 가능케 하는 특별한 언어와 틀, 참조점을 갖춘 전문적인 담론을 필요로 한다. 이론을 옹호하는 몇몇 주장은 의학과 같은 분야의 사례를 들어 전문 언어의 충동을 설명한다. 그들은 다른 이들을 고립시키고 소외시키려는 것이 아니라, 기존 언어로는 충분하지 않으므로 무언가에 대해 이야기하는 새로운 방법을 고안하는 데 목적을 둔다. 나는 토론토대학교에서 스튜디오 아트 학생들을 대상으로 대형 교양 수업을 진행할 때 이런 주장에 근거해 이론이 현업 예술가들에게 유용하다고 설명했다.

2018년 봄 브이테이프 아티스트-런 센터[32]에서 내가 기획한 비디오 아트 스크리닝 프로그램 「자기이론」에 대한 리뷰에서 작가 첼시 로잔스키는 "이것은 나르시시즘이 아니라 당신을 주변화시키는 담론 안에서 당신의 존재를 주장하는 일종의 공격적인 움직임이다"[33]라고 주장하면서 작업들을 연결하는 자기-지향성(auto-orientation)에 감응했다. 예술가들의 비디오들은 설사 자기-참조적이고 자주 직접적으로 자기를-바라보기는 하지만(작품들 중 다수가 카메라를 위한 퍼포먼스 실천에 가담한다), 그들을 **나르시시스트적**이라고 보기는 어려울 것 같다. 그들의 작업은 역사적으로 (흑인으로서, 퀴어로서, 투-스피릿으로서) 그들을 주변화해온 틀과 담론을 참조함으로써 그들 자신을 눈에 띄게 만드는 프로세스라고 분석하는 것이 나을 것이다. 다시 말해서 그들은 자기이론적이다. 미첼과 로그의 「그녀의 것은 여전히 축축한 동굴이다」를 포함해 내가 그 상영회에 모아놓은 작품들은 때때로 이론과 미술 담론에서 지나친 자기 침잠이 초래할 우울에 유머와 가벼움을 선물한다.

동시대 미술 매체인 비디오 아트의 "나르시시즘"은 1960-70년대에 비디오 아트 테크놀로지가 가능하게 만들었던 자기-응시하기(self-regarding)를 묘사하는 단어이다. 비디오 아트의 나르시시즘은 1976년 미술사가이자 비평가인 로절린드 크라우스에 의해 처음 사용되었는데, 크라우스는 멘토이자 스승이었던 클레멘트 그린버그의 이론적 발자취를 따르면서 그린버그의 "매체 특정성"이란 개념의 측면에서 비디오 아트라는 신생 매체의 이론화에 천착한다. 크라우스는 묻는다. 비디오 아트라는 매체의 본질은 무엇인가? 여타의 다른 매체와 이 매체를 다르게 만드는 특성은 무엇인가? 비디오 아트는 예술가들의 손을 거치면서 어떤 새로운 실천들을 가능하게 만드는가? 크라우스가 내놓은 대답은 비디오란 매체 자체는 미학적이라기보다는 오히려 나르시시즘 자체의 정신적 메커니즘이라는 것이었다. 비디오 아트는 예술가들이 직접 자신을 바라보고, 카메라를 위한 퍼포먼스를 하는 많은 예술가들이 의식적인 방식으로 확장해온 자기-성찰성의 루프(loop)를 창출할 수 있다는 것이 크라우스가 제시한 비디오 아트의 특수성이었다.[34]

브이테이프(V tape)의 방대한 아카이브를 바탕으로 연구를 하면서 비디오 상영회를 조직했을 때 내 관심은, 비디오 아트의 역사와 나르시시즘을 자기이론의 관념 — 선주민과 캐나다인의 비디오 아트를 자극과 도발로 해석하면서 접근할 — 을 통해 고찰하려는 데 있었다. 「자기이론」 상영회에 포함된 가장 초기 작업 중 하나가 마사 윌슨의 「아트 썩스」(1972)였다. 윌슨은 카메라를 위한 퍼포먼스를 이용해서 1960년대 후반과 1970년대 초반의 개념미술과 인용 실천들의 소모적 의례들을 글자 그대로 해석하려고 한다.[35] 제목 '아트 썩스'는 처음에는 예술에 대한 비하로, 그러면서도 눈짓하는 — 이것은 결국 **예술**작품이다 — 진술로 읽힐 것이다. 하지만 곧 윌슨이 가리키는 바가 명확해진다. 그는 진공청소기처럼 무언가를 빨아올리고 자기 안으로 그것을 빨아들인다는 의미에서 개념미술의 '빨아들임'(suck)을 지적하고 있다. 1970년대 미술 신에서 작업하는 젊은 여성 작가로서 윌슨은 개념미술 전통들의 근본적인 자기-반영성을 바라보고는 자신이 본 그대로를 '빨아들이다'라는 말로 표현한 것이다. 이것은 모든 것을 자기 안으로 빨아들여 통합이라는 동화적 효과(소화되면서 변형될 가능성이 있지만)를 노린다.

윌슨은 종종 고유한 "작업"으로 이동하기 전에 특정 작업에 대한 작가 노트를 먼저 읽는다. 이런 방식을 택하는 윌슨의 비디오를-위한-퍼포먼스-형식은 작업을 구성하는 것과 프레임을 구성하는 것의 차이를 모호하게 만든다. 윌슨의 비디오는 개념미술에서 사용되는 프레이밍 장치로서의 작가 노트를 작업의 바깥에 존재하거나 작업을 대리보충 — 데리다의 **파레르곤** [parergon]의 의미에 따라 — 하는 프레임이라기보다는 작업의 몸체에 속하는 것으로 제시한다.[36] 종이 몇 장이 놓인 테이블 뒤에 앉은 윌슨은 카메라를 보고 연설한다.

> 예술-제작은 예술 가까이 있지만 예술에 직접 참여하지는 않는 개인들로부터 정체성을 빨아들이는 과정이다. 정체성을 회복하는 유일한 길은 당신이 직접 예술을 제작하는 것이다. 6월 초에, 나는 컬러 사진으로 리처즈 자든의 영혼을 포획했다. 사진을 인화하는 즉시 나는 과거에 내게서 빠져나갔던 정체성을 회복할 것이고, 나와 자든은 동등한 권력을 쥘 것이다.

이어서 윌슨은 동시대의 미국 개념미술가 리처즈 자든의 사진을 보여준다. 카메라에 사진을 제시한 뒤 그는 그것을 네 조각으로 찢어 입 속에 넣고 씹어서 삼킨다. 삼키기는 페미니스트 예술가 윌슨이 형성적인 생물학적 남성 개념미술가를 그 자신 — "그 신에서는" 자든과 가까운 곳에서 작업하는 개념미술가로서 — 의 행위성을 회복하는 수단으로서 자신의 몸 안으로 통합해 들이는 성찬식-비슷한 행위가 된다.

    윌슨의 이 작업은, 예술가의 작업이 예술**로서** 타당하고 유효하려면 또 다른 기존 예술가 한 사람을 인용해야 한다는 생각에 대한 논평이다. 이는 학자들에게는 널리 알려져 있고 가장 기본적인 의미에서 인용을 정의하는 실천이다. 사실 나보다 먼저 존재한 학자들이 말한 것에 정초해 나 자신의 자기이론의 이론들을 세우지 않았다면, 박사 논문 심사를 통과하고 이 책이 출간되는 일은 어려웠을(사실상 불가능했을) 것이다.

　인용을 통합 — 심지어 식인(윌슨은 다른 예술가, 적어도 예술가의 재현을 먹고 있다) — 의 행위로서 표현하는 윌슨의 방식은 문학 연구자 케이 미첼이 최근의 페미니스트적 글쓰기에 나타난 공감과 상호주관성을 검토하면서 제기한 주장을 상기시킨다. 케이트 잠브레노의 자기이론적인 저술 『여걸들』을 읽으면서 미첼은, 자신이 사회적으로 소외되었다고 느끼고 자기 자신의 경험을 둘러싼 역사 속 다른 여성들(다른 "미친 여성들"과 "미친 부인들")의 삶을 써 내려간 잠브레노의 글쓰기 방식을 설명한다. 잠브레노는 공유된 경험에 근거한 커뮤니티에 대한 호소로써 인용을 활용한다. 미첼은 그러나 커뮤니티 구축이란 선한 의도로 시작된 프로젝트가 글쓰기와 예술로 통합되어 들어가면서 식인적으로 바뀔 수 있음에 주목했다.[37] 미첼은 크리스 크라우스가 『외계인과 거식증』에서 시몬 베유에게 동일시한 것 — "시몬 베유의 『중력과 은총』을 다시 읽으며 나는 이 죽은 철학자와 완전히 하나가 되었다"라고 크라우스는 썼다[38] — 을 놓고 이렇게 묻는다. "이렇듯 강렬한 동일시는 감정이입인가 아니면 전유인가?" 나는 이 중에 어느 하나를 선택할 수 있다고 생각하지 않는다. 물론 다른 사람의 경험을 자조와 자기-이해(이후 이것들은 늘 그렇듯이 출판을 통해 다른 사람들과 공유 가능하게 된다)의 형식으로 사용하고 상호텍스트를 자기 자신으로 만든다는 의미에서, 크라우스의 『아이 러브 딕』이나 넬슨의 『아르고호의 선원들』은 감정이입보다는 전유에 가깝다고 생각한다. 자기이론적 텍스트의 맥락에서, 자조와 자기-이해의 실천은 더 큰 철학적 프로젝트의 일부가 되는데, 이는 퀴어와 시스-이성애자 관계의 본성에 관한 질문들, 혹은 자신의 삶에 관해 쓴다는 것, 철학한다는 것, 미술비평을 쓴다는 것, 예술가로 인정받는다는 것은 무슨 의미인가, 혹은 "누가 말을 하며 왜 말하는가"란 질문을 채택하고 제기한다.

자기 자신과 다른 이들을 유지하게 만드는 커뮤니티 구축의 형식으로서의 인용과 일차적으로 자기 자신의 이익(예술적 실천, 학술적 연구, 명성, 자기-지식, 파트너와의 건강한 관계)을 위해 다른 이들을 자신 안으로 통합시키는 (비유적으로 식인적인) 방법으로서의 인용 사이에 놓인 긴장이 자기이론적 작업들을 떠나지 않고 계속 떠돈다. "공생이 항상 서로에게 이득이 되는 것은 아니다."[39] 진행 중인 나의 큐레이토리얼 실험인 「발효 페미니즘」이 전시되는 동안, 베를린을 기반으로 활동하는 예술가 알라나 린치가 내 가상 스튜디오를 방문해서 한 말이다(린치는 콤부차 스코비[SCOBYs]와 관련해 미생물의 물리적인 변화 과정과 이종 간의 공생을 놓고 이야기한 것이지만 나는 그의 말이 여기서 적절하다고 생각한다[40]). 공유된 음식 재료들이나 공유된 상호텍스트들 — 리서치와 연구에서는 텍스트가 그들의 자양분이다 — 을 통한 관계에서 우리가 서로를 공생적으로 먹여 살리고 있다고 해도 누군가는 다른 누군가보다 더 많이 이득을 본다. 커뮤니티는 카니발리즘으로 바뀔 수 있다. 잠 브레노는 새로 이사 간 도시에서 학자의 부인으로서의 경험에서 외로움을 덜고자 그 주변에서 불러 모아 문학 커뮤니티 "현대적인 미친아내들"(modern madwives)을 만들었고, "나는 이 여자들을 식인하기 시작했고 말 그대로 그들을 통합해 들였다"[41]라고 썼다. 거기에는 집단과 연대와 소속감을 향한 욕망이 존재한다. 또한 어떻게 "내가 느끼는지"와 어떻게 "내가 이 상황을 경험하는지"로 돌아가려는 욕망도 존재한다. 이 욕망은 **당신**이 어떻게 느끼고 상황을 경험하는지와 갈등할 수 있다. 나는 심지어 가장 선한 의도로 시작된 페미니스트적·사회적 정의에 경도된 공간들에서도 그런 갈등을 끊임없이 목격하고 있다. 나의 경계선이 당신에게는 도화선이라면(그리고 그 반대도 같다면), 우리가 어떻게 함께 조직할 수 있는가? 자기이론이, 그리고 인용 실천의 집단화를 향한 충동 — 특히 그것이 우리의 상호 연관된 실천들 안에서 그리고 실천을 통해서 서로의 목소리를 듣고 경험하는 것인 한에서는 — 이 어떤 통찰력을 제공하지는 않을까?

측면 인용과 이런 강렬한 동일시의 형식을 수반하는 다른 인용 실천(내가 염두에 둔 것은 상호 텍스트적 동일시이다)이 할 수 있는 것에 대해 정치적으로 말하자면, 더 낙관적인 학자들이 존재한다. 다나카는 페미니스트적 인용 실천들이 사실상 유색인 여성이나 선주민처럼 지배적인 사유의 체계에 의해 주변화되거나 쫓겨남을 겪는 이들에게 "자양분"을 제공할 능력이 있다고 주장한다.[42] 이에 대한 예시로 다나카는 친구이자 동료 유색인 여성과 나눈 편지들, 클로디아 랭킨 같은 페미니스트 문학 및 이론 분야 거물들의 인용문으로 가득 차 있던 편지들에 대한 일화를 들려준다. 그리고 이런 편지가, 자신과 친구들 자신의 경험, 일화, 그리고 독서에 대한 응답들이 참조되고 공유될 정당한 출처가 될 수 있는 공간을 제공한다고 주장한다. 다나카는 독자를 텍스트의 의미의 공동 생산자로 호명하는 바르트의 「저자의 죽음」의 주장을 확장해서, 문화 안에서 의미를 구성하게 될 인용 실천의 지속적이고 다방향적인 과정에 독자나 관객의 체험이 얼마나 중요한지를 강조한다.[43] 친구와 편지 쓰기를 통해 바르트의 주장에 형식을 부여한 다나카는 페미니스트적 인용을 뭔가 공유될 만한 것으로 강조한다. 다나카와 다나카의 친구, 그리고 랭킨은 함께 "정당한 레퍼런스들"과 지식의 출처로 변모한다.[39]

누구의 목소리가 인용될 만한 정당한 "출처"일 수 있는가란 질문은 교차성 페미니즘 관점에서 중요한 질문이다. 앞 장에서 논의했듯이 이 질문은 넬슨이 『아르고호의 선원들』에서 연인이자 시각예술가인 도지를 여타 다른 퀴어와 퀴어 페미니스트 사상가 들 옆에 나란히 인용할 때 등장한다. 이것은 또한 캐나다의 지적인 제도 내에 있는 선주민 학자들의 장소에 대한 조 토드의 논의를 단단하게 떠받치는 역할을 한다. 페미니스트적 인용에 대한 사라 아메드의 글쓰기 바로 옆에, 막 출현하고 있는 메티스(Métis) 학자인 자기 자신의 성찰을 배치하면서 토드는 이렇게 말한다.

> 선주민 학자와 예술가, 또 비-선주민 학자 및 예술가도 역시 학계 내부에서 말들의 통화가 요구한다는 이유로 선주민 사상가들에 앞서 비-선주민 사상가들을 인용하는 경향이 있다. ... 아메드의 작업과 **함께** 생각하면서 선주민의 존재론을 다룰 때에 나는 인용이 법

질서와 우주론 자체를 틀 짓는 특정한 방법들을 **소생시키는** 것이라고 주장한다. 선주민 페미니스트로서 나는 내 작업을 통해 캐나다의 구체적이고 독자적인 지적 전통으로서의 선주민들의 삶과 법, 언어를 기리고 인정하는 사상가들과 세계들을 되살리고 생동감 있게 만들려고 노력한다.

토드는 가치화의 쟁점을 강조하면서 학문적 제도 내부에서 인용의 "통화"를 언급한다. 토드는 세지윅이 "곁"을 공간적으로 위지 지은 것과 비슷하게, 혹은 측면 인용에 대한 좀 더 최근의 토론들과 비슷하게 "아메드의 작품과 **함께** 생각하기"를 자신의 위치로 간주한다. 토드는 식민자들의 문화가 그토록 죽이려고 애썼던 출처들과 텍스트들("삶, 법, 언어")을 소생시키려는 선주민 페미니스트로서 자신의 오랜 헌신을 강조하는 동안, 사라 아메드의 작업을 참조하는 자기 자신을 중요한 측면 인용으로 바꿔놓는다.[44] 그러니까 선주민 페미니즘에서 인용에 대한 페미니스트적 접근 방식은 지배 문화에 의해 과거나 지금이나 주변화되고 탄압받은 개인들과 커뮤니티들의 유지와 그것들에 대한 지지, 그것들과의 친족관계 만큼이나 "소생"에 정초하고 있는 것이다.

참조적 행동주의

인용은 분명 자기이론적 실천의 중요한 부분이지만, 누구나 자신의 삶의 실체와 맥락에 입각해서 자기 자신의 이론을 창조하는 것도 그만큼 중요하다. 이는 "자기이론"의 왕복(shuttling)을 양태로서 구성해낸다. "열 개의 목소리"로 조직된 『경계지대/경계선』 3판 서문[45]에 들어 있는 자신의 글에서 T. 재키 쿠에바스는 "안살두아의 활동가-학자 감각은 우리가 이론화를 하면서 희망을 가지기 위해(또한 행동하기 위해) 기억해야 하는 퀴어적 태도를 취하는 중도좌파를 상기시킨다. 그리고 우리에게 주입된 우리 자신과 서로에 대한 음흉한 거짓말들을 믿지 말고, 우리 자신의 이론들을 계속 만들어야 한다"라고 말한다. 쿠에바스는 안살두아의 작업 안으로 자신이 투여한 것을 통합해 들이면서 이렇게 결론을 내린다. "내가 매일 치카나로 살고, 퀴어로 살고, 시인으로 살고, 스토리텔러로 살고, 교사로 살고, 활동가-학자로 살고, 경계지대에서 살아갈 수 있음에 글로리아에게 감사한다."[46]

 2015년 12월 30일, 바누 카필은 "'인용은 페미니스트적 기억이다.' — 사라 아메드"[47]라고 트윗했다. 페미니스트적 인용에 관한 트윗으로 동료 페미니스트 작가와 유색인 여성을 인용하면서 카필은 이론을 인용하는 실천이 어떻게 관념을 연결하고 퍼뜨리는 페미니스트적 양태인 온라인 소셜 미디어 플랫폼들로 확장되었는지 증명한다. 아메드(그리고 되풀이해서 카필)는 "인용은 페미니스트적 기억이다"라고 진술함으로써 공유된 아카이브, 일종의 페미니스트들을 위한 (인용으로 형태를 갖출) 텍스트적인 집단적 무의식이 존재한다는 것을 암시한다. 아메드는 인용을 페미니스트 역사(혹은 "허스토리"[herstory]) — 발화들, 관념들, 텍스트들을 인용하는, 이런 탈중심화된, 집단적인, 지속적인 프로세스에 의존하는 희미하고 흐릿한 역사 —

의 보존에 꼭 필요한 부분으로 배치한다. 매켄지 와크는 아마존 비디오로 『아이 러브 딕』을 각색한 질 솔로웨이의 작업에 대한 리뷰에서, "펑크의 노-퓨쳐(no-future) 감수성은 이제 일반적 조건인데, 이는 노-패스트(no-past)의 감수성이기도 하다"[48]라고 썼다. 넬슨과 미첼, 그리고 로그의 작업은 그 두 경향에 저항한다. 인용을 통해 과거에 의지하는 것은 퀴어 페미니스트들에게는 미래를 이론화하고 미래를 마음으로 그리는 수단으로 바뀐다.

특히 BIPOC, 페미니스트, 퀴어 신에는 억압의 역사들에 대한 해독제로서 예술작업에서 인용을 가시화하는 것과 관련된 커뮤니티 구축, 결속, 인정 등 좀 더 명시적으로 정치화된 프로젝트가 존재할 수 있다. 예술과 글쓰기를 "세계-만들기" 프로젝트로 간주하면서 맹렬히 추구하는 일은, "세계-만들기"가 가장 단순하게는 새롭고, 더 진보적이며, 교차적이고 공정한 세계들을 상상하는 것을 뜻하는 공간들에서 발견된다. 사변적인 것과 글자 그대로의 것(the literal) 사이를 왕복하는 세계-만들기 프로젝트들을 우리는 FAG와 같은 작업들(로그와 미첼이 협업한 큐레이팅과 프로그래밍, 예술 제작)에서, 그리고 블랙 윔민(Black Wimmin) 예술가 위원회와 더 피스트(The Feast, 2019년 블랙 윔민 예술가 위원회가 온타리오 아트 갤러리에 흑인 여성 예술가 100명을 초대해 갤러리 중앙 공간에서 함께 식사를 한 모임)처럼 페미니즘에 초점을 맞춘 최근의 동시대 미술 프로젝트들에서 확인할 수 있다.

더럼 아트 갤러리의 큐레이터 재클린 쿠아레즈마가 제안하고 감독한 2021년 프로젝트에 초대된 나와 다른 예술가-큐레이터 휘트니 프렌치, 레베카 타보본딩, 김명순은 지역 갤러리 공간에서 "페미니스트 SF 작가 옥타비아 버틀러의 미완성 연작인 『우화』[49]의 잠재적 결과들을 심사숙고할" 과제를 전해 받았다. 그 과제는 그보다 더 큰 협업 프로젝트, 버틀러의 『우화』를 놓고 상상하려는 프로젝트의 일환이었다. 쿠아레즈마는 옥타비아 버틀러의 『우화』 연작의 가능성을 실험적인 형식 — 커뮤니티 정원과 같은 장소-특정적 개입들, 수행적 모임들, 네 개의 주제(사기꾼, 가르치는 사람, 카오스, 점토)가 하나로 수렴, 응집될 수 있는 장치들 — 을 통해 확장시킬 전시를 조직해줄 것을 우리에게 요청했다. 2년에 걸쳐 버틀러의 책을 함께 읽고 토론하고 있는 큐레이터들과 작가들은 이제 동시대적 맥락에서 버틀러의 심오하고 생성적인(generative), 그러나 미완인 작업을 연마하고, 버틀러가 SF 장르를 통해 알레고리적으로 표현한, 있을 수 있는 교훈들을 실천을 통해 프로세싱할 것이다. 쿠아레즈마와 나눈 대화들에서 자극을 받아 시작된 버틀러에 대한 자료 조사가 진행됨에 따라, 나는 그가 지구종(Earthseed)이라는 종교 및 그 출현의 맥락을 재현할 때 적은 메모들에서 "히스패닉계를 더 많이"(More Hispanics)와 같은 문장들을 발견하고 감동했다. 여백에 적힌 문장들에는 단호한 느낌의 느낌표들이 붙어 있었다. 심지어 초고에서도 버틀러의 SF 소설과 교차하는 페미니스트적 세계-만들기의 중요성이 확연히 눈에 들어왔다.

흑인 페미니스트 예술가이자 영화 제작자인 콜린 스미스는 커뮤니티 만들기라는 집단적 실천으로서 인용성(citationality)을 중시한다. 「휴먼_3.0 독서 목록」(2015)에서, 스미스는 짙은 흑연과 아크릴 물감을 사용해 모눈종이 위에 이론서들의 표지를 드로잉한다. 모눈종이는 그의 작업을 좀 더 "고상한" 고급 예술 공간과 대비되도록 만들면서 학교와 배움의 맥락과 연결한다. 작업에 대한 작가 노트에서 스미스는 블랙 라이브즈 매터 시기의 미국에서 살고 있는 흑인들이 "적절한 갑옷을 입지 못한 채 전투에 참여하고 있다"고 설명한다. 스미스의 작업은 이렇듯 구조적으로 구성된 "결핍"에 대한 하나의 대답을 제공한다(구조적 인종차별이 세대를 거쳐 자행되는 동안 미국의 흑인들은, 특히 계급 특권과 세습 재산을 가진 백인 미국인이 소유한 세대 자본 — 돈의 형태로 상속되는 부, 여러 형태의 가치와 보호 — 의 축적에 접근할 수 없었다. 이는 배상 요구에 대한 설득력 있는 논증 중 하나이다). 스미스는 무기 대신, 방어 장비와 나란히 놓일 활동가들의 갑옷으로 공부("깊고 능동적인 공부")와 비판적 대화를 지지한다. [40] [41] [42] [43]

> 그리하여 나는 다시 한번 선언한다. 흑인은 적절한 갑옷을 입지 못한 채로 전투에 참가한다. 방독면과 방탄복, 그리고 스마트폰 동영상 외에도 우리에겐 기업에 노예처럼 예속되지 않도록 해줄 예방접종이 필요하다. 나는 이것을 다음과 같은 행동으로 제안한다.
> **공부**, 깊고 능동적인 **공부**.
> **저항**을 생산할 의도를 갖고 가담할 **대화**가 여기에 추가될 것이다.[50]

디지털 온라인 버전으로 확인 가능한 스미스의 드로잉들은 프로젝트의 뒤에 도사린 충동을 명확히 보여줄 "휴먼_3.0 독서 목록: 선언문"에 근거해 구성되었다. 그는 블랙 라이브즈 매터 운동 시기의 미국 흑인 민중에게 필요한 의식의 각성과 동원으로서 이론서와 문학을 읽는 것의 중요성을 강조한다. "이런 운동의 레토릭은 대표적으로 제임스 볼드윈과 니나 시몬 같은 예술가들의 기여 덕분에 박식해진 행동주의의 계보 안에 존재한다." 스미스는 자신의 독서 목록의 의도는 "활동가를 만들려는" 것이 아닌, "우리의 세계를 형성하고 구축할 때 우리가 하는 행동과 우리가 내리는 결정을 반드시 정의하고 형성하고 안내할 흑인 의식을 배양하려는" 데 있다고 강조한다. 그 둘의 차이는 자기이론적 실천이 얼마나 일상생활의 정치에 기반한 것인지를 강조한다.[51] 스미스의 독서 목록(그를 격려하고 힘을 북돋아주었던 책들이 포함된다)은 그의 삶과 그리고 이런 독서로부터 자신처럼 힘을 발견했을지 모르는 미국 흑인들의 집단적인 "자기"로부터 출현한다.

스미스는 대부분의 작업들에서 표지 그림, 책제목, 저자, 그리고 다른 파라텍스트적인 정보를 포함한 책표지 전부를 직접 드로잉한다. 스미스의 삽화로 된 독서 목록에 포함된 책의 저자들은 다음과 같다. 토니 모리슨, 다코 수빈, 실비아 윈터, 세드릭 J. 로빈슨, 모라가, 안살두아, 로드, 거다 러너, 해러웨이, 훅스, 파농, 폴라 기딩스, 엘리자베스 알렉산더, 로런스 W. 레빈, 하피즈, 듀보이스, 사무엘 R. 딜레이니, 앤절라 데이비스, 볼드윈, 모튼, 버틀러, 무뇨스. 마지막 작가 무뇨스로 인해 스미스는 21세기 퀴어 페미니즘 세계-만들기를 둘러싼 공유 관념들과 맞붙어 싸우고 있는 두 예술가 미첼과 로그의 작업과 연결된다.

스미스는 자신의 "축약된 목록"은 이후에 있을 기여와 공유의 출발점(그가 "선물[offering]로서의 공부"라고 부르는 것)을 이룬다고 말한다. 그리고 온라인으로든 시카고의 카페나 책 조합에 배포된 엽서로든, 자신의 작품을 우연히 접한 사람들이 책을 읽고 이 회람 컬렉션에 추가하길 원하는 다른 책들의 표지를 직접 그리도록 격려한다. 독서 목록은 스미스가 고안한 것이 아니다. 그것은 스미스가 앤절라 데이비스와 같은 학자 및 활동가 들과 공부한 몇 년간 공유했던 목록들로 구성되었다. 이제 스미스는 대학 밖에서도 이론에 대한 접근이 가능할 수 있도록 그 목록을 다른 사람들과 공유한다. 스미스는 모튼과 하니의 『언더커먼스』의 문장 중 "우리의 대학들은 부채를 통해 학생들을 노예로 만들지 않고는 존재할 수가 없다"를 받아 적는다. 스미스를 인용하면 이렇다.

이 열네 권의 책은[52] 드로잉할 시간이 있어서 그린 것으로 그저 시작에 불과하다. 이 책들은 말 그대로 내 삶을 바꾸고 구하고 지속시켜주었지만, 또한 (사전 경고) 이 책들 때문에 나는 순응하고 적당히 타협하고 외면하고 내 몫을 챙기는 데 어려움을 겪기도 한다. 신자유주의적 행동 수칙으로 깔끔히 요약할 수 있는 이런 행동들에 대해, 나는 이렇게 말할 것이다. 엿 먹어. 나는 공부와 대화를 통해 교환과 접목이 잘 일어나기를 희망하면서 이 책들을 공유한다. 저항은 헛되지 않다. **저항은 우리가 가진 전부다.**[53]

스미스는 책을 손으로 그리는 데서 그치지 않는다. 몇몇 이미지들에서 손을 이미지 안으로 가져오는데, 주목할 만한 책을 쥐고 있는 손(주로 흑인의 손)을 그린다. 종이 위 흑연의 촉각적인 물질성을 통해 작가의 손의 흔적이 드러나기도 한다. 촉각적 복제의 한 형식으로서, 무언가를 손으로 그려서 복제하는 것은 가령 아이폰 사진으로 복제하는 것과는 다른 종류의 정동을 갖는다. 스미스의 이론서들의 표지 드로잉은, 로그와 미첼의 경우처럼 수행적이고 반복적이다. 이런 드로잉은 원본과 아주 비슷하다는 느낌에 의해 생산되는 언캐니한 효과와는 아주 다르게 "실제" 텍스트와의 차이를 분명히 한다. 이 책 표지들을 그리는 데는 시간이 필요하다. 목록에 오른 책들은 그저 드로잉할 "시간"이 있던 것들이었을 뿐이라고 설명할 때 스미스가 말하고자 하는 것은 신자유주의 아래에서의 삶의 현실적 제약이다. 촉각적이고 제의적인, 만화나 어린이 책처럼 친근한 느낌으로 이론서들을 모방적으로 그려내는 실천은 그 이론서들을, 설사 학술적이라고 해도 더 많은 사람들이 다가가기 쉬운 책으로 바꾼다.

이론서들을 갖고 자신을 은유적으로 무장하는 행위는 만성질환의 현상학과 입원을 가지고 작업한 흑인 예술가 캐럴린 라자드에게서도 확인할 수 있다. 「아플 때와 공부」(2015-16)에서 라자드는 자가 면역질환으로 수혈을 받을 때마다 이론서와 문학 책들로 자신을 무장한다. 그는 치료를 받은 2년여 동안 아이폰 카메라로 책을 위한 셀피를 찍어 기록하는 퍼포먼스 시리즈를 반복했다. 유사하게 구성된 디지털 사진의 초점은 붕대를 감고 링거가 연결된 라자드의 팔에 맞춰진다. 그는 매번 팔을 뻗었을 때 책의 표지가 카메라에 보이도록 책을 잡고 있다. 오드리 로드의 『시스터 아웃사이더』, 앤 츠베트코비치의 『느낌의 아카이브』, 매켄지 와크의 『모큘러 레드』, 프레드 모튼과 스테퍼노 하니의 『언더커먼스』, 앨리슨 케이퍼의 『페미니스트, 퀴어, 크립』, 옥타비아 E. 버틀러의 『새벽』 등의 책들이다. 페미니즘 및 퀴어 이론서를 손에 들고 포즈를 취하는 행위는 인스타그램 같은 소셜 미디어 플랫폼들에서 발견되는 자기이론적 제스처이다. 라자드는 인스타그램을 통해 일종의 웹 기반 퍼포먼스인 이 작업을 처음 공유했다. ⁴⁴ ⁴⁵ 1장에서 논했던 에이드리언 파이퍼의 「영혼을 위한 음식」(1971)의 자기-이미지 만들기가 라자드의 퍼포먼스에 다른 방식으로 귀환한다.

예술가, 작가, 비평가가 자기이론적인 작업에서 인용하고 참조하는 원전으로 사용하는 특정 정전(말 많은 용어이지만 써야 할 때가 있다)은 문화적·지리적·역사적·사회적 맥락에 따라 매번 바뀔 것이다. 이는 예를 들어 선주민 및 흑인 작가와 예술가들의 자기이론적 작품들을 생각해볼 때 명확해진다. 병원에 갈 때 라자드가 골라 가져가는 책들은 자주 페미니즘이나 페미니즘-인접 이론일 뿐 아니라 생명정치와 신체들의 의료화를 둘러싼 문제에 관한 것이다. 이런 자기이론적 실천은 그들이 선택하고 사진, 드로잉, 퍼포먼스를 통해 재현하는 텍스트들에 기초한 정전 만들기의 실천들이기도 하다. 라자드가 선별하고 재현하는 모든 책이 엄격한 의미에서 "이론서"는 아니다. 거기에는 이론 가까이에서 작동하는 문학, 특히 픽션이 포함된다. 사회정의, 정치적으로 상상하기, 그리고 새로운 세계-만들기와 같은 비판적 기획들에 몰두한 옥타비아 버틀러의 SF 작품 『새벽』이 그 사례일 것이다.

라자드가 진행 중인 카메라를 위한 퍼포먼스 프로젝트는 크론병 진단에 대한 이야기를 들려주는 「자가면역 시대에 사람이 되는 법」 같은 글에서 탐구하고 있는 생각들을 실행에 옮긴 것이다.⁵⁴ 만성질환을 직접 겪은 사람의 일인칭 서사인 이 자기이론적 텍스트는 1827년 괴테가 헤겔에게 쓴 편지에서 가져온 제사로 프레이밍된다. "유감스럽지만 그렇다면 변증법의 전적인 난해함은 오직 완전히 아픈, 병든, 미친 사람들에게만 좋은 것 아닌가 합니다." 2013년에 쓰인 라자드의 텍스트는 예술가이자 작가 그리고 자칭 사이코노트(psychonaut)[55]인 요하나 헤드바의 「아픈 여자 이론」을 포함한, 질병과 고통에 대한 이후의 자기이론적 글쓰기들에서 계속 인용되고 있다.[56]

이론가들과의 교감

자기이론적 실천에서 인용은 이론가 및 철학자와의 일종의 사변적인, 심지어 영성적인 교감의 형태를 취할 수 있다. 래리 아치암퐁과 데이비드 블랜디는 「파농을 찾아서 3부작」(2016-17)에서 파농의 사라진 희곡들을 예술가인 자신들이 합심해서 찾는다는 전제를 통해 21세기의 전 지구적 맥락에서 파농의 철학을 자기이론적으로 채택한다. 슬레이드 미술대학에서 공부하는 동안 막역해진 두 사람은 대처-시기 영국의 결과로 나타난 각자의 위치성, 그리고 당시에 유포되고 있던 소위 포스트식민주의 관념을 통해서 사유하며 협업한다.[57] 그들은 누가 무엇을 썼는지가 불분명한 공유 서사 「파농을 찾아서」— 저자성의 층위에서 인종적 구분을 흐리게 하는 대본 — 의 공동저자이다. 중첩된 오디오 내레이션으로 송출되는 대본은 스크린에서 상영되는 행동들에 자기이론적인 틀을 제공한다. "파농 찾기"라는 영상의 장치가 서사를 이끄는 동안, 적어도 두 개의 서로

대화하는(interdialogic) 동시대적 관점들이 파농의 철학에 다시 활력을 불어넣는다.[46]

파농의 사유, 발견된 텍스트들, 개인적인 진술들이 두 사람의 대본에서 통합된다. 두 남자는 쓰인 지 수십 년이 지난 파농의 작업을 관조한다. 두 남자의 글쓰기는 그들 둘이 영국에서 인종적으로 다른 배경과 다른 경험을 가진 예술가로서 택한 관점에 입각해서 파농 철학의 핵심적인 관념들 — 식민화의 정신병리학, 급진적인 반식민적 휴머니즘, 탈식민화의 영향 — 을 채택한다. 삼부작의 세 번째 영상에서 아치암퐁과 블랜디는 파농과 장-폴 사르트르의 수행적 대역을 맡는다. 이 영상은 파농과 사르트르의 텍스트로 된 대화와 협업에서 영감을 얻어 제작되었다(파농의 1961년 작 『대지의 저주받은 사람들』의 서문을 사르트르가 썼다. 우리는 이것을 아프리카에서 탈식민 운동이 절정일 때 식민주의를 정신분석적으로 비판한 파농에 대한 사르트르의 연합적 제스처로 읽을 수 있다[58]).

> 이는 오직 우리가 보여주려 한 많은 부분을 일찌감치 예견했던 남자, 프란츠 파농의 분실된 희곡들에 대한 탐색 속에서 ... 모든 것이 분명해졌다. 이것은 미완의 대화이다. 끝나지 않을 대화이다. 그래야만 한다.[59]

영상에서 아치암퐁의 흑인성과 블랜디의 백인성이 서로 경합하면서 영향을 미친다. 영상 속 많은 행위는 두 남자가 "공간을 공유한다는 것"을 보여주면서, 작품 전반에 걸쳐 작품의 주제인 차이를 횡단하는 연대를 강조한다. 모호해서 유토피아인지 디스토피아인지 가늠이 안 되는, 그러나 분명 종말론적인 미래, 이름도 날짜도 없는 미래로 움직이고 있는 남자들에게서 어떤 고요한 공감이 감지된다. 「파농을 찾아서 1편」은 초점을 물질적인 재원에 의해 관리되는 식민주의의 국면들과 식민주의가 땅에 미치는 영향들에 맞춤으로써 식민적 충동이 지금도 건재하다는 사실을 드러낸다(예를 들어, 아이폰에 쓰일 광물을 채굴하는 장면). 하지만 세 편의 영상이 상영되는 동안, 날아오를 것처럼 고조되는 영화 음악에 의해 강화되는 어떤 희망적인 분위기, 감상적인 것과 금융적인 것 사이에서 진동하는 분위기가 존재한다. 「파농을 찾아서 3편」의 주제인 집단적인 세계-만들기와 미래성은 두 예술가가 자기들의 아이들을 "배우가 아닌"(nonactor) 배우로 곁에 둘 때 정점에 이른다. 아치암퐁의 두 흑인 아이들, 그리고 블랜디의 두 백인 아이들이 두 예술가들과 함께 확인되지 않은 땅에서 걷고 있다. 두 예술가가 파농을 찾아내면 이제 철학자 파농 — 쓰인 말들의 유산을 통해 현재하는 — 이 그들을 안내하는 안내자가 된다.

스미스의 「휴먼_3.0 독서 목록」과 아치암퐁과 블랜디의 「파농을 찾아서 3부작」에서 볼 수 있듯이 이들 예술가는 자기들의 이유에 활기를 불어넣고 자양분을 공급하는 책들과 이론가들을 시각적으로 재현하고 알레고리화함으로써 더 나은 미래의 가능성에 대한 믿음을 보여준다. 학계와 미술계에 만연한 아프로-페시미즘(Afro-pessimism)[60]이나 아프로-퓨처리즘(Afro-futurism)[61]의 경향을 거부하는 스미스는 자기이론을 활용해서 이론을 읽는 데 커뮤니티들을 더 낫게 바꿀 수 있는 능력이 있다고 긍정하려고 한다. 스미스는 긍정의 토대를 다름 아닌 자신의 체험에 둔다. "이 독서 목록은 의미가 없다고 생각하는 학자들이 아니라 생각하는-행동가들(Doers-Who-Think)을 위한 것이다. 이 빌어먹을 것은 아프로-니힐리스트(afro-nihilist)를 위한 것이다. 이 세계를 파괴할 유일한 이유는 우리가 더 나은 세상이 가능하다는 근본적인 믿음을 공유하고 있는가에 있다."[62] 라자드, 스미스, 미첼과 로그, 그리고 아치암퐁과 블랜디의 작업은 지지자로서의 BIPOC, 퀴어, 페미니스트 이론가들에게 호소하면서, 더 많은 인민을 위한 더 포용적이고 살 만한 미래를 마음속에 그리는 일을 통해서, 사회적·정치적 변화와 개인의 힘의 강화 그리고 돌봄의 가능성을 신체화한다.

이 책에서 계속 이야기한 인용적 실천들과 함께 자기이론적 프로젝트는 역사, 혈통, 땅과 장소, 주어진 시간과 장소에 신체화된 존재, 우리보다 앞선 철학자들과 이론가들, 우리 안에서 그리고 우리를 통해서 존재하는 그들의 텍스트들과 관념들과 말들을 반영하는 일을 수반한다. 이를테면, 우리는 이들 선조와 어떻게 교감할 수 있을까? 「파농을 찾아서 2편」에서 예술가들이 묻는다. "파농이 정말 여기에 있다고 생각해? 이 산꼭대기에 그의 희곡의 잔해가 묻혀 있을 것 같아? 저렇게 표현된(rendered) 하늘 위에?"[63] 그들이 아이들을 데리고 그들의 비디오 속 풍경들을 옮겨 다니는 동안 긍정적인 대답이 (그들의 가슴과 마음속 어딘가에서) 도래하는 것으로 보이고, 어떤 의미에서 파농은 여기에 있는 듯하다.

당신의 자기는 끝났다(그러길 원한다면): 자기이론과 정체성의 죽음

> 나 스스로를 페미니스트로 정의했던 그 긴 세월에 관해 내가 무슨 말을 할 수 있을까? 나는 나의 고전들을 개정하는 것, 그 이론들을 테스토스테론을 투약한 경험이 내게 유발한 충격에 종속시키는 것 말고 다른 대안을 가지고 있지 않다. 나에게 일어난 그 변화가 한 시기의 변신이라는 사실을 받아들이는 데는.
>
> … 파울 B. 프레시아도, 『테스토 정키』

페미니스트적인 세계-만들기 프로젝트의 이면 중 하나는 진정한 변화와 어떤 형태의 상실이 함께 도래한다는 계시이다. 2014년 찌는 듯한 한여름 토론토에서 나와 나의 친구이자 협업자인 앰버 크리스텐슨과 대니엘라 사나더는 인터뷰를 하러 로그와 미첼의 집으로 자전거를 몰았다. 국제페미니스트아트페어(FAFI)에 대한 작가들의 전망이 대화의 주제 — 유통과 가치의 자본주의적·가부장적·신자유주의적 양태들에 입각하지 않은 교차성 페미니즘적 경제의 창조를 필요로 하는 — 였다.

FAFI는 예술 경제가 무엇을 의미할 수 있는지를 완벽하게 재상상할 것을 요구하는 사변적인 관념 혹은 이상이었다. 미첼과 로그는 나와 대화하는 내내 자신들이 탈진했음을 인정했다. 자비를 들여서 전시를 조직하고 예술가들에게 참가비를 지불한 둘의 협업은 모든 종류의 에너지를 사용한 결과였고, 그들은 예술가들에게 돈을 지불하는(예외는 단 한 명도 없었다) 작업에 헌신하면서 레즈비언 예술가로서 활동했다. 그럼에도 그들은 백인 정착민 페미니스트, 교수(미첼의 경우), 그리고 자가 소유자인 자신들의 특권적 위치를 잘 알고 있었다. 너무나 중시하는 교차성 페미니즘을 **실천**하기 위해 일생 어떤 선택을 해왔는지를 숙고할 때, "우린 우리의 특권을 이용해요"라고 말했다.[64] 그러나 자신들이 속한 현재의 더 큰 퀴어 커뮤니티들 내부에서 자신들의 주체 위치들과 연관된 몇몇 어려운 진실과 씨름했던 이후의 상황을 보건대 "레즈비언"은 끝난 것으로 보인다.

이 레즈비언 예술가들이 더 이상 자신들의 "레즈비언" 정체성을 고수하지 않는다는 것은 무슨 의미일까? 그들이 일생 알고 있던 것과 같은 핵심 동일시가 멸종될 위험에 처한 것일까? 미첼과 로그의 "레즈비언"에 기반한 작업에서 최악의 위기 중 하나가 「킬조이 캐슬」의 첫 번째 버전(iteration)을 2013년 가을 토론토에서 공개한 뒤 발생했다. 논란을 일으킬 만큼 폭력적이었던 많은 "농담"(예를 들어 거세와 연관된)이 등장하는 이 작품을 두고 트랜스배제적이라고 격렬한 비판을 제기한 이들이 있었다. 예술가들은 이런 비판에 진지하게 반응했고, 동의하지 않았을 수는 있지만 — 전시장 입구에 있던 손으로 그린 표지판 중 하나에는 특유의 눈짓하는 키치-마녀 담론으로 "트랜스를 혐오하는 악마 같은 인간들은 입장할 수 없음!"이란 문구가 적혀 있었고, 트랜스로 정체화한 민중은 그 프로젝트의 중요한 부분이었다 — 그럼에도 재작업에 착수했다. 또한 프로젝트에 긍정적으로 반응한 로스앤젤레스와 필라델피아의 퀴어 커뮤니티 등 그들이 작품을 제공한 여러 다른 커뮤니티와 계속해서 대화를 이어나갔다.[65] 그러나 그들의 작품에 대한 초기의 반감은 더 큰 쟁점을 시사했고, 두 예술가는 이를 심각하게 받아들였다. 그것은 점점 더 많은 퀴어가 퀴어 동일시의 고전적 형식으로부터 등을 돌리고 있다는 사실이었다.

레즈비어니즘은 끝나지 않았을지 모르지만 "레즈비언" 정체성은 이제 지나간 시기에 속한다고 생각하는 이들도 있었다. 댄 새비지가 옹호했던 "패그/패곳"(fag/faggot) 등의 복구된 단어들, 그리고 "트랜스", "논-바이너리", "젠더퀴어" 등의 용어들과 달리 "레즈비언"이라는 단어는 몇몇 퀴어 커뮤니티에서는 철지난 관점인 여성다움과 젠더 차이에 과몰입한 것으로 비춰졌다. 나 자신의 동일시와 관련해 너무나 몰입해 있는 "바이섹슈얼"(bisexual)이라는 용어 — 어원상 "이분법"(binary)에 의지하는 — 도 역시 문제에 직면했다. 정체성과 섹슈얼리티 스펙트럼과 관련해서, 1970년대식의 "레즈비언"과 1990년대식의 "바이섹슈얼"(표면상 배제적이고 배타적이란 이유로 두 용어 모두 비판받았다)에 대항하기 위해 "팬섹슈얼"과 "퀴어"처럼 좀 더 개방적으로 보이는 용어들이 출현했다. 몰역사적일 뿐 아니라 지나치리만치 단순하고 협소한 이런 비판은 그 용어들이 의미화하는 것에 대한 피상적인 이해를 빌미로 이 용어들과 동일시하는 사람들의 현실적 관점을 무시한다.

이런 사실을 모를 리 없는 중년의 레즈비언 예술가 미첼과 로그는 지난 10년간 그들의 작업을 통해 미묘하고 개념적인 방법으로 그 점을 프로세싱해왔다. 퀴어 이론의 역사들과 미래들을 프로세싱하는 그들의 작업 대부분(직접 체험하고 신체화한 경험에 입각한)은 레즈비어니즘의 존재론과 레즈비언의 형상을 이론화하는 실천을 내포한다. 레즈비언 작가이자 이론가인 모니크 위티그의 『스트레이트 마인드』 같은 역사적으로 중요한 페미니즘 텍스트들을 비디오와 설치 작업에 끌어들여 보존할 때에도 그들은 그 텍스트의 양가성을 놓치지 않는다. 헤더 러브는 두 예술가가 「권장 도서」에 2물결 시기의 많은 작품들을 포함시킬 때에도 어떻게 2물결을 일종의 "역사적인 숙취"로서 무대에 올리는지를 분석한다.[66] 로그와 미첼은 "2물결 레즈비언 이론" 같은 특정 이론과 이론의 양태들이 다르게 코드화되고 평가되는 방식을 잘 알고 있다. 그런 이론을 좀 더 최근의, 그리고 어쩌면 더 적절한(더 최근의 것과 더 적절한 것을 등치시키는 것은 정체성들과 용어들의 역사성에 관한 질문인 만큼 여기서 제기되어야 할 질문이다) 이론과 병치하려는 두 예술가의 전략이 그들 스스로의 레즈비언 정체성을 애도해야 한다는 계시를 생산해왔던 것으로 보인다.

이제는 (퀴어 페미니스트 신에서) 정전의 대우를 받는 미첼의 "딥 레즈"(Deep Lez)부터 두 사람의 협업 작품인 「킬조이 캐슬」에 이르기까지, 미첼과 로그의 작업은 지금껏 레즈비어니즘의 관념들과 레즈비언으로 정체화한 커뮤니티들을 집중적으로 다뤘다. 두 예술가의 자기이론적인 작업은 동시대 미술에서 신랄하고 장난기 가득한 방식으로 레즈비언-페미니스트 비판을 계속 동원한다. 유명한 "레즈비언"의 죽음(대중문화적 수사법이자 농담인 "레즈비언 침대 죽음"[lesbian bed death][67]과 혼동하지 마시길)이라는 의미에서 레즈비언 죽음을 다룬 최근작에서, 그들은 그 안에서 살아가고 사랑하는 동시대 퀴어 커뮤니티들에서 이제 "레즈비언"이란 담론적 정체성과 용어가 철지난 것인지를 묻는 질문을 탐구하며 그들의 자기이론을 우울한 방향으로 틀어서 확장시킨다. 로그는 오랫동안 죽음을 주제로 작업을 해왔고, 미첼과 예술가-학자 친구이자 동료인 엘리자 챈들러, 킴 콜린스, 에스더 이그나그니와 함께한 프로젝트 「데스나스틱스: 페미니스트 크립 월드 만들기」는 트랜스제도적이고(transinstitutional) 크립-주도적인, 그리고 학술적-예술적인 협업을 통해 장애, 접근성, 존엄사에 대한 질문들로 곧장 돌진한다.

누군가의 정체성 — 누군가가 자기 자신을 정의하는 데 오랫동안 의지해온 정체성, 그리고 매일같이 다시 수행해온, 버틀러의 표현을 빌리자면 "행위들의 양식화된 반복을 통해 취임한"[68] 정체성 — 의 "죽음"은 자기이론적 실천과 "자기"의 불안정성과 관련해서 흥미로운 질문들을 제기한다. 이런 정체성의-죽음(혹은 정체성 죽이기) 배후에 있는 충동은 대체로 높이 살 만한 것이라는 점을 지적해야 한다. 예를 들어 정체성은 배제적일 수도, 어떤 경우에는 노골적으로 혐오적이고 폭력적일 수도 있다. 우리 중 많은 이가 예컨대 스스로-정의한 정체성으로서 "백인 우월주의자" 혹은 "나치"의 최종적인 죽음을 보고 싶어 하지만, 세계 곳곳에서 다시 부상 중인 네오-나치즘과 백인 우월주의를 보건대 그런 일은 가능할 성싶지 않다. 그러나 "레즈비언"의 경우 상황이 더 미묘하다. 오늘날에는 극감한 것으로 보이기는 하지만, 트랜스-배제적 레즈비언들이 레즈비언 브랜드를 심각하게 훼손해왔다. 자신을 "레즈비언"으로 특정해서 정체화하는 이들은 설사 거대한, 트랜스내셔널한 커뮤니티 — 젊고, 교차적이고, 트랜스-포괄적이고, 레즈비언으로 정체화한 민중이 더 젊은 퀴어 세대의 일부로 출현하는 — 가 존재함에도 불구하고 여전히 트랜스-배제적인 듯하다.

몰역사성의 문제들, 그리고 여전히 귀중한 퀴어 역사의 국면들의 보존이 여기서 중요해진다. 자기-정의적 정체성들이 어떻게 순환하고 가치와 우수성을 얻다가 시간 속에서 가치를 절하당하는지란 문제가 중요한 것처럼 말이다. 어떤 용어들 — 특히 마초-성(masc-ness)과 관련된, 즉 생물학적 남성 동성애를 묘사하는 데 쓰이는 용어들 — 은 더 탄력적인 듯 보이는데, 이는 확실히 페미니스트적 문제이다. 밀레니얼 세대가 손쉽게 주창하는 논바이너리, 팬(pan), 젠더플루이드 같은 단어들은 수십 년 안에 "죽거나" 문제적인 단어가 되지 않을까(이항대립을 부인하면서도 "이분법"을 환기하는 논바이너리가 그럼에도 이분법을 시사하면서 거기에 의존하는 것을 보라)? 그렇게 되면 그때 그들/우리는 무엇을 사용하게 될까? 나는 그 젠더 스펙트럼 — 퀴어/바이섹슈얼 논바이너리 펨(그[she/her] 그리고 그들[they/them]을 대명사로 하는)으로 — 을 따라 나를 정체화하는 순간에도 이 질문을 던지고 있다. 그러면서도 어떤 우울함 속에서 레즈비언으로-정체화한 나의 친구들을 존중한다. 이것은 단순한 사고실험이 아니다. 나는 여기서 정체성 카테고리들을 담론적으로 죽이는 문제와, 자기이론이 체험, 숙고된 신중함과 돌봄을 통해 그런 문제들을 다룰 수 있는지에 대해 이야기하고자 한다. 이것은 페미니즘들과 LGBTQQIA2S+ 커뮤니티들의 역사와 이론을 위한 매우 중요한 질문이다.

그럼에도 질문이 남는다. "레즈비언"이 하나의 사례일 텐데, 어떤 정체성들에 시간에 기반한 특성이라는 게 존재할까? 동시대 미술에서 자기이론의 정치와 미학은 자기로-정체화한 정체성(커뮤니티 안에서 스스로를 확인하고 발견할 때 선택하는 용어들이란 의미에서)이 사실상 가변적인 유행과 담론적 죽음에 종속될 때 훨씬 더 복잡해진다. 어떤 하나의 정체성이 죽을 수 있다는 것은 무슨 의미일까? 자신의 정체성이 "죽음"을 맞은 사람에게는 무슨 일이 일어나는가? 자기 인식과 소속감에 정체성이 반드시 필요한 사람은 어떻게 될까?

지난 5년간 진행된 미첼과 로그의 작업은 레즈비언 예술가들로서 그들이 지금까지 해온 실천들 — 그리고 그들의 커뮤니티, 네트워크, 퍼포먼스, 각자 음식을 조금씩 가져와 함께 먹는 식사(퀴어 페미니스트 예술 잡지 『노모어포틀럭스』에 따르면 레즈비언의 중요한 문화이다) — 에 대한 일종의 실험적인 자기기록이자, 다음으로 무엇이 오고 있는지에 대한 진심 어린 질문이다. 2019년 캐나다현대미술관(MOCA)에서 열린 리사 스틸의 「생물학적 여성의 목소리들」 프로그램의 일부로 제공된 미첼과 로그의 최근 프레젠테이션인 "레즈비언 죽음"에서, 그들은 「킬조이 캐슬」의 기록 비디오를 상영했다.[69] 설치작업과 그것을 가능케 한 많은 다양한 퀴어 인간들(humans)은 내가 그 작업에 관해 사람들에게서 들었던 트랜스-배제적인 서사와는 너무나 달랐다. 그 비디오를 끝까지 다 보고나자 작업의 무게 (그것의 정치와 이해력, 어려움들과 작은 성공들, 즐거움과 고통)가 내 몸을 묵직하게 눌렀다.

레즈비언의 역사, 미래성, 그리고 죽음에 대한 질문은 케이트 매키니와 미첼의 『킬조이 캐슬의 내부: 다이키 유령들, 페미니스트 괴물들, 그리고 다른 레즈비언 귀신들』(2019) 같은 최근 작들, 그리고 니콜 브로사르의 『공중 편지』(1985) 같은 과거의 작업들 모두에서 좀 더 상세하고 사려 깊게 다뤄진다.[70] 무뇨스의 "퀴어성은 아직 여기에 없다"라는 선언은 미첼과 로그의 「그녀의 것은 여전히 축축한 동굴이다」에서 내내 울려 퍼지는 반복구다. 죽음은 이 작업에서 명백하게 출현하지는 않지만 뭔가 의미 있는 것이 막 끝나려고 한다는 피할 수 없는 감각은 존재한다. 프레시아도가 이 장의 맨 앞 제사에서 스스로를 오랫동안 "페미니스트"로 자기-정의한 것으로부터 아직도 결정이 필요한 어떤 것으로 자기-정의가 바뀌어 온 것을 놓고 성찰한 것과 비슷하게, 로그와 미첼은 이렇게 묻는다. 다음에 무엇이 올 것인가? 《나는 전혀 나 자신이 아니다》에서 로그와 미첼은 비디오의 앞부분에서 인용하고 있는 무뇨스의 느낌을 반영하면서 "우리는 절대 퀴어성에 가 닿을 수 없을 것이다"라고 받아들인다.[71] 그 퀴어성(구체적으로 퀴어 페미니즘)을 지평으로 두 예술가는, 저 작품들에서 줄곧 확인할 수 있듯이, 생전에 퀴어성을 획득할 수 있을 것이라는 일말의 기대도 없이 다종(multispecies)의 동료들 옆에서 계속 그것을 향해 기어갈 것이다.

동시대 실천들 내의 자기이론적 충동에 대한 성찰이란 맥락에서, 레즈비언 죽음이 내게 상기시키는 것은 앎과 이해에 대한 우리의 감각, 자기에 대한 우리의 감각의 토양으로서의 **자기들의 연약함**이다. 우리보다 앞선 페미니스트 철학자와 활동가 들이 이해하고 있던 것처럼 정체성은 중요하다. 지식-만들기, 숙고하기, 이론을 제시하기, 정치를 상연하기와 같은 우리의 실천은 주관적인 자기에 매우 강하게 기반하고 있다. 그런 자기가 더 이상 존재하지 않는다면, 적어도 우리가 익숙하게 자기라고 불러온 것과 같은 것이 존재하지 않는다면 무슨 일이 일어날까? 그런 **자기**의 고결함 — 특수하게 혹은 **특히** 담론 안에서 구성되는 것으로서(이 경우는 "퀴어 여성"과는 다르다. 일시적으로 표식되는, 특별한 담론적 범주로서의 "레즈비언"과 같은 것이다) — 이 도전받게 되었을 때는 무슨 일이 일어날까? 만약 미첼과 로그가 숙명적으로 의식하는 것처럼, 그런 **자기** — 어떤 이의 **자기들** 혹은 어떤 이의 **자기이론**이라는 바로 그 범주인 — 에 대한 감각에 도전함으로써 두 사람이 가담하고 있는 교차성 페미니즘의 정치가 작동할 수 있는 것이라면 어떻게 되는가? 그때 무슨 일이 일어날까? 자기이론에 종점이 있는가? 자기이론에 반감기(半減期)가 있는가?

아무리 담론적-물질적으로 탄력성을 갖는다고 해도, 우리의 **자기**는 끝을 맞이할 날이 도래할 것이다. 글자 그대로의 죽음과 담론적 죽음(둘 다 자기 식으로 물질적이다)에 대한 질문은 자기이론의 관념 및 동시대의 문화적 생산에서 일어나는 자기이론적 전회에서 특별히 중요한 질문이다. 특히 퀴어성과 성적 다양성의 정치들에 경도된 예술적이고 비판적인 실천들에 관한 한, 사회적 변화와 함께할 담론적 변화의 가능성이 존재할까? 자기이론은 정체성과 동일시, 소속과 생성의 섬세한 의미에 맞춰 자신을 조율해가면서 정체성이 시작하고 중간 과정을 지나서 끝을 맺는 유동적 흐름을 겪어낼 실천들을 위한 공간을 만들 수 있고, 담론적으로 그리고 어쩌면 물질적으로 존재하기를 멈출 정체성들을 애도할 공간을 만들 수 있다. 그런 변화는 정치적·미학적·사회적·생물학적 변화들에 의해, 합당한 근면함과 존경심을 갖추고 달성해야 하는 임무이다. 흐름으로서의 자기의 이미지를 보존하고 있는 자기이론적 인용의 실천은 그런 변화의 운전자이자 동시에 그런 변화를 기록하는 장면이 되고 있다.

5장 나는 고발한다

자기이론과 페미니스트
정치로서의 폭로와 노출

> 비토 아콘치가 마룻바닥 밑에서 그 짓을 하는 건 괜찮다. 그건 개념미술이라 불린다. 그러나 내가 남자들에게 마사지를 받는 장면이 들어간 '마사지 숍'이란 개념적 작품을 하고 싶어 했을 때, 내 딜러는 씩 웃으며 이렇게 말했다. "해나, 대신에 그냥 내 호텔 방으로 올라오는 게 어때?
>
> … 해나 윌키, 『매우 계집애스러운 짓』

> 과잉과 희생에 대해 이야기하려면 과잉적이고 희생적이 되어야 한다. 시뮬레이션에 대해 이야기하고자 한다면 시뮬레이션이 되어야 하고, 자신의 대상과 똑같은 전략을 전개해야 한다.
>
> … 장 보드리야르, 「왜 이론인가」

이 장에서는 예술 전반을 아우르는 동시대 실천의 양태로서 자기이론과 관련된 폭로의 정치에 집중하고자 한다. 이를 위해 주로 미국의 아트 라이터이자 영화 제작자인 크리스 크라우스가 출판한 첫 번째 주요 작품이자 이 책에 이미 여러 차례 등장했던 형성적인 자기이론 텍스트 『아이 러브 딕』(1997)에 집중하면서, 영화용으로 각색된 2016년 판본도 함께 살핀다.[1] 동시대 이론과 관련된, 젠더에 기반한 격정적인 위반의 정치에 유의하면서, 크라우스가 생물학적 남성 저자들의 이론의 구조와 용어, 서구의 예술 및 학술 공간에서 생산되고 소비되었던 프랑스 후기구조주의의 계보를 전복시킬 때 사용한 자기이론의 메커니즘을 고찰할 것이다. 『아이 러브 딕』에서 크라우스가 수행한 페미니스트적 임파워먼트(empowerment)의 양태는 어찌 보면

"매우 1990년대적"이고 매우 미국적이다. 그러나 동시대 이론과 예술, 학계에 무성한 이름난 남성들의 악행에 대한 크라우스의 폭로는 #미투 운동(2006년의 미국 시민권 흑인 운동가 타라나 버크가 주조한 용어이자, 10년 후 인터넷상에 널리 퍼진 바로 그 해시태그)으로 알려지게 될 것을 통찰력 있게 예견하고 있다. 성 비위와 폭력을 경험한 여성들과 젠더 비순응자들에게 — 이들을 보호해야 할 시스템에 의해 좌절한 시간들을 겪은 뒤 — 공적 폭로가 일차적 의지처가 되었다는 점에서, 크라우스의 복잡한 텍스트는 여전히 수많은 이들에게 유의미한 경종을 울린다. [47] [48] [49]

이론에서의 악행을 아웃팅하기

크리스 크라우스의 1997년 작 『아이 러브 딕』은 "크리스 크라우스"라는 인물이 남편 "실베르 로트링제"의 지인이자 영국 문화 비평가인 "딕"에 대한 집착을 키워나가는 컬트 소설이다. 자신이 구축한 자기이론적 세계에서 크라우스는 삼인칭의 실명으로 등장해, 로트링제(크라우스의 실제 전남편이자 출판사 세미오텍스트의 설립자)와 딕과 함께 움직인다. 딕의 성은 책에서 언급되지 않지만, 책이 출간된 뒤에 일어난 일련의 사건으로 『하위문화: 스타일의 의미』(1979)[2]의 저자인 딕 헵디지로 밝혀졌다.[3]

흔히 지배 문화에 대한 **저항**의 부지들로 간주되는 하위문화들과 포스트모던 이론은, 그러나 그 자체로 유독한 권력 불균형과 억압의 부지들 — 크라우스가 『아이 러브 딕』에서 직접적으로 관여해서 문제화하는 지점 — 일 수도 있다. 헵디지가 하위문화를 이론화하고, 로트링제, 들뢰즈, 가타리가 "[정신]분열-문화"(schizo-culture)를 이론화한다면, 크라우스는 하위문화와 분열-문화를 이론화한 남성들을 이론화한다. 『아이 러브 딕』에서 크라우스는 이런 저명한 남성 저자들이 살아낸 행동들(lived actions)을 그들의 작업이 지닌 정치성과 연관지어 신랄하게 비판하면서, 자기이론적으로 그리고 오토픽션적으로 그들의 삶과 작업과 관련해 자신이 살아낸 경험(lived experience)을 통합한다. 자기이론이라는 장르, 그리고 자기이론에 대한 희극적이고 심지어 **당혹스러운** 해석을 통해 크라우스는 명목상 좌파인 선진 유럽 및 북미 지식인 커뮤니티의 위선을 폭로하고, 20세기 말 페미니스트 대항문화의 가능성과 실험적 글쓰기의 유효성을 둘러싼 질문을 제기한다.

"그렇게 페미니스트가 된 많은 이들이 급진적 질문자들에게 의문을 제기하면서 시작했다"고 레이철 블라우 듀플레시스와 앤 스니토는 『페미니스트 회고록 프로젝트』[4]에서 말한다. 『아이 러브 딕』에서 그 자신의 "나"를 찾기 위한 크라우스의 여정은 주위의 급진적 질문자들에게 질문하는 것으로 시작한다. 들뢰즈와 가타리가 주최한 저녁 만찬의 성차별주의를 비판하는 것에서부터, "그의 삶을 망가뜨린 것"을 두고 공연학의 창시자인 리처드 셰크너를 비난하는 것까지, 『아이 러브 딕』은 특정 페미니스트 독자들(여성과 젠더 비순응적 대학원생들, 예술가들, 작가들)의 눈길을 사로잡는다. 이론, 패러디, 일기쓰기를 **통해** 이론을 비판하는 크라우스의 양태는 이들에게 속이 후련할 정도로 대담하고 솔직하게 다가온다. 최근 몇 년간 『아이 러브 딕』에 쏟아진 놀라운 관심은 공(개)적 수치심과 비난을 둘러싼 그 책의 예언자적 움직임이 오늘날 페미니스트 운동에서 재점화되며 적절한 맥락을 찾았기 때문이다. 이 책은 성희롱, 폭행, 강간 문화, 그리고 권력 남용에 저항하는 수단으로 잘 알려진, 유명 인사들의 악행을 폭로 혹은 "아웃팅"하는 전략을 4물결, 즉 포스트인터넷(postinternet) 페미니스트들과 공유한다. 일반 범주와 분과적 서술을 뛰어넘은 크라우스의 종종 당혹스러운 이 책은 "이론적인 픽션"과 "슬픈 소녀 현상학"(sad girl phenomenology)과 같은 용어로 설명되어왔다.[5]

『아이 러브 딕』이 이후 판본(미국에서는 2006년, 영국에서는 2015년)에서 인기를 얻은 것은 부분적으로 블로깅(blogging), 소셜 미디어 플랫폼, 그리고 이런 새로운 기술이 촉진한 "과잉공유"의 "고백 문화"가 야기한 문화적 변화 때문이다. 1997년엔 악마화되었고 2016년엔 극찬을 받은 『아이 러브 딕』의 변화를 돌아보며 크라우스는, 오늘날 우리에게는 익숙해진 "더 다공적(porous)으로 변한 ... 사생활의 경계들"을 지적한다.[6] 밀레니얼 페미니스트들이 『아이 러브 딕』에 환호한 이유 중 하나는 그것이 "예술"과 "삶"의 경계를 철저히 흐리게 만들었다는 것이다. 소셜 미디어가 널리 퍼뜨린 포스트인터넷 폭로의 시대 — 풀뿌리 페미니스트들이 고군분투해온 역사에서 비롯되어 가장 최근에는 대중문화에 주류적 영향력을 발휘한 #미투 운동에서 볼 수 있듯이 — 에, 크라우스의 폭로는 이제 자리를 이동해 긴급한 동시대 페미니스트 정치로 넘어간다. 확실히 작가이자 "실패한 영화감독"을 자처하는 크라우스의 실천의 상당 부분은 특정 이론가들과 그들이 살아낸 행동(lived action)을 정면으로 비판하며, 수사(rhetoric)와 실천 간의 모순과 위선에 주목하게 만든다. 이론 선집을 발간할 때 여성 필자를 섭외하지 않은 가타리 같은 후기구조주의자 남성이든, 학생들을 대상으로 문화적으로 적절하면서 성적으로는 부적절한 방식으로 행동했던, 공연학으로 잘 알려진 학문 분야의 창시자로 존경받는 교수 셰크너이든 크라우스는 특정 인물을 고발하는 데 전혀 주저함이 없다.[7]

『아이 러브 딕』은 2016년 미국 작가이자 감독인 질 솔로웨이와 세라 구빈스에 의해 아마존 비디오 시리즈로 각색되었고, 캐서린 한이 크라우스 역에, 케빈 베이컨이 제목의 주인공인 딕 역에 캐스팅되었다. 시리즈는 2018년 1월 한 시즌을 마치고 종료되었지만 새로운 세대의 독자층이 크라우스의 책에 관심을 갖도록 하는 데에 기여했다. 『아이 러브 딕』과 같은 책을 좀 더 주류에 속하는 청중의 취향에 맞게 각색하겠다는 솔로웨이의 도전이 성과 없이 끝난 것은 아니었다. 솔로웨이는 자신의 비판적 성찰이 녹아 있는 회고적 저서 『그녀는 그것을 원한다』에서 TV 프로그램 총괄 책임자로서 자신의 의사 결정 과정들을 신중하게 설명하며, 다음의 사실을 인정한다. "「아이 러브 딕」의 첫 번째 시즌을 만들어 세상에 내놓았을 때, 나는 크리스가 보이지 않는 감정에 대한 쇼를 글로 써냈음을, 그리고 어쩌면 이렇게 창조된 연금술의 쇼는 시청되지 않을 운명이었음을 깨달았다."[8] 크라우스의 작업에 대해 계속 호기심을 유지하는 자세에서 나온 솔로웨이의 이 같은 양보와 인정은 『아이 러브 딕』이 ― 실제로 ― 다룬 명료성과 이해의 정치를 짚어낸다. 나온지 20년이 넘은 책임에도 불구하고, 그리고 주지하듯이 운동으로서 "페미니즘"이 이전의 페미니즘 물결들을 무시무시한 속도로 추월하고 있음에도 불구하고, 『아이 러브 딕』의 어떤 것은 여전히 오늘날의 페미니스트 독자들과 공명한다. 크라우스의 실험은 가부장제와 페미니스트 운동 둘 다에 적합한 것의 한계를 지적하고 이에 대항하려고 한다. 그리고 그것은 문화적 생산에서 무엇이 가능하고 유효한지 그 한계를 시험할, 다른 공간에 서라면 용인되었을지 모를 것을 넘어 사유할 공간 — 설령 이것이 작품을 오해에 노출시킬지라도 — 으로서의 희극, 문학, 예술의 힘을 보여주는 하나의 예시로 남아 있다.

『아이 러브 딕』에서 크라우스는 미국의 동시대 이론의 담론을 형성하는 — (예술, 언어 등의) 미학과 정치학에 대한 지배적 이해를 형성하는 — 거대한 편집권을 쥔 남자와 결혼한, 실패한 예술가의 위치에서 글을 쓴다. 그는 생물학적 남성이 주도한 후기구조주의를 포함해 그를 억압한 체계를 전복하기 위해 페미니즘 이론에 기반한 철학과 전략을 활용한다. 후기 포스트모던의 자기-인식, 여러 일화들에 대한 통렬하고 성찰적인 전달, 실생활의 세부사항들에 정통한 폭로를 이용해서 크라우스는 스스로 떠맡은 철학자의 아내란 역할, 즉 철학사에 대한 이리가레 식의 프랑스 페미니스트 비판에서 기술된 것과 같은 역할 안에서 부정을 저지른다.[9] 크라우스는 이런 외도를 통해 남편에게서, 따라서 1990년대 미국의 비판 이론에서 작동한 가부장제에서 외따로 떨어져나와 "자기-정의에 경도된 변형"의 일환으로 "딕"을 둘러싸고 전략적 퍼포먼스에 참여한다.[10] 내부자이면서 동시에 외부자로서 사물을 바라볼 수 있는 특권적 관점을 가진 "실패한" 예술가의 자기-희생적 위치에서 예술과 학계의 불균형한 권력 역학을 폭로하는 크라우스의 작업은 — 비단 페미니즘과 젠더 연구에 관여한 이들만이 아니라 — 동시대 문학과 이론에 종사하는 학자들에 의해 연구의 심화와 확장을 보장하는 이론과 페미니즘에 복잡한 방식으로 기여한다.

풍자, 인용, 그리고 영화적 패스티시[11]

『아이 러브 딕』과 이 책을 쓰고 있던 당시(1993-94) 크라우스의 삶의 맥락 안에서, 로트링제와 딕은 이리가레가 20세기 후반에 표명된 이론의 "주인 담론"이라고 부른 것, 즉 1970년대 미국에서 생물학적 남성 저자들이 쓴 프랑스 후기구조주의를 환유적으로 표상한다. 서문에서 검토했듯이 세미오텍스트는 로트링제가 1980년대에 크라우스와 사귀고 결혼하기 전까진 여성들의 저작을 많이 출판하지 않았다. 출간하더라도 여성 저자의 글은 픽션으로 프레이밍되었다. 로트링제가 정신분석적 경향이 보인다는 점을 빌미로 페미니즘 이론을 비난한 것이 정당한지 여부와 상관없이,[12] 그는 동시대 이론을 여성을 배제한 이론으로 한정하고 정의함으로써 "주인 담론"을 재강화한 데 연루되어 있다. 동시대의 젠더 이론은 지나친 생물학적 결정론에 입각해 "남성"과 "여성"이란 이분법적 대립을 복잡하게 만들거나, 심지어 더 이상 옹호할 수 없게 만든다. 하지만 나는 크라우스의 작업을 검토하는 데 일반화된 생물학적 남성/여성의 대립 —『아이 러브 딕』에서 초-수행적으로 기능하는 이분법

— 을 환기시키는 크라우스의 시건방진 흉내를 미러링하는 방식으로, 그 대립을 불안정한 참조점으로 사용하려 한다.

자기 자신과 로트링제, 그리고 딕을 미리 정해진 역할을 수행하는 배역으로 소개하는 일종의 영화 대본 시놉시스인 크라우스의 텍스트는 "결혼생활의 장면들"로 시작한다. 그 장면에서 남자들은 편안하게 지적인 담론에 참여하면서 정신의 영역을 차지하고, 크라우스는 그가 글을 쓰고 있던 시기에 페미니즘 영화 이론가들이 지칠 때까지 이론화했던 생문학적 남성의 응시(male gaze)[13]에 종속된 채 신체의 영역을 차지한다. 저녁 만찬이 배경인 그 장면에서, 남자들은 비판성을, 여자는 육체성을 도맡는다. 크라우스는 그렇듯 예측 가능한 이항대립을 가지고 놀면서, 동시에 예측 가능한 페미니즘 대본도 피해나간다.

> 저녁 식사 동안 두 남자는 포스트모던 비판 이론의 최근 경향에 대해 논하고, 전혀 지적이지 않은 크리스는 딕이 끊임없이 자신과 눈을 맞추고 있다는 점을 알아차린다. 딕의 주목으로 인해 그는 자신에게 힘이 있다고 느끼게 된다. 계산서가 왔을 때 그는 다이너스클럽 카드를 꺼낸다. "제발," 그가 말한다. "제가 계산할게요."[14]

크라우스는 페미니스트의 자질 — 계산서 지불 — 을 상투적인 여성적 속성들과 결합시킨다. 이 장면에서 그의 힘은 남성들 사이에서 벌어지는 글자 그대로의 경제들과 담론적인 경제들에 적극 가담하는 데서 나오는 게 아니라, "끊임없는 눈 맞춤"의 형태로 "딕의 주목"을 받아들이는 데서 나온다. 이런 상황을 배경으로 아이러니컬하고 모방적인 농담들이 작동한다. 이 책을 일련의 전략적인 모방적 행위들로 이해할 때에야, 농담(적어도 페미니스트 독자층에게는 그러한)의 힘을 이해할 수 있게 된다. 젠더의 결과로 상징계 질서인 이론적 언어에서 배제당하고 말하는 주체로서 억압되었지만, 그럼에도 딕의 주목을 받았기에 크라우스는 자신에게 "힘이 있다"고 느낀다. 이러한 농담의 장치 안에서 크라우스가 대상화됨으로써 경험하는 힘은 지식인이 되고자 하는 그의 욕망의 힘을 압도한다. 그는 처음부터 "이 담론 안에서 자신에게 할당된 여성적 스타일과 포즈를 떠맡고", 그런 식으로 자신의 재생산적/복제적 미메시스의 퍼포먼스를 위한 무대를 설치한다. 이 여성적인 퍼포먼스는 크라우스가 책에서 무대에 올리는 젠더 역전(gender inversion)의 전략적인 첫걸음이다.[15] "실패한 영화감독"을 자처하며 영화적 패스티시의 형식 안에서 자신의 생의 일화를 쓰면서, 크라우스는 욕망의 대상이자 저녁 식사 비용을 지불할 경제적 능력과 자본주의적 힘을 갖춘 자발적 소비자 — 그는 젠더-평등용 "더치페이"를 사뿐히 뛰어넘어 테이블 전체의 비용을 지불한다 — 로서 자신의 행위 능력을 전면에 내세움으로써, 1990년대 후반 "포스트-여성 해방"의 자유롭고 평등한 여성에 대한 세태를 풍자한다.

크라우스는 자기 삶의 소재를 영화적 일화로 바꾸면서, 남성은 "이론"이란 고상한 담론을 표상하고, 여성은 크라우스가 접근 가능한 구조와 담론 안에서는 "명료해지지 않고" 또 명료해질 수 없는 뭔가 "다른"(other) 것을 표상하는 블랙코미디 멜로드라마로 장면을 구성한다. 그리고 "그녀는 자신을 이론적 언어로 표현하지 않기 때문에, 아무도 그녀에게 너무 많은 것을 기대하지 않는다. 그녀는 완전한 침묵 속에서 여러 복잡성의 층위를 숙고하는 데 익숙하다"라고 쓴다.[16] 이렇듯 희미하게 픽션화된 세계에서 여성들은 추상적인 이론적 사유를 할 수 없다는 뜻이 아니라 ― 크라우스가 언급하듯, 그 인물은 사적으로 "여러 복잡성의 층위를 숙고한다" ― 듣는 남자들이 이해 가능한 방식으로 자신을 공적으로 드러낼 만한 언어를 아직 찾지 못한 상태라는 뜻이다. 여기서 우리는 이리가레가 1970년대에 지각한 딜레마로 되돌아간다. 식수와 같은 다른 프랑스 페미니스트들이 남근 중심적 담론의 경계 밖에 존재하는 자기 자신을 쓰기 위한 여성적 형식과 언어를 찾던 때,[17] 이리가레는 미메시스 전략을 제안했다.

『아이 러브 딕』의 플롯이 전개되는 동안, 크라우스는 1부에서 설정된 남성 이론가 및 문화 비평가 들의 남근 중심적 질서와 그에 부합하는 자신의 역할인 "학계의 아내"(Academic Wife)로부터, 2부의 다른 페미니스트 예술가, 작가, 퍼포머, 활동가 들의 작업을 참조하는 자기이론가의 역할로 모방적으로 움직이며 이동한다. 또한 로트링제와의 개인적·직업적 관계를 통해 조장된 문학·학문·미술계 인맥을 전략적으로 활용하면서 포스트-아방가르드 미학과 자기이론적 페미니스트 실천의 정치학을 만들어내고 그럼으로써 공모와 비판의 경계를 자유자재로 넘나든다.

크라우스는 자신의 체험을 프리즘으로 사용해서 자신의 개인적·직업적 삶의 정치에 대한 통찰을 이론화하고 자극한다. 로트링제의 문화적이고 미학적인 문지기 역할과는 대조적으로, 크라우스는 자신이 무시당하고 폄훼되고 있으며, 자신의 젠더

(그리고 어느 정도는 유대인이라는 사실) 때문에 영원히 그럴 것이라고 믿는다. 책은 현상학적이고 수행적인 많은 사건에 대한 인용 가득한 흔적이 된다. 크라우스는 퍼포먼스 예술가 해나 윌키와 유대인 화가 로널드 브룩스 키타이 등의 인물을 꼼꼼히 들여다보는 에세이를 기본 서사에 불쑥 끼워넣는다. 이는 아트 라이팅과 비평 작업으로 읽힐 수 있으며, 일인칭으로 서술되는 페미니즘 정치와 예술가의 삶이 예술가의 작업 생산과 수용에 끼친 영향을 이론화한다. 크라우스의 책들은 전반적으로 이론과 아트 라이팅 사이에서, 생활에서 도출한 서사적 일화들과 시각예술, 영화, 문학에 대한 지적 성찰들 사이에서 급작스럽게, 가끔은 예기치 않은 방식으로 움직이는 에세이들의 성좌로 구성된다. 그리고 이 에세이적 구조에는 더 큰 자서전적 서사가 간간이 끼어든다. 예를 들어, 『아이 러브 딕』의 1부에서 2부로의 이동이 그러하다. 각 장은 종종 더 거대한 자기이론적 서사(이야기를 묶어주는 메타담론적 우산)를 구성하게 되는 독립적 에세이들로 읽힌다.

첫 만남 후, 크라우스는 딕에게 텍스트의 상호-텍스트적 형식의 통합적 부분이 되는 편지를 쓰기 시작한다. 텍스트의 메타 이론적 층들을 더 한층 복잡하게 만들면서 크라우스는 딕을 자신의 예기치 않은 "이상적인 독자"로 호명하며 이 이상하고 성화된(sexualized) 편지 게임으로 끌어들인다.[18] 로트링제가 변태적이고 불안정한(딕에게 사전에 동의를 얻지 못했기에) 개념주의적 게임으로서 편지 쓰기에 동참한 상황에서, 딕에 대한 크라우스의 병적인 집착은 결국 로트링제와의 결혼생활이 끝나는 데서 절정에 달한다. 그들의 결혼생활이 끝나면서 1부가 마무리

되고 동시에 다양한 범주의 여성들과 페미니스트 작가, 예술가, 이론가, 활동가 들을 레퍼런스로 삼은 신선한 인용적 풍경으로 2부가 시작된다. 이제 크라우스는 그들이 살아낸 경험과 언어가 자신의 그것들과 공명하는 과거와 최근 역사 속 여성들과 퀴어들의 지지를 받으며 일인칭 "나"로서 글을 쓴다.

폭로를 퍼포밍하기: 셰크너를 상대로

학계와 예술계가 퍼포먼스로 전회함과 동시에 20세기 후반 여러 대학에 하나의 분과로 공연학이 확립되었다(프로그램의 창시자인 리처드 셰크너가 여전히 재직 중인 뉴욕대학교에서 시작되어 전 세계로 확산되었다). 크라우스는 이 같은 퍼포먼스로의 전회의 담론적·물질적·사회적·미적·정치적 맥락을 의식하면서 『아이 러브 딕』을 썼고, 자신의 포스트-펑크/포스트-캐시 애커적인[19] 미국 페미니스트의 관점을 갖고 패러디의 방식으로 동시대 이론에 '트러블'을 일으킨다. 집필 당시 유행하던 퍼포먼스는 그런 이유에서 크라우스가 20세기 이론과 학술 기관의 생물학적 남성들로 이루어진 핵심 인사들을 혹평하기 위한 주요 진입로 중 하나가 된다. 퍼포먼스 아트의 레퍼런스와 실천은 20세기 말 공연학의 정치 및 미학에 대한 크라우스의 개인적 성찰과 함께 수면 위로 떠오른다. 1970년대에는 대학생으로, 1980년대에 실무자로, 1970-90년대 공연학의 진화와 발전 과정을 지켜본 목격자로 퍼포먼스에 밀착되어 있던 크라우스는 해당 주제에 대한 예리하고 일화적인 지식을 전달한다.

이론의 퍼포먼스로의 전회에 필수적인 부분이 예술과 삶을 연결하려는 움직임이다. 그러나 크라우스 같은 자기이론가들은 실천에서 이런 구분을 흐리려는 시도에 내재된 젠더화된 위선과 한계를 관찰한다. 예술과 삶의 분할선을 모호하게 만들면서 크라우스는 3물결(그리고 4물결) 페미니즘의 관점에서 이론의 용어들을 풍자하는 자기이론 작업을 전개한다. 동시대 이론의 장에 존재하는 모순들 — 마음 깊은 곳에선 종종 젠더에 기반한 모순들 — 을 지적한 것과 마찬가지로 크라우스는 예술과 삶의 구분을 흐리겠다고 공언했던 20세기 아방가르드의 욕망의 한계 역시 거론한다.

오늘날 페미니스트 폭로가 떠안고 있는 사회적·문화적·정치적 위험은 명시적으로 젠더화된 태그인 #빌리브위민(BelieveWomen)과 #아임위드허(ImWithHer)뿐 아니라 #타임스업(TimesUp) 같은 #미투 운동 및 연관된 해시태그에서 가장 간단명료하게 신체화된다. 이러한 위험과 여성의 공적 폭로의 진실성과 사실성에 대한 질문은 철학적으로나 정치적으로나 긴급한 질문이다. 말하고 쓰고 수행하는 "나"의 주장들을 어떻게 글자 그대로 받아들일지를 고민하는 것은 더 격론을 일으킬 문제틀 — 페미니즘 이론과 행동주의의 역사에 대한 자기이론적 실천들과 그 역사에 대한 자기이론적 투자의 문제틀 — 중 하나이다. 자기이론가의 주장들은 믿을 만한 것인가에 대한 질문은 강간문화, 성희롱과 성폭행을 둘러싼 현재의 정치적 맥락에서 더 깊은 성찰을 요한다. 악행의 아웃팅, 실명의 거론이 특정한 문제들을 수반하기 때문이다. 자기이론적 텍스트 내에서 변형된 소재는 알레고리를 통해 "현실"과는 거리를 취한 것인가? 그것은 법적으로 "진실"인가? 둘 다 아닐 수 있는가? 둘 다 일 수 있는가? 표면상의 회고록이나 저널리즘적 작품을 쓰는 사람과 대조적으로, 퍼포먼스, 개념주의, 그리고 픽션화 경향은 법적 결과로부터 얼마간 거리를 확보해주는가? 이 모든 것이 자기이론적 글쓰기와 관련하여 고려해봐야 할 질문이다.

자기이론적 실천들은 자주 포스트모더니즘의 "메타적" 움직임들을 확장시켜서 더 고유하게 자기-성찰적인(단지 냉담한 개념주의, 가장 포스트모던한-방식으로-포스트모더니즘인 **반영적인 것이 아닌**) 것이 되도록 한다. 저자로서의 크라우스는 이중 기능을 수행하는데, 책을 쓰는 자신의 일부로서 자신의 작업을 이론화하고, 때로는 그 과정에서 심지어 비판을 선제포용한다. 「주해」란 제목의 장은 크라우스와 딕의 대화로 시작한다. 그들은 방금 섹스를 했고, 크라우스를 들뜨게 했던 성적 긴장감이 얼마간 해소된 데 반해, 다소 혼란스럽게도 크라우스에 대한 딕의 반감은 없애지 못한 듯하다. 그들은 크라우스가 책 전반에서 자신이 받은 영향을 고백하며 옹호하는 작가 ― "우리가 좋아하는 유령" ― 인 데이비드 래트레이에 대해 토론한다.[20] 크라우스는 잠자리에서 나누는 대화의 솔직함으로 네이티브 에이전트 편집자로서 자신의 역할이 어떻게 "데이비드의 악행을 눈감아주도록 만들었는지" 이야기하면서, 데이비드의 문학적 성공이 그의 아내에게는 아주 유독한 방식으로 영향을 미쳤다고 말한다. "그는 점점 커졌지만, 그와 같은 신에 있었던 그의 아내는 거의 안 보일 정도로 쪼그라들었죠." 바로 이때가 크라우스가 자신이 비판하는 구조들에 스스로 공모하고 있음을 깨닫는 계시의 순간이다.

두 사람은 "80년대 초 예술계"에서 인지도를 높인 "대부분이 남성"인 이 신의 사람들에 대해 말하는 것으로 이야기를 시작한다.²¹

> "그는 여성들의 삶을 망친 세대의 일원이었어요"라고 내가 당신에게 말했죠. "그 세대만이 아니에요"라고 당신이 대꾸했어요. "남성들은 여전히 여성들의 삶을 망치고 있어요."²²

크라우스는 동시대 미술과 이론에서 정전의 위치를 점한 인물들에게 "여성들의 삶을 망친 세대"란 프레임을 씌움으로써, 이론과 예술의 "대안적인" 정전에 대한 자신의 개입을 명확히 하고, 그 개입은 체험 — 자신의 체험이건 그 신에 연루된 다른 이들의 체험이건, 혹은 그가 동일시하기에 좀 더 파라-픽션적이고 수행적인 의미에서 역사에 입각해 재-수행할 수 있는 인용적 암호이건 간에 — 에 근거한다.

생물학적 남성 예술가들의 실명을 거론하며, 여성 예술가들에게 그들이 살아낸 행동을 밝히고 책임질 것을 요구하는 "정체화된 폭로"²³ 전략은, 페미니즘의 영향을 받았고 최근 주류 매체와 대중문화에서 주목받는 풀뿌리 페미니스트 행동주의 운동에서 급격히 확산되었다. 이는 예술계에서도 급증하고 있다. 퍼포먼스 예술가 아나 멘디에타²⁴의 이름으로 페미니스트 예술가와 활동가 들이 지속하고 있는 항의 운동이 하나의 예이다. 항의자들은 주요 미술 기관에서 멘디에타의 작업이 차지하는 억압적 위치에 주목하는 한편, 멘디에타 사망 당시 남편이었고, 그의 피고인으로 기소되었다가 현재 무고를 선고받은 살인

자.²⁵ 칼 안드레의 미니멀리즘 조각들에 미술 기관이 보내는 강력한 제도적 후원의 부정의함을 환기한다. 이것은 크라우스의 텍스트에서 특히 큰 반향을 일으키는 사례이다.

크라우스는 실명을 쓰는 것과 이야기 — 심지어 이 포스트-회고록적 텍스트에서 재구성되었다 하더라도 **실제로 일어난** — 를 들려주는 것에서 방향을 바꿔 텍스트의 더 큰 알레고리적 취지의 일환으로 이 남자들을 과장되게 비난하는 쪽으로 나아간다. 바로 이 지점에서 이 책의 가장 수행적인 기입이 일어난다. 1898년 프랑스 공화국의 대통령에게 저 유명한 "나는 고발한다!"로 시작하는 편지를 보낸 프랑스의 소설가이자 극작가인 에밀 졸라를 참조하며 크라우스는 다음과 같이 쓴다.

> "나는 고발한다," (나는 타이핑하기 시작했어요.) "리처드 셰크너를." 리처드 셰크너는 뉴욕대학교 공연학과 교수이자, 『환경 연극』 그리고 인류학과 연극에 관한 여러 책의 저자이며, 『드라마 리뷰』의 편집자이기도 하죠. 그는 한때 내 연기 선생이었어요. 그리고 지난 수요일 새벽 3시, 리처드 셰크너가 내 인생을 망쳤다는 생각이 들었어요. 그래서 나는 이 격렬하게 소리 지르는 대자보를 써서 리처드의 동네와 뉴욕대학교 곳곳에 붙이려고 했어요. 나는 이를 예술가 해나 윌키에게 바칠 생각이었죠. ... "나는 고발한다, 리처드 셰크너를. 그는 수면 박탈 아마추어 게슈탈트 치료법과 성적인 조종을 통해 워싱턴 D.C.에 있는 열 명의 학생 모임에 정신 통제를 시도했다."²⁶

이러한 수사학적 구조를 통해 크라우스는 작가와 명예훼손의 역사에서 유명한 사례 하나를 환기시킨다. 자신의 공개적인 글쓰기가 초래할 위험을 인식했던 — "나는 명예훼손을 처벌하는 1881년 7월 29일의 언론과 출판에 관한 법률 제30조와 제31조에 따르는 책임을 스스로 짊어진다"라고 쓴[27] — 졸라처럼, 크라우스는 리처드 셰크너의 이름, 그의 제도적 공식 지위, 그리고 그를 고발하는 이유로 인해 초래될 위험을 잘 알고 있다.

크라우스는 과장되게 말하면서, 셰크너가 자신의 삶을 "망쳤다"고, 그로 인해 성 노동을 하게 되었으며, 동시대인들에게 지식인이나 예술가로 인정받지 못하게 되었다고 그를 비난한다. 20대의 경험들을 회상하며, 마흔에 접어드는 여성의 한층 성숙한 관점에서 글을 쓰고 있는 크라우스는 셰크너의 워크숍에서 겪었던 일을 프로세싱하고 그 체험에서 결론을 이끌어낸다. 일화적 증거와 인용을 통해 예술과 이론의 공간들에 — 심지어, 혹은 특히 실험적이거나 아방가르드를 표방하는 공간들조차 — (종종 간과되지만) 성차별과 인종차별, 치명적인 권력 불균형이 만연하다는 상당히 설득력 있는 사례를 제시한다. 『아이 러브 딕』은 이론을 쓸 수 있는 이들과, 권력 역학의 무게 아래 무릎을 꿇은 채 이론화하는 사람들의 성기를 빨아주고 있다는 이들 사이의 팽팽한 긴장을 강조한다.

크라우스는 "호주 원주민의 꿈의 시대"(Aboriginal Dream Time)란 부적절한 제목으로 열린 셰크너의 워크숍에서 경험한 것을 통해, 이론이 젠더화되고 성화되었다는 것과 누가 "이론"이라고 해석되는 작업에 접근하고 저술하는지가 교차성 페미니즘의 쟁점임을 보여준다. 그는 예술대 학생이었던 1970년대에 자신의 젠더 — 또는 젠더의 실패[28] — 가 어떻게 자신이 지적인 대화에서 진지하게 받아들여지는 것을 가로막았는지 담담하게 기술한다. 그리고 다시 한번 정신의 영역을 점유한 예술계와 학계의 영향력 있는 남성들과 항상 이미 신체의 영역을 점유한 여성들 간의 차이를 구획 짓는다. 예술계와 학계가 근본적으로 성화된 영역임을 강조하면서 크라우스는 이 공간들에 접근하기 위해 어떻게 생물학적 여성 동료들이 — 요가 수업 동안 통굽 구두를 신은 "리자 마틴"이든, 셰크너의 성기를 빨아준 "마리아 캘러웨이"였든 상관없이[29] — 성적·육체적 매력을 이용했는지를 관찰한다. 여기서 가장 비극적인 인물은 마리아 캘러웨이다. 그는 셰크너에게 성적 호의를 베풀고도 워크숍 등록조차 허용되지 않았다. 당시 학생들에게 사상을 배울 수 있는 위반적이고 실험적이며 탐구적이고 친밀한 공간으로 보였던 곳이, 실제로는 경계가 침해되고, 문화적 전유와 착취가 일어나는 공간으로 바뀌었다. 이것이 크라우스의 "고발"의 근거이다.

크라우스는 학생 시절에 겪은 셰크너의 워크숍 경험 이후, 임대료를 벌기 위해 토플리스(topless) 바에서 일하기로 결심했다고 말한다. 뉴욕시에 거주하는 학생의 경제적 현실은 젊은 여성의 이미 고달픈 성적 정치를 고조시킨다. 이는 인과관계 측면에서 서로 무관한 두 개의 추론을 연결하려는 정신분열적 충동을 예시한다.[30] 크라우스는 술집에서 변호사들과 다른 힘 있는 남성들을 위해 춤을 추는 자신을 묘사하는 노골적인 장면에서 그들과의 지적인 대화에 참여하고 그들이 귀를 열고 자신의 이야기를 듣기를 간절히 원하는 여성들이 직면하는 모순을 전달한다. "나는 사유와 섹스 사이 균열을 탐구하고 있었어요, 아니 내 생각에는 내가 말하고 있는 동안 변호사들이 내 보지 냄새를

맡게 허락했어요."³¹ 크라우스는 "보지"를 비판적 사유에 접근하는 것을 **방해하는** 것으로 — 그녀와 남성 사이에 퍼지는 향 — 배치함으로써 "사유와 섹스 사이의 균열"을 강조한다. 그는 정신/신체, 남자/여자, 지적/성적과 같은 이분법이 어떻게 20세기 후반까지도 끈질기게 지속되었는지 폭로한다.

성 노동을 하게 된 주된, 심지어 유일한 책임을 셰크너에게 돌리기로 한 크라우스의 결정은 글자 그대로보다는 비유적으로 읽힐 수 있다. 『아이 러브 딕』에서 작동하는 더 큰 알레고리적 구조의 일부로, 크라우스는 셰크너와 같은 남성들 — 셰크너가 막대한 영향력을 행사하게 될 실험 연극 신이 대표하는 "주변적" 실험 공간들을 포함해, 학계와 예술계에서 권력과 담론적 영향력을 가진 사람들 — 이 어떻게 계속 번창하는지에 주목한다. 이는 단지 여성들과 다른 주변화된 이들이 자신들과 비슷한 제도적 성공을 이루지 못하도록 막는 것뿐 아니라, 강압, 성화, 기타 다른 조정과 통제를 통해 적극적으로 방해할 수 있음으로써 가능해진다. 남자들이 그렇게 밖에서 "유명해지는" 동안, 같은 분야에서 상승 기회를 엿보던 여성들은 "토플리스 바에서 밤새도록 몸을 흔들면서 집세와 쇼를 위한 비용을 지불하고 '우리의 섹슈얼리티의 쟁점들'을 탐구했어요"라고 크라우스는 쓴다.³² 크라우스는 "우리의 섹슈얼리티의 쟁점들"에 따옴표를 함으로써, 이론과 물질적 삶의 끈질긴 분리의 아이러니에 도달하고, 주변화된 성적 실천의 다양한 요소들을 직접 살아내거나 신체화하는 것이 진정한 이론으로 여겨지지 않음을 — 페미니스트 실천으로서의 자기이론이 고개를 돌려야 하는 상황에 있음을 — 암시한다. 줄곧 여성이 이론가이자 성노동자로,

흥을 돋우면서 동시에 지식인으로 말하는 것이 근본적으로 양립 불가능하다는 문제에 맞서는 크라우스는, 『아이 러브 딕』 전반에서 이를 가시화하고 자기이론을 통해 말걸기를 이어간다.

크라우스와 다른 작가들이 성 노동의 배경을 갖고 있었기에, 크라우스가 글을 쓰고 있던 시기에 성 노동을 이론화하는 것과 성 노동을 하는 것 사이의 긴장은 시대정신의 일부였다. 1999년 싱가포르 출신 포르노 배우 애너벨 청은 "인터뷰에서 푸코를 읽었다고 말했어요. 대학에서 누가 푸코를 안 읽겠어요, 그렇잖아요! 나는 스트립 클럽에서 한 남자에게 랩 댄스를 해주고 있는데, 그는 나와 푸코에 대해서 토론하고 싶어 했어요. 글쎄요, 벌거벗은 채 서서 춤을 추거나 푸코에 대해 논할 수도 있겠지만, 그 둘을 동시에 할 수는 없어요."[33] 영화 제작자이자 작가인 크라우스와 1996년 영화 「세계에서 가장 큰 갱 뱅」에 출연해 유명해진 애나벨 청 모두 이론과 성 노동이 긴밀한 관계에 있음을 이해하지만, 그 방식은 다르다. 비판 이론의 성차별적 편견을 비판하는 더 큰 자기이론의 맥락에서 상징적 효과를 위해 그 둘을 엮는 게 크라우스라면, 청은 그 둘을 노동의 두 형태(푸코에 대한 토론과 랩 댄스)로 분리시키고자 한다.

셰크너의 일화를 쓰면서 크라우스는 젊은 여성으로서 자신이 접근할 수 있었던 힘이 지적인 것이 아니라 성적인 것이었음을 명료하게 설명해나간다. 예술과 이론에 관한 대화의 일부가 되길 갈구했지만, "더 큰 진실"인 그의 "보지"는 그가 동등한 참여자가 되는 것을 방해했고, 따라서 성적 힘을 사용하는 쪽을 추구했다.

리처드는 브레히트와 알튀세르, 앙드레 고르에 대해 나와 아침에 대화하는 것을 좋아하는 것 같았지만, 나중에 내가 너무 지적이고 소년처럼 행동한다며 그 집단이 내게서 돌아서도록 만들었어요. 그렇다면 이 모든 열정적인 관심사들과 신념들은 그저 더 큰 진실, 즉 내 보지에 대한 회피가 아니었을까요?[34]

이론과 문학, 그 외 다른 어렴풋하게나마 지적인 주제들의 레퍼런스를 입으로 발설하는 행위와 자신의 "보지"를 병치시킴으로써, 만약에 여성들이 어떤 식으로든 계속해서 자기들의 육체적·성적 신체들, 허기진 신체들과 공동전선을 펼치려고 한다면, 그들은 지적인 것의 영역에서 사실상 배제될 것이라는 더 큰 문제에 대한 은유로 이 장면은 전환된다. 성적 쾌락과 지적 타당성을 신체화한 여성은 남성들에게는 이해 불가능한 것이 된다. 여성은 "딕들/자지들"(Dicks)인 청중에게는 "뭔가 이상한 장면", 히스테리아를 닮은 것으로 보인다고 크라우스는 쓴다.[35] 이런 설명은 왜 자기이론적 작업이 — 이론적 엄격함과 여성적 신체화의 양립 불가능성에 대한 남근 중심적 관점에 반대하고, 더 넓은 관점에서 여성들의 섹슈얼리티들을 이해할 공간을 마련하기 위해 — 페미니즘의 역사들 안에서 부상했는지를 알려주는 알레고리로 봉사한다.

이렇게 크라우스의 책은 1980-90년대 초반 페미니스트 아티스트들의 초창기 퍼포먼스를 상기시킨다. 그중 대표적인 사례가 퍼포먼스 예술가이자 성 노동자, 성학자(sexologist)인 애니 스프링클[36]이 자신의 질 안에 검경을 삽입하고 청중이 가까이 다가와 들여다보도록 한 작품 「공적 자궁경부 발표」이다. 청중이 질관을 통해 스프링클의 자궁경부의 중심점을 응시하는 동안, 자랑스레 자신의 틈을 전시 중인 스프링클은 확신에 찬 포즈와 고귀하고 당당한 유머, 평정심을 겸비한 채 마이크를 잡고 자신의 두 다리 사이를 보는 관객에게 직접적으로 말걸기를 한다. 그의 발언은 설득력 있는 성교육과 어리석은 코미디 사이를 오간다. 스프링클의 농담은 이렇듯 친밀감이 강렬하게 작동하는 이 퍼포먼스 장면의 긴장을 완화시키고, 공연자인 여성과 다양한 청중(질관을 들여다보려고 온, 대부분 남자)이 공유한 참여적 경험에 카타르시스를 가져온다.[50]

서문에서 언급했듯 앤드리아 프레이저, 페니 아케이드, 카렌 핀리, 배지널 데이비스와 같이 1980-2000년대에 활동했던 페미니스트 퍼포먼스 예술가들은 몸과 마음, 육체적인 것과 지적인 것이 상호 배제적이라고 보는 가부장제적 경향을 탈-구축하기 위한 신체화된 개념미술 작업에서 이 같은 병치를 상연했다. "창녀 퍼포먼스 예술가"일 수 있을 스프링클은, 성 노동자, 예술가, 교육자 및 지식인으로서 엄격하고 회복적인 작업을 하는 박사 학위 소지자이다. 그의 작업은 1980년대에 로라 멀비가 이론화한 생물학적 남성의 응시에 도전하는 한편, 남성과 다른 이들을 즐겁고, 재밌고, 다방향적이며, 공감적인 방식으로 응시하는 과정에 초대한다. 앤드리아 프레이저는 「공식 환영」(2001)에서, 국제 미술관의 공식 행사에서 "고객, 박물관 관장, 큐레이터, 비평가, 예술가를 포함해 예술계의 전형적인 인물의 언어와 몸짓을 모방하는"[37] "공식 환영" 연설을 퍼포밍한다. 프레이저는 연설을 하는 동안 속옷만 남을 때까지 옷을 벗다가 결국 벌거벗은 채 말을 이어간다. 이는 크라우스가 이리가레를 참조하면서 그의 책에서 실행한 것과 비슷한 전복적인 모방적 움직임을 확립한다.

크라우스의 『비디오 그린: LA 미술과 무의 승리』에서 개념 미술가 크리스 버든[38]은 생물학적 남성 예술계의 권력, 영향력, 공모성 — 크라우스가 보기에 이것들은 미국의 예술학교와 미술관들이 예술작품을 미학적으로나 개념적으로 중요하다고 인정하거나 평가할 때 드러나는 젠더화된 이중 잣대이다 — 의 환유로 기능한다. 크라우스는 칼아츠의 순수 미술 석사과정의 교수이자 제도적·미학적 가치평가의 중재자이며, 20세기 중반 개념미술의 정전화된 창시자 중 한 사람인 크리스 버든을 27세의 제니퍼 슐로스버그 같은 그의 젊은 여학생들과 대비시킨다.

> "그런데 왜", 개념미술가인 크리스 버든은 27세의 대학원생인 제니퍼 슐로스버그에게 거짓-온정주의적 근심을 표하며 물었다. "너 자신을 그렇게 무섭게 만드니?" 당신도 기억하겠지만, 버든은 친구를 설득해서 자기 팔에 총을 쏘게 만들어 동시대 국제 미술 신에 화려하게 등장했다. … 당시 버든은 MFA 학생이었다.[39]

크라우스는 버든이 예술학교에서 "사회적 상호작용에 기반한" 작업의 전략으로 폭로를 사용했다는 이유로 자신의 학생인 슐로스버그의 작품에 "비윤리적"이란 딱지를 붙였다고 설명한다. 그러고 나서는 "야망, 배제, 불안 등 동시대 LA 예술을 정의하는 바로 그 특징들의 눈부신 연대기"라며 슐로스버그의 작업을 옹호하면서, (생물학적 여성이 쓴) 개인적인 것에 대한 그의 비인격적이고 "미치도록 불투명한" 퍼포먼스가 그 누구보다도

(생물학적 남성) 비평가를 좌절시켰다고 본다.[40] 크라우스는 생물학적 여성 예술가의 작품에 나타난 폭로의 정치학과 미학을 예술가들에 대한 문화 영역의 혐오와 연결한다. 페미니스트 작품에는 뭔가 무조건적인 명령으로서의 폭로 같은 것이 존재한다. 그리고 폭로가 윤리와 노출이라는 명목으로 남성들에 의해 배제될 때, 생물학적 여성 개념미술가들의 작업은 질식당하고 억압받는다.

예술과 이론의 구분을 각색하고 극화하면서 크라우스는 전신을 휘감는 억압에 분노하고 지친 채로 "뉴멕시코 주변의 원뿔형 천막에 살거나, 마사지 치료사와 두개천골요법 치유사가 되기 위해"[41] 이주하는 생물학적 여성 개념미술가들을 묘사한다. 이는 일부 백인 페미니스트가 그들의 것이라고 주장하거나 사용할 수 없는 선주민의 전통을 부적절하게 전유한 문제적 경향뿐 아니라, 여성들이 어쩔 수 없이 신체화와 돌봄으로 회귀하는 것에 대한 다소 냉소적이고 아이러니컬한 지적이다. 해나 윌키가 이 장의 제사에서 언급했듯이, 비토 아콘치와 같은 남성 개념미술가는 [미술] 갤러리에서 자위를 하거나 버든처럼 친구가 쏜 총에 팔을 맞을 수도 있고, 그렇게 함으로써 역사를 바꾼 개념미술을 만든 작가로 인식될 수 있다. 하지만 자기 자신의 몸으로 분한 여성들의 예술은 나르시시스트적이고 비개념적이라고 무시당한다. 그래서 그들은 마치 몸이 마음에서 분리될 수 있는 것처럼 한 번 더 몸으로 귀환한다.

특히 잘 알려진 남자들(이 책에선 셰크너와 버든)에게 여성 예술가와 지식인에 대한 억압의 책임을 돌리는 크라우스의 행동은 무엇을 의미할까? 이는 구조적 성차별주의와 그에 의한 희생자를 비난하는 메커니즘을 역전시켜 과장법적인 효과를 유도하는 것일 수도 있고, 특별한 몇몇 남자를 더 큰 가부장적 문제들의 환유로 지목하는 것일 수도 있다. 이 장면들에서 크라우스는 동시대 미술의 정전에서 성차별주의 쟁점들을, 특히 어떤 작업이 고유하게 "이론적", "엄격한", "개념적"과 같은 평가를 받는지와 연관지어 마주한다. 그렇게 하기 위해, 특정 신들과 실험적 운동을 대표하는 예술가와 학자 들을 문지기로 지목하고, 이들 유명 인사에게 더 큰 구조적 비난의 책임을 지게 하는 수행적인 접근 방식을 구사한다. 크라우스는 버든과 아콘치처럼 자기를 기반으로 작업하는 방식에 자기이론적 페미니스트 실천들이 옹호하는 자기-반영성과 성찰이 부족하다는 주장에 대해 설득력 있는 사례를 제시한다. 그의 폭로는 미술비평과 풀뿌리 페미니즘 조직화라는 두 기능을 모두 수행한다. 여기서 폭로는 그렇지 않았더라면 자신의 행동에 책임을 지지 않았을 것이라는 점에서, 이름난 남성들이 공개적으로 자기 행위에 책임지도록 요구하는 하나의 수단이다.

  크라우스가 사용한 전략들의 윤리, 즉 누군가가 합의되지 않은 성적 게임에 연루되었음을 보여주는 것, 해당 "게임"을 공개하는 것, 그리고/또는 자발적으로 자기 자신을 비하하는 것은 겉으로만 보면 의심스러워 보일 수 있다. 그러나 『아이 러브 딕』을 20세기 미국의 젠더, 개념미술, 비판 이론에 대한 더 큰 알레고리로 읽어낸다면, 크라우스의 텍스트가 실험적이고 이론을 강조하는 공간들(마치 "반문화"가 항상 진보적인 양 이 공간들은 종종 자신들의 진보성을 추정하지만 물론 사실이 아니다)에서 작동하는 좀 더 은밀한 권력 역학에 능숙하게 관여하고 있으며, 날카로운 콜 아웃(call out)⁴²과 상징적 도치를 통해 그렇게 한다는 것을 이해할 수 있을 것이다. 크라우스는 이론적으로 통찰력이 있고, 정치적으로 참여적이고, 생성적으로 양가적인 방식으로 그것을 수행한다. 실제로 이 텍스트는 이론과 개념주의의 작업이 요구하는 식의 주의 깊고 섬세한 읽기를 요한다.

만약 네이티브 에이전트 시리즈가 표상하는 페미니스트 글쓰기 실천과의 관계에서 『아이 러브 딕』을 맥락화한다면, 아이러니와 진지함 사이에서 진자운동을 하는 크라우스의 위반의 양태를 분명 더 잘 이해할 수 있을 것이다. 예를 들어, 카렌 핀리와 페니 아케이드의 작품에서 아일린 마일스와 리즈 코츠의 새로운 레즈비언 글쓰기 모음집인 『더 뉴 펵 유』에 이르기까지, 1980-90년대의 3물결 페미니스트 퍼포먼스와 문학에서 불길처럼 번졌던 시건방진 계집들의 폭동과도 같은 논조를 고려해보라.⁴³ 셰크너의 미심쩍은 행실에 대한 크라우스의 폭로는 네이티브 에이전트의 다른 작가들의 작업들과 잘 어울린다. 그들은 1960-80년대에 좌파 신의 저명한 남성들과의 경험을, 대부분 꽤 어린 여성의 자서전적 관점에서 서술한다. 『만약 네가 여자애라면』(1990) — 그 자체로 퍼포먼스-기반의 텍스트라고 할 수 있는 — 에서 작가 앤 로어는 티머시 리리의 아이들 보모로서 그의 LSD 실험에 연루되었던 경험을 아주 상세하게 다룬다.⁴⁴

딕과의 상호작용에서 크라우스는 자기이론적 함축을 통해 개념적인 이론 공간 안에서 페미니스트적 복수를 무대에 올리고 악당의 역할을 수행적으로 맡는다. 크리스와 실베르가 두 쪽에 걸쳐 딕에게 쓴 편지는 불길한 영토로 방향을 틀어 살인, 신체 절단 및 딕을 뜻하는 신체들의 처리에 대한 "추상적인" 이야기로 변모한다.[45] 맨해튼에서 시체를 처리하는 가장 좋은 방법을 암시적으로 성찰할 때, 크라우스는 여자들을 살해한 남자들의 사례를 인용한다. 이 대목을 읽을 때 우리는 크라우스가 이론에서 페티시화된 위반들을 "바타유 보이즈"를 통해 비유적으로 상연하고 있음을 알 수 있다. 그리고 이 주제에 딕을 잠재적 희생자로 끌어들여 그를 불편하게 만듦으로써 여성을 상대로 행해지는 더 큰 폭력에 대한 논점, "추상" 속의 폭력이 어떻게 결코 완전히 추상적일 수 없는지 말한다. 다시 말해 크라우스의 책은 이 남자들이 **이론적으로** 가치화하는 개념들(예컨대, 그 강렬한 바타유의 "위반")을 그들 자신의 삶과 자기들로 확장시켜, 삭제당하는 폭력을 경험하면 어떤 기분일지 묻는다. 이런 공간들에서 받들어지는 이론의 용어들을 글자 그대로 표현하고 (위반당하는 몸의 역할이 아닌) 위반하는 자의 역할을 여성이 맡도록 하고 있기에 크라우스의 작업은 도전적이면서 동시에 사람들이 좋아하기 어렵게 만드는 데 기여하게 된다.

　남성을 상대로 자행되는 은유적 폭력은 로어의 단편소설 「연인들 슬래시 친구들」과 같은 다른 네이티브 에이전트의 작품들에서 찾아볼 수 있다. 이 소설에서 로어는 바타유적인 장면인 "내 꿈들의 쓰리썸"과 동시대 시인들과 작가들, 그리고 개념미술가 아콘치의 충격적이고, 짐작건대 상징적인 "잘린 몸"의 이미지를 레퍼런스로 인용한다.[46] 이 장면은 생물학적 남성의 개념주의가 제공되고 전시되는 장면 — 페미니즘의 도식으로 재-전유된 순교자로서의 자기-폭력적·남성우월주의적 아방가르드 예술가 — 으로 읽힐 수 있다. 여기서 우리는 프랑스의 영화 제작자이자 작가인 비르지니 데팡트의 영화화된 책 『베즈무아』과 공명하는 지점들을 확인할 수 있다. 성폭력과 강간에서 살아남은 두 여성 생존자가 강간범을 찾아내서 죽이는 "펑크 판타지" 페미니스트 복수 스릴러인 데팡트의 첫 번째 소설은 20세기 말 프랑스에서 출판된 가장 논쟁적인 책들 가운데 하나이다.[47] 『아이 러브 딕』은 이런 종류의 정확히-사실주의적이지는-않은, 심지어 다소 환상적 방식의 이론과 성에 관한 글쓰기를 이어간다. 그러나 데팡트의 주인공들처럼 강간범을 찾아내 죽이지는 않는 크라우스의 폭력은 다소 지적이다. 『아이 러브 딕』의 한 부분에서 크라우스는 일종의 "괴물"되기를 가지고 유희하면서, "비체 여성"으로서의 그가 자신을 배제한 가부장적인 신에 의해 다른 시간과 다른 방식으로 표현되었음을 깨닫는다. 이와 마찬가지로, 아콘치의 희생적 몸에 대한 로어의 환각적 묘사는 아콘치와 동시대에 속한 생물학적 여성들이 당당하게 **개념 미술가**로 비춰지지 못하고 배제되어온 방식에 대한 상징적 배상으로 이해될 수 있을 것이다.

그의 텍스트가 맞서는 생물학적 남성 이론의 눈으로 보면, 크라우스는 글자 그대로보다는 은유적으로 그의 책에 연루된 남성들을 위협하고 있다. 이 책의 문자주의(literalism) — 애커식의 초현실주의적인 순간적 섬광이 번뜩이지만 실제 삶에 정초해 있는 — 가, 이 책과 크라우스가 일종의 3부작(2000년에 『외계인과 거식증』, 2004년에 『무기력』)[48]으로 기획한 또 다른 두 책을 떠돌아다니는데도 그들은 그렇게 느낀다. "당신은 내가 당신과 당신의 세대가 비난했던 그런 미치고 지적인 소녀가 되는 걸 목격하고 있었어요"라고 크라우스는 딕에게 쓴다.[49]

크라우스는 사회적 맥락에서는 여성에게 기대하는 상식을 벗어난 어떤 것에, 지적인 의미에서는 악당의 자리에 자신을 위치시킨다. 자신을 "미치고 지적인" 소녀로 묘사한 크라우스의 방식은, 테이블에 앉아 일관된 방식으로 타당한 생각들을 주고받는, 담론적 가치와 제도적 권력을 지닌 생물학적 남성 이론가들과, 담론적 행위성이나 자신이 갈망하는 지성적 권력과 같은 것을 확보하는 데 실패하고 이론과 언어와 예술의 세계 안에서 옳다는 신념을 품고 살 수 있기를 바라는, 막연하게 히스테리컬한 여성들 사이에 놓인 상징적 권력 역학의 속편이다.

동시대 이론 내 남성과 여성의 대립적 역학을 더욱 과장해 변주하면서 크라우스는 폭력의 가해자로서의 남성들 — 그가 비난하는("나는 고발한다!") 대상 — 의 책임은 강조하는 한편, 히스테리증자 여성으로서의 자신은 자기-파괴적인 방식으로 재현한다. 크라우스는 셰크너에 대한 자신의 폭로를 "고함 공격"(broadside rant)이라고 묘사한다. 자신의 발언에 "고함들"이란 이름을 수여함으로써, 크라우스는 자신의 모방적 전략 — 자기비하적 진술들(여성에 대한 부정적인 상투형을 확장하는 전형적인 진술들)로 자신의 페미니스트적 비판을 부드럽게 만드는 전략 — 으로 되돌아가는데, 이는 크라우스의 발언을 덜 위협적인 것으로, 독자들에게는 페미니스트 비판에서건 여성비하적 진술에서건 크라우스에게는 권력이 없음을 상기시키는 방식으로 작동한다.[50] 이 장면에서 크라우스의 공격의 타당성은 그녀가 "여성"으로서의 자신을 얕잡아보는 위치를 점하고 있기에 이미 항상 흐려져 있다. 셰크너의 직장 주위에 폭로문을 붙여 그를 직접 위협하는 대신에 크라우스는 자기이론 텍스트의 매개변수들 안에서 자신에게 일어난 이야기를 들려준다. 그 결과 이야기에 대한, 그리고 어느 정도는 이야기를 읽는 방법에 대한 상이한 종류의 수사적·형식적 통제가 가능해진다.

사라 아메드는 페미니스트 킬조이를 '기꺼이 방해하는 사람'이라고 묘사한다.[51] 페미니스트 킬조이가 폭로할 때(페미니스트 킬조이는 오늘날 블로깅과 소셜 미디어 플랫폼을 통해 증폭되는, 공적 폭로의 주요 인물이다), 그들은 "증언"을 제공하는 동시에 (방어적이고, 회의적이고, 가부장적인 현상 유지 세력의 눈에는) 신뢰할 수 없고 의심스러운 존재로 기능한다. 크라우스는 폭로하는 사람들이 "암캐, 중상모략자, 창녀"로 불린다고 말하면서, 책에서 수행적으로 폭로를 상연하고 이렇듯 폄하된 비체 여성의 포지셔닝을 변주하며 즐긴다. 글을 쓰면서 그는, 특히 해나 윌키와 같이 오해받았던 이전의 페미니스트 예술가들과 연대를 드러내고, 1997년에 행한 자기-연루적 폭로는 윌키가 작업하던 1970년대보다 덜 "당혹스러운 것"이 되었다고 진술한다.[52] 이제 신자유주의적 페미니스트 임파워링과 생물학적 여성 아이콘인 반영웅들이 등장하는 「섹스 앤 더 시티」 시대(『아이 러브 딕』은 대런 스타가 제작한 「섹스 앤 더 시티」에 1년 앞서 나왔다)와 월드와이드웹 과학기술의 성장을 등에 업은(『아이 러브 딕』은 노라 에프런의 서간체-이메일의 시네마 대중적-겸-컬트 클래식 「유브 갓 메일」에도 1년 앞선다) 크라우스는, 그러므로 1970년대에 작업한 윌키와 멘디에타 같은 여성들은 할 수 없었던 방식으로 자신이 과거에 겪은 일들을 공(개)적으로(그리고 지적으로) 발화하고 문제화할 준비를 했고 그렇게 할 수 있었다.

나쁜 알튀세르! 나쁜 로넬!

> 이론이 "이론가들"의 소유물이라고 믿을 필요 없어요. 그들의 이론(과학자와 철학자의 이론)은 모든 인간이 소유한 가장 추상적이고 가장 순수하며 가장 정교한 능력의 형태일 뿐입니다.
>
> …루이 알튀세르, 『실천이란 무엇인가?』

이론과 실천, 예술과 삶 사이 어디에 선을 그어야 할까? 이 질문은 많은 자기이론적 작업의 핵심이다. 철학자, 이론가나 예술가가 살아낸 행동을 그들의 작업과 별개의 것으로 봐야 할까? 우리가 그들의 작업과 우리 자신의 삶에 그들의 작업이 갖는 관련성을 이해하는 데에 그들이 삶에서 직접 내린 결정은 얼마나 중요할까? 내가 자기이론에 대한 글을 쓰기 시작했을 무렵엔, 철학자나 이론가, 예술가, 문화비평가의 실제-삶 속 행동을 그들의 저술을 인식하고 이해하는 데 왜 중요하게 고려하지 않는지 묻는 것은 새롭고, 심지어 조금 이상한(적어도 아주 지엽적인) 질문처럼 보였다. 불과 5년이 지나자 예술가나 학자 또는 다른 공적 인물의 실제-삶 속 행동들이 진짜로 **중요해지는** 극적인 변화가 일어났다. 세간의 주목을 받는 많은 남성과 여성은 자기들의 행동 — 이제는 우리가 그들의 작업을 어떻게 이해하고 소비할 것인가에 근본적으로 중요하게 여겨지는 — 에 대한 반격에 직면했다.

 수십 년 동안 이어진 페미니스트적 행동주의, 글쓰기, 옹호 활동을 거쳐 이 순간을 맞이한 이후, 우리는 잘못된 행동(성희롱, 폭행, 강간, 그리고 다른 형태의 성적 비위)을 방임하고 광범하게 수용했던 문화로부터 최소한 공론화되었을 때에는 무관용을 원칙으로 삼는 문화로 넘어왔다. 누군가에게 이것은 미끄러운 비탈을 나타낸다. 우리가 흠모하는 (인간이어서 불완전한) 예술가들과 이론가들의 **삶**을 고려하기 시작하면, 상황은 정말 어두컴컴하고 정말 **개인적**이게 될 수 있다. 우리가 마이클 잭슨의 음악을 들어도 될까? 우디 앨런이나 로만 폴란스키의 영화를 봐도 될까? 「코스비 쇼」는? 「하우스 오브 카드」는? 우리가 루이 C. K.의 스탠드업 코미디를 봐도 될까? 윌리엄 버로스나 루이 알튀세르의 이론을 읽어도 될까? 삶과 작업을 어느 정도 분리하자는 주장을 지지하는 이들이 있고, 범죄나 다른 잘못을 저지른 이들의 작업을 딱 부러지게 보이콧해야 한다고 주장하는 이들이 있다.

  페미니즘들의 역사적 관점을 통해 고찰해보면, 이론과 실천을 구분하려는 시도는 잘해도 보잘것없다. 벨 훅스는 스스로를 "페미니스트적"이라고 부를 이론이라면 굳건히 **삶**과 결합되어 있고 일관적이어야 한다고 주장을 할 만큼 급진적이었다. 훅스가 보기에, 페미니즘 이론은 정의상 실천과 불가분한 삶을 위한 이론이며, 직접 살아낸 경험에서 나오는 이론이다. 페미니스트는 직접 살아낸 긴급하고 생생한 감각에 입각한 이론하기의 실천에 이르게 된다. 그러므로 이론은 여성으로서, 혹은 마찬가지로 남성으로서 한 사람이 직접 살아낸 경험의 현실을 더 잘 이해할 수 있는 방법이다.[53] 이론이 효력을 가지려면 반드시 물질적인 삶의 실천에 근거해야만 한다. 이런 강조점은 오랜 페미니즘들의 전통에 자기이론이 투여되는 방식들 중 하나에 주목하게 만든다.

1990년대 초 3물결 페미니즘 시기에 쓰인 「3물결 되기」에서 리베카 워커는 이렇게 주장한다. "페미니스트라는 것은 평등과 생물학적 여성의 임파워먼트 이데올로기를 다름 아닌 내 삶의 기질 안으로 통합해 들이는 것이다. 이는 체계가 허물어지고 있는 와중에 개인적인 명석함을 추구하는 것이다." 워커는 페미니즘에 연루되는 것은 "페미니즘 이론을 읽는 것 … 그 이상에 도달해야만 한다. 나의 분노와 인식은 손으로 만질 수 있을 만큼 구체적인 행동으로 번역되어야 한다"고 강조한다.[54] 또한 감정에 초점을 맞추고, 페미니스트가 자신의 특정하고 강렬한 ― 구조적 부정의에 대한 반응으로서 분노와 같은 ― 감정들을 구체적이고 집합적인 행동으로 변환해야 할 필요성을 역설한다. 이론은 이런 상황의 일부이다. 그러나 이론은 그 자체로 목적인 것이 아니라 목적으로 향하는 수단이라고 워커는 주장한다.

알튀세르는 자기이론에 대한 복잡한 선취를 보여준다. 1960년대 해방 운동의 맥락에서 이론과 실천의 관계를 해명하려 한 알튀세르는 관념론 철학의 "실천에 대한 이론의 우위"와 마르크스주의 유물론 철학의 "이론에 대한 실천의 우위" 모두에 대안을 제시한다. "모든 인간은 이론가다"라는 그의 명제는, "미학적 실천"과 행동주의 등을 포함하는 실천인 자기이론에서 과소평가된 주체의 위치들을 정당화하는 것과 교차한다.[55] 그렇다 하더라도 알튀세르의 작업의 정치를 고찰하는 데에 그의 구체적인 삶을 포함시키면 상황은 그 즉시 매우 복잡해진다. 내가 동시대 이론을 수강한 학부와 대학원 시기에 그의 작업을 검토한 교수 중 그 누구도 1980년대에 알튀세르가 그의 아내를 교살했다는 사실을 전혀 다루지 않았다. 이것은 "이론과 실천 사이에 다리를 놓는"데 공헌한 알튀세르, 또는 그의 작업의 정치적 효력을 어떻게 이해할 수 있는가와 연결된 윤리적 딜레마를 제기한다.

자기이론의 정치와 윤리를 한층 더 복잡하게 만드는 것은, 알튀세르기 그의 유고 자서진 『미래는 오래 지속된다』에서 아내를 죽인 경험을 사르트르의 『구토』나 카뮈의 『이방인』의 실존적 산문과 소름 끼치게 유사한 방식으로 썼다는 점이다.[56] 알튀세르의 작품을 수용하는 데에 알튀세르가 삶에서 내린 결정이 영향을 미쳐야 할까? 페미니스트 이론가는 이 질문에 반-페미니스트와 다르게 대답할 것이다. 예술에서 부상하는 추세에 있는 자기이론은 문화적·예술적·담론적 영향력을 지닌 더 많은 사람들(정치인, 배우, 음악가, 교수, 박물관 관장 등)이 자기들이 살아낸 행동들 — "사적인 행위"이든 점차 더 사적인 영역에서 공적인 영역으로 유출(가령, 자지를 찍은 사진)이든 — 을 책임지고 설명할 수 있어야 한다고 보는 주류의 변화와 동시에 나타나고 있다. 아내를 살해한 알튀세르의 행위가 이데올로기와 실천에 관한 그의 이론을 우리가 수용하는 데 어느 정도까지 영향을 미쳐야 할까? 자기이론이 윤리적 명령이라면, 이것이 이론가의 삶과 그가 다른 인간 및 비-인간과 인간으로서 함께 살아가면서 직접 살아낸 실천들의 관계에 대한 우리의 사유를 어떻게 바꾸게 될까?

니체는 그의 여동생 엘리자베트 푀르스터-니체가 니체 사후에 출판한 『권력에의 의지』(1901)에서 비롯된, 나치즘 및 파시즘과의 확인되지 않은 연관성들로 명성에 오점이 생긴 또 다른 인물이다. 캐시 애커의 삶과 작업을 다룬 『생에 대한 욕망』은 수많은 페미니스트 작가·철학자·예술가 들이 애커의 사후에 심지어 신화적으로 쓴 글을 모은 사례들 중 하나이다. 이 선집에서 아비탈 로넬은 나치즘과 연관되었다고 추정된 하이데거의 철학에 관여하기를 거절한 애커로 인해 자신이 얼마나 좌절했는지 이야기를 들려준다. 로넬은 자신을 애커와 같은 근시안적으로 호전적인 페미니스트 사상가들과는 다르게 이론의 정치학을 이해하는 페미니스트이자 하이데거주의자라고 정체화한다. 그러면서 자신과 애커 사이의 균열을 화해할 수 없는 "쟁론"으로 묘사하면서 글을 마무리한다.[57]

물론, 상상할 수 있듯이 페미니스트도 인간이다. 그리고 이 세계에서 그들이 직접 살아낸 행동은 유독한, 문제적이거나 억압적인 것에서 자유롭지 않다. #미투 운동이 확산되면서 그들 자신의 악행으로 인해 고발된 여성들도 있었다.

박사학위논문 심사를 앞둔 몇 달 동안, 나는 내 논문의 외부 심사위원으로 누가 가장 어울릴지를 두고 논문 지도 위원회와 논의했다. 두 개의 선택지가 제공되었다. 아비탈 로넬과 니나 파워, 이 두 사람은 페미니스트 이론과 정치를 각기 다른 범위에서 채택한 동시대 철학자들이자 내부 심사위원들과도 연결점이 있는 사람들이었다. 내 논문에 두 사람의 작업이 포함되어 있지 않았고, 두 사람 모두 해당 분야에 대한 전문 지식을 갖췄으며, 내 논문과는 적당히 거리가 있는 연구자들이라는 점에서 좋은 선택지로 보였다. 그런데 어떤 이유에서인지 내 직감이 니나 파워를 선택하라고 말했고, 내부 심사위원회는 로넬 대신 그와 접촉했다. 논문 심사를 준비하면서 나는 심사를 위한 대화에서 언급될 만한 페미니즘 및 자기이론과 관련한 이슈들을 정리했다. #미투를 둘러싼 최근의 움직임이 특별히 긴급한 맥락이라고 생각했다. 파워의 『도둑맞은 페미니즘』을 다시 읽으며, 나는 마르크스주의 페미니즘과 영국에서 나온 이론적 글쓰기가 지니는 다른 함의에 대해 생각했다(내 지도교수는 논문 심사 후, 내 학위논문에 놀랄 만큼 계급이 부재하다고 지적했다. 학위논문과 별개로 나는 내 삶에서 노동과 계급 문제에 집착했다. 그래서 이후에 서스캐처원주의 정착민 식민주의와 빈곤한 노동계급 문화에 초점을 맞춘 자기이론적인 박사후 과정을 통해 이를 보완하려 했다. 내가 그것을 이해하지 못한 건 아니었지만, 그의 지적은 이 과정에서 발생한 아이러니였다).[58]

심사 일주일 전이었던 2018년 가을, 로넬은 "#미투의 순간"에 휘말렸다. 그때까지는 통상 남성들에게만 적용될 수 있었던 듯 보인 혐의가 여성을 상대로 학계 및 대중문화 신에서 제기된 첫 번째 사건이었다. 로넬의 전 박사과정생인 님로드 라이트먼이 성적 비행과 지속적인 괴롭힘 혐의로 로넬을 고발했다. 라이트먼과 로넬이 주고받은 이메일에서 가져온, 유죄를 입증하는 듯한 인용문이 온라인상에 떠돌았다. 내가 온갖 기사와 논평, 트윗 가운데에서 온라인에 유포된 로넬의 이미지 — 거대한 선글라스를 쓰고, 금욕적이면서 자신만만한 거칠고 공격적인 "쿨 교수"의 태도를 취한 — 를 보았을 때, 나는 불안했고 아주 조금은 안도했다. 이렇듯 "남자 같은" 지위 — 크라우스가 『아이 러브 딕』에서 젠더, 언어, 이해 가능성, 접근성, 제도의 정의와 관련해서 자기 생각을 드러내기 위해 직접 연구조사를 하고 알레고리적으로 폭력적인 방법으로 신체화한 권력과 남근적 지위 — 를 획득한 한 여성의 이미지가 거기에 있었다. 그 주에 있을 학위논문 심사를 준비하면서, 이런 생각을 하지 않을 수 없었다. 세상에, 내가 총알을 피한 걸까!

#미투의 공적 폭로 경향과 함께 폭로 이후에 상당히 예측 가능한 패턴이 나타났다. 로넬의 잘못들과 라이트먼의 피해자성에 대한 평론 기사들이 배포되면서, 백래시가 형성되기 시작했다. 주디스 버틀러는 로넬을 지지하는 편지를 썼다. 종신교수들이 집단 서명한 편지가 뉴욕대학교 총장과 학장에게 보내졌다. 편지의 내용은 다음과 같았다. "우리는 로넬 교수의 품위와 예리한 위트, 지적인 헌신을 입증할 수 있습니다. 우리는 그의 국제적 위상과 명성에 마땅히 부합하는 존엄성이 존중되길 바랍니다." 사법 절차가 시작되기 전에 작성된 이 편지는 정의의 수사학을 불러일으켰다. 로넬이 뉴욕대학교 교수 자리에서 "해고되거나 면직당한다면" 그것은 "널리 알려지고, 이의를 제기해야 하는 부정의"일 것이라고 그들은 썼다. 버틀러는 자신을 비롯한 그 외 다른 서명자들이 "로넬에 대한 기밀 서류 일체에 접근할 권한이 없다"는 점과 자신들이 편지에서 제기한 주장은 "로넬 교수와 가까이에서 여러 해 동안 일하며 그에 대한 우리의 관점을 지지할 축적된 경험"에 기반하고 있다고 시인하면서도 그렇게 썼다.[59] 편지에 따르면 증거는 순전히 일화적인 것이었으며, 이는 페미니스트 형식으로서의 자기이론을 둘러싸고 몇 가지 흥미로운 주장을 제기했다. 이 편지에는 캐시 캐루스, 슬라보예 지젝, 장-뤽 낭시, 조너선 컬러, 가야트리 스피박 등 거물급 이론가 및 철학자의 서명이 적혀 있었다.

미국의 일부 젊은 학자는 이때 벌어지고 있던 일에 충격을 받았지만, 캐나다에 있던 나와 다른 젊은 학자들 및 대학원생들은 무슨 상황인지 잘 알고 있었다. 사실 1년 전 캐나다에서 매우 비슷한 상황이 있었기 때문이다. 브리티시컬럼비아대학교 문예창작 교수인 스티븐 갤러웨이가 학생들에 대한 성희롱 및 성폭행으로 기소되었을 때, 어쩌면 캐나다에서 가장 유명한 페미니스트 작가가 그를 매우 공개적으로 변호했다. 마거릿 애트우드였다. 버틀러와 동료들이 로넬을 지지하기 위해 들먹인 제도적 보호와 문화자본을 가진 그 수많은 서명자와 옹호자와 마찬가지로, 애트우드는 갤러웨이를 지지하며 희롱 및 추행에 대한 혐의로 그를 비난하고 나선 젊은 여성들을 공개적으로 수치스럽게 만들었다. 1960년대 중반부터『시녀 이야기』등의 페미니즘 소설을 써오고 있는 애트우드는 심지어 갤러웨이를 상대로 혐의를 제기하는 행동을 "마녀 사냥"(그가 단어들을 선택하는 데서 보인 빈곤함에서는 어떤 아이러니도 보이지 않는다)이라고 칭하기까지 했다.[60] 할리우드 팀과 작업하며 미국의 인기 TV 시리즈「시녀 이야기」— 여성들이 남성들로부터 물리적으로 억압받고 있는 안티페미니스트적 악몽 상태를 대표하는 — 를 제작하고 있던 바로 그때, 많은 사람이 애트우드가 자국에 실재하는 젊은 페미니스트를 배신했다고 생각했다. 그들은 애트우드처럼 작가가 되기 위해 공부하는 중이었으며, 그들의 공부는 폭행하고, 희롱하고, 거칠고 부적절하게 굴면서 그들의 에너지와 시간을 허비하게 만든 교수로 인해 중단되었다. ("전 이 일이 벌어진 후에 글을 쓰지 않았어요. 한 글자도요. 작가라는 정체성의 핵심은 쓰는 것이죠. 제 정체성의 핵심이 영구적으로 변해버린 것 같아요."[61]라고 갤러웨이 고발자 중 한 명인 시에라 스카이 게마가 언론에 밝혔다.) 애트우드는 자신의 작품, 「나는 나쁜 페미니스트인가?」[62]에서 남성들뿐 아니라 여성들의 권리와 보호를 위해서도 공정한 법적 절차를 원한다는 주장을 펼친다. 아마도 #빌리브위민[63]이라는 — 이 해시태그의 정신을 거부하는 건 아닐 수도 있지만 — 그 이름에 저항하면서 애트우드는 "여성 역시 범죄 행위를 포함하여 모든 종류의 성스럽고 악마적인 행동을 할 수 있는 인간이다"라고 쓴다. 자기 자신을 묘사하는 데 "나쁜 페미니스트"라는 용어를 끌어들이면서, 그는 (『먹을 수 있는 여자』처럼 그의 2물결 페미니즘 소설로 애트우드를 알게 된 어르신 독자들일 법한) 그의 오랜 독자들에게 질문하는 자세를 취한다. 애트우드는 담론 정치가 어떻게 작동하는지를 잘 알고 있다.[64]

#미투 운동을 둘러싼 질문들에 있어서, 페미니스트들 사이에 뚜렷한 세대 차이가 있는 것 같다. 어떤 연장자 여성들은 더 젊은 여성들을 버릇이 없고, 관심을 갈구하며, 자기들은 수십 년에 걸쳐 몸소 겪어냈던 — 직장에서도 마찬가지로 남성들에게 엉덩이를 붙잡히고, 이제는 어떤 맥락에서도 용납 불가능한 행위가 된 방식으로 말을 건네받고 — 온갖 똥들을 처리할 수 없는(또는 처리하길 내키지 않아 하는) 약해빠진 사람으로 보는 듯하다. 나는 특정 세대의 여성들이 내 세대와 나보다 더 어린 세대들에 대해 이들 남성을 호출하고 "불평"해서 그들의 삶을 망치는 나약한 성격의 소유자들이라고 해석하는 걸 직접 봤다(#미투 운동에서 매우 빈번하게, 문제가 된 "삶"은 사실 그저 "평판"에 불과하다. 이 여성들의 삶이 공격, 괴롭힘, 정의-추구에 대한 백래시, 그리고 그 정의를 발견하지 못하고 자주 망가지는 것에는 어떤 관심도 보내지 않는다. 공정한 사법적

절차의 필요성에 대한 주장은 사법 체계 내에 존재하는 구조적인 성차별과 인종차별을 편의상 모호하게 만드는 경향이 있으며, (높이 살 만한 부분인데) 애트우드도 기명 논평에서 이를 인정하고 있다.[65]

시간이 지날수록, 자기이론을 주제로 한 내 학위논문의 가장 많은 부분을 차지하는 작가들 — 잭 핼버스탬, 크리스 크라우스, 제니퍼 도일 같은 작가들과 이론가들 — 이 로넬을 변호하는 목소리를 내며 그 위기를 헤쳐나가려 했다. 온라인에서 상황을 지켜보던 젊은 학자와 대학원생 들은 공포심을 표명했다. 형성적인, 생물학적 여성 철학자(꼭 페미니스트 철학자는 아니지만 생물학적 여성 철학자이기는 한)이자 『전화번호부』(1989) 및 『크랙 전쟁』(1992) 등의 이론서를 집필한 로넬이[66] 영광에서 추락했을 뿐만 아니라, 그들이 존경하던 다른 페미니스트와 퀴어 이론가 들, 수업에서 읽고 젠더 연구에 인용했던 핼버스탬 같은 이들이 로넬을 공개적으로 지지하고 있었다.

로넬의 캐릭터라는 맥락이 그가 경계를 부수는 사람이라는 것을 보여준다고 해도, 그가 삶에서 직접 보여준 행동을 평가하는 데에는 다음의 사항, 즉 경계 부수기가 반드시 선(善)과 올바름에서 멈추지 않는다는 점이 고려되어야 한다. 소위 대항문화적 전복을 가치 있게 여기는 동시대 이론과 공간에 만연한 문제의 핵심이 바로 이것이며, 가시투성이의, 어쩌면 빛을 밝히는 이 자리에서 자기이론이 스스로 가치를 발견할지도 모른다. 자기이론은 삶, 이론 그리고 예술 사이에서 관계 — 살기, 공부하기, 사랑하기, 배우기가 서로 맞물려 있는 실천 — 를 고려한다. 따라서 만약 로넬이 이론에서 경계를 허물고 있는 중이라면 삶에서도 경계를 허물고 있을 것이라고 생각할 수 있다. 이러한 철학적 자기-모순은 어쩌면 페미니스트 실천으로서의 자기이론 내부에 존재하는 해소 불가능한 아포리아일지 모른다. 아마도 페미니스트적 자기이론이 다음으로 물어야 할 질문은, 우리가 관심을 가지는 것이 경계를 부수려는 것인지, 아니면 결국 잔인함으로 귀결된 마초적이고 아방가르드적인 역사들과 덜 결탁된 다른 양태인 것인지에 대한 것일 터이다.[67]

2018년 가을 로넬의 "#미투의 순간"의 매우 복잡한 동시대 페미니스트 정치, 그리고 21세기의 미국 페미니즘과 퀴어 이론이 신성시했던 모든 것의 일견 급작스러운 뒤집힘은 퀴어 이론가 리사 두건이 그의 블로그에 포스팅한 글에서 절정에 달했다. 두건은 포스팅을 통해 님로드와 로넬이 주고받은 것을 꼼꼼하게 읽어낸다. 자기이론의 전복적 가능성과 꼼꼼한 읽기의 기능에서 맥락이 갖는 중요성이 만천하에 드러난 민망한 순간이었다. 님로드와 로넬이 주고받은 글들에 대한 텍스트 분석을 제공하면서 두건은 퀴어 페미니즘의 정동 이론을 동원하여 권력역학을 "읽고" 로넬이 잘못하지는 않았다는 결론을 내린다.[68] 이메일들에서 텍스트 증거를 도출해내고, 로넬과 님로드의 더 큰 개인적 삶과 성적 정체화에 비추어 상황을 읽어낸 두건은, 게이 남성이라는 님로드의 위상과 평생 레즈비언이었던 로넬의 위상이 로넬이 자신과 성적 관계를 시도했다는 님로드의 모든 주장을 논박한다고 주장했다.

BIPOC 맥락에 있는 많은 작가와 학자가 상당히 공을 들여 두건의 주장에 대응했다. 케냐계 미국인 작가이자 비교문학 교수인 케구로 마카리아는 두건이 과거에 쓴 문장을 제사로 인용하면서 "알겠는데, 당신은 틀렸어(kburd),⁶⁹ 캘리번이 응수한다"라고 썼다("정체성의 이야기들은 절대 정적이거나, 획일적이거나, 정치적으로 무결하지 않다").⁷⁰ 마카리아는 로넬-님로드 이메일을 독해하는 두건의 방식에 대해 두건 자신의 이론을 끌어들여 의문을 제기한다. 그는 두건이 쓴 정체성의 불안정성에 대한 글을 꼼꼼히 살펴보는데, 이는 레즈비언 정체성을 가진 로넬이 게이 남성을 욕망할 수 없다는 두건의 주장을 반박한다. 마카리아는 로넬을 변호한 이론가들의 과거 공적과 작업을 존중하면서도, 로넬을 둘러싼 그들의 행동을 직접적으로 물고 늘어지면서 그들에게 더 나은 모습을 기대한다.

> 나는 잭 핼버스탬을 퀴어 하위문화와 소수자적 형식들에 관한 한 가장 정통한 사상가 중 한 명이라고 알고 있다. 핼버스탬은 일상적 만남과 그 만남의 형태들이 어떻게 권력과 주변부화가 작동하는 방식을 표현하는지 이론화할 수 있는 놀라운 능력의 소지자이다. 『여성의 남성성』과 『퀴어의 시간과 장소에서』, 『실패의 기술과 퀴어 예술』은 소수자화된 사람들과 형식들 주변을 순환하는 권력을 추적하며, 작은 공간들과 덧없는 형식들에 주목했다. 나는 하위문화적 인물과 형식에 정통한 이론가가 그토록 손쉽게 트위터를 묵살한다는 사실에 당황했다.⁷¹

여기서 마카리아는 이들 이론가 자신의 비판성(criticality)의 한계를 지적한다. 연장자 페미니스트 및 퀴어 페미니스트 교수 몇몇에게는 소셜 미디어 플랫폼에서 유통되는 폭로들과 그러한 공개적 폭로들에 의해 제기된 주장을 받아들이는 것이 일견 그들의 능력 밖인 일처럼 보였다. 여기서 믿을 만하고 참된 문학 방법론으로서 꼼꼼한 읽기의 한계가 드러난다. 오직 텍스트에만 집중하고(20세기 초 문인들이 제창한 신비평에서 비롯된 유산) 맥락적 단서들(두 "인물" 각자의 성적 정체화)에 선택적으로 집중하는 읽기는 실제 삶과 학계 및 파라-학계 공간에서 줄곧 고수되어온 복잡한 관계 역학과 권력 불균형에 대한 주의를 희생하면서 이루어진다.

로넬은 성희롱이나 성폭행 혐의로 기소된 최초의 페미니스트 여성, 혹은 최초의 페미니스트 여성 철학자가 아니다. 크라우스가 『아이 러브 딕』을 썼던 해인 1997년, 페미니스트 철학자인 제인 갤럽은 자기이론적 저서인 『성희롱으로 고발된 페미니스트』를 썼다.[72] 이 책은 학생들이 자신에게 제기한 성희롱 고소에 대한 갤럽의 자기이론적 대응으로, 페미니스트 이론하기의 논쟁적인 작업으로 계속 거론되고 있다. 갤럽은 이 책을 쓸 때 택한 자기이론적 접근 방식을 "일화적 이론"이라고 설명한다. 이는 정신분석, 해체주의, 페미니즘과 같은 문학이론 방법론에 영향을 준 여러 분야를 참고하면서, 작가가 "진정한 문학적" 서사 양태를 동원하는 자서전적인 일화를 활용하는 것이다. 갤럽은 일화를 적절한 문학적 형식으로 규정한 미국 작가 조엘 파인먼을 인용하면서, 일화는 "순간 ... 지금 여기"를 전달하고 중계한다는 의미에서 "문학적이면서 실제적이고" 은유적이면서 물질적이며,[73] 바로 그 점 때문에 사회적-의미론적 힘을 갖는다고 주장한다.

갤럽은 3물결 페미니스트 프로젝트에 정직이 가져다준 수사적 힘을 바탕으로 자기-반영적 글쓰기를 한다. 이제 미국의 영문학 및 젠더 연구 교수라는 특권적 역할 안에서 갤럽은 자기 학생들과 성적 관계를 맺은 것을 정당화하기 위해, 1971년 학생 시절의 경험과 개인적인 것에 대한 페미니즘 이론들에 호소한다. 갤럽은 "교육에 대한 글을 쓰는 페미니스트들은 내용과 기법 모두에서 개인적인 것의 중요성을 강조해왔다"고 설명하면서, 성적인 것/지적인 것과 직업적인 것/개인적인 것의 경계를 약탈적이거나 문제적(혹은 불법적)이라기보다 해방적인 것으로 모호하게 만드는 주장을 전개한다.[74] 그는 자신의 맥락과 결정 이면의 추론과정을 설명하기 위해 정직의 수사를 이용한다. 이런 방식이 (담론적으로, 법적으로, 또는 평판의 측면에서 사회적으로) 그의 입장을 돕는 데 성공했는지는 또 다른 (그리고 매우 첨예하고 불편한) 질문이다.

나쁜 페미니스트들과 취소 문화: 콜 아웃과 콜 인[75]

더욱 복잡하게도 『아이 러브 딕』을 페미니스트 관점에서 읽으면 문제적인 면이 드러난다. 예를 들어, 등장인물인 딕(그리고 이와 연관된 실제 인물 딕)을 합의 없이 계속해서 연루시키는 것은 풍부한 알레고리적 의미를 가지지만 불안한 채로 남는다. 게다가 부동산에 대한 신자유주의적이고 젠트리피케이션을 유발하는 권력을 보여준다는 점, 페미니스트 영화를 깔보는 듯한 논평 등에서 크라우스의 페미니즘이 가진 한계가 시야에 들어온다. 사실 크라우스는 전혀 "완벽한 피해자"(perfect victim)가 아니다. 이 용어는 사람들이 믿어주고 정의의 가능성이나 공감을 얻어낼 만큼 떳떳하고 완벽한 방식으로 행동했어야 하는 성적 괴롭힘 및 성폭력의 희생자라는 관념에 저항하기 위해 페미니즘의 여러 국면들에서 유통되어왔던 용어이다. 책에서 크라우스는 완벽한 피해자가 되는 데에 실패한다. 『아이 러브 딕』이 명징하게 페미니스트적이지 않다는 것, 그리고 주요 인물이나 "여주인공"이 완벽한 피해자가 아니라는 것이 4물결 페미니스트 독자에게 깊은 공명을 일으킨 이유일 수 있다.

    크라우스의 자기 비하 전략은 페미니즘으로까지 확장된다. 그의 작업은 사실상 페미니스트적인 작업이지만, 등장인물인 크라우스는 "페미니스트"란 꼬리표를 뻔뻔스럽게 피해나간다. 상황을 더 복잡하게 만드는 것은, 크라우스가 "실베르-그-실용주의자는 내가 나를 '페미니스트'라고 부르기만 하면 운이 더 좋을 거라고 계속 나에게 말했다"고 시인하는 대목인데, 페미니스트란 단어가 그의 작업을 이해할 수 있게 하는 맥락을 제공하기 때문이다.[76] 등장인물인 크리스는 딕에게 자신이 포스트모던 이론은 좋아하지만, 라캉의 정신분석 이론과 "생물학적 남성의 응시"를 강조하는 1980년대 페미니즘 영화 이론을 가리키는 "실험영화계의 페미니즘"은 거부한다고 말한다.

> 자크 라캉을 읽는 따분한 스터디 그룹 외에, 내가 실험영화계의 페미니즘에 대해서 거리를 취하게 만든 것은 그 페미니즘이 예쁜 애의 딜레마를 진지하게 조사한다는 것이었죠. 못생긴 여자애인 나에게 그리 중요한 문제가 아니었어요. 그리고 도나 해러웨이가 모든 생물학적 여성의 체험은 완벽한 가짜인 한 다발의 반복악절이라는

것, 그러므로 우리는 스스로 사이보그라 인식해야 한다고 말함으로써, 이 문제를 최종적으로 해결하지 않았던가요?[77]

크라우스는 영화 제작자로서의 이력에도 불구하고 이 페미니즘 분파와 자신을 동일시하지 않는다. 오프닝 장면에서 크라우스가 딕의 추파를 기꺼이 받아들인다는 점이 이런 논지를 강조한다. 스스로를 "못생긴 애"로 정체화함으로써 그는 이성애자 남성들과 페미니즘 영화 이론 모두와의 관계에서 외부자의 위치를 차지한다. 몇몇 페미니스트 운동에 대한 크라우스의 거부는 윌키— 1977년 포스터에서 "파시스트 페미니즘을 주의하라"라는 성명을 냈던[78] — 와 같은 예술가나 카밀 팔리아와 같은 평론가가 제기한 페미니스트 비판과 유사하다. 내러티브 소설과 아트 라이팅 및 비평(『아이 러브 딕』과 같은 책에서 볼 수 있듯이 이 둘은 종종 서로 얽혀 있다) 모두를 구사하는 작가로서 크라우스는, 본질적으로 글로벌 엘리트에 속하지만 매일매일의 삶 — 성관계, 강의, 저녁 만찬 — 에서는 억압에 반대하며 살아간다고 스스로를 정체화하는 사람들의 모순 속으로 자주 뛰어든다. 『아이 러브 딕』은 미국 내 좌파 지식인 체제에 대한 매우 효과적인 내부자/외부자 비판인데, 크라우스는 예술가로서의 배경과 미국 좌파 사상에 중요한 영향력을 발휘하는 문지기의 아내라는 관점에서 이를 써 내려간다. 이리가레의 미메시스가 주인 담론을 해체할 목적으로 주인 담론에 우회적으로 접근하는 전략을 예시하듯이, "페미니스트"란 꼬리표와 거리를 두려는 크라우스의 전략은 독자의 혹은 더 많은 공중의 방어적 반응을 선제적으로 피함으로써 좀 더 효과적으로 페미니스트적 작업을 실천하려는 역설적이고 우회적인 페미니스트 전략이다.

2019년 봄, 런던 왕립예술대학에서 열린 "자기-"(AUTO-) 학술대회에서 자기이론과 비디오 아트를 주제로 한 나의 작업을 발표하려고 런던을 방문했다. 나는 최근 현지 큐레이터이자 작가인 러티샤 칼린을 만났고, 우리는 뉴 내러티브 글쓰기를 둘러싼 시각예술 전시 큐레이팅의 가능성, 최근 ICA 런던에서 열린 캐시 애커의 전시회, 그리고 오늘날 오토픽션의 발전에서 고(故) 에르베 기베르[79]의 작업의 위치를 두고 몇 시간 동안 열정적으로 토론했다. 화이트채플 갤러리(칼린은 갤러리 내 서점에서 파트타임으로 일했다)에서 몇 블록 떨어진 이스트엔드에서 저녁 식사를 하면서, 칼린은 내게 니나 파워와 런던 신을 둘러싼 최근의 몇몇 사건에 대해 이야기했다. 파워는 지난 몇 달 동안 런던의 철학/학계와 예술 신에서 사실상 따돌림을 당했다. 칼린은 파워가 이제 대안 우파(alt-right)와 연관되었다고 말했지만, 어쩌다 그렇게 되었는지, 정확히 그가 무슨 말을 하고 무슨 행동을 했는지는 기억하지 못했다. 칼린은 파워가 술에 취해서 한 말들일 것이라고 생각했다. 세부사항은 모호했다. 그리고 파워가 자신을 변호하기 위한 공개서한을 썼음에도 불구하고, "신"에서의 공통된 의견은 파워가 블랙리스트에 올랐다는 것이었다. 예정되어 있던 그의 강연과 작업 들은 취소되었고, 그는 돈을 잃었다. 우리는 파워의 정신건강 문제와 트라우마가 이 백래시와 고립의 기간 동안 더 악화될 수 있다고 추측했다. 내가 알게 된 트라우마 중 하나는 파워가 사귀고 있던 남자가 전년도에 경찰에게 구타를 당했다는 것이었다. 이 사건은 파워의 이데올로기적 성향이 표면으로 드러나고 급진화되는 기폭제가 되었다.

"마르크스주의적 사유와 마르크스주의 페미니즘에 대한 심오하고 사려 깊은 헌신을 보여준 그의 이전 작업들은 어떻게 되는 거죠?" 칼린이 내게 물었다. 그냥 다 갖다 버릴 것인가? 우리는 거기에 앉아 곰곰이 생각했다. 당연히, 질문은 니나 파워에 관한 것만은 아니었다. 이것은 노래나 영화나 미술작품이나 이론에 관한 책을 만들어본 적이 있고, 형편없는 무언가, 불쾌한 무언가, 어쩌면 심지어 범죄적이고 끔찍한 무언가를 만들어 본 모든 사람에 관한 것이다. 형편없는 행동들의 스펙트럼은 존재하고, 심지어 사랑받는 페미니스트들도 그 스펙트럼의 어딘가에 있는 자신을 발견하기 시작했고, 오랫동안 자신이 비판해온 남성들처럼 불완전한 존재임이 드러났다. 이제 그들과 그리고 세계에 대한 그들의 비판적-창의적 기여와 함께 무엇을 해야 하는지 모색하는 일은 아직 큰 흠결은 없는, 새롭게 등장하는 우리 젊은 페미니스트들에게 달려 있는 듯 보였다.

그날 밤 나는 숙소(공공 지원 주택 및 예술 단지인 바비칸 맞은편의 공공 지원 주택 단지 골든 레인 이스테이트의 객실)로 돌아와 폰으로 "니나 파워"를 검색했다. 방에 와이파이가 없어서 데이터를 써가며 핸드폰의 작은 화면으로 글을 읽었다. 이 쟁점과 연관해서 발견한 주요 출처는 파워가 웹 사이트에 게재한 공개서한과 예술가 리브 윈터의 트윗과 같은 반응들이었다. "엿 먹어, 니나 파워. 첫날부터 말했어. 그리고 니들이 속한 기관이나 너희 페미니즘에서 파시스트들을 찾았다고 놀라지마. 더 바짝 경계해. 의심 없이 받아들이지 마. 엿 이 나 먹 어 니 나

파워."⁸⁰ 윈터는 테이트 모던이 조직적 성희롱을 처리하지 못하고 실패함으로써 여성들의 기대를 저버린 것에 대한 항의로 테이트 모던의 입주 작가 자리를 철회한 바 있었다.⁸¹ 나는 파워가 한 일, 그리고 그 일과 파시즘의 관계를 이해하고 싶고, 계속 질문할 필요가 있다는 윈터의 말에도 동의한다. 그런 식의 페미니스트 철학은 의당 그렇기라도 한 것처럼 나는 파워의 글이 항상 좀 애매하다고 느껴왔다는 것, 그리고 정말 똑똑한 사람이 쓴 글이었지만 정말 나를 위한 것은 아니었다고 — 어쩌면 내가 오늘날의 노동을 이해하는 데 마르크스주의 이론이 적절하다는 것을 이해할 만큼 충분히 영국인이나 유럽인이 아니어서 그랬을 수 있다(노동계급 출신이자 1세대 대학생인 내 가면 증후군의 익숙함으로 되돌아가던 그 순간의 내가 보기에 그 글은 너무 똑똑한 사람이 쓴 것으로 보였다) — 스스로 인정했다.

베를린 기반 미디어와 (침착하지만 다소 수동 공격조의 어투로 글을 쓰는) 비평 콜렉티브인 **뉴 모델스**와 같은 쪽에서는 파워를 변호했다. "최근의 니나 파워 논쟁에 당신이 흥미를 갖건 안 갖건(익명의 고발자들은 그를 파시스트이자 터프[TERF]라고 부르고 있는데), 그의 반응은 권력, 유명세, 정체화, 그리고 소속감 등의 동시대적 용어에 대한 설득력 있는 성찰을 제공한다."⁸² 나는 트윗을 읽으면서 더 많은 퍼즐 조각을 맞춰갔다. 파워는 트랜스 여성을 잘못된 성별로 지칭했고, 대안 우파 녀석들과 어울렸으며, 트랜스포비아로 잘 알려진 한 여성 그룹에게 사과했던 것처럼 보였다. 아, 왜! 나는 속으로 생각했다. **개 같네.** 나는 폰을 내려놨고, 우연찮게도 파워가 예전에 일했던 왕립예술대학에서(그는 이 논란들이 있기 전에 그만뒀다) 다음 날 아침에 열릴 "자기-" 학술대회를 준비하면서 잠을 청했다. 하지만 아드레날린이 내 몸을 휘감고 흐르는 것을 느꼈고 내 머리는 명료한 사유를 흐리게 하는 그 익숙하고 만성적인 안개 상태를 경험하고 있었다.

2010년대 후반, "콜 아웃 문화"와 "취소 문화"로 묘사되어온 것의 뉘앙스와 문제들을 인식해야 한다고 주장하는 교차성 페미니즘과 퀴어 담론의 흐름이 등장했다. 이는 저명한 인사들을 폭로하고 노출시키는 방식으로 작업하는 경향, 그러니까 사회 정의, 퀴어, 페미니스트 커뮤니티에서 자주 보이던 경향과 직결되는 것이었다. 카이 쳉 톰의「콜 아웃 문화가 트랜스 여성(그리고, 그러므로 우리 모두)에게 해를 끼치는 네 가지 방법」과 제이 심슨의「아직 나눌 수 없는 대화: 왜 나는 나의 선주민 가해자들의 이름을 대지 않을 것인가」(2019) 같은 온라인상의 개인적-비판적 에세이는 콜 아웃 행위를 교차적으로 고려할 필요성을 옹호한다.[83] 이 글들은 예를 들어 콜 아웃 문화가 여성과 퀴어를 직접적으로 임파워링하지 않는다고 분석한다. 즉, 콜 아웃 문화는 장애인차별주의, "엘리트주의", 독선적 경향과 더불어 백인 여성이 유색인 남성을 콜 아웃하는 극도로 격앙된 역사를 고려하며 다뤄야 하는 문제라는 것이다. 지금 "작동 중인" 콜 아웃 문화의 사례인 할리우드의 #미투를 놓고, 우리는 왜 그것이 계속 정치를 상연하는(enact) 바람직하고 실행 가능한 방식으로 비춰지는지 생각해봐야 한다. 최악의 경우 콜 아웃 문화 자체가 폭력적이게 된다. 그런 상황에 비추어 이를 "유독한 대치의 문화"로 정의한 쳉 톰은, 그것이 "현실적인 정의의 추구보다는 올바른 행실의 수행에 더 중점을 둔 채, 억압적인 품행을 빌미로

사람들을 수치스럽게 한다"고 분석한다.[84]

니나 파워는 이 책의 바탕이 된 내 학위논문의 관대하고 통찰력 있는 독자였다. 그 점을 인정하지 않는 것은 무책임한 일일 것이다. 나는 내 논문 심사 이후 그가 행한 행동에 동의하지 않으면서도, 특정 시기에 450페이지에 달하는 내 논문을 사려 깊게 읽고 피드백을 제공하고 지지해준 사람을 완전히 부정하길 거부할 수 있다.

자기이론과 픽션화에 대한 의문

크라우스가 『아이 러브 딕』에서 보여준 수행적이고 수사적인 움직임은 오늘날 "콜 아웃"과 "취소" 문화와 효과 및 어조 면에서 꽤 유사해 보이지만, 그것들과는 다른 식으로 작동한다. 크라우스는 일어난 일에 대해 결론을 내리지 않으면서 수행적으로, 알레고리적으로 글을 쓴다. 여기 이야기가 있고, 여기 그 이야기를 만들어낸 한 남자가 있다. 그의 이름은 리처드 셰크너이다. 아마 당신도 이 이름을 들어본 적 있겠지? 뉴욕대학교 교수이자 실험적 연극의 선구적 감독/창작자, 이제는 공연학으로 알려진 학제 간 분야의 창시자. 크라우스는 **실제** 이름을 언급한다. 리처드 셰크너는 리처드 셰크너이고, 크리스 크라우스는 크리스 크라우스이다. 이런 오토픽션적 장치가 픽션-만들기의 아주 얇은 막을 제공하지만, 책은 실생활에 아주 깊숙이 뿌리를 내리고 있다. 이게 핵심이다. 이것은 **실제로 일어났고**, 그 결과 이것은 (정치적으로, 미학적으로, 사회적으로, 지적으로) **중요하다**.

하나의 지향으로서 자기이론은 실제로 살아낸 삶을 비판적으로 중시하는 것으로, 픽션을 스타일적-법적 보호막으로 활용하지 않으면서도 비판적이고 창의적인 실천(픽션화를 포함하는)과 관련해 실제 삶을 성찰과 섬세한 고찰의 가치가 있는 것으로 수용한다. 크라우스는 실제 삶의 이야기들을 허구화하는 것을 경계하는데, 많은 생물학적 남성 작가가 솔직하지 못한 방식으로 허구화하고 있다고 공개적으로 비판한다. 대신 속이 훤히 들여다보이는 크라우스의 접근 방식은, 삶에서 소재를 끌어내면서도 이를 인정하지 않고 허구화를 위해 일부러 사소한 디테일까지 바꾸는 그 작가들의 속임수이자 수행적인 본성을 드러낸다. 이것이 크라우스가 동시대 이론과 문학에서 지각한 모순과 쟁점을 개념적인 방식으로 변형시키는 방식이다.

글쓰기와 텍스트를 통해 자서전적 "진실들"을 폭로하는 실천은 18세기 소설의 일기와 서간체 형식부터 실화소설(roman à clef)과 오토픽션에 이르기까지, 문학과 예술에서 다양하고 유구한 역사를 가지고 있다. 그리고 허구화와 삶에 대한 진실성의 정도는 텍스트와 맥락에 따라 달라진다. 실화소설 또는 "열쇠를 가진 소설"이 자기이론과 관련해 특히 중요한 것은, 이 장르의 전제가 느슨하게 허구화된 인물들과 사건들 — 이것들을 밝히는 것이 비유적 "열쇠"가 된다 — 이 논픽션이나 실생활과 연관이 있기 때문이다. 『아이 러브 딕』은 수행적인 방식을 통해 작품의 기반이 된 실제 삶 속 인물들과 사건들을 가리키는 의도적으로 부정직한 허구화를 작동시킨다는 점에서 메타-실화소설로 읽힐 수 있다. (이 점을 염두에 둔다면, 크라우스의 작업을 설명하기 위해 조앤 호킨스가 사용한 "이론적 픽션"이라는 용어를 다르게 이해할 수도 있다. 『아이 러브 딕』은 이론적으로는 픽션이지만, 실제로는 그렇지 않다.) 페미니스트와 퀴어 행동주의, 문학적 실천에 뿌리를 둔 자기이론은, 자신의 삶과 작업의 관계를 명백히 드러내는 방식으로 작업하는 예술가와 작가의 이러한 변화에서도 중요한 역할을 한다. 자기이론적 실천의 일환으로서 폭로의 정치와 미학은 크라우스의 1997년 작업보다 일찍 시작되었지만, 크라우스의 글쓰기 양태는 페미니스트 비평과 연관한 새로운 방향과 방법을 표식했다. **뉴 내러티브** 같은 문학운동에서 영향을 받은 크라우스의 글쓰기는 서사적이고 개인적으로 글을 쓰는 또 다른 방식으로의 전환을 의미했다.[85]

포스트미니멀리즘 조각가 에바 헤세[86]가 1936년에서 1970년 사이에 쓰고 2016년에 사후 출간된 『일기』에 대한 글에서 미술평론가 미치 스피드는, 헤세가 남편의 학대를 어떻게 세세하게 폭로하고 있는지 설명한다. 스피드는 이렇게 적었다. "적어도 한 번은 그[남편 톰 도일]가 그녀에게 사면발니를 옮겼다. 그 몇 년 전, 카뮈의 『적지과 왕국』을 읽으면서 헤세는 '가면이 지겹고, 관계가 지겨워진' 책 속의 여자들에게 공감했다. … 돌이켜보면 이런 감상은 자발적인 경고처럼 읽힌다."[87]

자신의 삶 속 저명한 남성들의 진실을 폭로한 헤세의 작업을 크라우스와 같은 인물들이 쓴 동시대 저작들과 연결한다. 그러나 사적인 일기로 쓰였고, 출판을 염두에 두었다고는 볼 수 없는 헤세의 글들과 포스트모던 장치로서 일기 양태를 활용한 『아이 러브 딕』의 차이는 분명히 지적되어야 한다. 헤세의 일기는 헤세 자신을 제외한 어떤 독자에게도 읽힐 의도가 없었을 것이기에, 작품을 허구화하지도 실명을 바꾸지도 않았다는 쟁점은 공개적 수용을 의도한 작업을 하겠다고 결정한 크라우스와는 아주 다른 것이다.

『일기』는 『아이 러브 딕』과 같은 방식의 자기이론적 출판물은 아닐 수 있지만, 둘 모두 생애-쓰기와 개인적 폭로 혹은 고백에 대한 충동을 보여준다. 이는 21세기로 넘어와서까지 후대의 작가들과 예술가들에 의해 명백한, 수행적으로 공(개)적인 방식으로 계승된다. 또한 초기 오토픽션에 뿌리를 두고 있기도 하다. 프랑스의 작가이자 비평가, 그리고 예술가이자 오토픽션의 창시자인 에르베 기베르는 1990년 일기 형식을 취한 개인적인 내러티브 『내 삶을 구하지 못한 친구에게』에서 미셸 푸코의 동성애를 아웃팅한 것으로 유명하다. 이 책은 픽션으로 틀지어졌지만, 기베르와 푸코 사이의 실제 우정과 기베르의 에이즈 및 자살 경험을 다룬 것으로 이해된다.[88] 크라우스의 거의 허구화되지 않은 책이 실제 삶에서 일으킨 결과들은 1997년 미국에서 처음 출간된 『아이 러브 딕』에 대한 딕 헵디지의 소송으로 나타났다.

만약 허구화가 표피에 불과하다면, 굳이 왜 그렇게 할까? 왜 픽션인 양 쓰는 대신 직접 폭로하는 방식으로 쓰지 않은 걸까? 실명을 거명하고, 그들에게 그들이 실제로 살아낸 행동을 책임지라고 하자. 그렇게 자기이론적 사유가 진행된다. 널리 퍼진 "과잉 공유" 문화를 촉진하는 소셜 미디어의 포스트고백적 기술들과 함께 등장한 세대들(나도 밀레니얼 세대이지만, "아이폰 세대"[89]란 단어를 입력할 때는 늙었다고 느낀다)은, 베이비붐 세대나 X 세대와는 매우 다른 방식으로 개인적 글쓰기와 자기-이미지 만들기에 관계한다. 공개하기와 폭로하기의 위험 —

아마도 실화소설 전통과 파라-오토픽션의 양태로 글을 쓰는 작가들이 "픽션" 영역에서 피난처를 찾는 이유 중 하나이다(또 다른 이유는 비평적으로 평가 절하된 회고록의 지위로, 말 그대로 여성화된 것) — 은 여전히 높지만, 이런 식의 작업을 수월하다고 여기는 점과 관련해 뚜렷한 세대적 이동이 감지된다. 페미니스트 행동주의에 뿌리를 둔 자기이론은 이러한 폭로 행위 같은 정치와 관련되어 나타난다. #미투 및 #타임스업 같은 운동이 예시하듯, 이는 할리우드와 아이비리그 산업 단지 등 대중문화 및 학계 기관 내의 권력 남용을 조명한다.

종결부

크라우스는 딕에게 "이 사건은 생기를 잃고 굳어져 철학으로 변했어요. 예술은 개인적인 것을 초월하죠"라고 썼다. "가부장제를 잘 섬긴 것은 철학이고 저는 한 20년 정도 철학을 따랐지요. 당신을 만날 때까진 말이죠."[90] 크라우스는 자기 이전 다른 페미니스트들이 인정해왔던 것을 설명하면서, 자기이론적 양태를 촉발한 것은 딕과의 만남이었다고 치사한다. "예술은 개인적인 것을 초월하죠"라는, 예술이 직접 살아낸 것과 신체화된 것을 부적절하거나 불필요한 것으로 만든다는 이 견해는 가부장제의 이해와 관심을 촉진시키며, 페미니스트 실천으로서의 자기이론과 직접적으로 충돌한다. 크라우스의 폭로는 남성중심주의 이론, 특히 미국의 프랑스 후기구조주의의 구조와 용어를 전복하는 그만의 방법이다.

삶의 실천과 이론화하기 또는 철학하기의 실천을 적극 통합할 수 있는 양태로서, 자기이론은 글로 쓰인 것 또는 예술적 텍스트의 한계 너머로 확장되는 실제 세계의 정치와 윤리에 반응하기 좋은 위치에 있다. 20년 후에 있을 #미투 운동을 아날로그 방식으로 예언하고 미러링하는 페미니스트적 폭로가 일어나고 있는 『아이 러브 딕』의 논리에 따르면, 이론가, 문화 비평가 그리고 학자 들이 직접 살아낸 행실이 중요하다. 예를 들어, 셰크녀의 공연학 장학금을 수령하는 것은 학생을 착취한 그의 행실에 대해 아는 것이 영향을 미칠 수 있다. 『아이 러브 딕』에서 우리는 텍스트적·페미니스트적 실험들에서 용솟음친 #미투의 초기 충동을 발견한다. 크라우스는 자기이론의 실천을 이용하여 — 독자가 실제 생활에 반영되는 것을 확인하는 — 특정 이론가나 교수의 행실 이면의 구조적 힘들을 조명하고, 동시대 이론의 세계에서 자신이 직접 경험했던 것들을 폭로한다.

결론

(탈)식민적 시간들에서의 자기이론

| 윤리학은 소수의-미래(the few-ture)의 미학이다.
　…로리 앤더슨

| 오, 거기서라면 우리가 우리 자신을 자유롭게 비판할 수 있을지도.
　…앤 보이어, 『언다잉』

"이 글은 매우 독특한 신체화에 기반합니다." 데이비드 채리안디는 버튼다운 셔츠에 부착한 라펠 마이크에 대고 매우 부드러운 목소리로 이야기를 하고 있었다. 터틀 아일랜드 피식민자들의 땅에서 살고 있는, 카리브 출신의 디아스포라 흑인 채리안디는 일부분 그의 삶에서 고취된 허구적 글쓰기로 널리 인정받고 있다. 논픽션인 『네게 하고 싶은 말이 있단다: 딸에게 보내는 편지』(2018)에서 보여준 것처럼, 그의 최근 작업들은 더 직접적으로 자기이론적인 경향을 드러낸다.[1] 그는 캐나다 대학교 및 종합대학 영어 교사 협회의 2019년 총회에서 완전히 새로운 작품을 발표했다. 프레젠테이션의 제목은 "이론: 각주"였다.

그가 언급한 신체화는 그 자신의 신체화, 즉 미약하게 허구화된 이야기의 발화를 통해 변형한 신체화였다. 그것은 데이비드 채리안디라는 이름을 가진 젊은 남자의 이야기이다. "여러분도 알다시피 이것은 오토픽션입니다"라고 시인한 그가 "Y대"를 거론하자 청중은 다 안다는 듯 공감의 웃음을 터트렸다. 그의 묘사에 따르면 "Y대"는 도시 변두리, 교외에 위치한 좀 급진적인 토론토의 대학교였다. 그는 스카버러에 사는 노동계급 흑인 가정 출신의 1세대 대학생으로서 어떻게 "Y대"에 다닐 수 있게 되었는지, 그리고 "Y대"(그가 아무리 교묘하게 허구화했다고 해도 그것은 너무나 분명하게 요크대학교였다)가 어떻게 인종과 계급에 관한 한 좀 더 접근이 용이한 대학이었는지와 연결해서 설명했다. 채리안디가 지적했듯이, 그곳은 "이론"이라고 불리는 것에 대한 관심과 혁신으로 유명한 학교이기도 했다("Y대는 **이론**이라 불리는 것에 강하다는 게 세간의 평판이었다"고 그는 썼다).[2]

이는 내가 박사 연구를 위해 "Y대"를 선택한 이유이기도 하다. 나는 여러 문화적 전통을 물려받은 백인 정착민 노동계급 가정 출신의 1세대 대학생으로서 공부를 시작했고, 문학이론에 관한 학부 시절의 첫 번째 수업 때부터 계속 이 **이론**이라 불리는 기이한 것에 끌렸다. "Y대"는 도심의 최고가 부동산 지역에 위치한, 더 명백히 식민적이고 백인 중심의 "올드 머니" 기관을 표상하는 토론토대학교와 대비되었다. 물론 이들 대학교는 정도만 다를 뿐 모두 식민적이고 백인 중심의 부유한 기관이다. 이런 공간 안에서 채리안디의 캐릭터 "데이비드"는 그 신체화의 조건들을 명확히 표현할 수 없다. 채리안디는 "백인 중심" 또는 "식민적" 등의 말을 실제로 사용하지는 않는다. 서사와 인물, 그리고 어법을 통해 **말하지 않고 보여주기**라는 납득할 만한 실천을 견지한 그의 프레젠테이션의 뉘앙스는 좀 더 고전적인 의미에서 문학적이었다.

채리안디의 신작을 자극한 것은 디온 브랜드의 소설 『이론』(2018)이었다.[3] 『이론』은 사랑과 지적인 삶의 관계를 다룬 소설적·허구적 서사 안에서 자기이론적 관념들을 다룬다. 채리안디는 브랜드와 다른 작가들을 주제로 박사학위논문을 썼는데,

이는 캐나다 흑인 문학이라 불리게 될 새로운 분야에 관한 최초의 작업으로 인정받게 되었다. 박사논문을 마저 끝내려고 고군분투하는 인물을 따라가는 브랜드의 소설 『이론』을 미러링하는 채리안디의 "이론: 각주"는 브랜드의 작업에 대한 자기이론적 반응이다. 그리고 나는 어떤 의미에서는 지금 브랜드의 책에 대한 나 자신의 자기이론적인 반응을 펼쳐 보이는 중이다. 상당히 긴 각주로서 채리안디의 발표는 그 자체로 완결된 하나의 문학 작품이다. 비록 채리안디는 자신의 작업 방식을 더 흔한 용어인 "오토픽션"으로 설명하지만, 나는 "자기이론"이라고 표현하는 것이 가장 잘 어울린다고 생각한다. 내가 채리안디의 최근의 퍼포먼스와 관련해서 "자기이론"이란 용어를 선호하는 것은, 그가 자서전적이고 자기-반영적인(하이크 가이슬러가 말하는 "논픽션 소설" 역시 적당한 용어일 듯하다) 방식으로 작업하면서도 이론, 이론적 담론과 프레임, 그리고 학술 공간에서 실천되고 순환되며, 학계 바깥의 삶과 영향을 주고받는 그 이론의 정치와 미학과 연관된 문제를 다루고 있다는 사실에 도달했기 때문이다.

채리안디가 신작 텍스트를 읽는 한 시간여의 프레젠테이션을 끝내자 사람들은 기립박수를 치며 환호했다. 내 주위에 있던 사람들은 감동을 주체하지 못해 연신 눈물을 훔쳤다. 나 또한 서부 해안 — 반향하는 고립감과 "스패니시 뱅크스"의 값비싼 해안에 들고나는 밀물과 썰물 같은 슬픔의 깊이를 지닌 이 이상한 도시 밴쿠버 — 에 처음 발을 디딘 이래 계속 느꼈던 깊은 슬픔을 억누르며 겨우 눈물을 참았다. 이곳 브리티시컬럼비아대학교 — 내가 우리 학년 수석이자, 최다 수상자로 고등학교를 졸업하면서 입학하고 싶었지만 사회경제적으로 차단되어 있던 ─ 에, 할양된 적 없지만 식민화되어버린, 선조 대대로 내려오는 머스퀴엄(Musqueam)족의 땅 위에 우리가 앉아 있었다. 장학금을 받더라도 나는 고향 밖 대학교에 다닐 형편이 되지 않았다(대학 자금은 인정할 수밖에 없는 사회경제적 특권이다). 하물며, 장미 정원과 산, 해변, 뷔티크 건축물 같은 숭고한 자연미와 인공미를 겸비한 브리티시컬럼비아대학교 밴쿠버는 말할 것도 없었다. 나중에 나는 브리티시컬럼비아대학교가 아니라, 적어도 그 당시는 좀 더 "실험적이었던" 사이먼프레이저대학교(요크대학교와 똑같이 콘크리트 브루탈리즘 양식으로 지어진)의 기금 지원 프로그램 덕분에 석사과정을 마칠 수 있는 기회를 얻었다. 그리고 사이먼프레이저대학교에서 포스트식민주의와 픽션을 주제로 한 채리안디의 학부 1학년생 강의의 조교로 일했다.

채리안디가 그림 같은 풍경이 펼쳐진 버나비산 아랫동네의 식당에서 맛있는 저녁을 먹자고 조교들 전부를 데려갔던 적이 있다. 성적 처리가 끝난 학기 말이었고, 채리안디는 우리에게 저녁 식사를 대접했다. 조교를 하며 단 한 번도 그런 식의 존중이나 대우를 받아본 적이 없었기 때문에 그 추억이 여전히 생생하다. 게다가, 그가 돈을 **냈다. 우리 모두**를 위해서! 나는 돈에 대해 저속하게 구는 것에 부끄러움을 느껴**야 한다**는 생각이 들었다. 나는 내가 동료 대학원생들보다 돈에 훨씬 더 신경을 쓰고 있다는 것, 그리고 백인 중산층 친구들이나 이전 연인들은 전혀 입에 올리지 않는데도 물건 값이나 내 수입을 들먹이며 노동계급 출신임을 노출하고 있다는 것을 깨달았다. 그 학기 초반에 한 영어 교수가 "평생 식료품 포장이나 하며 살고 싶지는 않겠지"라고 별생각 없이 말했고, 그 대학원 세미나를 듣던 몇 안 되는 청중이 다음의 사실을 인정하면서 웃었다. 그치, 남은 인생 내내 **식료품**이나 싸고 있다면 **정말 구릴 거야**. 나는 30년 넘게 식료품을 싸고 진열대를 채우고 있는, 다정다감하고 근면한 나의 아버지를 떠올렸다. 아버지는 열여섯 살에 얻은 이 최전선의 일자리에서 은퇴할 때까지 정말 열심히 일했다. 그는 항상 확고했고, 어떤 사람도 다른 사람보다 우월하지 않은 것과 마찬가지로 어떤 직업도 다른 직업보다 우월하지 않다는 것을 내게 가르쳐주었다. 그것은 "교육받지 못한" 나의 부모님이 열렬히 주장하고 실천한 윤리였다.

"이론: 각주"의 서사는 주인공 데이비드 채리안디가 학문적 사다리를 오르며 받는 생명을 단축시키는 듯한 요구사항들과 자기-폭력적으로 되어가는 엄격한 일정을 따라가며, 대학 교육을 받지 않은 부모와 형에 대해서도 다룬다. 형의 캐릭터는 가장 심오한 파토스를 불러일으킨다. 형은 날카롭고 빛나는 지성과, 철학과 비판 이론을 읽는 예리한 능력을 갖춘 사람으로 묘사되며, 도시의 금융가에서 경비원으로 일하면서 잠시 쉬는 시간에 칸트에 대해 거의 당혹스러울 정도의 설득력과 통찰력을 보여준다. 형이 등장하는 장면은 가장 희극적이면서 동시에 가장 씁쓸한 순간이다. 바로 그 순간에 특권들이 전면에 드러난다. 누가 독서와 연구에 접근할 수 있으며, 읽기와 연구를 **직업** — 불안정한 것이라 해도, 남부끄럽지 않을 만큼의 기금을 받은("남부끄럽지 않은" 기금을 받았다는 것은 물론 상대적이다) 대학원생의 경우라면? — **으로** 삼을 수 있는 특권은 누구에게 주어지는가? 채리안디의 형이 대학을 다니거나 공식적인 대학 교육을 받은 적이 전혀 없다고 해도, 그가 어떤 의미에서는 철학 학자가 아닌지, 혹은 그만의 방식으로 철학자가 아닌지 묻는 질문이 제기될 수 있다. 채리안디의 캐릭터가 경험한 격렬한 분노와 좌절감은 서사가 절정에 이른 순간, 그를 카페 화장실로 달려가 구토하게 만든다. 더 굴욕적인 장면일 수는 없다는 듯이 형제는 카페에서 경찰의 에스코트를 받으며 쫓겨난다. 이유? 그들은 깊은 대화에 정신이 팔려서 아무것도 주문하지 않은 채 카페 테이블에 앉아 있다가 그 카페로 돌아갈 수 없다는 통보를 받는다. 알고 있겠지만 둘은 모두 젊은 흑인 남성이다. 그리고 우리는 채리안디의 낭독을 따라가면서 이 사려 깊은 두 명의 철학자가 20세기 말의 물질적·정치적·경제적·구조적 현실과 씨름하고 있다는 것을 이해하게 된다.

  채리안디는 이 에세이에서 크리스티나 샤프의 다음과 같은 경고문을 인용한다. "흑인 학자가 학계에서 읽을 수 있을 만큼 명료한 작업을 생산한다는 것은 종종 '밑그림, 그러나 더 큰 파괴력에 봉사할 수 있을 밑그림'일 리서치 방식을 고수한다는 것을 뜻하고, 따라서 읽고 생각하고 다르게 상상할 수 있는 우리의 능력에 폭력을 행사하는 것이다."[4] 채리안디의 캐릭터는 우리가 제도의 환영을 받으며 그 안으로 들어갈 수 있게 해줄 수단으로 해석되는, 이른바 담론의 유혹이나 권력을 고찰한다. 바로 이 대목에서 알튀세르의 호명 개념이 아내를 교살한 프랑스 철학자에 대한 언급 없이 환기된다. 당연히 담론의 폭력이 존재하고 그것은 우리 중 많은 이가 자각하는 폭력이다. 그것은 "이론: 각주" 속 형의 경우에서 볼 수 있듯이 배제할 수 있는 폭력이고, 채리안디의 캐릭터에서 볼 수 있듯이 일견 내부에 포함된 이들을 억압하고 질식시킬 수 있는 폭력이다. 논문 프로포절 단계에 이르기까지 대학원 과정을 성공적으로 밟은 채리안디는 흑인 캐나다인으로서의 그의 경험과 연구, 흑인 캐나다 문학과 삶에 대한 그의 관심을 학술적 담론과 제도적 가이드라인 안에 포함시키는 아주 명료한 첫 번째 순간을 마주하게 된다. 그에 앞서 『형』(2017)[5]과 같은 허구적 작업에서는 제도와 계급 이동성, 그리고 이런 쟁점의 인종 정치를 탐구했다. 그리고 총회 컨퍼런스에서 낭독한 이번 신작에서 광범위하게 해석된 "이론"의 렌즈를 통해 캐나다 대학 내부의 접근성과 연관된 제도 정치를 정면으로 다루었다.

작가와 예술가 들은 그러한 경험에 적대적인 공간들에 어떻게 차이의 경험을 실제적이고 진지한 방식으로 위치시키는 것일까? 채리안디는 발표가 끝난 뒤 청중과 함께 이 질문을 다루었다. 그가 발표한 작업은 호소력이 있었고, 많은 사람이 채리안디에게 자신의 생각을 전달하고 질문하고 싶어 하는 것이 분명했다. 하지만 나는 그때 우리에게 가장 필요한 것은 채리안디가 넌지시 비춘 그렇듯 긴급한 정치적이고 지적인 쟁점들, 미묘한 사안 전부를 끌어안을, 침묵을 위한 공간이라고 느꼈다. "저는 제가 오늘 여기서 한 퍼포먼스의 윤리와 씨름하고 있습니다"라고 채리안디는 시인했다. 그리고 점점 더 많은 백인이 채리안디에게 "질문들"을 전달했을 때(대부분은 질문이라기보단 반응이었고, 그들의 격려는 아랫사람을 대하는 듯했다), 나는 일어나 이렇게 말하고 싶었다. "당신들 중 채리안디가 방금 우리와 막 공유한 것을 **경청한** 사람이 있긴 합니까?" 대신에 나는 앉아서 눈을 감았다. 나보다 몇 줄 앞에 앉아 있던 교수가, 마치 채리안디가 우연히 심리치료사의 방에 있었던 양, 그의 자기-반영적인 흑인의 말들이 백인의 몸을 통해 그에게 "되비춰지기"라도 한 양 "당신이 방금 말한 내용을 당신에게 되비추고 싶다"고 말했을 땐 약간 위축되었다. 방 안에 있는 모든 사람이 채리안디와 채리안디의 작품 — 그 사람 **그리고 글쓰기** — 의 찬미자였고, 채리안디를 후원하기 위해 그곳에 있었다. 그러나 참석자들이 보여준 최선의 관심에도 불구하고, 질문하는 사람들 중 몇몇은 채리안디의 퍼포먼스의 더 중요한 핵심을 이해하지 못한 것 같았다.

나는 퍼포먼스의 울림을 느끼며 거기에 오래도록 앉아 있었다. "1세대 학생"이라는 말이 여전히 내 안에서 진동하고 있음이 느껴졌다. 사람들이 "1세대 학생"을 "최근에 이민 온 사람들"로 가정하는 것은 흔한 일이었다. 그런 가정은 나를 좌절시켰고, 나는 내 부모, 내 조부모 그리고 내가 거의 알지 못했던 나 이전의 모든 이들 — 그들은 어디에서 왔고 왜 이곳에 왔을까? — 이 왜 대학에 다니지 않았는지 궁금해졌다. 어머니는 항상 변호사가 되고 싶어 했다. 하지만 루마니아, 보헤미안, 튀르키예, 헝가리의 혈통을 모두 물려받았으며, 이곳저곳을 떠돌아다니는 세일즈맨이었던 할아버지는 어머니에게 여자는 대학에 가는 것이 아니라고 말했다. 어머니는 대신 법률 비서가 되었다. 나에게는 대학 기금을 받을 특권은 부족했지만 나의 백인성, 정착민이란 배경, 그런 백인성과 함께 온 계급 이동의 가능성들, 누구나 알아볼 수 있는 나의 비장애 신체, 그리고 살아오는 내내 강박적이며 심지어 자해적으로 바뀌었던 박식한 "개신교 직업윤리"가 있었다. 그래서 나는 채리안디가 신랄한 말투로 주인공(오토픽션화된 그)의 자해를 묘사하는 것을 주의 깊게 들었다. 젊은 흑인 남성이자 문학과 이론을 배우는 통찰력 있는 그 인물은 매일 토할 때까지 운동하고, 잠잘 때까지 공부한다. 학계의 사다리를 오르는 "성공"을 달성하기 위한 이런 지독하고 엄격한 자기 계획은 대학원을 통과하고 쓰고 싶은 작품을 쓰기 위함이다. 여기서, 이론은 고통에 휘말려 있다.

흑인 남성성이 학계에서 어떻게 재현되는지와 충분히 "엄격"하기를 요구받는 자기희생에 대한 논의에 이어, 채리안디는 전형적으로 이해되는 이론의 정의를 제시한다. 이 정의는 마치 어린 자신에게 말하듯 쓰였는데, 이른바 고상한 담론과 말걸기의 인종적 차원을 설명하고, @gothshakira의 라틴계 펨밈과 비슷한 날카로운 통찰력으로 불안정한 불투명성의 정치를 논한다.

> 이론 — 진짜 이론 — 은 백인의 것으로 밝혀질 겁니다. 그럼에도 점점 더 비백인에게도 자유로이 적용될 수 있고, 따라서 어둠 속 날것인 문화적 환금작물에 설명과 정제의 귀중한 기회를 제공하게 되었어요. 물론 최근에는 몇몇 이른바 "포스트식민주의자들", 특히 유쾌하게 불투명한 글쓰기 — 이 역시도 이론적 정교함의 고급진 징후죠, 개자식이거나 자지를 갖고 있는 것 같은 — 를 하는 포스트식민주의자들을 인정하는 진짜 이론가들이 등장했어요.[6]

이런 말들로 채리안디는 자기이론적 전회의 한가운데에 놓인 문제들을 제기한다. 무엇이 "진짜 이론"을 구성하는가? 왜 "이론"은 역사적으로 백인의 영역이었는가, 그리고 이론의 탈식민화 가능성 측면에서 그것은 무슨 의미인가? 왜 "이론"의 진짜 다움의 근거가 불투명성이란 말인가? 왜 "진짜 이론"을 실천하는 방식이 "개자식"이란 말로 요약될 수 있는가? 이 농담은 어째서 학계 청중이 경청하고 웃을 수 있을 정도로 반향을 일으키는가? 이 이론을 가르치고 재기입한 것은 바로 우리 아니었나? 우리가 정말로 원한다면 그것을 바꿀 수 있는 것일까?

대학과 같은 식민적·백인-중심의 기관들이 이론을 백인의 것으로 내세우고 있긴 하지만, 오늘날의 문화엔 자기이론적 충동에 기여한 비백인 이론 및 철학 저술들의 풍부한 역사가 존재한다. 1930-50년대 에메 세제르의 글로 시작된 네그리튀드 운동(Negritude movement)은 W. E. B. 듀보이스 같은 작가들, 그리고 할렘 르네상스(Harlem Renaissance) 시인들의 작업에서 선례를 찾을 수 있으며, 그 후속으로는 프란츠 파농의 영향력 있는 작품과 냉전 시기에 그를 따른 다른 이들의 작품이 있다. 세제르의 시집 『귀향 수첩』(1939)과 저술 『식민주의에 대한 담론』(1955)은 개인적-비평적 에세이나 장시의 형식을 통해 20세기 탈식민 운동 초기의 흑인-되기 이론을 명료하게 표현해냈다.[7] 세제르와 파농의 것과 같은 양태들은 각기 다른 장르와 기록 방식(register)을 자유로이 오가며 비백인적 이론의 실천을 주장한다.

채리안디는 기립 박수를 받았다. 박수갈채가 쏟아진 후 그는 자신에게 몰려들어 악수를 청하고 퍼포먼스에 대해 찬사를 건네는 사람들에게 둘러싸였다. 경탄을 감추지 못하던 학자들은 채리안디의 지성, 자존감, 겸손에 매료되었다. 그 주 후반, 나는 캐나다 대학교 및 종합대학 영어 교사 협회로부터, 그리고 직후에는 여성학과 젠더 연구 및 페미니스트 리서치에서 보낸 메일을 받았다. 그들은 메일에서 그날 총회에 참석한 한 젊은 흑인 남성 학자를 두고 브리티시컬럼비아대학교의 보안요원들과 캐나다 왕립기마경찰이 자행한 인종적 프로파일링 사건에 대한 "분노"를 표했다. 반(反)흑인 인종차별을 규탄하고, 두 단체의 무의식적 공모를 바로잡으려 하는 일련의 성명서들도 발표되었다. 인종 프로파일링을 당한 학자는 셸비 맥피였다. 노바스코샤주에서 온 그는 캐나다흑인연구협회 소속으로, 발표자로 참석했다가 노트북을 훔쳤다는 누명을 쓰고 캠퍼스 보안 요원에게 스토킹과 괴롭힘을 당했다.

 구조적 인종차별이 이제 더는 쟁점이 아니라는 그릇된 인식을 가진 사람들이 있다면 — 심지어 바로 그 쟁점을 두고 이야기하기 위해 모인 상황에서조차 — 그들은 틀렸다. 아니 어쩌면 헤겔이 틀렸던 것이다. 역사는 목적론적이지 않고, 진보 역시 그러하다. 낙태를 금지하려는 욕망이나 동성결혼 권리가 철회될 가능성과 같은 최근의 다른 정치적 불평들을 떠올려보라. 진보적 변화가 만들어진다는 것과 그런 점진적인 변화가 여기 머무른다는 것은 다른 의미다. 흑인 학자들처럼 주변화되고 억압받아온 이들이 보기에 그런 식의 진보적 변화는 우리가 계속 싸워서 지켜내야 하는 어떤 것이다. 총회가 끝난 뒤 시내로 향하는 버스에서 나는 우연히 고개를 저으며 "이런 일이 2019년에 일어나고 있어"라고 한 백인 학자가 다른 백인 학자에게 말하는 것을 듣게 되었다. "그것도 밴쿠버에서!" 또 다른 학자가 "여기엔 흑인이 정말 많지 않잖아"라고 고통스러운 표정으로 말했다. "밴쿠버에는 말이야"라고 그들은 분명하게 하려는 듯 덧붙였다.

내가 이 책에서 역사화하고 맥락화한 것처럼 자기이론적 방식으로 작업하는 경향은, 이 세계 — 가부장적이고 식민적인 구조들을 염두에 둔다면 이 세계는 여성들에게 적대적이다 — 에서 살아가고 생각하는 여성들(과 논바이너리와 젠더-비순응자를 포함하는 타자들)과 그들의 신체로부터 출현해 신체를 통해 구체화된다. 그러나 위계서열과 체계적 억압(심지어 우리 자신 안에도 존재하는)을 무너뜨리는 자기이론 작업은, 바로 그 특성으로 인해 계급, 인종, 젠더 혹은 어떤 배경에 상관없이 — 채리안디가 직관했듯 — 우리 모두에게 필요하고 적합한 모델이 된다. 논의의 여지가 있기는 하지만 바로 이것이 평등주의적이고 누구에게나 열려 있는 잠재성을 갖춘 양태로서 자기이론이 가진 급진성이다. 자서전적인 것과 비판적인 것 사이에서 움직이는 자기이론의 특성 덕분에, 성찰적으로 또 비판성과 인식을 갖추고 살아가는 사람들은 자신의 구체적인 위치에 입각해서 이론화를 실천하고, 자신의 신체-마음의 특수성에 근거해 지식과 통찰력을 생성할 수 있으며, 차이점뿐 아니라 유사성을 공유하는 다른 사람들과 심지어 불화 속에서도 관계를 맺으며 번창할 수 있다. 이런 생각은 처음엔 지나치게 낙관적으로 보이는 유토피아적 약속일 수도 있다. 그러나 나는 지난 반세기 동안 전복적이고 해방적인 방식으로 자기이론에 가담한 다양한 작업들이 페미니즘에 깊숙이 뿌리내린 포괄적 양태로서 급진적이고 윤리적인 자기이론의 역량을 보여준다고 생각한다.

앞날을 내다보기: 자기이론, 땅, 장소

이 책을 쓰는 내내 나는 이론과 자서전, 지식과 신체, 공동체와 자기, 수사와 실천을 이해하려고 할 때 일어나는 긴장을 프로세싱하는 방법으로서 자기이론의 역할을 구체적으로 보여주고자 했다. 나는 자기이론을 신체화되고 경험적인 작업 방식에 근거해서 "이론"을 변형시키는 동시대적 양태(어쩌면 더 나은 양태)로 간주했다. 자기이론적 작업은 이론과 철학 등 이른바 "주인 담론들"[8]의 용어와 틀, 담론을 자기-반영 그리고 자기-재현과 융합하면서 자서전적이고 신체화된 실천을 통해 비판적 연구를 탐색한다. 자기이론은 예술가와 작가가 삶, 예술 제작하기, 글쓰기, 비평하기와 같은 실천을 통해 이런 담론과 틀을 프로세싱하고 변형하는 방식을 설명하는 용어로 출현한다. 나는 상호텍스트적이고 교차적인 자기이론적 실천의 정치가 어떻게 **자기들**(autos)과 **이론**을 자신의 다양한 형식들 안으로 통합해 들이는지를 개괄하려고 했다. 이는 오랜 페미니즘의 역사들이 없었으면 불가능했을 움직임이다.

    자기이론은 자기이론적 인용과 같은 실천을 통해, 내 친구이자 공동 연구자인 앨릭스 브로스토프가 상호텍스트적 친족 관계라고 부르는 것을 통해,[9] 그리고 비판적인 것과 개인적인 것을 사려 깊게, 호기심을 가지고 다루는, 철저히 공감적이고 교차-경험적인 협업 및 커뮤니티 구축이라는 형식을 통해 기존의 식민적 담론으로서의 철학과 이론을 비판하고 바꾸는 방식으로 쓰일 수 있다. 또한 자기이론은 생각하고 말하는 이들 — 여기에는 역사적으로 지적인 권위와 저자성의 위치에서 배제되어왔던 이들, 식민적 권력에 의해 폭력적으로 억압당해온 이들이 포함된다 — 의 삶에 반응하고, 그 속에 깊숙이 새겨진 이론하기나 철학하기의 새로운 방식을 생성할 수단이 될 수도 있다.

자기이론은 비단 특정 예술작품에 대한 이해를 도모하는 서술자일 뿐만 아니라 분야, 장르, 정전을 재배치하는 충동, 실천, 생성적 힘일 수 있고, 그렇기 때문에 학계와 문학 공간을 통해 수많은 이론의 움직임을 통치해온 주인 담론보다 훨씬 더 팽창적이고 개방적인 방식으로 자기와 이론 사이에서 새로운 관계를 제안할 수 있다.

카일라 와자나 톰킨스는 "이론은 우리가 살고 있는 세계를 기술하면서 동시에 무엇이 '자연스럽고', '정상적'인 것처럼 보이는지를 이해할 새로운 세계와 언어를 추구한다는 점에서 사변적이기도 하다"라고 쓴다.[10] 최선의 경우, 자기이론은 비스듬하고 양가적인 비판의 형식들, 이론을 실천하는 예기치 않은 방식들, 지적으로나 정치적으로 비판적이고 효과적인 것으로 해석될 수 있을 새로운 존재 방식들, 풍자와 전복이 근시안적으로 파괴적인 데서 멈추지 않고 보다 긍정적인 효과를 일으킬 수 있는 방식들, 어떤 한계를 만드는 범주와 분별의 지점을 초과하는 그런 정체성을 기반으로 생성하고 존재하려는 형식들, 마지막으로 타자들과의 관계에서 자신을 이해하려는 방식 — 공부와 인용과 결속된 내성(introspection)이 당신 자신과 당신을 둘러싼 세계, 그리고 당신의 경험이 어떻게 역사, 정치, 철학, 윤리, 미학, 정체성, 생성과 연결된 세계와 연결되어 있는지를 이해하는 방식이 되는 장소 — 을 제공할 것이다.

자기이론도 양날의 검이다. 그것은 지금 특히 유익하다고 느껴지는 교차성 정치와 탈식민 정치에 어울리게 조율된 새로운 비판의 양태들을 긍정하면서 그것들에 활력을 불어넣는다. 그러나 "자기이론"이라는 용어와 함께 도착할 위험, 잠재적으로 과잉상태인 방법론적 개인주의 — 후기 포스트모더니즘이 돌림노래처럼 사용한 그 문제 많은 논리("내 진실은 진실이고 네 진실은 네 진실이다")나 가장 호전적인 교차적 사유의 형식들에 도사린 논리("나는 주어진 맥락의 중심-주변 논리에 의해 가장 주변화된 사람이고 그러므로 내가 말할 수 있는 유일한 사람이다")를 초래할 수 있는 방식으로 자기나 자기들을 우선시하는 — 의 위험이 존재한다. 내가 이 책에서 밝히고자 했듯, 자기이론적 작업은 "자기"(self)가 타자들과 관계를 맺게 되는 곳에서 제일 흔히 나타난다. 이 타자들은 물리적이고 인용적인 커뮤니티들과 친족 네트워크를 통해 연결되는 사람일 수도 있고, 동시대 예술과 문학의 작품들과 같은 연구의 대상일 수도 있다. 그리고 최악의 경우, 자기이론은 나의 진실만이 경청할 가치가 있는 유일하게 중요한 진실이라는 파시스트적 주장과 다름없는 비생산적인 나르시시즘이나 세계와 단절된 유아론이 될 수 있다.

  이론을 탈식민화할 수 있을까? 답은 실천에 달려 있다고 생각한다. 서문에서 나는 학자이자 작가, 다큐멘터리 영화 제작자로서 실천과 자기이론을 연관지은 미케 발을 인용했다. 미케 발은 자기이론을 "사유의 형식으로서 예술 제작이라는 나의 실천을 통합하는 사유의 형식"[11]으로 묘사한다. 자기이론을 이렇게 정의했기에 다양한 창의적 실천을 비판적·탐구적·자기반영적인 것으로 배치할 수 있게 된 발은 독자들에게 독자들 자신의 예술-제작 역시 사유의 형식일 수 있을 여러 다양한 방법을 추천해주었다(그리고 독자들이 밭에게 추천하는 것 역시 가능하다. 왜냐하면 독자들의 사유는 영화 만들기, 음악 작곡하기, 글쓰기, 땅의 깊은 역사들과 현재들/현존에 호기심을 갖고 관심을 기울이며 그 땅 위를 걷기를 포함하는 여러 상이한 실천들을 통해서 출현할 것이기 때문이다).

 내가 이 책에서 다룬 내용을 비롯하여 최근의 많은 자기이론적 실천들은 "이론"이라고 불리는 것을 탈중심화하는 데서 에너지를 발견한다. 내가 보기에 가장 흥미로운 작업들은 자기이론적으로 작업하는 선주민 및 흑인 예술가들 한가운데에서 나왔다. 학자뿐 아니라 여러 사람이 자기이론적인 것으로 간주하면서 연구하는 작품과 실천의 아카이브를 계속 확장하려는 움직임 덕분에 (언어, 문화, 지식, 대학 및 미술 갤러리 같은 기관의) 탈식민화를 향한 행동들은 이제 21세기에 이론과 철학이라고 불리는 것을 탈식민화하는 쪽으로 확장될 것이다.

 땅과 장소의 정치학과 미학이 최근 몇 년간 긴급한 사안으로서 재부상했다. 우리가 피식민지 선주민의 땅에서 정착민으로서 살고 있으며, 식민지화와 문화적 대량 학살이라는 너무나 폭력적인 역사들로부터 다른 방식으로 이익을 얻고, 최종적으로는 학계, 동시대 미술, 주류에 더 증폭된 방식으로 영향을 미치고 있는 이 현실에 대한 자각이 필요한 시점이다. 나는 자기이론에 대한 연구의 다음 단계를 내다보면서 — 땅과 장소가 자기이론적인 페미니스트 역사들로서의 상황적(situated) 사유와 밀접하기 때문에 — 땅과 장소를 둘러싼 질문으로 더 깊숙이 파고들어야 한다는 의무감을 느낀다. 땅의 정치학은 선주민의 정의와 생태적 정의(둘 다 지구에서의 생존 가능성과 미래성과 연결되어 있다)에 밀착되어 있다는 점에서 지금 당장 물어야 할 가장 긴급한 질문이다.

 나의 다음 연구는 페미니스트적 자기이론을 좀 더 특정해서 북미의 식민화된 땅이라는 맥락에서 정착민 식민주의, 땅, 가난한 노동계급의 정치학과 미학으로 확장하는 것이다. 이 연구는 카메라를 위한 퍼포먼스, 비디오 아트, 책 작업, 소형영화(small-gauge film),[12] 다양한 개인 아카이브에 대한 혼합 매체 실험들을 망라하는 내 스튜디오 작업으로 돌아가는 형태를 띤다. 이는 세대를 아우르는 트라우마의 공간이며, 개인적으로나 정치적으로 또 비판적으로 반드시 해야 할 작업이라고, 내가 직관적으로 믿는 작업이다. 내 개인사와 경험을 다른 사람들의 개인사들(모든 역사는 개인적이지 않은가?) 및 텍스트들과 함께 살펴보면서, 나는 계급, 노동계급 문화, 백인성의 스펙트럼, 소위 못 배운(uneducated) 지식들의 정치학과 미학을 고려한다. 나는 아이비리그 엘리티를 흔들어놓은 1세대 학생 클럽들에서 에너지를 발견한다. 또한 전지구화된 포스트인터넷적 삶 — 거의 탈신체화하는 과잉담론성이 특징인 — 과 땅에 기반한 세계 내 존재 양태들 — 제4 조약이 체결된 땅에서 동화주의적 백인 문화 안에서 길러진 정착민으로서의 내가 "집"이라고 알고 있는 땅의 토착민인, 플레인 크리족과 메티스 같은 선주민 집단이 붙들고 있는 세계관이 포함된 — 사이의 긴장을 지속적인 호기심을 가지고 살펴볼 것이다.[13] 자기이론의 아포리아를 겪으며 계속 작업 중인 나는 회복적 미래들, 그리고 그만큼 중요한 회복적 현재들 — 잘 조율되어 있고 공감을 일으키는, 그리고 한 사람의 관점들, 이야기들, 문화적 실천들을 자기이론적으로 공유하는 존재의 방식들 — 을 성찰하면서도 타자들의 관점들, 이야기들, 문화적 실천들 역시 그만큼 경청하려고 노력한다. 자기이론은 자기에 근거한 것이지만 결코 유아론적이지(solipsistic) 않다. 단수는 복수로 이어지게 되는 관문일 수 있다. 그리고 함께 이론화하면서 우리는 결국, 우리 자신의 목소리를 들을 수 있을 것이다. [51] [52] [53] [54]

옮긴이의 글

로런 포니에(1989년생)는 캐나다 출신의 작가, 독립기획자, 비디오아티스트, 영상감독으로 대학에서 미술사를 가르치며 동시대 미술 현장에서 누구보다 활발한 활동을 하고 있는 작가, 기획자이다. '우리'가 지금 이곳에서 읽는 가장 급진적인 책이 페미니즘, 탈식민주의, 퀴어장애학, 생태주의를 주제로 한, 철학·윤리학·사회학·미학·문화연구 등 분과들의 교차적-상호적 방법론에 기반한, 관계성과 의존성, 취약성 안에서 형성되는 자기의 새로운 장면에 대한 것이라면, 이 책은 우리의 허기나 결핍을 채워줄, 우리에게 용기와 희망을 불어넣어줄 바로 그 책임이 확실하다. 책의 키워드인 "자기이론"은 직접적으로는 포니에가 서문에서 밝히듯이 2015년 매기 넬슨의 『아르고호의 선원들』 출간을 기점으로 본격 사용되기 시작한 용어이다. "철학적 이론과 회고록"을 혼합한 책을 출간한 후 매기는 한 인터뷰에서 작가이자 기획자인 "파울 프레시아도의 『테스토 정키』에서 그 용어를 훔쳐왔다. 내 책의 형식, 이론에 대한 관심과 애정은 프레시아도의 실험과는 아주 다른 것이었지만 … 나는 그 용어가 내 책을 설명하는 데 적당하다고 생각했다"고 밝힌다. 그리고 이들 두 명의 선배 퀴어 작가-예술가들이 2010년대에 본격적으로 사용하기 시작한 자기이론을 가지고 포니에는 석사논문과 박사논문을 썼고, 마침내 2021년 MIT 출판사에서 이 책을 출간했다. 4물결 페미니즘의 현장의 생생한 목소리, 분노, 딜레마가 미투 정치와 연관해서 등장하고, 유색인, 퀴어, 장애 페미니스트들의 텍스트들, 작업들이 분석의 대상으로 끊이지 않고 등장한다. 무엇보다 작가, 예술가, 기획자, 비평가에게, 동시대 문학과 예술의 경향/지향을 궁금해하는 독자들에게 도움이 될 것이다. 오토픽션과 자기이론의 관계나 차이가 궁금한 독자는 우선 작은 책 분량의 서문을 읽으면 도움이 될 것이고, 미투의 자장에서 계속 생각하고 살고 있는 독자라면 5장을 먼저 읽어도 되고, 국내에서도 얼마 전 출간된 매기 넬슨의 『아르고호의 선원들』을 읽었거나 읽을 예정이라면 3장을 먼저 읽어도 된다. 물론 처음부터 찬찬히 읽어나가다 보면 국내에도 번역된 많은 페미니즘'들'과 퀴어 장애학의 텍스트들을 만나게 될 것이다.

혹시라도 우선 이 부분을 펼치고 책의 전체 윤곽을 확인하려는 독자들에게 도움이 될까 하여 본문의 내용을 간략히 소개한다.

1장 「퍼포밍 칸트」에서 포니에는 1세대 페미니스트 개념 미술가이자 칸트 철학 전문가인 에이드리언 파이퍼의 초기작 「영혼을 위한 음식」(1971)을 자기이론의 초기 작업으로 거론하고 분석한다. 학부에서 시각예술을 전공한 뒤 뉴욕시립대 석사 과정에서 칸트의 『순수이성비판』(1871)으로 논문을 준비하고 있던 23세의 파이퍼는 다락방-스튜디오에서 책을 읽고 줄을 치고 행간에 생각을 적는 연구자의 행위를 포함, 요가와 단식을 하고, 거울 앞 자신의 벌거벗은 몸을 코닥 카메라로 찍는 퍼포먼스를 홀로/비공개로 진행했다. 오성이 불순물을 제거하고 순수한 상태에 이르는 과정을 담은 책을 읽는 중에 파이퍼는 자신이 물질적인 세계에서 사라지는 것 같은 두려움, 공포를 느낀다. 흑백 카메라로 찍은 파이퍼의 자화상 사진은 그런 자신의 몸-감각이 겪는 불안, 위기를 해소하며 "살아남기" 위한 작가적 전략이었다. 포니에는 파이퍼가 칸트의 철학을 따라가면서 동시에 묘한 방식으로 전복하는, 환유적으로 신체화하는 방식에 주목한다. 추상적인 철학의 신체화/물질화라는 파이퍼의 퍼포먼스 실천과 칸트의 오성 혹은 순수이성의 자기-전개가 중첩되면서 긴장이 발생한다. 유념해야 할 것은 지금 파이퍼는 칸트에 대한 논문을 준비 중인 학생-연구자이고, 그런 자신의 예속된 상황, 혹은 칸트에 대한 충실한 읽기를 더 큰 퍼포먼스적 프레임의 창안을 통해 주관화하고 있다는 것이다. 나르시시즘의 장면을 완성하는 거울, '셀피'와 같은 장치는 이 책에서 줄곧 중요하게 다뤄질, 여성 작가들의 작업에 (남성)이론가들/비평가들이 자주 적용하는 '나르시시즘적 자기-전시'라는 비난을 정면 돌파하려는 파이퍼의 전략이기도 하다. 역시 연구자인 포니에도 칸트의 철학책을 꼼꼼히 읽어가며 파이퍼의 미적 개입 혹은 개념미술적 전략을 따라간다. 칸트를 따르면서 동시에 칸트를 뛰어넘는 파이퍼의 퍼포먼스에서 우리는 자기(나)의 취약한 나타남과 이론의 냉혹한 통치성 사이에서 전개되는 페미니스트 개념 미술 실천의 초기 형태를 확인할 수 있을 것이다. "카메라를 위한 퍼포먼스와 철학적 연구"가 결합된 「영혼을 위한 음식」은 규범적인 철학 분과에서 칸트를 읽는 방식에 대한 문제 제기이자, 페미니스트 예술가의 '물질적' 읽기를 통해 칸트를 칸트 철학의 맥락에서 구해내려는 작업이라고 포니에는 읽는다. 마치 가라타니 고진이 2001년에 『트랜스크리틱』을 통해 칸트를 "소생시킨" 것처럼.

2장 「자기이론의 경제와 유통」에서 포니에는 바로 지금 이곳의 장래 작가인 미대생들과 젊은 작가들이 처한 어려움을 먼저 지적한다. 미술대학이 종합대학으로 승격되고 작가들에게도 박사논문을 쓰는 예술의 이론화 과정이 당연시되는 풍토에서 이제 데리다, 푸코, 라캉 등등의 난해한 "주인 담론"을 읽는 일이 필수적이게 되었다. 개념 미술에 기반한 동시대 미술에서는 이론이 작품, 기획, 비평에서 중요한 역할을 맡고 있는 실정이고, 리서치 기반의 작업이라는 말하자면 사회학적이고 인문학적 기반의 작업이 동시대 젊은 작가들의 작업 경향이기 때문이다. 포니에는 그런 미술계의 풍토에 "장난스럽고 패러디적인 자기이론"을 통해 반응한 젊은 작가 헤이즐 마이어의 작품 「이론이여, 울지 마오」, 그리고 자신이 콜렉티브의 멤버로 참여한 퀴어 페미니스트 진 『이론 발기』의 특성에 대한 비평-분석을 통해 자기이론이 어떻게 "생생하고 신체화된 경험과 이론적 담론 및 틀거리를 자기반영적으로 통합하는지"를 전달한다. 그리고 동시대 저명한 이론가나 예술가에 대한 지식을 뽐내는 것을 루이비통 가방을 들고 다니며 과시하는 것에 빗대어, 지적 이론의 상품화 및 이론의 물신화를 후기 자본주의의 신자유주의적 가치 경제를 배경으로 포착한, 이란에서 태어나 캐나다에서 활동 중인 소나 사페이의 작업에 대한 분석도 흥미롭게 다가온다. 포니에는 이론의 엘리트주의와 페미니스트 방법론이 강조하는 신체-정동에 근거한 목소리를 단지 이분화하고 전자를 배제하려는 움직임에 대해 긍정적인 태도를 보이지는 않는다. 이론가와 활동가를 구분하고 이론과 실천을 대립시키거나 이론을 배제하는 실천에 반대하는 포니에는 실천에 기반한 사회적으로 참여적인 페미니즘 이론을 촉구하는 훅스의 말을 빌려, 다양한 배경의 여성들이 자기 삶에 근거해 이론을 창조해야 한다고 주장한다. 구체적 일상 경험을 명료하게 설명하는 이론을 통해 백인 가부장 중심주의를 위반하려는 욕구는 자기이론적 충동의 중요한 기반이기도 하다.

3장 「관계로서의 인용」은 동시대 퀴어 페미니스트 작가들의 문학 작업에서 두드러지게 나타나는 특성으로서 '인용'에 주목한다. 작가의 지극히 사적인 삶의 경험과 타자들의 삶의 유사성을 발견, 연결하는 '상호텍스트적 동일시/친밀성'의 과정으로서의 인용은 포니에가 보기에는 자신의 삶을 타인들의 삶/이론/철학과의 관계 속에서 이해하고, 변형시키고, 보편화하려는 움직임이라는 점에서 비판적 성찰 혹은 이론화의 작업이기도 하다. 이 장의 주요한 분석 텍스트인 매기 넬슨의 『아르고호의 선원들』(2015)은 롤랑 바르트의 『사랑의 단상』(1977)의 메모-인용 구조를 모방하면서, 저자 자신과 트랜스젠더 파트너 해리 도지 사이의 사적이고 퀴어한 관계성을 퀴어 페미니즘 이론과 철학의 계보 속에 삽입하고 변용시키는 자기이론의 예술 전략을 드러내는 텍스트이다. 매기 넬슨은 파트너인 동시대 예술가 해리 도지와 사랑에 빠진 시점부터 해리의 어머니의 죽음, 그리고 자신의 출산에 이르는 과정을 퀴어함, 해리의 트랜지션, 모성과 같은 주제-가치를 두고 질문한다. 포니에는 『아르고호의 선원들』로부터 넬슨의 '저자성' 공유에 대한 강박-불안과 동시에 존재하는 자기 보호의 충동을 읽어낸다. 그리고 그것은 상호주관적으로 형성되는 삶과 삶-텍스트의 주체로서의 자기를 유지하려는 욕망을 둘러싼 문제로부터 퀴어 페미니즘의 '퀴어함'을 둘러싼 문제로까지 확장된다. (다행히 얼마 전 『아르고호의 선원들』이 번역되어 나왔다. 읽으며 이렇게 대담하고 솔직하고 아름답고 성찰적일 수 있을까라며 놀라고 감동했었기에 포니에의 분석과 함께 읽으면 그 정동이 배가될 것이다.) 삶, 정체성, 글쓰기를 둘러싼 자기와 타자 사이의 긴장과 그로부터 발생하는 윤리적 쟁점들 앞에서 넬슨은 '정직'의 수사학을 활용함으로써 자신의 한계와 불안정성마저도 폭로하고 드러내려 한다. 정직과 진실과 같은 아슬아슬한 용어의 '위험'을 글쓰기의 수사학으로 적극 활용하면서, 크라우스, 벡델, 넬슨 등 자기이론적 작가들은 자기의 구성에 작용하는 타자에 대해, 상호주관적인 타자를 향해 불완전한 채로 글을 쓴다. 포니에는 페미니스트 자기이론 작업이 타자(성)와 연관될 때 발생할 수 있는 윤리적·정치적인 문제들을 강조하면서 자기이론 텍스트가 그 위험과 긴장 속에서 페미니즘을 둘러싼 가장 복잡한 문제들을 기꺼이 나누는 회복적 공간이 되기를 요청한다. 포니에는 매기 넬슨의 강연에 관한 일화를 떠올리면서 페미니스트 커뮤니티를 둘러싼 이론(화)의 공간이 이미 합의된 윤리적 전제나 관점의 확인을 위한 것이 아니라, 윤리적 한계 지점에서 발생하는 더 어려운 질문들을 함께 배우는 장소가 되기를 제안한다. 구체적인 현장, 사건들 안에서 일인칭으로 고민하고 성찰하며 더 나은 미래를 상상하는 포니에의 글쓰기는 선배와 동료 페미니스트 작가와 이론가들의 실천 속에서 빛을 발한다.

 4장 「인용들을 퍼포밍하기, 레퍼런스를 시각화하기」는 이제

시각예술 분야에서 인용을 사용한 자기이론적 작품들을 다룬다. 각 작가들에게 중요한 의미를 가진 이론서가 조각, 비디오, 퍼포먼스 등으로 시각화된다. 먼저 자신들의 삶과 커뮤니티의 현실을 반영한 페미니즘 및 퀴어 이론을 작품의 핵심 소재로 채택해 들인 레즈비언 커플이자 협업자인 미첼과 로그의 작업이 소개된다. 두 사람은 자신들이 퀴어 페미니스트로 정체화하는 데 큰 도움을 준 이론서들을 등신대 크기로 만들어 전시하고 함께 이론서를 읽는 퍼포먼스 비디오를 만든다. 기존의 젠더 문법을 벗어난 삶을 살아가는 이들에게는 자기를 설명해줄 수 있는 언어를 배우고 '자기' 혹은 '자기들'로서의 우리를 만들어나가는 일이 각별한 중요성을 가진다. 흑인 페미니스트 예술가 콜린 스미스는 공부가 민중에게 무기 대신 방어 장비와 같은 갑옷의 역할을 한다고 주장한다. 콜린은 작품과 함께 게재한 선언문을 통해서 흑인이 투쟁에 임할 때 자기를 이론으로 무장해야 할 필요성을 강조하고, 깊고 능동적인 공부와 비판적 대화를 지지한다. 블랙 라이브즈 매터 운동 시기를 직접적으로 반영한 작업에서 강조된 것은 미국 흑인 민중에게 필요한 의식의 각성과 동원으로서 이론서와 문학을 읽는 일의 중요성이다. 포니에는 "인용은 페미니스트적 기억이다"라는 사라 아메드의 말을 인용하면서 페미니스트 역사의 보존에 인용이 얼마나 필수적인 부분인지를 강조한다. 실험적 아방가르드 신에서 그러했듯, 친구와 동료 예술가, 사상가의 이름을 작품 속에서 명명하고 인용하는 것은 "하나의 운동을 그 내부로부터 기록하고 정전화하는" 중요한 방법이기도 하다. 포니에는 파벌의 형성과 과도한 동일시 등 인용을 둘러싼 부정적인 우려, 그리고 자기 참조적 작품에 덧씌워

지곤 하는 나르시시스트의 혐의를 명민한 논조로 반박한다. 인용은 포니에가 인용한 첼시 로잔스키의 문장에 따르면 "소수자가 역사적으로 그들을 주변화해온 담론 안에서 자기 존재를 주장하는 공격적인 움직임"이다. 작가들이 퀴어 페미니스트적 실천인 세계-만들기에 필수적이며, 소수자들 자신의 역사와 정전을 만들어내는 실천으로서의 인용을 통해 과거와 현재를 잇고 커뮤니티의 미래를 그리는 일에 동참하고 있다는 게 퀴어 페미니스트 포니에가 읽는 동시대 급진적 예술의 지형도이다.

5장「나는 고발한다」는 1997년에 출판된 작가-영화감독-교육자-비평가인 크리스 크라우스의 『아이 러브 딕』을 중심으로 자기이론이 필연적으로 연루되는 '폭로의 정치'를 살핀다. 출간 당시 "글이 아니라 토사물"이라는 혹평에 휩싸였던 『아이 러브 딕』은 2016년 이후 미투 정국에서 재발견된, 말하자면 20년 일찍 세상에 나온 "페미니스트 컬트 클래식"이다. 책을 읽은 이들은 소설 제목에 등장하는 '딕'이 누구인지 금방 알게 되어 있고, 출간되자마자 '딕'이 소송을 걸었다고 하는 이 자기이론서 혹은 '오토픽션'은 언뜻 봐서는 반(反)-페미니스트적으로 보이는 '크리스 크라우스'의 만행들, 졸렬한 행동들에 대한 가감 없는 기록으로 보인다. 대학의 은사를 고발하고, 유부녀로 지식인 남성을 유혹하고, 페미니스트적 공감이나 동일시를 훼손하는 행동들, 문장들이 계속 등장한다. 그러나 크라우스의 폭로는 2016년 이후 미투 정국에서 비로소 정치적·집단적 행위로 의미화될 수 있었고, 유머와 아이러니를 통해 쓰는 자의 아방가르드적 실천은 정체성 페미니즘으로 환원될 수 없기에 '4물결 페미니즘'에 크라우스는 골칫거리가 된다. 단선적인 읽기가 불가능한 것이 텍스트를 읽는 재미의 이유들이다. 고백과 이론이 중첩된, 미적으로 정교하게 짜인 이 텍스트는 분명히 드러나지는 않지만 개념미술적 설치작업인 양 구조화되어 있기도 하다. (포니에가 선배 페미니스트 크라우스의 중층화된 텍스트를 명민하게 분석하는 훌륭한 독자-비평가임이 매 순간 드러나, 포니에의 크라우스를 읽는 재미가 쏠쏠하다.) 또 국내에서도 어느 정도는 알려진 퀴어 신의 대표적 미투, 즉 남성 대학원생을 성추행한 것으로 고발을 당한 아비탈 로넬을 위한 탄원서를 쓴 주디스 버틀러나 잭 핼버스탬이 등장하는 뒷부분은 자연스럽게 이곳의 미투를 떠올리게 하고, 포니에는 현장의 한가운데에서 자신이 느끼는 딜레마, 분열, 분노를 가감없이 글쓰기를 통해 고백하고 이론화한다.

여러 문화 전통을 물려받은 백인 정착민 노동계급 가정 출신 1세대 대학생인 포니에가 이 책의 결론에서 소개한 데이비드 채리안디는 사실 노동계급 이민자 가정 출신으로 역시 등록금이 비싼 요크대교학에서 학위를 얻었다는 점에서 포니에와 겹치는 부분이 있다. 토론토대학교 영문과 교수이자 저명한 캐나다 작가인 채리안디는 카리브 출신의 디아스포라 흑인으로서, 자기 경험을 미학-이론의 형식을 통해 텍스트화했다. 포니에는 캐나다 흑인 문학으로 불리게 될 새로운 분야에 관한 최초의 작업으로 인정받는 박사논문을 쓴 채리안디의 신작이자 낭독 퍼포먼스였던 "이론: 각주"의 현장에서 보고 느낀 것들, 30년 넘게 식료품을 싸고 진열대를 채우는 노동자인 아버지, 낭독 퍼포먼스가 끝난 뒤 우연히 시내로 향하는 버스에서 들었던 백인 학자들의 이야기 등등을 들려주면서, 위계서열과 체계적 억압을 무너뜨리는 자기이론적 작업이 왜 '우리'에게 필요하고 적합한 모델인지를 역설한다. 자서전과 비판 사이에서 움직이는 자기이론이 있기에 우리는 구체적인 위치에서 이론(하기)을 실천하고 차이와 유사성을 공유하는 사람들과 불화하면서 관계를 맺을 수 있는 것이라고 포니에는 긍정한다. 이 책의 거의 말미에서 포니에는 자신의 다음 연구가 "페미니스트적 자기이론을 좀 더 특정해서 북미의 식민화된 땅이라는 맥락에서 정착민 식민주의, 땅, 가난한 노동계급의 정치학과 미학으로 확장"하려는 프로젝트일 것이라고 선언한다. 결국 포니에는 자신의 출신, 환경, 한계로 더 논의를 좁혀서, 오직 자기 자신에 대한 앎이 주제이자 목적인 연구를 진행할 것이라고 공표한 것인데, 자기 자신으로 들어가야만 사회적-정치적-윤리적인 것으로 '나올' 수 있을 것이라는, 이는 무엇보다 자기를 재발견하고 창안하는 것이 가장 긴급한 정치적·윤리적·미적 실천이라는 주장이다.

그러니 이 책을 읽는/읽은 당신도 당신의 소수자적 이야기를 들려줄 매체, 형식을 찾아내고 공부해야 할 집단적이고 실천적인 임무를 스스로에게/자발적으로 제기하기를 바란다.

우리 다섯 연구자는 다방면에 박식한 포니에의 영어 문장을 번역하는 모임에 우연히 함께 하게 되었고, 단지 우정과 연대의 표시로 시작된 지난 3년여의 모임을 통해 각자의 공부와 생각을 확장하는 기회를 얻었음에 감사한다. 각 장을 번역하고 돌려보며 번역을 수없이 수정하고 번역용어를 통일하는 데 만전을 기했다. 더 나은 연구자가 되는 데에 이 책이, 우리의 잦은 만남이, 우리가 먹은 맛있는 음식들이 도움이 되었다고 우리는 자신있게 말할 수 있다. 서성진 편집자의 '숨은' 역할이 얼마나 고마

웠는지를 우리는 기록으로 남겨야 한다. 기막히게 근사한/정확한 한국어를 찾아내고 우리가 채 발견하지 못한 오역들을 마지막에 거의 다 찾아낸 막후 해결사에 대해. 우리 다섯 명의 연구자들과 서성진 편집자, 이렇게 여섯 명이 이 책의 번역과 출간까지 함께했다는 것을, 함께 쓴 역자의 말 마지막에 기록한다.

2025년 2월
양효실, 김수영, 김미라, 문예지, 최민지

주

서문. 페미니스트 실천으로서의 자기이론

1. [옮긴이] 실체, 속성, 양태라는 세 개념의 관계를 통해 존재를 논한 스피노자에게 양태(modus)란 자신 안에 있고 자신에 의해 인식되는 것으로서의 실체(오직 신만이 가능하다), 실체의 본질을 구성하는 것으로서의 속성과 달리 다른 것 안에 있고 다른 것에 의해 인식되는 것이다. 양태는 자신을 정의하기 위해 다른 것을 필요로 하고, 이렇듯 양태가 실체와 맺고 있는 관계를 스피노자는 실체의 변용이라고 불렀다. 양태는 다른 것들과의 관계 속에서 계속 바뀌어가는 상태, 외부와의 영향 속에서 계속 변하는 어떤 존재 방식, 일시적으로 시간적인 존재 방식을 일컫는 것으로 이해한다. 이 단어는 이 책에서 계속 등장할 것이다.
2. [옮긴이] 고대 그리스어에 기원을 둔 접두사 혹은 전치사 파라(para)는 -위에, -곁에, -와 닮은, 비정상인 등의 의미를 갖는다. 정체성이나 고유함, 실체로서의 명사의 앞에 붙어 그 명사에 의존함과 동시에 그 명사를 불안정하게 만드는 것이 '파라'의 역할이다. 가령 기생충을 뜻하는 parasite는 장소(site)에 의존하면서 동시에 그 장소를 불안정하게 만드는 존재이다. 이 책에서 파라는 별도의 번역 없이 음차해서 썼다.
3. [옮긴이] 저자는 이 책에서 백인 정복자들의 이름인 '북미'와 선주민들의 이름 '터틀 아일랜드'(Turtle Island)를 함께 명기하는 식으로 땅을 둘러싼 정치와 역사를 표식한다.
4. Luce Irigaray, *This Sex Which Is Not One*, trans. Catherine Porter and Carolyn Burke (Ithaca, NY: Cornell University Press, 1985[1977]), 151. [한국어판] 뤼스 이리가레, 『하나이지 않은 성』, 동문선, 2002, 198쪽.
5. Sohrab Mohebbi and Ruth Estévez, eds., *Hotel Theory Reader* (Vancouver: Fillip/REDCAT, 2016); Jody Berland, Will Straw and David Thomas eds., *Theory Rules: Art as Theory/Theory as Art* (Toronto: University of Toronto Press, 1996).
6. [옮긴이] 이 책에 자주 등장하는 '프로세스'나 '프로세싱'과 같은 단어는 음차해서 썼다. 동시대 예술, 특히 개념미술적 작업에서는 결론 혹은 '웰메이드 완성품'으로서의 작품을 경계하고, 완성지향적 작업에서는 통상 감추거나 안 보이게 하는 과정, 즉 프로세스의 노출 자체를 작업의 목적으로 간주한다. 한국 미술계 작가들도 "프로세스 중심 작업" 또는 "프로세스 기반 작업" 같은 표현을 일상적으로 쓴다는 것에 착안해서 프로세스를 공정이나 과정이라는 단어로 번역하지 않았다.
7. Irigaray, *This Sex Which Is Not One*, 149. [한국어판] 이리가레, 『하나이지 않은 성』, 196쪽.
8. 넬슨은 『로스앤젤레스 리뷰 오브 북스』와의 인터뷰에서 다음과 같이 이야기한다. "나는 파울 프레시아도의 놀라운 책 『테스토 정키』에서 이 용어(자기이론)를 훔쳐 왔다. … 내 책(『아르고호의 선원들』)의 형식, 이론에 대한 특별한 관심과 애정이 프레시아도의 실험과는 매우 다른 것이었음에도 그 용어가 내 책을 설명하는 데 적당하다고 생각했다." Micah McCrary and Maggie Nelson, "Riding the Blinds: Micah McCrary Interviews Maggie Nelson," *Los Angeles Review of Books*, April 26, 2015, www.lareviewofbooks.org/article/riding-the-blinds.
9. Sofia Samatar(@SofiaSamatar)의 "what @Keguro_ does here: gukira.wordpress.

com is a kind of life-thinking. reminds me of what @Thisbhanu does here: jackkerouacispunjabi.blogspot.com," Twitter, October 1, 2015, 8:58 a.m 참조. 또한 Joan Hawkins, "Afterword: Theoretical Fictions," in Chris Kraus, *I Love Dick* (New York: Semiotext(e), 1997), 263–276; Barbara Godard, "Life (in) Writing: Or a Writing Machine for Producing the Subject," in Nicole Brossard, *Essays on Her Works*, ed. Louise H. Forsyth (Montreal: Guernica, 2005), 191–208 참조.

10. [옮긴이] 원서 제목은 Borderlands/La Frontera로, 뜻은 '경계지대'로 같지만 전자는 영어, 후자는 에스파냐어이다. 부제의 Mestiza는 유럽인과 선주민 혼혈을 뜻한다.

11. Paul B. Preciado, *Testo Junkie: Sex, Drugs, and Biopolitics in the Pharmacopornographic Era*, trans. Bruce Benderson (New York: Feminist Press, 2013); Claudia Rankine, *Citizen: An American Lyric* (Minneapolis: Graywolf Press, 2014); Moyra Davey, Les Goddesses (2011), film, 61 min.; Maggie Nelson, *The Argonauts* (Minneapolis: Graywolf Press, 2015). [한국어판] 메기 넬슨,『아르고호의 선원들』, 이예원 옮김, 플레이타임, 2024; Clarice Lispector, *Água Viva*, trans. Stefan Tobler, ed. Benjamin Moser (New York: New Directions, 1973). [한국어판] 클라리시 리스펙토르,『아구아 비바』, 민승남 옮김, 을유문화사, 2023; Gloria E. Anzaldúa, *Borderlands/La Frontera: The New Mestiza*, 4th ed. (San Francisco: Aunt Lute Books, 2012); Chris Kraus, *I Love Dick* (New York: Semiotext(e), 1997). [한국어판] 크리스 크라우스,『아이 러브 딕』, 박아람 옮김, 책읽는수요일. 2019.

12. Barbara Browning, *The Gift* (Minneapolis: Coffee House Press, 2017); Tisa Bryant, *Unexplained Presence* (Providence, RI: Leon Works, 2007); Gillian Rose, *Love's Work* (New York: New York Review Books, 1995); Julietta Singh, *No Archive Will Restore You* (Goleta, CA: Punctum Books, 2018); McKenzie Wark, *Reverse Cowgirl* (Cambridge, MA: MIT Press, 2020).

13. Mary Wollstonecraft, *A Vindication of the Rights of Woman* (Eugene: University of Oregon Press, 2000 [1792]). [한국어판] 메리 울스턴크래프트,『여성의 권리 옹호』, 문수연 옮김, 책세상, 2018; Sojourner Truth, Ain't I A Woman?, speech, May 29, 1851, Women's Convention, Akron, Ohio; Shulamith Firestone, *The Dialectic of Sex* (New York: William Morrow, 1970). [한국어판] 슐라미스 파이어스톤,『성의 변증법』, 김민예숙·유숙열 옮김, 꾸리에, 2016.

14. Nancy K. Miller, *Getting Personal: Feminist Occasions and Other Autobiographical Acts* (New York: Routledge, 1991), 14.

15. Audre Lorde, *A Burst of Light* (Ithaca, NY: Firebrand Books, 1988); bell hooks, *Killing Rage: Ending Racism* (New York: Henry Holt, 1995).

16. bell hooks, *Feminism Is for Everybody: Passionate Politics* (Boston: South End Press, 2000), 12. [한국어판] 벨 훅스,『모두를 위한 페미니즘』, 이경아 옮김, 문학동네, 45쪽.

17. Mary Kelly, Post-Partum Document (installation), 1973–1977; Martha Rosler, Semiotics of the Kitchen (1975), video, 6:09 min.; Helen Molesworth, "House Work and Art Work," October 92 (Spring 2000): 71–97; Joanna Walsh, *#TheoryPlusHouseworkTheory* (London: If a Leaf Falls Press, 2019).

18. Miller, *Getting Personal*, 21.

19. Miller, *Getting Personal*, 14.

20. [옮긴이] StoryCorps. 2002년 설립된 미국의 비영리단체로, 다양한 배경과 신념을 가진 미국인들의 이야기를 기록·보존·공유하는 것을 목표로 한다.
21. [옮긴이] PostSecret. 2005년 프랭크 워런(Frank Warren)이 시작한 프로젝트로, 자신의 범죄, 성적 욕망, 부끄러운 습관, 장래희망 등 한 번도 발설한 적 없는 비밀을 직접 만든 엽서에 써서 익명으로 발송하면 포스트시크릿 웹사이트에 공개되었다.
22. [옮긴이] LiveJournal. 1999년 미국의 한 프로그래머가 개발했으나, 현재는 러시아 미디어 회사 SUP 미디어의 소유가 된 블로그형 소셜 네트워킹 서비스다.
23. [옮긴이] This I Believe. 미국의 저널리스트인 에드워드 머로(Edward Murrow)가 1950년대 초중반에 라디오에서 진행한 5분짜리 프로그램이었는데, 유명인과 일반인이 짧은 에세이를 써서 방송에서 발표했다. 이후 여러 차례 다른 모습으로 부활하곤 했다.
24. [옮긴이] SecondLife. 린든랩이 개발한 인터넷 기반의 가상세계로, 2003년에 발표되었다. 가상세계에 거주하는 아바타들이 관계를 맺는 소셜 네트워크 서비스를 제공한다.
25. Sidonie Smith and Julia Watson, eds., *Women, Autobiography, Theory: A Reader* (Madison: University of Wisconsin Press, 1998), 193, 63, 167. Sidonie Smith and Julia Watson, *Reading Autobiography: A Guide for Interpreting Life Narratives*, 2nd ed. (Minneapolis: University of Minnesota Press, 2010) 역시 참조할 것.
26. Virginie Despentes, *King Kong Theory*, trans. Stephanie Benson (New York: Feminist Press, 2010). [한국어판] 비르지니 데팡트, 『킹콩걸: '못난' 여자들을 위한 페미니즘 이야기』, 민병숙 옮김, 마고북스, 2007.
27. Preciado, *Testo Junkie*, 347.
28. Chloë Brushwood Rose and Maggie Nelson, "'An Endless Becoming': An Interview with Maggie Nelson on The Argonauts," *Nomorepotlucks* 44 (2016), www.nomorepotlucks.org/site/an-endless-becoming-an-interview-with-maggie-nelson-on-the-argonauts-chloe-brushwood-rose.
29. Jason McBride, "On the Set of the Transparent Creator's Next Show, I Love Dick," *Vulture*, July 25, 2016, www.vulture.com/2016/07/jill-soloway-i-love-dick-c-v-r.html 에서 일부 인용.
30. "Chris Kraus: 'I Love Dick Happened in Real Life, but It's Not a Memoir,'" *Guardian*, May 17, 2016, https://www.theguardian.com/books/2016/may/17/chris-kraus-i-love-dick-happened-in-real-life-but-its-not-a-memoir.
31. Miller, *Getting Personal*, 15에서 일부 인용.
32. Bhanu Kapil (@hisbhanu), "This is the year I heard the words 'autotheory', ..." Twitter, October 1, 2015, 9:09 a.m.
33. Sofia Samatar (@SofiaSamatar), Twitter, October 1, 2015.
34. Nelson, *The Argonauts*; Audre Lorde, *The Cancer Journals* (San Francisco: Aunt Lute Books, 1980); Kate Zambreno, *Heroines* (New York: Semiotext(e), 2012); Ann Cvetkovich, *Depression: A Public Feeling* (Durham, NC: Duke University Press, 2012). [한국어판] 앤 츠베트코비치, 『우울: 공적 감정』, 박미선·오수원 옮김, 2025, 마티.
35. Marlene Kadar, ed., *Essays on Life Writing: From Genre to Critical Practice* (Toronto: University of Toronto Press, 1992) 참조.
36. Anna Poletti, "Periperformative Life Narrative: Queer Collages," *GLQ* 22, no. 3

(2016): 359–379.
37. Sarah Nicole Prickett, "Bookforum Talks with Maggie Nelson," *Bookforum*, May 29, 2015, bookforum.com/interview/14663.
38. McCrary and Nelson, "Riding the Blinds."
39. Nelson, *The Argonauts*, 114. [한국어판] 넬슨, 『아르고호의 선원들』, 2024, 174쪽; [옮긴이] 매기 넬슨은 젠더 이분법을 교란하는 드랙퀸이나 드랙킹 퍼포먼스를 차용해서 자신의 회고록 쓰기를 '변장'으로 설명하는 것 같다.
40. Mieke Bal, "Documenting What? Autotheory and Migratory Aesthetics," in *A Companion to Contemporary Documentary Film*, ed. Alexandra Juhasz and Alisa Lebow (New York: Wiley & Sons, 2015), 124.
41. Bal, "Documenting What?," 133–134.
42. Shannon Bell, "Shooting Theory—An Accident of Fast Feminism: Video and Transcript of Talk by Shannon Bell," *Scholar and Feminist Online* 13, no. 3 (2016), www.sfonline.barnard.edu/traversing-technologies/shannon-bell-shooting-theory.
43. Shannon Bell, Reading, *Writing, and Rewriting the Prostitute Body* (Bloomington: Indiana University Press, 1994), 25–26.
44. Becky Bivens, "The V-Girls: Feminism and the Authentic Subject after Poststructuralism," *View: Theories and Practices of Visual Culture* 15 (2016): 1–2, http://widok.hmfactory.com/index.php/one/article/view/371/865.
45. Jeanne Randolph, "Is Ficto-criticism an Invasive Species?," in *Yesterday Was Once Tomorrow (or, A Brick Is a Tool): Magazines by Artists in Canada during the 1990s*, ed. Kegan McFadden (Winnipeg: Plug-In ICA, 2018).
46. Benjamin Moser, "Introduction: 'Breathing Together,'" in Clarice Lispector, *Água Viva*, trans. Stefan Tobler, ed. Benjamin Moser (New York: New Directions, 2012), xiii.
47. Hélène Cixous, *Reading with Clarice Lispector* (Minneapolis: University of Minnesota Press, 1990); Roni Horn: Rings of Lispector (Água Viva) (catalogue essay) (Göttingen: Steidl, 2006).
48. Stacey Young, *Changing the Wor(l)d: Discourse, Politics, and the Feminist Movement* (New York: Routledge, 1997), 69.
49. Carolyn Ellis, Tony E. Adams, and Arthur P. Bochner, "Autoethnography: An Overview," *Forum: Qualitative Social Research* 12, no. 1 (2011): 1.
50. Young, *Changing the Word(l)d*, 61.
51. Minnie Bruce Pratt, *Rebellion: Essays 1980-1991* (Ann Arbor, MI: Firebrand Books, 1991); Rosario Morales and Aurora Morales, *Getting Home Alive* (Ann Arbor, MI: Firebrand Books, 1986); Gloria Anazldúa and Cherríe Moraga, eds., *This Bridge Called My Back: Writings by Radical Women of Color* (London: Persephone Press, 1981).
52. [옮긴이] 크리족 및 오지브와족 등의 선주민과 프랑스계 캐나다인 사이의 혼인관계로 계승된 후손을 일컫는다.
53. Bell hooks, Ain't I a Woman? Black Women and Feminism (Boston: South End Press, 1981). [한국어판] 벨 훅스, 『난 여자가 아닙니까?: 성×인종×계급의 미국사』, 노지양 옮김, 동녘, 2023; Lee Maracle, *I Am Woman: A Native Perspective on Sociology and Feminism* (Vancouver: Press Gang, 1988); Maria Campbell, *Halfbreed* (Toronto:

McClelland & Stewart, 1973).
54. Valeria Radchenko, "Autotheory," FLUX: Valeria Radchenko, April 22, 2017, https://vvval.wordpress.com/2017/04/22/autotheory.
55. kcintranstition, "the academy, autotheory, and the argonauts," aminotfemme (blog), April 22, 2016, https://aminotfemme.wordpress.com/tag/autotheory
56. Jessica Yee, *Feminism for Real: Deconstructing the Academic Industrial Complex of Feminism* (Ottawa: Canadian Centre for Policy Alternatives, 2011).
57. [옮긴이] 1962-64년 뉴욕 맨해튼의 저드슨 교회를 기반으로 활동했던 실험적인 예술가 콜렉티브이다.
58. Trisha Brown, Accumulation with Talking plus Water Motor, performance (first performed on February 24, 1979, Oberlin College), recorded September 2, 1986, 541 Broadway, New York, https://www.youtube.com/watch?v=4ru_7sxvpY8.
59. 자신의 정체화와 실천과 연관해서 이 독특한 단어를 처음 주조한 사람으로 종종 서자 컷핸드가 거론된다.
60. "우리 공동체에 속한 많은 사람[터틀 아일랜드 선주민]은 투-스피릿인 사람을 제3의 혹은 제4의 젠더로 받아들였다. 몇몇 부족은 여섯 개의 젠더까지 인정했다. ... 오직 남자와 여자 두 젠더가 아니라 그 이상이 존재한다는 것이 우리 전통 내에서는 인정되었기에 제3, 제4의 젠더는 역사적으로 투-스피릿인 사람을 서술하기 위해 사용된 용어들이었다. 그들은 생물학적 남성과 여성 둘 다의 영혼을 가진 것으로 간주되었고, 그러므로 창조주와 아주 가까운 관계를 맺고 있는 것으로 해석되었다. 투-스피릿인 사람들은 보통 우리 부족들 내에서는 치유사, 선지자, 주술사였다. 그들은 우리 공동체, 문화, 사회를 구성하는 근본적인 요소로 여겨졌다." "Who Are Two Spirit People," The Canadian Centre for Gender and Sexual Diversity, 2017, https://ccgsd-ccdgs.org/1-who-are-two-spirit-people.
61. Audrey Wollen (@tragicqueen), "Tell Me about Sad Girl Theory," Instagram photo, June 22, 2014, http://www.instagram.com/p/pcUbM7szQ5/?taken-by=audreywollen&hl=en; Johanna Hedva, "Sick Woman Theory," Mask Magazine, January 2016, http://maskmagazine.com/not-again/struggle/sick-woman-theory; Despentes, *King Kong Theory*. 그보다 10여 년 전에 크라우스는 『아이 러브 딕』에서 그가 예시로 든 장르를 "외로운 소녀 현상학"(lonely girl phenomenology)이라고 기술했다.
62. Fredric Jameson, "Periodizing the 60s," *Social Text 9/10* (1984): 194.
63. Louky Bersianik, Nicole Brossard, France Théoret, et al., *Theory, A Sunday* (Brooklyn, NY: Belladonna*, 2013 [1988]). 『이론, 일요일』은 루키 버시애닉(Louky Bersianik), 니콜 브로사르(Nicole Brossard), 프랑스 테오레(France Théoret), 게일 스콧(Gail Scott), 루이스 코트누아르(Louise Cotnoir), 루이스 뒤프레(Louise Dupré), 리사 로버트슨(Lisa Robertson), 레이철 레비트스키(Rachel Levitsky)가 저자로 참여해 각자 정해진 시간에 다른 저자 한 명과 대화를 나누고 그것을 텍스트로 엮은 실험적인 선집이다.
64. Barbara Godard, "Life (in) Writing: Or a Writing-Machine for Producing the Subject," in *Nicole Brossard: Essays on Her Works*, ed. Louise H. Forsyth (Montreal: Guernica, 2005), 198.
65. Godard, "Life (in) Writing," 191–208.

66. Michael Silverblatt, "Dodie Bellamy: When the Sick Rule the World," *KCRW Bookworm*, (audio blog), September 17, 2015, http://www.kcrw.com/news-culture/shows/bookworm/dodie-bellamy-when-the-sick-rule-the-world.
67. 1977년 샌프란시스코에서 시작된 뉴 내러티브 운동에 가담한 작가들은 다음과 같다. 캐시 애커(Kathy Acker), 린 틸먼(Lynne Tillman), 칼라 해리맨(Carla Harryman), 개브리엘 대니얼스(Gabrielle Daniels), 게일 스콧(Gail Scott), 카미유 로이(Camille Roy), 로리 윅스(Laurie Weeks), 게리 인디애나(Gary Indiana), 밥 플래너건(Bob Flanagan). Dodie Bellamy and Kevin Killian ed., *Writers Who Love Too Much: New Narrative 1977–1997* (New York: Nightboat Books, 2017) 참조.
68. Robert Glück, "Long Note on New Narrative," in *Biting the Error: Writers Explore Narrative*, ed. Mary Burger, Robert Glück, Camille Roy, and Gail Scott (Toronto: Coach House Books, 2004).
69. Claudia Rankine, *Citizen: An American Lyric* (Minneapolis: Graywolf Press, 2014); *Don't Let Me Be Lonely: An American Lyric* (Minneapolis: Graywolf Press, 2004).
70. Christian Lorentzen, "Is Radical Queerness Possible Anymore? Poet Maggie Nelson's New Memoir," *Vulture*, May 4, 2015, http://www.vulture.com/2015/05/poet-maggie-nelsons-queer-new-memoir.htm.
71. Norma E. Cantú and Aida Hurtado, "Introduction," in Anzaldúa, *Borderlands/LaFrontera*, 5.
72. Anzaldúa, *Borderlands/La Frontera*, 19.
73. Zora Neale Hurston, "How It Feels to Be Colored Me," *World Tomorrow* 11 (May 1928): 215–216.
74. Michel de Montaigne, *The Complete Essays*, ed. and trans. M. A. Screech (New York: Penguin, 1991), 1218. [한국어판] 미셸 드 몽테뉴, 『에세』(전 3권), 심민화·최권행 옮김, 민음사, 2002.
75. Anthony Gottlieb, "Montaigne's Moment," *New York Times*, March 10, 2011, https://www.nytimes.com/2011/03/13/books/review/montaignes-moment.html에서 인용.
76. Silverblatt, "Dodie Bellamy."
77. Gottlieb, "Montaigne's Moment."
78. Henry Chadwick, "Introduction," in Augustine, *Confessions*, trans. Henry Chadwick (Oxford: Oxford University Press, 1991), ix.
79. Jacques Derrida, *The Ear of the Other: Otobiography, Transference, Translation*, ed. Christie McDonald, trans. Peggy Kamuf (New York: Schocken Press, 1985[1982]), 43.
80. Derrida, *The Ear of the other*, 61.
81. Derrida, *The Ear of the other*, 6–7.
82. Derrida, *The Ear of the other*, 16.
83. Derrida, *The Ear of the other*, 10.
84. Audre Lorde, *Zami: A New Spelling of My Name* (New York: Crossing Press, 1982). [한국어판] 오드리 로드, 『자미』, 송섬별 옮김, 디플롯, 2023.
85. Elizabeth Alexander, "'Coming Out Blackened and Whole': Fragmentation and Reintegration in Audre Lorde's *Zami* and *The Cancer Journals*," *American Literary History* 6, no. 4 (1994): 696

86. Jacques Derrida, *La Carte Postale* (Paris: Flammarion, 1980)과 Jacques Derrida, *Circonfession* (Paris: Éditions du Seuil, 1990) 참조.
87. 뤼스 이리가레가 2016년 6월 15일 브리스톨 대학교에서 개최된 뤼스 이리가레 국제 세미나(Luce Irigaray International Seminar)에서 한 논평.
88. 같은 글.
89. Irigaray, *This Sex Which Is Not One*, 67. [한국어판] 이리가레, 『하나이지 않은 성』, 84쪽.
90. Carolee Schneemann, *Imaging Her Erotics: Essays, Interviews, Projects* (Cambridge, MA: MIT Press, 2002), 21.
91. Carolee Schneemann, Interior Scroll (1975), performance with script, East Hampton, New York.
92. Sigmund Freud, *The Standard Edition of the Complete Psychological Works of Sigmund Freud*, vol. 14, trans. James Strachey (London: Hogarth, 1974), 69.
93. Luce Irigaray, *Speculum of the Other Woman*, trans. Gillian C. Gill (Ithaca, NY: Cornell University Press, 1985 [1974]), 68. [한국어판] 뤼스 이리가레, 「여성은 자질들의 어떤 결핍에 따라 여성이다」, 『반사경』, 심하은·황주영 옮김, 꿈꾼문고, 2021, 203-204쪽.
94. Simone de Beauvoir, *The Second Sex*, trans. Constance Borde and Sheila Malovany-Chevallier (New York: Random House Vintage 2011 [1949]), 757-759. [한국어판] 시몬 드 보부아르, 『제2의 성』, 이정순 옮김, 을유문화사, 2021.
95. Irigaray, *This Sex Which Is Not One*, 151. [한국어판] 이리가레, 『하나이지 않은 성』, 198쪽.
96. Luce Irigaray, *An Ethics of Sexual Difference*, trans. Carolyn Burke and Gillian C. Gill (Ithaca, NY: Cornell University Press, 1993 [1984]), 119.
97. Audre Lorde, *Sister Outsider* (Berkeley: Ten Speed Press, 1984). [한국어판] 오드리 로드, 『시스터 아웃사이더』, 주해연·박미선 옮김, 후마니타스, 2018; hooks, *Ain't I a Woman?*; Hélène Cixous, "The Laugh of the Medusa," trans. Keith Cohen and Paula Cohen, *Signs* 1, no. 4 (1976): 875-893. [한국어판] 엘렌 식수, 『메두사의 웃음/출구』, 박혜영 옮김, 2004; Adrienne Rich, "Notes toward a Politics of Location," in *Blood, Bread, and Poetry* (New York: Norton, 1989), 210-231; Dona Haraway, *Simians, Cyborgs and Women: The Reinvention of Nature* (New York: Routledge, 1991), 3. [한국어판] 도나 해러웨이, 『영장류, 사이보그 그리고 여자』, 황희선 임옥희 옮김, 아르테, 2023; Peggy Phelan, *Unmarked: The Politics of Performance* (New York: Routledge, 1993).
98. Irigaray, *This Sex Which Is Not One*, 150. [한국어판] 이리가레, 『하나이지 않은 성』, 196-197쪽; bell hooks, *Teaching to Transgress: Education as the Practice of Freedom* (New York: Routledge, 1994), 70. [한국어판] 벨 훅스, 『경계 넘기를 가르치기』, 윤은진 옮김, 모티브북, 2008; Zoe Todd, "An Indigenous Feminist's Take on the Ontological Turn: 'Ontology' Is Just Another Word for Colonialism," *Journal of Historical Sociology* 29, no. 1 (2016): 4-22.
99. Todd, "An Indigenous Feminist's Take," 4.
100. Hiba Ali, Postcolonial Language (2016), video, 25:00 min., Vtape 8834, http://www.vtape.org/video?vi=8834.

101. Judith Butler, *Precarious Life: The Powers of Mourning and Violence* (New York: Verso Books, 2004). [한국어판] 주디스 버틀러, 『위태로운 삶』, 윤조원 옮김, 필로소픽, 2018; *Frames of War: When Is Life Grievable?* (New York: Verso Books, 2009). [한국어판] 주디스 버틀러, 『전쟁의 프레임들』, 한정라 옮김, 한울, 2024 참조.
102. Lindsay Nixon, *nîtisânak* (Montreal: Metonymy Press, 2018).
103. [옮긴이] 1871-77년 캐나다 연방정부와 서스캐처원을 포함한 주변 평원의 선주민 부족들이 체결한 여섯 번째 조약. 선주민들은 이 조약이 자신들의 농경제 활동, 교육 및 의료 원조, 정착민 백인들과의 평화 유지에 기여할 것으로 생각했고, 캐나다 정부는 이웃나라 미국에서 끊임없이 발생하는 선주민과 백인 정착민 간의 전쟁과 학살을 방지하기 위해 선주민 보호 및 책임을 문서화하는 데 동의했다. 이 조약은 지금까지 법적 효력을 갖고 있다.
104. David Macey, *The Penguin Dictionary of Critical Theory* (New York: Penguin, 2000), 379.
105. Jameson, "Periodizing the 60s."
106. Jameson, "Periodizing the 60s," 193-194.
107. Jameson, "Periodizing the 60s," 187-188.
108. Arkady Plotnitsky "The Medusa's Ears," *Nietzsche and the Feminine*, ed. Peter Burgard (Charlottesville: University of Virginia Press, 1994), 250.
109. Jameson, "Periodizing the 60s," 207.
110. Philippe Lejeune, "A New Genre in the Making?" *a/b* 32, no. 2 (2017): 159.
111. Jeffrey R. Di Leo, "Deleuze in the Age of Posttheory," *symplokē* 6, no. 1 (1998): 175.
112. David Chariandy, "Theory: A Footnote," plenary talk[기조 강연] at ACCUTE (Association of Canadian College and University Teachers of English) congress, Vancouver, June 2, 2019
113. 제인 워크(Jane Wark)는 「개념미술과 페미니즘」에서 페미니스트 개념미술가들이 어떻게 사전에 미리 "주체에-중심을-둔 질문"을 배제한 남성 개념미술에 맞서며 저항했는지를 언급한다. "Conceptual Art and Feminism: Martha Rosler, Adrian Piper, Eleanor Antin, and Martha Wilson," *Woman's Art Journal* 22, no. 1 (2001): 42.
114. Bellamy and Killian, *Writers Who Love Too Much*, 505.
115. Henry Schwarz and Anne Balsamo, "Under the Sign of Semiotext(e): The Story According to Sylvère Lotringer and Chris Kraus," *Critique: Studies in Contemporary Fiction* 37, no. 3 (1996): 206-209.
116. 네이티브 에이전트에서 초기에 출판한 텍스트 중 하나인 앤 로어(Ann Rower)의 『만약 네가 여자애라면』(*If You're a Girl*, 1990)과 관련해서 로어는 이 책을 진짜 삶과 허구적인 "개입"을 결합한 글쓰기 양태인 "트랜스픽션"이라고 설명했다.
117. Schwarz and Balsamo, "Under the Sign of Semiotext(e)," 214.
118. Joseph Kosuth, "Art after Philosophy," *Studio International*, October 1969, 2.
119. Wark, "Conceptual Art and Feminism," 46.
120. Wark, "Conceptual Art and Feminism," 44.
121. Rosalind Krauss, "Video: The Aesthetics of Narcissism," *October* 1 (Spring 1976): 50-64.
122. Joan Jonas, "Joan Jonas Interview: Layers of Time," *Louisiana Channel*, April 7, 2016, https://www.youtube.com/watch?v=WISIYE4dOKw.

123. Amelia Jones, *Self/Image: Technology, Representation, and the Contemporary Subject* (New York: Routledge, 2006), 180; see also 134.
124. Kraus, *I Love Dick*, 172; [한국어판] 크라우스, 『아이 러브 딕』, 270쪽.
125. Jones, *Self/Image*, 157.
126. Schneemann, *Imaging Her Erotics*, 32.
127. David Pagel, "Christine Wang's 'I Want That Bag' a Heavy-Handed Confessional," *Los Angeles Times*, June 17, 2014, https://www.latimes.com/entertainment/arts/la-et-cm-art-review-christine-wang-i-want-that-bag-at-night-gallery-20140610-story.html.
128. [옮긴이] 1874년 9월 15-25일에 캐나다 연방정부와 서스캐처원 남부 대부분 및 매니토바와 앨버타 일부의 선주민 부족들이 체결한 네 번째 조약. 쿠아펠(Qu'Appelle) 조약이라고도 하며, 선주민의 해석이 있는 유일한 조약이다. 이를 통해 캐나다 정부는 서부 개척으로 인한 선주민과의 갈등을 해결하고자 했고, 선주민들은 변화를 받아들이고 보호와 자원을 제공받고자 했다.
129. 2019년 6월 20일 밴쿠버에서 개최된 학술대회(Association of Canadian College and University Teachers of English)에서 대니엘 라프랑스가 발표한 논문 「여파에 대해」 참조.
130. [옮긴이] 주민발의안 8호(Proposition 8)는 2008년 11월 캘리포니아주에서 제기된 동성결혼(same-sex marriage)을 금지하는 헌법 개정안을 가리킨다. 이 발의안은 주헌법에 캘리포니아주에서 남성과 여성 간 혼인만이 유효하다는 규정을 마련하여 동성결혼을 금지하는 내용을 포함하고 있으며, 2008년 11월 주민투표로 가결되었다.
131. Bal, "Documenting What?", 134.
132. Bal, "Documenting What?", 124.
133. Jennifer Doyle, *Hold It against Me: Difficulty and Emotion in Contemporary Art* (Durham, NC: Duke University Press, 2013), 146.
134. Maggie Nelson, *The Art of Cruelty: A Reckoning* (New York: W. W. Norton, 2011), 265.

1장. 퍼포밍 칸트

1. Adrian Piper, Food for the Spirit (Berlin: Adrian Piper Research Archive Foundation, 1971), performance, artist's statement.
2. 이렇듯 암시적이고 아름다우면서 적절한 문구를 선택할 수 있게 도와준 익명의 검토자에게 감사한다.
3. Holland Cotter, "Adrian Piper: The Thinking Canvas," *New York Times*, April 19, 2018, www.nytimes.com/2018/04/19/arts/design/adrian-piper-review-moma.html.
4. Fredric Jameson, "Periodizing the 60s," *Social Text* 9/10 (1984): 178-209.
5. 제인 워크는 1970년대를 "미술에 페미니스트 운동이 도래한" 시기로 규정한다 ("Conceptual Art and Feminism: Martha Rosler, Adrian Piper, Eleanor Antin, and Martha Wilson," *Woman's Art Journal* 22, no. 1 [2001]: 47). 1970년대의 페미니스트 퍼포먼스 아트와 개념주의 역시 이후 수십 년간 지속된 페미니스트 미술 운동과 함께 발전한다.

6. Lucy Lippard, *Six Years: The Dematerialization of the Art Object from 1966 to 1972* (London: Studio Vista, 1973).
7. Adrian Piper, *Out of Order, Out of Sight: Selected Writings in Meta-Art 1968-1992, Vol. 1* (Cambridge, MA: MIT Press, 1996), xxxv.
8. Uri McMillan, *Embodied Avatars: Genealogies of Black Feminist Art and Performance* (New York: New York University Press, 2015), 101.
9. [옮긴이] 뉴욕에서 태어난 에이드리언 파이퍼는 아프리카게 미국인 여성이다. 하지만 그는 밝은 피부색을 지녀 외모상으로는 거의 흑인처럼 보이지 않는다. '인종적으로' 혼합되어 있는 그의 혈통은 "마다가스카르인 32분의 1, 알 수 없는 아프리카인 32분의 1, 나이지리아인 16분의 1, 방글라데시인 8분의 1 그리고 영국인과 독일인이 지배적"으로 구성되어 있다. 에이드리언 파이퍼 리서치 아카이브 재단(APRAF) 홈페이지(adrianpiper.com) 참고.
10. 파이퍼의 2018년 뉴욕현대미술관 회고전은 미술관이 "살아 있는 단 한 명의 예술가에게 6층 특별 전시 공간 전체를 양도"한 최초의 사례이다. Cotter, "Adrian Piper."
11. Adrian Piper, "News (September 2012)," adrianpiper.com 참조.
12. Vanessa E. Jones, "The Fallen Academic Star of Adrian Piper," *The Journal of Blacks in Higher Education* 36 (2002): 121.
13. Adrian Piper, *Rationality and the Structure of the Self, Vol. 2: A Kantian Conception* (Berlin: Adrian Piper Research Archive Foundation, 2013), xx.
14. Gabrielle Civil, *Swallow the Fish: A Memoir in Performance Art* (Fairfax, VA: Civil Coping Mechanisms, 2017).
15. 작품이 지속된 정확한 기간은 알려져 있지 않다. 작업 기간에 대한 가장 상세한 설명은 다음과 같다. "이 퍼포먼스는 1971년 여름 내내 나의 뉴욕 다락방에서 계속 수행되었다." Piper, *Out of Order, Vol. 1*, 55.
16. [옮긴이] 성찬식 때 그 외형이 그대로임에도 불구하고 빵과 포도주가 실체적으로는 예수의 살과 피로 변함을 뜻한다. 이와 유사하게 칸트의 철학이 파이퍼에게 음식으로서 자양분이 되는 것을 의미한다.
17. Piper, *Rationality, Vol. 2*, 288.
18. Piper, *Rationality, Vol. 2*, 292.
19. Piper, *Rationality, Vol. 2*, 289.
20. 칸트 철학에서 주체의 이중화에 대해서는 Siyaves Azeri, "Transcendental Subject vs. Empirical Self: On Kant's Account of Subjectivity," *Filozofia* 65, no. 3 (2010): 269-283 참조.
21. Immanuel Kant, *Critique of Pure Reason*, trans. and ed. Paul Guyer and Allen W. Wood (Cambridge: Cambridge University Press, 1998 [1781]), 132ff. [한국어판] 임마누엘 칸트, 『순수이성비판』, 백종현 옮김, 아카넷, 2006.
22. Amelia Jones, *Self/Image: Technology, Representation, and the Contemporary Subject* (New York: Routledge, 2006), 134.
23. Mona Hatoum, *You Are Still Here* (London, Tate Modern, 1994), sandblasted mirrored glass and wood.
24. Luce Irigaray, *Speculum of the Other Woman*, trans. Gillian C. Gill (Ithaca, NY: Cornell University Press, 1985 [1974]). [한국어판] 뤼스 이리가레, 『반사경』, 심하은·황주영 옮김, 꿈꾼문고, 2021.

25. Immanuel Kant, *Prolegomena to Any Future Metaphysics; That Will Be Able to Present Itself as a Science*, trans. and ed. Gary Hatfield (Cambridge: Cambridge University Press, 2004 [1783]), 37. [한국어판] 임마누엘 칸트, 『형이상학 서설』, 백종현 옮김, 아카넷, 2012.
26. Irigaray, *Speculum*, 205. [한국어판] 이리가레, 『반사경』, 372쪽.
27. Luce Irigaray, 2016년 6월 15일 브리스톨대학교 '뤼스 이리가레 국제 세미나'에서 한 이리가레의 연설.
28. [옮긴이] 아프리오리(a priori)는 선험적, 경험하지 않고도 알 수 있는 것, 아포스테리오리(a posteriori)는 후험적, 경험을 통해서 알 수 있는 것을 의미한다.
29. Peggy Phelan, *Unmarked: The Politics of Performance* (New York: Routledge, 1993), 31 참조.
30. [옮긴이] 중앙에서 가장자리로 갈수록 점차 진해지는 사진 효과를 의미한다.
31. [옮긴이] 사진에서 대상이 차지하고 있는 공간(포지티브 공간) 외의 나머지 공간을 의미한다.
32. Immanuel Kant, *Critique of Judgment*, trans. James Creed Meredith, ed. Nicholas Walker (Oxford: Oxford University Press, 2007 [1790]), 294. [한국어판] 임마누엘 칸트, 『판단력비판』, 백종현 옮김, 아카넷, 2009.
33. "Aesthetic, n. and adj.," *OED Online* (Oxford University Press, 2018), oed.com/view/Entr y/3237.
34. Kant, *Critique of Pure Reason*, 426-427.
35. Kant, *Critique of Pure Reason*, 168.
36. Kant, *Critique of Pure Reason*, 426-427.
37. Adrian Piper, "Intuition and Concrete Particularity in Kant's Transcendental Aesthetic," in *Rediscovering Aesthetics: Transdisciplinary Voices from Art History, Philosophy, and Art Practice*, ed. Francis Halsall (Redwood City, CA: Stanford University Press, 2006), 8.
38. Kant, *Critique of Pure Reason*, 220.
39. Kant, *Critique of Pure Reason*, 222.
40. [옮긴이] 'NB'란 'Nota Bene'의 약자로, 주의하라는 뜻이다. 글에서 중요한 정보 앞에 붙이는 표시이다.
41. "논리적으로"(logically)를 중간에 여백을 두고 잘못 읽은 내 실수일 수도 있다. 설사 파이퍼가 무의식적으로 끼워 넣은 공간이었다고 해도 여기서는 나의 독서 흔적이 드러난다.
42. Kant, *Critique of Pure Reason*, 124.
43. Nicholas F. Stang, "Kant's Transcendental Idealism," *Stanford Encyclopedia of Philosophy*, ed. Edward Zalta, http://www.plato.stanford.edu/entries/kant-transcendental-idealism.
44. Piper, *Rationality, Vol. 2*, 52.
45. Kant, *Critique of Pure Reason*, 472; Piper, "Intuition and Concrete Particularity," 14.
46. Piper, *Rationality, Vol. 2*, 289.
47. Piper, *Rationality, Vol. 2*, 299.
48. Robin Schoot, ed., *Feminist Interpretations of Immanuel Kant* (University Park, PA: Penn State University Press, 1997)를 출판사는 이렇게 요약했다. "칸트는 여성혐오

와 신체에 대한 경멸 때문에 많은 페미니스트 비평의 표적이 되어왔다. 더욱이 18세기 계몽주의 철학을 압축한 사상가로서의 칸트는 계몽주의 유산을 둘러싼 페미니스트 논쟁의 초점이 되어왔다. 즉, 이성과 진보에 대한 계몽주의적 구상이 여성의 해방과 힘의 강화에 도구를 제공하는지, 아니면 오히려 서구 사회에서 여성의 역사적 종속에 기여했는지가 논쟁의 초점이 되어왔다."

49. Jones, Self/Image, 14.
50. Amelia Jones and Adrian Heathfield, eds., Perform, Repeat, Record: Live Art in History (Bristol, UK: Intellect, 2012), 74.
51. Stang, "Kant's Transcendental Idealism."
52. [옮긴이] 리서치-크리에이션(research-creation)은 예술 실천과 이론적 개념, 리서치를 복합적 교차점으로 삼으며, 미술과 과학, 사회과학 연구를 혼합하는 예술가와 디자이너의 실험적 실천 방식이다.
53. Adrian Piper, "The Logic of Modernism," Callaloo: A Journal of African Diaspora Arts and Letters 16, no. 3 (1993): 576.
54. Kant, Critique of Judgment, 301 참조.
55. Adrian Piper, Talking to Myself: The Ongoing Autobiography of an Art Object (Hamburg: Hossman, 1974).
56. Kojin Karatani, Transcritique: On Kant and Marx, trans. Sabu Kohso (Cambridge, MA: MIT Press, 2003). [한국어판] 가라타니 고진, 『트랜스크리틱』, 이신철 옮김, 도서출판 b, 2013.
57. Fred Moten, "Black Kant (Pronounced Chant)," TextSound: An Online Audio Publication 21 (February 2007), http://writing.upenn.edu/pennsound/x/Moten.php.
58. [옮긴이] "I Kant"는 "I can't"와 발음이 유사한 것에서 비롯된 말장난이다.

2장. 이론이여, 울지 마오

1. 지난 20년간 캐나다만 놓고 봐도 모든 주요 미술대학이 종합대학으로 바뀌었다. 2002년 온타리오 미술 디자인 대학(현 OCAD 대학교), 2003년 에밀리카 미술 디자인 인스티튜트(현 에밀리카대학교)와 노바스코샤 미술 디자인 대학(현 NSCAD 대학교), 2018년 앨버타 미술 대학(현 앨버타 미술 대학교) 등이 그렇다. 이런 제도적 변화와 나란히 스튜디오 아트 프로그램의 박사 학위 제도는 현재 요크대학교와 웨스턴대학교 두 곳에 존재한다. 영국에서는 유사한 박사 학위 프로그램이 1970년대 이후부터 존재했다.
2. 페미니스트 아트 콜렉티브(The Feminist Art Collective, FAC)는 2013년부터 2018년 사이에는 페미니스트 아트 컨퍼런스로 알려졌다. 나는 2013년부터 2016년 사이 프로그램 위원회의 위원으로 참여해 그곳에서 일했다. 그 당시 조직 위원들은 이론을 "위계적"이라고 묘사하면서 그들이 하고 있는 것을 기술하는 다른 양태로서 받아들이지 않으려는 경향을 보였다.
3. bell hooks, Teaching to Transgress: Education as the Practice of Freedom (New York: Routledge, 1994), 70. [한국어판] 벨 훅스, 『경계 넘기를 가르치기』, 윤은진 옮김, 모티브북, 2008, 89쪽.
4. Hazel Meyer, No Theory No Cry (Toronto: OCAD University, 2008), artwork, anthem,

and brochure.
5. Vito Acconci, Trademarks (1970), gelatin silver print.
6. Heiser, Jörg, with the participation of Simon Critchley, Robert Storr, and Barbara Bloom, "Scenes from a Marriage: Have Art and Theory Drifted Apart?," Frieze Talks (London, October 16, 2009), podcast, https://frieze.com/fair-programme/listen-scenes-marriage. 이어지는 인용의 출처 역시 팟캐스트다.
7. Chris Kraus, *Video Green: Los Angeles Art and the Triumph of Nothingness* (New York: Semiotext(e), 2004).
8. Eve Kosofsky Sedgwick, *Touching Feeling: Affect, Pedagogy, Performativity* (Durham, NC: Duke University Press, 2003).
9. [옮긴이] 브랜드스케이프는 특정 시장 안에 어떤 브랜드들이 포진해 있는지 분석하기 위해 만드는 시각 자료 또는 그러한 행위를 뜻하는 마케팅 용어이다.
10. 루이비통 가방과 가방의 위조품에 대한 논의가 필요하다면, Marcus Boon, "The Platonic World of Intellectual Property" in *In Praise of Copying* (Cambridge, MA: Harvard University Press, 2010)을 참조할 것.
11. [옮긴이] 1979년 이란 혁명으로 친미-근대화 정책을 추진하던 팔레비 왕조가 몰락하고 반미 노선을 견지한 호메이니가 정권을 잡는다. 팔레비 왕의 미국 망명 소식에 이란 혁명 세력은 미대사관 소속 민간인 52명을 억류했고, 이 사건이 계기가 되어 향후 40여 년간 양국의 외교관계가 단절된다.
12. Kraus, *Video Green*.
13. Chris Kraus, "Stick to the Facts," *Texte zur Kunstv* 18, no. 70 (2008): 132.
14. [옮긴이] 정보(information)와 광고(commercial)의 합성어로, 상품에 관한 상세한 정보를 제공하는 광고 수법을 뜻한다.
15. Madelyne Beckles, Womanism Is a Form of Feminism Focused Especially on the Conditions and Concerns of Black Women (2016), video, 03:48 min., http://www.vtape.org/video?vi=8930.
16. Madelyne Beckles, Theory of the Young Girl (2017), video, 04:29 min., http://www.vtape.org/video?vi=8931; Tiqqun, *Preliminary Materials for a Theory of the Young-Girl* (New York: Semiotext(e), 2012 [1999]).
17. 소니아 페르난데스 팬과 주고받은 이메일 중, 2020년 1월 10일자.
18. Andrea Long Chu, "On Liking Women: The Society for Cutting Up Men Is a Rather Fabulous Name for a Transsexual Book Club," *n+1* 30 (2018), https://nplusonemag.com/issue-30/essays/on-liking-women. [한국어판] 안드레아 롱 추, 「여성을 좋아한다는 것에 관하여」, 『피메일스』, 박종주 옮김, 위즈덤하우스, 2023, 143–178쪽.
19. [옮긴이] 이미지 매크로(image macro)는 사진이나 그림 등의 이미지에 텍스트가 결합된 디지털 매체를 말한다. 주로 인터넷상에서 밈으로 쓰인다.
20. "이미지 매크로"가 아닌 "밈"일 수 있으려면, 밈은 우선 입소문으로 소셜 미디어에 퍼져야 한다. 이런 식으로 온라인 채널을 통해 유포되는 방대한 이미지-텍스트 짝이 밈 자체를 규정한다.
21. [옮긴이] 미국 코미디 배우. 이민자 2세의 자전적 이야기를 풀어낸 넷플릭스 시리즈 「마스터 오브 제로」(Master of None)로 골든글로브 뮤지컬·코미디 부문 주연상(2018)을 수상했다. 당시 아지즈와 데이트하던 중 그의 행동에 불편함을 느꼈고 성관계 거부 의사를 무시당했다고 주장하는 "인생 최악의 밤"이란 제목의 글이 온라인 매체에

올라와 논란이 일었다.
22. [옮긴이] 무종지문(run-on single sentence)은 문장을 종결짓는 문장 부호 없이 나열되는 문장으로, 예를 들면 "my dog is cute my name is george"처럼 중간에 쉼표가 들어가지 않은 채로 나열된다.
23. [옮긴이] 콘텐츠 제작에 필요한 사진이나 일러스트, 그래픽 이미지 등을 한데 모아놓고 판매하는 웹사이트 특유의 사진 포맷을 말한다.
24. 여기서 검토하는 비디오는 영맨의 유튜브 채널 https://www.youtube.com/user/HennesyYoungman/videos에서 볼 수 있다.
25. 특히 아트 소츠의 비디오 「데미언 허스트」(Damien Hirst), 「보이스-Z」(Beuys-Z), 「성공한 예술가가 되는 법」(How to Be a Successful Artist), 「브루스 나우먼」(Bruce Nauman) 참조.
26. 비디오 「작업실 방문」(The Studio Visit), 「예술을 만드는 법」(How to Make an Art), 「루이스 부르주아」(Louise Bourgeois) 참조.
27. 비디오 「성공한 흑인 예술가가 되는 법」(How to Be a Successful Black Artist), 「관계미학」(Relational Aesthetics), 「숭고」(The Sublime), 「제도 비판」(Institutional Critique) 참조.
28. Diana Stoll and Adrian Piper, "Adrian Piper: Goodbye to Easy Listening," *Aperture* 166 (2002): 40.
29. Stoll and Piper, "Adrian Piper," 40.
30. 영맨의 「아트 소츠: 대학원」(ART THOUGHTZ: Grad School)에서 작가는 이 비디오를 긴급한 "특별 메시지"로 제시한다. "요즘 많은 예술가가 대학원 진학을 필수라고 생각한다는 사실에 주목하게 되었다. … 하지만 제정신인 사람이라면 알 수 있듯이, 대학 환경에서 예술 작업을 하는 특권을 위해 수만 달러, 심지어 10만 달러를 지불한다고 해서 예술가로 성공하리란 보장은 없다."
31. Genevieve Hudson, "An Interview with Maggie Nelson," Bookslut, July 2013, http://www.bookslut.com/features/2013_07_020156.php.
32. Helen Stuhr-Rommereim and Chris Kraus, "Interview: Chris Kraus," *Full Stop*, December 4, 2012, http://www.full-stop.net/2012/12/04/interviews/helen-stuhr-rommereim/chris-kraus.

3장. 관계로서의 인용

1. Jessica Weisberg, "Can Self-Exposure Be Private?," *New Yorker*, May 2, 2012, https://www.newyorker.com/culture/culture-desk/can-self-exposure-be-private.
2. Maggie Nelson, *The Argonauts* (Minneapolis: Graywolf Press, 2015). [한국어판] 매기 넬슨, 『아르고호의 선원들』, 이예원 옮김, 플레이타임, 2024.
3. Gloria E. Anzaldua, *Borderlands/La Frontera: The New Mestiza*, 4th ed. (San Francisco: Aunt Lute Books, 2012); Nicole Brossard, *Picture Theory*, trans. Barbara Godard (Montreal: Guernica, 2006 [1982]).
4. Joanna Walsh, *Break.up: A Novel in Essays* (New York: Semiotext(e), 2018).
5. [옮긴이] 미장파주(mise-en-page)는 저자가 고안한 용어로, 연극이나 영화에서 무대/프레임에 시각 요소를 배열해 만들어낸 이미지라는 뜻의 '미장센'(mise-en-scéne)의

scene 자리에 page를 넣은 것이다. 텍스트의 무대라 할 수 있는 페이지의 레이아웃, 특히 페이지를 구성하는 미적인 연출을 지칭한다.
6. 그러나 글로리아 안살두아가 『경계지대/경계선: 새로운 메스티사』에서 각주를 사용한 것은 그의 글쓰기의 맥락에서 실험적인 시도이다. 안살두아는 역사적으로 학술 작업에 사용되던 각주를 자신의 창작-비평 작업에 도입하여 퀴어, 페미니스트, 메스티사-되기(Mestiza-becoming)를 위한 공간을 마련하고, 인용을 읽기 목록으로 활용하여 그의 개인적-시적-이론적 서술을 위한 다양한 상호텍스트적인 토대를 마련한다.
7. Chris Kraus, *I Love Dick* (New York: Semiotext(e), 1997), 113. [한국어판] 크리스 크라우스, 『아이 러브 딕』, 박아람 옮김, 책읽는수요일, 2019, 171쪽.
8. Eve Kosofsky Sedgwick, *Tendencies* (Durham, NC: Duke University Press, 1993).
9. Nelson, *The Argonauts*, 4. [한국어판] 넬슨, 『아르고호의 선원들』, 9쪽.
10. Nelson, *The Argonauts*, 14. [한국어판] 넬슨, 『아르고호의 선원들』, 24쪽.
11. Gayle Salamon, "The Argonauts by Maggie Nelson (Review)," *philoSOPHIA* 6, no.2 (2016): 303.
12. Nelson, *The Argonauts*, 5. [한국어판] 넬슨, 『아르고호의 선원들』, 11쪽.
13. Roland Barthes, *A Lover's Discourse: Fragments*, trans. by Richard Howard (New York: Hill and Wang, 1977), 5. [한국어판] 롤랑 바르트, 『사랑의 단상』, 김희영 옮김, 동문선, 2004, 13쪽. [옮긴이] 한국어판에서 이 절의 제목은 '이 책은 어떻게 만들어졌는가?'로 번역되었다. 참고로 이 책의 프랑스어 원제는 *Fragments d'un discours amoureux*로 '사랑의 담론의 파편들'이라고 옮길 수 있다.
14. Roland Barthes, "The Death of the Author," in *Image Music Text*, trans. Stephen Heath (New York: Hill and Wang 1997 [1967]), 144. [한국어판] 바르트, 「저자의 죽음」, 『텍스트의 즐거움』, 김희영 옮김, 동문선, 1997, 32쪽. (2022년 『텍스트의 즐거움』 번역본 신판에는 「저자의 죽음」이 수록되지 않음).
15. Barthes, "Death of the Author," 146. [한국어판] 바르트, 「저자의 죽음」, 『텍스트의 즐거움』, 32쪽.
16. Barthes, *A Lover's Discourse*, 3. [한국어판] 바르트, 『사랑의 단상』, 14쪽.
17. Barthes, "The Death of the Author," 148. [한국어판] 바르트, 「저자의 죽음」, 『텍스트의 즐거움』, 34쪽.
18. Barthes, *A Lover's Discourse*, 8. [한국어판] 바르트, 『사랑의 단상』, 22쪽.
19. Barthes, "Death of the Author," 148. [한국어판] 바르트, 「저자의 죽음」, 『텍스트의 즐거움』, 35쪽.
20. Barthes, *A Lover's Discourse*, 3. [한국어판] 바르트, 『사랑의 단상』, 13쪽.
21. Barthes, *A Lover's Discourse*, 2. [한국어판] 바르트, 『사랑의 단상』, 11쪽.
22. Barthes, *A Lover's Discourse*, 4. [한국어판] 바르트, 『사랑의 단상』, 15쪽.
23. Barthes, *A Lover's Discourse*, 9. [한국어판] 바르트, 『사랑의 단상』, 22쪽.
24. Paul Ricoeur, *Freud and Philosophy: An Essay on Interpretation*, trans. Denis Savage (New Haven, CT: Yale University Press, 1970), 32. [한국어판] 폴 리쾨르, 『해석에 대하여: 프로이트에 관한 시론』, 김동규·박준영 옮김, 인간사랑, 2020.
25. [옮긴이] 주민발의안 8호(Proposition 8)는 2008년 11월 캘리포니아주에서 제기된 동성결혼을 금지하는 헌법 개정안을 가리킨다. 이 발의안은 주 헌법에 남성과 여성 간 혼인만이 유효하다는 규정을 마련하여 동성결혼을 금지했는데, 2008년 11월 주민투표로 가결되었다. 캘리포니아주의 동성결혼은 2013년 이후 합법화되었다.

26. Nelson, *The Argonauts*, 64. [한국어판] 넬슨, 『아르고호의 선원들』, 101쪽.
27. Paul B. Preciado, *Testo Junkie: Sex, Drugs, and Biopolitics in the Pharmacopornographic Era*, trans. Bruce Benderson (New York: Feminist Press, 2013 [2008]), 19.
28. Kathy Acker and McKenzie Wark, *I'm Very into You: Correspondence 1995-1996*, ed. Matias Viegener (New York: Semiotext(e), 2015).
29. Harry Dodge, *My Meteorite: Or, Without the Random There Can Be No New Thing* (New York: Penguin Books, 2020).
30. Alex Brostoff, "An Autotheory of Intertextual Kinship: The Touching Bodies of Maggie Nelson and Paul Preciado," 2018년 3월 30일 미국비교문학협회(American Comparative Literature Association) 학술대회에서 발표된 논문.
31. Anzaldua, *Borderlands/La Frontera*, 99.
32. [옮긴이] 넬슨, 『아르고호의 선원들』, 196, 198, 202쪽 참조.
33. Audre Lorde, *A Burst of Light* (Ithaca, NY: Firebrand Books, 1988).
34. Moyra Davey, *Les Goddesses* (2011).
35. Chris Kraus, *Aliens and Anorexia* (New York: Semiotext(e), 2000), 119.
36. Nelson, *The Argonauts*, 57. [한국어판] 넬슨, 『아르고호의 선원들』, 91쪽.
37. Nelson, *The Argonauts*, 95. [한국어판] 넬슨, 『아르고호의 선원들』, 147쪽.
38. Barthes, *A Lover's Discourse*, 3. [한국어판] 바르트, 『사랑의 단상』, 13쪽.
39. Nelson, *The Argonauts*, 86. [한국어판] 넬슨, 『아르고호의 선원들』, 133쪽.
40. Nelson, The Argonauts, 13-14. [한국어판] 넬슨, 『아르고호의 선원들』, 24쪽.
41. Jane Gallop, *Anecdotal Theory* (Durham, NC: Duke University Press, 2002); Susan Fraiman, *Cool Men and the Second Sex* (New York: Columbia University Press, 2003), 69.
42. Nelson, *The Argonauts*, 46. [한국어판] 넬슨, 『아르고호의 선원들』, 74쪽.
43. Nelson, *The Argonauts*, 46-47. [한국어판] 넬슨, 『아르고호의 선원들』, 74-75쪽.
44. [옮긴이] 책의 사방 여백 중 왼쪽 또는 오른쪽에 인용의 출처를 기입한 것을 뜻하는 듯하다. 보통은 인용의 출처를 책의 아래쪽 여백 또는 본문이 끝난 다음 페이지에 적는다.
45. Nelson, *The Argonauts*, 129, 131, 133. [한국어판] 넬슨, 『아르고호의 선원들』, 196, 198, 202쪽.
46. Sarah Nicole Prickett and Maggie Nelson, "Bookforum Talks with Maggie Nelson," *BookForum*, May 29, 2015, http://bookforum.com/interview/14663.
47. [옮긴이] 아니시나베(Anishinaabe)족은 캐나다와 미국의 오대호 연안에 거주하는 문화적으로 연관된 선주민 집단이다.
48. [옮긴이] 아니시나베크위(Anishinaabekwe)는 아니시나베에 포함되는 오지브웨(Ojibwe) 부족 여성들을 가리킨다.
49. Rebecca Belmore and Florene Belmore, Something Between Us, keynote conversation at C Magazine in Criticism Symposium (Toronto: AGO and Toronto Media Arts Centre, TBD, 2020년에 열릴 예정이었으나 무기한 연기).
50. Nelson, *The Argonauts*, 47. [한국어판] 넬슨, 『아르고호의 선원들』, 75쪽.
51. 2019년 5월 24일 영국 런던 배터시 캠퍼스 왕립 예술학교에서 열린 학술대회 "자기-"(AUTO-)의 토론 세션 "자기-에의 종속"(Subject to AUTO-)에서 한 미라 마타

(Mira Matta)의 논평 중에서.
52. Nelson, *The Argonauts*, 48. [한국어판] 넬슨, 『아르고호의 선원들』, 76쪽.
53. Micah McCrary and Maggie Nelson, "Riding the Blinds: Micah McCrary Interviews Maggie Nelson," *Los Angeles Review of Books*, April 26, 2015. http://www.lareviewofbooks.org/article/riding-the-blinds.
54. Eve Kosofsky Sedgwick and Adam Frank, "Shame in the Cybernetic Fold: Reading Silvan Tomkins," *Critical Inquiry* 21, no. 2 (1995): 496.
55. Sedgwick and Frank, "Shame in the Cybernetic Fold," 494.
56. Katy Hawkins, "Woven Spaces: Eve Kosofksy Sedgwick's Dialogue on Love," *Women and Performance: A Journal of Feminist Theory* 16, no. 2 (2006): 251
57. Eve Kosofsky Sedgwick, *Epistemology of the Closet* (Berkeley: University of California Press, 1990); *Between Men: English Literature and Male Homosocial Desire* (New York: Columbia University Press, 1985).
58. Eve Kosofsky Sedgwick, *Tendencies* (Durham, NC: Duke University Press, 1993), 8.
59. 2014년 처음 듀크대학교 출판부에서 간행된 피어 리뷰 저널 『계간 트랜스젠더 연구』(*Trnasgender Studies Quarterly*)는 페미니스트 또는 퀴어 학계와 이론에서 충분히 다루지 못한 젠더, 섹슈얼리티, 성, 정체성, 신체와 관련된 문제에 대한 학제적 연구에 초점을 두고 있다. 창간호에 실린 「트랜스젠더 연구의 번영」(The Flourishing of Transgender Studies)에서 레지나 쿤젤(Regina Kunzel)은 2014년을 "트랜스젠더 연구가 여러 학회, 다수의 편집 컬렉션 및 주제별 저널 발행물, 일부 대학의 커리큘럼 과목 ... 최고의 대학출판사가 있는 학술지"의 존재를 자랑할 수 있게 된 역사적 시간으로 명명한다. 그보다 10여 년 전에 수전 스트라이커(Susan Stryker)와 스티븐 휘틀(Stephen Whittle)이 공동편집한 『트랜스젠더 연구 리더』(*Transgender Studies Reader*)가 발행되기도 했다.
60. 물론 예외가 존재한다. 트랜스 이론가인 제이 프로서(Jay Prosser)는 트랜스섹슈얼 자서전(지금은 트랜스젠더 자서전이라고 부르지만, '트랜스섹슈얼'에서 '트랜스젠더'로 담론이 진화한 것은 그 자체 매우 복잡한 역사다)을 고려한다. 프로서는 이 프로젝트에 세지윅을 참여시키면서 "퀴어 프로젝트의 한가운데에 자기 자신의 개인적인 트랜스젠더적 투여가 자리 잡고 있음"을 세지윅이 드러냈다고 주장한다. Jay Prosser, Second Skins: The Body Narratives of Transsexuality (New York: Columbia University Press, 1998), 23.
61. Nelson, *The Argonauts*, 29–30. [한국어판] 넬슨, 『아르고호의 선원들』, 48쪽.
62. Nelson, *The Argonauts*, 30. [한국어판] 넬슨, 『아르고호의 선원들』, 49쪽.
63. Alison Bechdel, *Are You My Mother? A Comic Drama* (New York: Houghton Mifflin, 2012). [한국어판] 앨리슨 벡델, 『당신 엄마 맞아?』, 송섬별 옮김, 움직씨, 2019.
64. Alison Bechdel, *Fun Home: A Family Tragicomic* (New York: Houghton Mifflin, 2007). [한국어판] 앨리슨 벡델, 『펀 홈: 가족 희비극』, 이현 옮김, 움직씨, 2018. 『펀 홈』은 제너비브 허드슨의 『모두와 조금 사랑에 빠지다』(*Pretend We Live Here*)라는 자기이론적 응답 텍스트를 촉발했다. 참고로, 앨리슨 벡델의 『펀 홈』(샌프란시스코: 픽션 어드보케이트, 2018)과 2013년 뉴욕에서 개막한 토니상 수상작으로 브로드웨이 각색 작품이 있다.
65. http://www.dykestowatchoutfor.com/dtwof 참조.
66. Bechdel, *Are You My Mother?*, 152. [한국어판] 벡델, 『당신 엄마 맞아?』, 158쪽.

67. Bechdel, *Are You My Mother?*, 178, 200. [한국어판] 벡델, 『당신 엄마 맞아?』, 204, 206쪽.
68. Nancy K. Miller, *Getting Personal: Feminist Occasions and Other Autobiographical Acts* (New York: Routledge, 1991), 22.
69. [옮긴이] '캠프적인'(campy) 것은 1950-60년대 대중문화 시대에 부상한 새로운 예술적 감수성인 '캠프'(camp)의 형용사로, 저속하고 과장된 것의 '인위성'으로부터 미적인 것을 감각하는 탐미적 문화 취향 또는 양식을 가리킨다. 크리스토퍼 이셔우드(Christopher Isherwood)가 소설 『밤의 세계』(*The World in the Evening*, 1954)에서 사용한 이 단어는 수전 손택의 에세이 「캠프에 대한 단상」(Notes on "Camp")을 통해 구체화되면서 큰 인기를 끌었다. 『아이 러브 딕』에서 크라우스는 크라우스와 딕의 이성애적 만남을 과장스럽고 연극적인 것으로 희화화함으로써 이성애의 인위성을 '캠프적으로' 드러낸다.
70. Nelson, *The Argonauts*, 60. [한국어판] 넬슨, 『아르고호의 선원들』, 95쪽.
71. Nelson, *The Argonauts*, 60-61. [한국어판] 넬슨, 『아르고호의 선원들』, 96쪽.
72. Eve Kosofsky Sedgwick, *Touching Feeling: Affect, Pedagogy, Performativity* (Durham, NC: Duke University Press, 2003), 144.
73. Nelson, *The Argonauts*, 6. [한국어판] 넬슨, 『아르고호의 선원들』, 13쪽.
74. Sheila Heti, *How Should a Person Be?* (Toronto: House of Anansi, 2010).
75. Sheila Heti, *Motherhood: A Novel* (New York: Henry Holt, 2018). [한국어판] 실라 헤티, 『마더후드』, 구원 옮김, 코호북스, 2024.
76. Maggie Nelson, *The Art of Cruelty: A Reckoning* (New York: W. W. Norton, 2011), 6.
77. Jennifer Doyle, *Hold It Against Me: Difficulty and Emotion in Contemporary Art* (Durham, NC: Duke University Press, 2013), 1.
78. [옮긴이] 2018년 트럼프 대통령의 지명으로 미국 연방 대법원 대법관 후보에 올랐던 브렛 캐버노는 인사 청문회 과정에서 고교 및 대학 시절의 여러 성추행 의혹이 폭로되어 사회적 물의를 일으켰지만 같은 해 10월 대법관에 취임했다. 보수 성향의 판사인 캐버노는 낙태죄를 지지한 바 있다.
79. [옮긴이] 자신의 정치적 올바름(PC, Political Correctness)을 타인에게 과시하는 행위.

4장. 인용들을 퍼포밍하기, 레퍼런스를 시각화하기

1. [옮긴이] LTTR은 'Lesbians to the Rescue'(레즈비언 구조대)의 약어로, 2001년 시작된 페미니스트 젠더퀴어 예술가 콜렉티브이다. 2002-06년 사이 발간된 동명의 잡지를 비롯, 퍼포먼스와 스크리닝 등의 협업 프로젝트를 진행했다.
2. 2015년의 한 인터뷰에서 미첼은 "5년 전 FAG를 열었을 때, 우리는 이 프로젝트를 5년 동안만 지속할 것이"라면서 "우리는 뉴욕의 친구들과 작가들이 꾸린 콜렉티브 LTTR의 모델을 택했는데, 이들은 제도로 편입되기를 원치 않았기 때문에 5년 후 프로젝트를 접었다"라고 말했다. Amber Christensen, Lauren Fournier, Daniella Sanader, "A Speculative Manifesto for the Feminist Art Fair International: An Interview with Allyson Mitchell and Deirdre Logue of the Feminist Art Gallery," *Desire Change: Contemporary Feminist Art in Canada*, ed. Heather Davis (Montreal: McGill-Queen's University Press, 2017), 257-270.

3. Lauren Berlant and Kathleen Stewart, *The Hundreds* (Durham, NC: Duke University Press, 2019); Hiromi Goto and David Bateman, *Wait until Late Afternoon* (Calgary: Frontenac House, 2009).
4. Allyson Mitchell and Deirdre Logue, We Can't Compete, exhibition, curated by Josephine Mills, University of Lethbridge Art Gallery, Lethbridge, AB, January 23-March 6, 2014.
5. Sarah E. K. Smith, "Bringing Queer Theory into Queer Practice," in *Deirdre Logue & Allyson Mitchell: I'm Not Myself At All*, ed. Meg Taylor (Kingston, ON: Agnes Etherington Art Centre, 2015), 30.
6. Allyson Mitchell and Deirdre Logue, Hers Is Still a Dank Cave: Crawling towards a Queer Horizon, (2016), video, 24:32 min., Vtape, http://www.vtape.org/video?vi=8423.
7. 헤더 러브는 미첼과 로그가 자신들의 비디오에서 바닥으로 몸을 구부린, 마룻바닥에서 본 관점을 사용했다는 것, 다종성을 갖춘, 고양이-동맹 원자가(작가들이 카메라를 가지고 기어다니며 고양이들의 눈높이에 맞춰 보고 있는)를 중시했다는 것을 잭 헬버스탬이 저급 이론(low theory)이라고 부른 것과 결부해 이론화한다. "미첼과 로그가 그리는 퀴어의 미래는 낮은 것이다. 바닥으로 낮추는 것이고, 로 키(low key)이고, 저급 문화이고, 로 다운(low down)이다. 당신은 이 퀴어의 미래를 향해 날아갈 수 없고 그러므로 기어가야 한다." ("Low," in Taylor, ed., *Deirdre Logue & Allyson Mitchell: I'm Not Myself At All*, 41.)
8. Monique Wittig, *The Straight Mind and Other Essays* (Boston: Beacon Press, 1992). [한국어판] 모니크 위티그, 『모니크 위티그의 스트레이트 마인드』, 허윤 옮김, 행성B, 2020; José Esteban Muñoz, *Cruising Utopia: The Then and There of Queer Futurity* (New York: New York University Press, 2009).
9. R. M. Vaughan, "Nova Scotia College of Art and Design Was the Darling of the '70s Art World—We Think," *CBC Arts*, January 14, 2016, http://www.cbc.ca/arts/novascotia-college-of-art-and-design-was-the-darling-of-the-70s-art-world-we-think-1.3403927
10. 글루텐을 함유하지 않음(gluten-free)을 GF로 줄였다. 내가 여기서 "아픈-여자와-제휴한"이라고 쓴 것은, 글루텐 과민증과 오늘날의 자가면역 장애가 연관성이 있기 때문이다.
11. Madelyne Beckles and Petra Collins, In Search of Us [performance], MoMA, New York, March 18, 2017.
12. Allyson Mitchell and Madelyne Beckles, What Motivates Her?, exhibition, Thames Art Gallery, Chatham, ON, January 18-March 10, 2019.
13. Nancy K. Miller, *Getting Personal: Feminist Occasions and Other Autobiographical Acts* (New York: Routledge, 1991); Jane Gallop, *Feminist Accused of Sexual Harassment* (Durham, NC: Duke University Press, 1997).
14. Jane Gallop, *Anecdotal Theory* (Durham, NC: Duke University Press, 2002), 2.
15. Gallop, *Anecdotal Theory*, 11.
16. Gallop, *Anecdotal Theory*, 5.
17. Gallop, *Anecdotal Theory*, 2-5.
18. Shannon Bell, *Fast Feminism: Speed Philosophy, Pornography, and Politics* (New

19. [옮긴이] -men을 접미사로 하는 'women'이 남성형 명사를 표준으로 삼아 만들어진 단어라는 점에서 성차별적이라고 보고 이를 피하기 위해 1970년대 페미니스트들이 쓰기 시작한 대안적 철자이다.
20. [옮긴이] 캐나다 서해안 지역 선주민의 언어로 '털이 많은 거인'이라는 뜻이며, 미국, 캐나다 로키산맥에서 목격된다는 '빅풋'과 같은 미확인 생명체를 가리킨다.
21. Marie-Andrée Godin, (Im)possible Labour, exhibition, Diagonale Centre des arts et des fibres du Québec, Montreal, QB, April 11-June 8, 2019.
22. Sara Ahmed, *Living a Feminist Life* (Durham: Duke University Press, 2017). [한국어판] 사라 아메드,『페미니스트로 살아가기』, 이경미 옮김, 동녘, 2017.
23. [옮긴이] 포틀랜디아는 포틀랜드의 힙스터 문화를 풍자한 미국의 시트콤 제목이다. 텔레비전, 극장 등에서 나오는 '촌극'의 뜻으로 '스케치'를 사용했다.
24. Fred Armisen and Carrie Brownstein, "Did You Read It?," Portlandia, IFC, 2011, https://www.youtube.com/watch?v=6JLWQEuz2gA.
25. Love, "Low," 43-44.
26. Love, "Low," 46.
27. Jessica Weisberg, "Can Self-Exposure Be Private?," *New Yorker*, May 2, 2012.
28. Maiko Tanaka, "Feminist Approaches to Citation," *C Magazine* 126 (2015), 47.
29. Jeanne Randolph, "Out of Psychoanalysis: A Ficto-Criticism Monologue," in *Canadian Cultural Poesis*, ed. Garry Sherbert et al. (Waterloo, ON: Wilfrid Laurier University Press, 2006), 232.
30. Frank O'Hara, *Lunch Poems* (San Francisco: City Lights, 1964). [한국어판] 프랭크 오하라,『점심 시집』, 송혜리 옮김, 미행, 2023; John Cage, *Empty Words: Writings '73-'78* (Middletown, CT: Wesleyan University Press, 1981), 79-98.
31. Joanna Walsh, *Break.up: A Novel in Essays* (New York: Semiotext(e), 2018).
32. [옮긴이] 예술가들이 비영리로 운영하는 캐나다의 최대 비디오 아트 배급 기관이며, 주로 선주민, 개념미술, 퍼포먼스 비디오 아트와 다큐멘터리 등으로 구성된 아카이브를 갖추고 있다.
33. Chelsea Rozansky, "Review: Autotheory Screening at Vtape," *C Magazine* 141 (2019): 72-74.
34. Rosalind Krauss, "Video: The Aesthetics of Narcissism," *October* 1 (Spring 1976): 50-64.
35. Martha Wilson, Art Sucks (1972), video, 01:25 min., Vtape, http://www.vtape.org /video?vi=6874. [옮긴이] 이 비디오를 다음의 웹 페이지에서 볼 수 있다. http://www.vtape.org /video?vi=6874.
36. 이 같은 방법으로 이 작품에는, 작품 자체에 대한 주해(크라우스가『아이 러브 딕』의「주해」장에서 그 자신의 작품을 자기이론적 실천의 부분으로 이론화하고 비판을 선취하는 것처럼)가 포함되어 있다고 할 수 있다.
37. Kaye Mitchell, "Empathy, Intersubjectivity, and the Feminist Politics of the Auto," presentation at AUTO-conference, Royal College of Art, London, May 23, 2019.
38. Chris Kraus, *Aliens and Anorexia* (New York: Semiotext(e), 2000), 103.
39. Alanna Lynch, quoted in *Fermenting Feminism* catalogue, by Lauren Fournier (Vancouver: Access Gallery, 2019).

40. [옮긴이] 여기서 스코비(Symbiotic Culture Of Bacteria Yeast)는 박테리아와 효모가 공생 배양된 덩어리로 차를 만드는 데 쓰인다.
41. Kate Zambreno, *Heroines* (New York: Semiotext(e), 2012), 49.
42. Tanaka, "Feminist Approaches to Citation," 49.
43. Roland Barthes, "The Death of the Author," in *Image Music Text*, trans. Stephen Heath (New York: Hill and Wang 1997 [1967]), 142-149. [한국어판] 바르트, 「저자의 죽음」, 『텍스트의 즐거움』, 27-35쪽.
44. Zoe Todd, "An Indigenous Feminist's Take on the Ontological Turn: 'Ontology' Is Just Another Word for Colonialism," *Journal of Historical Sociology* 29, no. 1 (2016): 17.
45. [옮긴이] 글로리아 안살두아의 『경계지대/경계선』 3판 서문은 예술가, 활동가, 이론가 열 명이 쓴 짧은 글들로 구성되었다. 『경계지대/경계선』 출간 20주년을 기리고 안살두아의 작업에 응답하기 위해 채택된 이 방식은 혼종적이며 포용적이고 다성적인 안살두아의 작업 정신에 부합하는 것이었다.
46. Jackie T. Cuevas, "Tejana Writing, Scholarship, and Activism: Living in the Borderlands with-and without-Gloria Anzaldúa," in Gloria E. Anzaldúa, *Borderlands/La Frontera: The New Mestiza*, 4th ed. (San Francisco: Aunt Lute Books, 2012), 243.
47. Bhanu Kapil (@Thisbanu), "Citation is feminist memory," Twitter, December 30, 2015, 9:25 a.m.
48. McKenzie Wark, "Review: I Love Dick," Public Seminar, August 25, 2016, http://www.publicseminar.org/2016/08/ild.
49. [옮긴이] 옥타비아 E. 버틀러(1947-2006)의 『우화』 연작은 1993년 『씨앗을 뿌리는 사람의 우화』, 1998년 『은총을 받은 사람의 우화』 총 두 권으로 발간되었다. 이 연작은 디스토피아가 된 근미래의 미국을 배경으로 하며, '초공감 증후군'이 있는 소녀 로런 오야 올라미나가 새로운 종교인 '지구종'(earthseed)을 만들어 대안적 공동체를 건설해나가는 내용을 담고 있다. 이후 버틀러는 같은 세계관을 공유하는 네 편의 후속작(『사기꾼의 우화』, 『가르치는 사람의 우화』, 『카오스의 우화』, 『점토의 우화』)을 계획했으나, 『사기꾼의 우화』 집필을 시도하던 중 직접 시리즈의 중단을 결정했다.
50. Cauleen Smith, "Human_3.0 Reading List," *Human 3.0 Reading List* (blog), June 16, 2015, https://readinglisthumanthreepointo.wordpress.com/2015/06/15/june-16-2015.
51. Cauleen Smith and Lorelie Stewart, "Human_3.0 Reading List Postcards," *Human_3.0 Reading List* (blog), June 16, 2015, https://readinglisthumanthreepointo.wordpress.com/human_3-o-reading-list-postcards.
52. 콜린 스미스가 이 목록을 작성할 당시에 열네 권의 책 드로잉이 완성되어 있었고, 지금은 그가 그린 스물세 권의 책 표지가 작가의 웹사이트에 소개되어 있다.
53. Smith, "Human_3.0 Reading List."
54. Carolyn Lazard, "How to Be a Person in the Age of Autoimmunity," *Cluster Magazine*, 2013.
55. [옮긴이] 새로운 환각제의 효과를 알기 위해 신약을 검색하고 연구하면서 여러 가지 약물을 경험해보는 사람을 뜻한다.
56. Johanna Hedva, "Sick Woman Theory," *Mask Magazine*, January 2016, http://maskmagazine.com/not-again/struggle/sick-woman-theory.

57. Annie Jael Kwan, "Curatorial Introduction to Finding Fanon," presentation at the Royal College of Art, London, England, May 24, 2019.
58. Frantz Fanon, *The Wretched of the Earth*, trans. Richard Philcox (New York: Grove Press, 2005 [1961]). [한국어판] 프란츠 파농, 『대지의 저주받은 사람들』, 남경태 옮김, 그린비, 2010.
59. Larry Achiampong and David Blandy, Finding Fanon Part 1 (2015), video, 15:22 min.
60. [옮긴이] 미국 역사의 노예 매매와 인종차별이 아프리카계 미국인들의 주체화 경험에 미친 영향을 다루는 비판적 틀로, 아프로-페시미즘에 따르면 인간 존재로서의 흑인은 언제나 "사회적 죽음"의 위치에 있으며, 흑인성은 "노예성"과 거의 등가의 것을 뜻한다.
61. [옮긴이] 아프리카의 문화, 역사와 선진 기술의 발전을 융합한 문화 양식으로, 백인 남성 중심의 내러티브를 거부하고 흑인을 주류로 하는 새로운 미래관을 제시하는 내용이 주를 이룬다.
62. Smith, "Human_3.0 Reading List."
63. Larry Achiampong and David Blandy, Finding Fanon Part 2 (2015), video, 9:13 min.
64. Christensen, Fournier, and Sanader, "Speculative Manifesto," 267.
65. Margaret Atwood, "Am I a Bad Feminist?," *Globe and Mail*, 13 January 2018, https://www.theglobeandmail.com/opinion/am-i-a-bad-feminist/article37591823. [한국어판] 마거릿 애트우드, 「나는 나쁜 페미니스트인가?」, 『타오르는 질문들』, 이재경 옮김, 위즈덤하우스, 2022; Margaret Atwood, *The Edible Woman* (Toronto: McClelland & Stewart, 1969). [한국어판] 마거릿 애트우드, 『먹을 수 있는 여자』, 이은선 옮김, 은행나무, 2020.
66. Love, "Low," 40-41.
67. [옮긴이] 1983년 미국 사회심리학자 필립 블럼스타인(Philip Blumstein)과 사회학자 페퍼 슈워츠(Pepper Schwartz)가 발표한 연구에서 언급된 용어로, 레즈비언 커플이 성관계가 적고 성적 친밀감이 덜하다는 이들의 연구 결과를 함축한다. 이것이 대중문화에서 농담으로 유통되고 있다.
68. Judith Butler, "Performative Acts and Gender Constitution: An Essay in Phenomenology and Feminist Theory," *Theatre Journal* 40, no. 4 (1988), 519.
69. Allyson Mitchell and Deirdre Logue, "Female Voices with Lisa Steele," artist's talk, MOCA, Toronto, March 29, 2019.
70. Cait McKinney and Allyson Mitchell, *Inside Killjoy's Kastle: Dykey Ghosts, Feminist Monsters, and Other Lesbian Hauntings* (Vancouver: University of British Columbia Press, 2019); Nicole Brossard, *The Aerial Letter*, trans. Marlene Wildeman (Toronto: Women's Press, 1987 [1985]).
71. Mitchell and Logue, quoted in Taylor, ed., *Deirdre Logue & Allyson Mitchell: I'm Not Myself At All*, 32-33; Muñoz, *Cruising Utopia*, 49.

5장. 나는 고발한다

1. Chris Kraus, *I Love Dick* (New York: Semiotext(e), 1997). [한국어판] 크리스 크라우스, 『아이 러브 딕』, 박아람 옮김, 책읽는수요일, 2019; Jill Soloway, dir., I Love Dick

(Amazon, 2016), television series.
2. [옮긴이] [한국어판] 딕 헵디지, 『하위문화: 스타일의 의미』, 이동연 옮김, 현실문화연구, 1998.
3. 크라우스에 맞서는 헵디지의 "소송 개시"는 크라우스가 건성으로 허구라고 프레임화한 것과 실제 현실에서 일어난 일이 거의 일치함을 드러냈다. 이 때문에 책에서 그의 이름을 떠올리는 독자들이 더 많아졌다. Nic Zembla, "See Dick Sue: A Very Phallic Novel Gets a Rise out of a Beloved Professor," *New York Magazine* 30, no. 44 (1997): 20 참조할 것.
4. Rachel Blau DuPlessis and Ann Snitow, "Introduction," in *The Feminist Memoir Project*, ed. Ann Snitow (New York: Three Rivers Press, 1998), 7.
5. Joan Hawkins, "Afterword: Theoretical Fictions," in Kraus, *I Love Dick*, 263-276. "슬픈 소녀 현상(학)"은 크라우스가 만든 용어로 소설에 등장한다. [한국어판] 조앤 호킨스, 「후기: 이론적 픽션」, 크라우스, 『아이 러브 딕』, 417-438쪽.
6. Claire Armitstead et al., "Maggie Nelson and Chris Kraus on Confessional Writing," *Guardian Podcast*, May 27, 2016, http://www.theguardian.com/books/audio/2016/may/27/maggie-nelson-and-chris-kraus-on-confessional-writing-books–podcast.
7. Kraus, *I Love Dick*, 227, 173. [한국어판] 크라우스, 『아이 러브 딕』, 370, 270쪽.
8. Jill Soloway, *She Wants It: Desire, Power and Toppling the Patriarchy* (London: Ebury Press, 2018), 206.
9. Luce Irigaray, *This Sex Which Is Not One*, trans. Catherine Porter and Carolyn Burke (Ithaca, NY: Cornell University Press, 1985 [1977]), 151. [한국어판] 뤼스 이리가레, 『하나이지 않은 성』, 이은민 옮김, 동문선, 198쪽. Lauren Fournier, "From Philosopher's Wife to Feminist Autotheorist: Performing Phallic Mimesis as Parody in Chris Kraus's I Love Dick," ESC, 45.2 (2020).
10. Virpi Lehtinen, *Luce Irigaray's Phenomenology of Feminine Being* (Albany: SUNY Press, 2014), 172.
11. [옮긴이] 모더니즘의 전략인 패러디의 비판성과 비교해서 포스트모던 패러디 혹은 패스티시를 몰역사적이고 한낱 유희에 천착하는 "텅 빈 패러디"로 간주한 프레드릭 제임슨과 달리, 린다 허천(Linda Hutcheon)은 여전히 패스티시에서 정치적 비판과 역사적 인식의 가능성을 읽어낸다. 이 책에 등장하는 패스티시는 제임슨보다는 허천의 관점에 가깝다.
12. Henry Schwarz and Anne Balsamo, "Under the Sign of Semiotext(e): The Story According to Sylvère Lotringer and Chris Kraus," *Critique: Studies in Contemporary Fiction* 37, no. 3 (1996): 212.
13. [옮긴이] 영국의 영화 이론가인 로라 멀비(Laura Mulvey)가 자신의 논문 「시각적 쾌락과 서사 시네마」(Visual Pleasures and Narrative Cinema, 1975)에서 제시한 개념으로, 여성이 스크린에서 이성애자 남성의 렌즈를 통과하며 대상화되어 묘사되는 것을 가리킨다. 이를 통해 영화 시청자는 젠더에 무관하게 남성의 시선으로 스크린 속 여성을 바라보게 된다.
14. Kraus, *I Love Dick*, 19. [한국어판] 크라우스, 『아이 러브 딕』, 17-18쪽.
15. Irigaray, *This Sex Which Is Not One*, 220.
16. Kraus, *I Love Dick*, 21. [한국어판] 크라우스, 『아이 러브 딕』, 20쪽.
17. Hélène Cixous, "The Laugh of the Medusa," trans. Keith Cohen and Paula Cohen,

Signs 1, no. 4 (1976): 875. [한국어판] 엘렌 식수, 『메두사의 웃음/출구』, 박혜영 옮김, 동문선, 2004.
18. Kraus, *I Love Dick*, 130. [한국어판] 크라우스, 『아이 러브 딕』, 199쪽.
19. [옮긴이] 캐시 애커(1947-1997)는 1970년대 이후 미국의 포스트모던, 아방가르드, 펑크 문화를 대표하는 페미니스트 예술가이다. 문학적으로는 개인적인 경험과 음악, 패션, 예술의 레퍼런스를 뒤섞는 전위적 글쓰기로 알려져 있으며, 페미니즘의 맥락에서는 포스트페미니즘, 포스트-젠더 전략을 보여주는 작가로 손꼽힌다. 일인칭의 자기 삶과 편지와 일기, 이론과 비평 등을 뒤섞으며 전개되는 크라우스의 실험적인 글쓰기는 캐시 애커의 '위반적' 스타일에서 직접적으로 영향을 받은 것이기도 하다. 애커는 크라우스의 전남편 실베르 로트링제와 잠깐 연애를 하기도 했으며, 크라우스는 2017년 캐시 애커에 관한 전기 『캐시 애커 이후』(*After Kathy Acker*)를 썼다.
20. Kraus, *I Love Dick*, 172. [한국어판] 크라우스, 『아이 러브 딕』, 269쪽.
21. Kraus, *I Love Dick*, 179. [한국어판] 크라우스, 『아이 러브 딕』, 281쪽.
22. Kraus, *I Love Dick*, 172. [한국어판] 크라우스, 『아이 러브 딕』, 269쪽.
23. "정체화된 폭로" 개념은 VIDA 문학예술계 여성들의 2016년 "현장 보고서: 침묵에 맞서는 목소리"에서 가져왔다. 보고서는 "문학 커뮤니티에서 존경받는 구성원과 트라우마적 상호작용을 경험했던 이들의 탈-정체화된 폭로"를 다룬다. VIDA, "Report from the Field: Statements against Silence", VIDA Women in Literary Arts, March 6, 2016, www.vidaweb.org/statements-against-silence.
24. [옮긴이] 퍼포먼스 예술가 아나 멘디에타(1948-85)는 쿠바 혁명기에 미국으로 이주, 주로 여성과 이민자 정체성을 주제로 한 보디 아트 작업을 했다. 1985년 미니멀리즘 조각가 칼 안드레와 결혼했으나, 같은 해에 뉴욕의 그리니치빌리지 고층 아파트 자택에서 떨어져 사망했다. 여러 정황상 남편 안드레가 살인죄로 기소되었으나 증거 불충분으로 풀려났다. 이로 인해 멘디에타의 죽음이 당대 페미니스트 운동에 소환되었다.
25. Isabella Smith, "Protesters Demand 'Where Is Ana Mendieta?' in Tate Mod- ern Expansion," *Hyperallergic*, June 14, www.hyperallergic.com/305163/protesters-demand-where-is-ana-mendieta-in-tate-modern-expansion 참조.
26. Kraus, *I Love Dick*, 173. [한국어판] 크라우스, 『아이 러브 딕』, 269-270쪽.
27. Émile Zola, "I Accuse! Letter to the President of the Republic," *L'Aurore*, 1898, https://www.marxists.org/archive/zola/1898/jaccuse.htm. [한국어판] 에밀 졸라, 「나는 고발한다: 공화국 대통령 펠릭스 포르 씨에게 보내는 편지」, 『나는 고발한다』, 유기환 옮김, 책세상, 2020, 97-121쪽.
28. 크라우스는 자기이론적인 관점에서 더 어리고 젊은 자신을 돌아보면서, 자신의 젊은 시절이 일종의 젠더 실패를 특징으로 한다는 것을 이해하게 된다. 셰크너의 "토착적 꿈의 시간" 워크숍과 같은 공간들에서, 크라우스는 실제로는 소년도 아니고(하지만 소년"처럼 행동하고 있던", *I Love Dick*, 173; [한국어판] 크라우스, 『아이 러브 딕』, 271쪽), 소녀답지도 않았다. 그가 자신의 성적 매력을 전면에 내세우지 않았기 때문이다. 크라우스는 『아이 러브 딕』에서 트렌스젠더 담론은 언급하지 않지만, 생물학적 남성/여성의 시스 중심 젠더 이분법을 수행적으로 재이입하는 대신, 그와 같은 순간들에서 보다 넓은 젠더 스펙트럼에 대한 이해를 추구하려고 했던 것으로 보인다.
29. Kraus, *I Love Dick*, 174. [한국어판] 크라우스, 『아이 러브 딕』, 272쪽.
30. "정신분열증은 서로 무관한 두 개의 문장 사이에 '그러므로'라는 접속어를 넣는 것으로 이루어진다." Kraus, *I Love Dick*, 226. [한국어판] 크라우스, 『아이 러브 딕』, 358쪽.

31. Kraus, *I Love Dick*, 174. [한국어판] 크라우스, 『아이 러브 딕』, 273쪽.
32. Kraus, *I Love Dick*, 183. [한국어판] 크라우스, 『아이 러브 딕』, 288쪽.
33. Nina Power, *One Dimensional Woman* (New York: Zero Books, 2009), 27. [한국어판] 니나 파워, 『도둑맞은 페미니즘: 일차원적 여성』, 김성준 옮김, 에디투스, 2018, 68쪽.
34. Kraus, *I Love Dick*, 173. [한국어판] 크라우스, 『아이 러브 딕』, 271-272쪽.
35. Kraus, *I Love Dick*, 54. [한국어판] 크라우스, 『아이 러브 딕』, 237쪽.
36. [옮긴이] 애니 스프링클은 뉴욕대학교의 시각예술 대학에서 학사 학위를 취득했으며, 박사 학위를 취득한 최초의 포르노 배우이다. 스프링클은 페미니스트 섹스 영화, 저서, 시각예술 등을 바탕으로 자신만의 고유한 연구와 예술 활동을 지속하는 한편, 성노동자의 권리와 의료 서비스를 옹호하며 1980년대의 성 긍정 운동(sex positive movement)에서 중추적인 역할을 했다. 최근에는 자신의 파트너이자 예술가인 엘리자베스 스티븐스(Elizabeth Stephens)와 함께 환경주의를 더욱 섹시하고 재미있고 다양하게 만들기 위해 노력하는 새로운 '에코섹스 운동'의 움직임을 이끌고 있다. 또한 2013년 스탠퍼드의 국제공연학 분야에서 예술가/활동가/학자 상을, 아방가르드 부문에서 애커 어워드 우수상을 수상한 바 있다. 애니 스프링클의 홈페이지(https://anniesprinkle.org/) 참조.
37. Richard Martin, "Andrea Fraser: Official Welcome (Hamburg Version) 2001-2003," Tate, December 2014, http://www.tate.org.uk/art/artworks/fraser-official-welcome-hamburg-version-t13716.
38. [옮긴이] 크리스 버든(1946-2015)은 퍼포먼스, 조각, 설치미술 등을 선보이는 미국의 예술가이다. 1970년대 초 친구에게 소총으로 자신의 팔을 쏘게 한 퍼포먼스 작업 「쏘다」(shoot)로 이름을 알렸다. 이후 1978년부터 2004년까지 UCLA에 재직하며 미술을 가르쳤다.
39. Chris Kraus, *Video Green: Los Angeles Art and the Triumph of Nothingness* (New York: Semiotext(e), 2004), 58.
40. Kraus, *Video Green*, 59-63. 여성들의 작업에서 비인격적인 것(the impersonal)의 장소를 인정하는 것과 더불어 크라우스는 개인적인 것(the personal)을 강조한다. 그는 비인격적인 것을 자주 무시되고, 경멸당하고, 검열당하는 것으로 정치화하는데, 특히 그렇지 않았다면 개인적인 소재였을 것의 맥락에서 여성이 비인격적인 것을 사용할 때 그 비인격적인 것을 사용할 때 그러하다. 그러므로 비인격적인 것은 여성이 그와 나란히 개인적인 작업을 사용할 수 있도록 해주는 정치적으로 실행 가능한 전략으로서 활용된다.
41. Kraus, *Video Green*, 61.
42. [옮긴이] 2017년도 미투 운동 이후, '콜 아웃'은 주로 유명인의 성폭력 및 성희롱에 대한 폭로를 뜻하는 표현으로 사용되고 있다. 콜 아웃은 폭로 당한 인물이 그가 속한 분야에서 완전히 '취소'되는 '취소 문화'를 낳으며 오늘날 논란이 되고 있지만, 콜 아웃 그 자체가 무조건적인 비난 및 비판의 시작점을 뜻하지는 않는다. 특정인에 대한 '호명'의 의미를 내포한 것으로서의 콜 아웃은 잘못을 저지른 이에 대한 공(개)적 주목을 요청하는 것에 가깝다.
43. Eileen Myles and Liz Kotz, eds., *The New Fuck You: Adventures in Lesbian Reading* (New York: Semiotext(e), 1995).
44. Ann Rower, *If You're a Girl* (New York: Semiotext(e) 1990). 이 책의 텍스트들 중 하

나인 「LSD-기록」(LSD-Transcript)은 뉴욕의 실험극단 우스터 그룹(Wooster Group) 연극의 일부가 되었다.
45. Kraus, *I Love Dick*, 39. [한국어판] 크라우스, 『아이 러브 딕』, 50-51쪽.
46. Rower, *If You're a Girl*, 176.
47. Virginie Despentes, *Baise-Moi* (Paris: Éditions Florent Massot, 1994). [한국어판] 비르지니 데팡트, 『베즈 무아』, 최경란 옮김. 책세상, 2002; Baise-Moi (Rape Me) (Pan-Européenne, 2000), film, dir. Virginie Despentes and Coralie Trinh Thi.
48. Chris Kraus, *Aliens and Anorexia* (New York: Semiotext(e), 2000); *Torpor* (New York: Semiotext(e), 2004).
49. Kraus, *I Love Dick*, 155. [한국어판] 크라우스, 『아이 러브 딕』, 238쪽.
50. Kraus, *I Love Dick*, 173. [한국어판] 크라우스, 『아이 러브 딕』, 269-270쪽.
51. Sara Ahmed, "Feminists at Work," *feministkilljoys*, January 10, 2020, https://feministkilljoys.com.
52. Kraus, *I Love Dick*, 173. [한국어판] 크라우스, 『아이 러브 딕』, 269-270쪽.
53. bell hooks, *Teaching to Transgress: Education as the Practice of Freedom* (New York: Routledge, 1994), 70. 벨 훅스, 『경계 넘기를 가르치기』, 윤은진 옮김, 모티브북, 2008, 89쪽.
54. Rebecca Walker, "Becoming the Third Wave," *Ms* 11, no. 2 (1992): 3.
55. Louis Althusser, "What Is Practice?," in *Philosophy for Non-Philosophers*, trans. and ed. G. M. Goshgarian (New York: Bloomsbury, 2017), 80-84.
56. Louis Althusser, *The Future Lasts a Long Time*, trans. Richard Veasey (London: Chatto, 1993). [한국어판] 루이 알튀세르, 『미래는 오래 지속된다: 루이 알튀세르 자서전』, 권은미 옮김, 이매진, 2008.
57. Avital Ronell, "Kathy Goes to Hell," in *Lust for Life: On the Writings of Kathy Acker*, ed. Amy Scholder et al. (New York: Verso, 2006), 17.
58. Nina Power, *One-Dimensional Woman*. [한국어판] 니나 파워, 『도둑맞은 페미니즘』.
59. Judith Butler, confidential letter addressed to New York University president Andrew Hamilton and provost Katharine Fleming, May 11, 2018, published on *Leiter Reports: A Philosophy Blog*, https://leiterreports.typepad.com/blog/2018/08/the-infamous-butler-letter-on-ronell-revised.html.
60. Maija Kappler, "Margaret Atwood Takes to Twitter to Respond to Criticism of #MeToo Globe Op-Ed," *Globe and Mail*, January 14, 2018, https://www.theglobeandmail.com/news/national/margaret-atwood-takes-to-twitter-to-respond-to-criticism-of-metoo-globe-op-ed/article37599626.
61. Marsha Lederman, "Under a Cloud: How UBC's Steven Galloway Affair Has Haunted a Campus and Changed Lives," *Globe and Mail*, October 28, 2016, https://www.theglobeandmail.com/news/british-columbia/ubc-and-the-steven-galloway-affair/article32562653.
62. [옮긴이] [한국어판] 마거릿 애트우드, 「나는 나쁜 페미니스트인가?」, 『타오르는 질문들』, 이재경 옮김, 위즈덤하우스, 2022, 513-518쪽.
63. [옮긴이] #미투 운동 중 생겨난 것으로, 여성이 성희롱 또는 성폭행을 당했다는 주장을 있는 그대로 받아들이라는 주장을 담은 해시태그이다.
64. Margaret Atwood, "Am I a Bad Feminist?," *Globe and Mail*, 13 January 2018,

https://www.theglobeandmail.com/opinion/am-i-a-bad-feminist/article37591823. [한국어판] 애트우드, 「나는 나쁜 페미니스트인가?」, 『타오르는 질문들』, 513-518쪽; Margaret Atwood, *The Edible Woman* (Toronto: McClelland & Stewart, 1969). [한국어판] 마거릿 애트우드, 『먹을 수 있는 여자』, 이은선 옮김, 은행나무, 2020.
65. Atwood, "Am I a Bad Feminist?" [한국어판] 애트우드, 「나는 나쁜 페미니스트인가?」, 『타오르는 질문들』, 513-518쪽.
66. Avital Ronell, *The Telephone Book: Technology, Schizophrenia, Electric Speech* (Lincoln: University of Nebraska Press, 1989); Avital Ronell, *Crack Wars: Literature Addiction Mania* (Champaign: University of Illinois Press, 1992).
67. 메기 넬슨이 잔혹함의 관점을 통해 20세기 아방가르드 역사들을 해체하는 눈부신 페미니스트 미술 기록사에서 해낸 것이 바로 이런 논증이다. *The Art of Cruelty* (W. W. Norton, 2011) 참조.
68. Lisa Duggan, "THE FULL CATASTROPHE," *Bully Bloggers*, August, 2018, https://bullybloggers.wordpress.com/2018/08/18/the-full-catastrophe. [한국어 번역본] 리사 두건, 「완전한 재앙」, 연숙(리타) 옮김. https://en-movement.net/258에서 읽을 수 있다.
69. [옮긴이] "Ok, but you are wrong, though"의 줄임말인 "K but u rong doe"를 약어로 쓴 것을 풀어서 옮겼다.
70. Keguro Macharia, "kburd: Caliban Responds," *New Inquiry*, August 22, 2018, https://thenewinquiry.com/blog/kburd-caliban-responds. 인용은 Lisa Duggan, "The Trials of Alice Mitchell: Sensationalism, Sexology, and the Lesbian Subject in Turn-of-the-Century America," *Signs: Journal of Women in Culture and Society* 18, no. 4 (January 1993): 791-814.
71. Keguro Macharia, "kburd: Caliban Responds," *New Inquiry*, August 22, 2018, https://thenewinquir y.com/blog/kburd-caliban-responds.
72. Jane Gallop, *Feminist Accused of Sexual Harassment* (Durham, NC: Duke University Press, 1997).
73. Jane Gallop, *Anecdotal Theory* (Durham, NC: Duke University Press, 2002), 2-5.
74. Gallop, *Feminist Accused of Sexual Harassment*, 62.
75. [옮긴이] 콜 아웃이 이름난 특정 인물에 대한 공(개)적 폭로 행위라면, 콜 인은 그러한 행위가 폭로된 인물이 속한 분야 내에서 이루어지는 것을 의미한다. 가령, 5장에서 아비탈 로넬을 향한 미투에 그의 동료들이 지지와 옹호를 표한 것과 그에 대해 제기된 비판의 과정을 그 예로 볼 수 있다
76. Kraus, "Aliens and Anorexia", 103.
77. Kraus, *I Love Dick*, 181. [한국어판] 크라우스, 『아이 러브 딕』, 284-285쪽.
78. Hannah Wilke, Marxism and Art: Beware of Fascist Feminism (1977), poster, Center for Feminist Art Historical Studies, Women's Building, Los Angeles.
79. [옮긴이] 에르베 기베르(1955-91)는 프랑스의 작가이자 사진작가로, 많은 자기이론적 저서와 연구를 남겼다. 기베르는 HIV/AIDS에 대한 프랑스 대중의 인식을 바꾸는 데 중요한 역할을 했으며, 미셸 푸코의와 오랫동안 우정을 나눈 것으로 알려져 있다.
80. Liv Wynter (@livwynter). "Fuck Nina Power. Said it since day. And don't be surprised that you find fascists in your institutions or fascists in your feminism. Be more vigilant. Don't let stuff go unquestioned. F U C K Nina power," Twitter, March 12, 2019,

12:33 p.m., https://twitter.com/livwynter/status/1105552313463328769?lang=en.
81. Ben Quinn, "Tate Artist in Residence Quits, Claiming Gallery Is Failing Women," *Guardian*, March 7, 2018, https://www.theguardian.com/artanddesign/2018/mar/07/tate-modern-artist-quits-saying-gallery-is-failing-women.
82. New Models (@newmodels_io), "Whether or not the recent Nina Power debate…," Twitter, March 14, 2019, 4:30 a.m., https://twitter.com/newmodels_io/status/1106155598683475968.
83. Kai Cheng Thom, "4 Ways That Call-Out Culture Fails Trans Women (and, Therefore, All of Us)," *Everyday Feminism*, October 8, 2016, https://everydayfeminism.com/author/kaict; jaye simpson, "A Conversation I Can't Have Yet: Why I Will Not Name My Indigenous Abusers," *GUTS: A Canadian Feminist Magazine*, January 17, 2019, http://gutsmagazine.ca/a-conversation-i-cant-have-yet-why-i-will-not-name-my-indigenous-abusers.
84. Cheng Thom, "4 Ways."
85. Dodie Bellamy and Kevin Killian, eds., *Writers Who Love Too Much: New Narrative 1977-1997* (New York: Nightboat, 2017), 505.
86. [옮긴이] 에바 헤세(1936-70)는 독일에서 태어난 미국의 조각가로, 라텍스, 강화유리, 플라스틱 등과 같은 소재의 작업을 이끌었다. 1960년대에 포스트미니멀 운동이 도입되는 데에 선구적 역할을 했다. 그가 1936년에 태어났다는 사실은 저자인 포니에가 "헤세의 일기가 1936년에서 1970년 사이에 쓰였다"라고 서술한 부분을 오류로 읽히게 만든다. 그러나 한 사람의 생애-쓰기 내지 자기이론의 정립이 그의 전 생애를 바탕으로 이루어질 수밖에 없다는 사실을 고려한다면, 이는 오류라기보다는 '쓰기'에 대한 포니에 나름의 관점이 반영된 서술이라고 읽어낼 수도 있을 것이다.
87. Mitch Speed, "The Ellipses of Eva Hesse: Reading Her Collected Diaries," *Momus*, September 29, 2016, http://www.momus.ca/the-ellipses-of-eva-hesse-reading-her-diaries, 3.
88. Hervé Guibert, *À l'ami qui ne m'a pas sauvé la vie* (*To the Friend Who Did Not Save My Life*), trans. Linda Coverdale (New York: Atheneum, 1991 [1990]). [한국어판] 에르베 기베르, 『내 삶을 구하지 못한 친구에게』, 장소미 옮김, 알마, 2018.
89. [옮긴이] iGen은 "iphone Generation"의 줄임말로, 진 트윈지(Jean Twinge)가 고안한 신조어이다. 1995년 이후에 태어나 인터넷과 스마트폰 등에 익숙한 젊은 세대를 일컫는다.
90. Kraus, *I Love Dick*, 230. [한국어판] 크라우스, 『아이 러브 딕』, 366쪽.

결론. (탈)식민적 시간들에서의 자기이론

1. David Chariandy, *I've Been Meaning to Tell You: A Letter to My Daughter* (Toronto: McLelland & Stewart, 2018).
2. David Chariandy, "Theory: A Footnote," plenary talk at ACCUTE (Association of Canadian College and University Teachers of English) congress, Vancouver, June 2, 2019.
3. Dionne Brand, *Theory* (Toronto: Penguin Canada, 2018).

4. Christina Sharpe, *In the Wake: On Blackness and Being* (Durham: Duke University Press, 2016), 12-13. Patricia Saunders, "Defending the Dead, Confronting the Archive: A Conversation with M. NourbeSe Philip," *Small Axe* 12.2 (June 2008): 63-79에서 인용.
5. David Chariandy, *Brother* (Toronto: McLelland & Stewart, 2017).
6. Chariandy, "Theory: A Footnote."
7. Aimé Césaire, *Notebook of a Return to My Native Land* (*Cahier d'un retour au pays natal*), trans. Mireille Rosello and Annie Pritchard (Hexham, England: Bloodaxe Books, 1995 [1939]); *Discourse on Colonialism*, trans. Joan Pinkham (New York: Monthly Review Press, 2001 [1955]).
8. Luce Irigaray, *This Sex Which Is Not One*, trans. Catherine Porter and Carolyn Burke (Ithaca, NY: Cornell University Press, 1985 [1977]), 149. [한국어판] 뤼스 이리가레, 『하나이지 않은 성』, 이은민 옮김, 동문선, 2000, 196쪽.
9. Alex Brostoff, "An Autotheory of Intertextual Kinship: The Touching Bodies of Maggie Nelson and Paul Preciado," paper presented at the American Comparative Literature Association conference, Los Angeles, March 30, 2018.
10. Kyla Wazana Tompkins, "We Aren't Here to Learn What We Already Know." *Los Angeles Review of Books*, September 13, 2016, http://avidly.lareviewofbooks.org/2016/09/13/we-arent-here-to-learn-what-we-know-we-already-know.
11. Mieke Bal, "Documenting What? Autotheory and Migratory Aesthetics," in *A Companion to Contemporary Documentary Film*, ed. Alexandra Juhasz and Alisa Lebow (New York: Wiley & Sons, 2015), 134.
12. [옮긴이] 16밀리, 8밀리, 슈퍼8밀리와 같이 35밀리보다 작은 모든 영화 매체를 포괄해서 일컫는 말.
13. 이 부분을 쓸 때 메티스 예술가이자 작가, 교수인 데이비드 가르노(David Garneau)가 분명하게 지적한 구분, 즉 전 지구적이고 코스모폴리탄적인 존재 방식 — 어떤 땅과 의미 있는 관계를 맺지 않는다는 의미에서 잠재적으로는 탈신체화된 — 과 장소에 놓인, 땅-기반 삶의 방식의 차이를 염두에 두었다. 가르노는 "선주민이 볼 때 땅과 아무 관계를 맺지 않는다는 것은 상상할 수 없는 일이다"라고 강조했다. David Garneau, "A Talking Circle about Indigenous Contemporary Art," artist's talk, Oboro, Montreal, September 28, 2017.

찾아보기

ㄱ

가르노, 데이비드(David Garneau) 8, 73, 217-220(도판 52-54)
가이슬러, 하이크(Heike Geissler) 405
개념미술(conceptual art) 14, 24, 86, 88, 109-112, 114, 117, 119, 120, 127, 128, 137, 142, 143, 175, 297, 314, 366, 425
갤러웨이, 스티븐(Steven Galloway) 382
갤럽, 제인(Jane Gallop) 27, 33, 250, 299-301, 387, 388
→ 「데리다를 90년대화하기」(Dating Derrida in the Nineties) 300
→ 「두 자크의 이야기」(A Tale of Two Jacques) 299
→ 『성희롱으로 고발된 페미니스트』(Feminist Accused of Sexual Harassment) 299, 387
게마, 시에라 스카이(Sierra Skye Gemma) 382
"결혼식의 몇몇 장면들: 예술과 이론은 사이가 멀어진 것일까?"(Scenes from a Marriage: Have Art and Theory Drifted Apart?) 157
고다르, 바버라(Barbara Godard) 48
고댕, 마리-앙드레(Marie-Andrée Godin) 304
→ 「(불)가능한 노동」((Im)possible Labour) 304
→ 「WWW³ — 마술, 미래, 후기자본주의」(WWW³ (WORLD WIDE WEB / WILD WO.MEN WITCHES / WORLD WITHOUT WORK) — Magic, Future and Postcapitalism) 304
고버트, 대런(Darren Gobert) 7
고진, 가라타니(柄谷行人) 142, 426
→ 『트랜스크리틱』(Transcritique) 142, 426

구보타 시게코(久保田成子) 26
구빈스, 세라(Sarah Gubbins) 349
구키라(Gukira) 32
국제페미니스트아트페어(Feminist Art Fair International) 333
그리어, 저메인(Germaine Greer) 165, 166
→ 『완전한 여성』(The Whole Woman) 165
그린버그, 클레멘트(Clement Greenberg) 87, 89, 105, 111, 112, 137-139, 144, 313
기딩스, 폴라(Paula Giddings) 325
기베르, 에르베(Hervé Guibert) 391, 398
→ 『내 삶을 구하지 못한 친구에게』 (Á l'ami qui ne m'a pas sauvé la vie) 398
긴즈버그, 앨런(Allen Ginsberg) 115, 239
→ 「카디시」(Kaddish) 239
길로리, 존(John Guillory) 165
김명순(Myung-Sun Kim) 323
깁스, 가브리엘라 부에노(Gabriela Bueno Gibbs) 7

ㄴ

나르시시즘(narcissism) 16, 18, 62-64, 66, 67, 87-89, 91-95, 125, 269, 307, 308, 313, 314, 417, 425
나이, 시앤(Sianne Ngai) 34
남근 중심(phallocentrism) 65, 141, 354, 365
남작부인 엘사(Baroness Elsa von Freytag-Loringhoven) 54
낭시, 장-뤽(Jean-Luc Nancy) 381
『내 등이라 불린 이 다리: 급진적인 유색인 여성들의 글쓰기』(This Bridge Called My Back: Writings by Radical Women of Color) 41
넬슨, 매기(Maggie Nelson) 23, 31, 33-35, 44, 51, 52, 98-101, 177, 224-228, 230-234, 238-254, 258-277, 279-282, 308, 311, 317, 319, 322, 423,

424, 427, 428
→ 『아르고호의 선원들』(The Argonauts) 22, 23, 34, 44, 51, 52, 98, 224-228, 231-233, 238-251, 254, 259, 262, 263, 265, 270, 272, 275, 290, 296, 308, 317, 319, 424, 427, 428
→ 『잔혹함의 예술』(The Art of Cruelty) 249, 274, 277, 279
뉴 내러티브(New Narrative) 운동 49, 50, 80, 391, 397
뉴 모델스(New Models) 393
니체, 프리드리히(Friedrich Nietzsche) 53, 54, 58-61, 77, 79, 160, 227, 237, 300, 378
→ 『권력에의 의지』(The Will to Power) 378
→ 『이 사람을 보라』(Ecce Homo) 59, 60
닉슨, 린지(Lindsay Nixon) 73
→ 『나이티자낙』(nîtisânak) 73

ㄷ

「대화 쌓기」(Accumulation with Talking) 45
더럼 아트 갤러리(Durham Art Gallery) 322
더스탕, 기욤(Guillaume Dustan) 240
데리다, 자크(Jacques Derrida) 58-61, 75, 160, 255, 258, 299, 300, 315, 426
→ 『타자의 귀』(The Ear of the Other) 59
데이비, 모이라(Moyra Davey) 7, 23, 203, 204, 223, 245
→ 「여신들」(Les Goddesses) 203, 204(도판 30-33), 223, 245
데이비스, 배지널(Vaginal Davis) 366
데이비스, 앤절라(Angela Davis) 298, 325, 326
→ 『여성, 인종, 계급』(Women, Race, and Class) 298
데팡트, 비르지니(Virginie Despentes) 29, 46, 372
→ 『베즈무아』(Baise Moi) 372

→ 「킹콩 걸」(King Kong Theory) 29, 46
도일, 제니퍼(Jennifer Doyle) 100, 101, 226, 278, 384, 397
→ 『나에 대한 원망: 동시대 예술의 어려움과 감정』(Hold It Against Me: Difficulty and Emotion in Contemporary Art) 278
도일, 톰(Tom Doyle) 397
도지, 해리(Harry Dodge) 226, 228, 231, 232, 238, 239, 241, 243, 245, 247-251, 254, 255, 259, 263, 266, 268, 270, 319, 427
→ 『나의 운석』(My meteorite) 241
두건, 리사(Lisa Duggan) 385, 386
듀보이스, W. E. B.(W. E. B. Du Bois) 52, 53, 288, 325, 412
드 보부아르, 시몬(Simone de Beauvoir) 166, 246, 293, 316, 325
→ 『제2의 성』(The Second Sex) 65, 77, 166, 293
들뢰즈, 질(Gilles Deleuze) 77, 83, 99, 162, 239, 245, 312, 347
→ 『디알로그』(Dialogues) 239, 251
디 레오, 제프리 R.(Jeffrey R. Di Leo) 77-79
→ 「포스트이론의 시대의 들뢰즈」(Deleuze in the Age of Posttheory) 77
디아고날(Diagonale) 304
딜레이니, 사무엘 R.(Samuel R. Delaney) 325

ㄹ

라바지, 에밀리(Emily LaBarge) 7
라이곤, 글렌(Glenn Ligon) 50
라이트먼, 님로드(Nimrod Reitman) 281, 380
라자드, 캐럴린(Carolyn Lazard) 327-329, 329, 332
→ 「아플 때와 공부」(In Sickness and Study) 212-213(도판 44, 45)
→ 「자가면역 시대에 사람이 되는

법」(How To Be A Person In the Age of Autoimmunity) 328
라일리, 데니즈(Denise Riley) 239
라캉, 자크(Jacques Lacan) 19, 55, 64, 66, 81, 84, 156, 160, 162, 237, 238, 255, 299, 310, 389, 426
라투르, 브뤼노(Bruno Latuor) 71
라프랑스, 다니엘(Danielle LaFrance) 96
→ 「여파에 대해」(On Aftermaths) 96
래머릭, 이본(Yvonne Lammerich) 8
래트레이, 데이비드(David Rattray) 82, 358
랜돌프, 진(Jeanne Randolph) 8, 38, 138(도판 4, 5), 252, 309
→ 「프로이트의 미라 붕대: 멜로드라마로서의 이론」(Freud's Mummy Bandages: Theory as Melodrama) 38
→ 「픽토-비평은 침입종인가」("Is Ficto-Criticism an Invasive Species?) 39
랭킨, 클로디아(Claudia Rankine) 23, 50, 226, 245, 318, 139
→ 『날 외롭게 두지마』(Don't Let Me Be Lonely) 50
→ 『시민: 미국적 서정시』(Citizen: An American Lyric) 23, 50
러너, 거다(Gerda Lerner) 325
러브, 헤더(Heather Love) 305, 336
레비스트로스, 클로드(Claude Lévi-Strauss) 255
레빈, 게이브(Gabe Levine) 8
레빈, 로런스 W.(Lawrence W. Levine) 325
로 빌(lo bil) 45, 185(도판 8)
→ 「기이한 움직임: 트라우마 리서치를 위한 퍼포먼스 방식들」(Moving Weirdly: Performance Methods for Researching Trauma) 45
로그, 디어드러(Deirdre Logue) 8, 44, 97, 205, 206, 287-298, 302, 305, 306, 308, 312, 313, 322, 325, 327, 332-336, 339-341, 429
→ 「그녀의 것은 여전히 축축한 동굴이다」(Hers Is Still a Dank Cave) 206(도판 37), 293, 306
→ 「권장 도서」(Recommended Reading) 303, 336
→ «나는 전혀 나 자신이 아니다»(I'm not Myself At All) 205(도판 34-36)
→ «우리는 경쟁할 수 없다»(We Can't Compete) 290-292
→ 「킬조이 캐슬」(Killjoy's Kastle) 334, 339
로넬, 아비탈(Avital Ronell) 379-382, 384-387, 431
→ 『크랙 전쟁』(Crack Wars) 384
→ 『생에 대한 욕망』(Lust for Life) 378
→ 『전화번호부』(The Telephone Book) 384
로드, 오드리(Audre Lorde) 24, 25, 33, 47, 61, 66, 160, 166, 173, 243, 269, 325, 327
→ 『빛의 순간』(A Burst of Light) 25
→ 『시스터 아웃사이더』(Sister Outsider) 327
→ 『암 일기』(The Cancer Journals) 33
→ 『자미: 내 이름의 새로운 철자』(Zami: A New Spelling of My Name) 60
로렌지, 루시아(Lucia Lorenzi) 8
로렌첸, 크리스천(Christian Lorentzen) 51
→ 「급진적 퀴어성이 더 이상 가능할까?」(Is Radical Queerness Possible Anymore?) 50
로빈슨, 세드릭 J.(Cedric J. Robinson) 325
로슬러, 마사(Martha Rosler) 26, 27, 87
→ 「부엌의 기호학」(Semiotics of the Kitchen) 27
로어, 앤(Ann Rower) 82, 370-372
→ 「연인들 슬래시 친구들」(Lovers Slash Friends) 371
로잔스키, 첼시(Chelsea Rozansky) 313, 430
로즈, 질리언(Gillian Rose) 24
→ 『사랑의 작업』(Love's Work) 24
로트링제, 실베르(Sylvère Lotringer) 81-85, 99, 163, 346, 347, 351, 352, 354, 355
『롤랑 바르트가 쓴 롤랑 바르트』(Roland

Barthes par Roland Barthes) 232
루소, 장-자크(Jean-Jacques Rousseau) 53, 58, 237
르윗, 솔(Sol LeWitt) 111
리리, 티머시(Timothy Leary) 115, 370
리스펙토르, 클라리시(Clarice Lispector) 23, 39
→ 『아구아 비바』(Água Viva) 23, 39
리치, 에이드리언(Adrienne Rich) 66, 262-264
린치, 알라나(Alanna Lynch) 317

ㅁ

마, 지니(Jeannie Mah) 8
마라클, 리(Lee Maracle) 42
→ 『나는 여성이다: 사회학과 페미니즘에 대한 토착적 관점』(I Am Woman: A Native Perspective on Sociology and Feminism) 42
마르크스, 카를(Karl Marx) 53, 54, 58, 79, 142
마르크스주의(Marxism) 75, 380, 392, 393
마이어, 헤이즐(Hazel Meyer) 7, 98, 151-155, 177, 193(도판 17), 426
→ 『근육 패닉』(Muscle Panic) 155
→ 『와이드 월드 오브 홀스』(Wide World of Wholes) 155
→ 『이론이여 울지 마오』(No Theory No Cry) 152-154, 156, 177, 192(도판 16), 426
마이코 다나카(Maiko Tanaka) 308
→ 「인용에 대한 페미니스트적 접근 방식들」 308
마일스, 아일린(Eileen Myles) 50, 239, 310, 370
→ 『더 뉴 퍽 유』(The New Fuck You) 370
마카리아, 케구로(Kegura Macharia) 385, 386
마타, 미라(Mira Mattar) 253
말리, 밥(Bob Marley) 153

→ 「여인이여 울지 마오」(No Woman No Cry) 153
매키니, 케이트(Cait McKinney) 339
→ 『킬조이 캐슬의 내부: 다이키 유령들, 페미니스트 괴물들, 그리고 다른 레즈비언 귀신들』(Inside Killjoy's Kastle: Dykey Ghosts, Feminist Monsters, and Other Lesbian Hauntings) 339
맥도널드, 젠(Jen Macdonald) 8
맥밀런, 우리(Uri McMillan) 112
맥캐리, 미카(Micah McCrary) 22
머슨, 제이슨(Jayson Musson) 151, 174-177, 311
→ 「성공한 예술가가 되는 방법」(How to be a Successful Artist) 175
→ 「아트 소츠」(ART THOUGHTZ) 174, 176, 177, 311
멀비, 로라(Laura Mulvey) 366
멘디에타, 아나(Ana Mendieta) 359, 374
모라가, 셰리(Cherrie Moraga) 24, 41, 325
모랄레스, 로사리오(Rosario Morales) 41
→ 『살아서 집에 가기』(Getting Home Alive) 41
모랄레스, 루시아(Lucia Morales) 170
모랄레스, 오로라(Aurora Morales) 41
→ 『살아서 집에 가기』(Getting Home Alive) 41
모리슨, 토니(Toni Morrison) 325
모저, 벤저민(Benjamin Moser) 39
모튼, 프레드(Fred Moten) 105, 142, 143, 326, 327
→ 『언더커먼스』(The Undercommons) 326
→ 「(챈트[Chant]로 발음된) 흑인 칸트」(Black Kant [Pronounced Chant]) 105, 142
모헤비, 소흐라브(Sohrab Mohebbi) 20
→ 『호텔 이론 리더』(Hotel Theory Reader) 20
몰스워스, 헬렌(Helen Molesworth) 26
→ 「가사일과 예술 작업」(House Work and Art Work) 26

몽테뉴(Michel de Montaigne) 53, 56, 57
무뇨스, 호세 에스테반(José Esteban Muñoz) 97, 294, 296, 299, 325, 339, 340
→ 『크루징 유토피아』(Cruising Utopia) 296
문화자본 16, 151, 160, 162, 165, 176, 382
뮬러, 쿠키(Cookie Mueller, 본명 Dorothy Karen Mueller) 82
미첼, 앨리슨(Allyson Mitchell) 8, 44, 97, 98, 240, 287-290, 292-299, 302, 305, 308, 313, 322, 325, 327, 332-337, 349, 342, 429
→ 「권장 도서」(Recommended Reading) 303, 336
→ 「그녀의 것은 여전히 축축한 동굴이다」(Hers Is Still a Dank Cave) 206(도판 37)
→ «나는 전혀 나 자신이 아니다»(I'm not Myself At All) 205-206(도판 34-36)
→ 「무엇이 그녀에게 동기를 부여할까?」(What Motivates Her?) 299
→ «우리는 경쟁할 수 없다»(We Can't Compete) 290-292
→ 「킬조이 캐슬」(Killjoy's Kastle) 334, 339
→ 『킬조이 캐슬의 내부: 다이키 유령들, 페미니스트 괴물들, 그리고 다른 레즈비언 귀신들』(Inside Killjoy's Kastle: Dykey Ghosts, Feminist Monsters, and Other Lesbian Hauntings) 339
미첼, 케이(Kaye Mitchell) 316
밀러, 낸시 K.(Nancy K. Mille) 27, 28, 33, 264, 265, 299, 301
→ 『개인적이기: 페미니스트의 경우들과 다른 자서전적 행위들』(Getting Personal: Feminist Occasions and Other Autobiographical Acts) 299

ㅂ

바그, 바버라(Barbara Barg) 82
바디우, 알랭(Alain Badiou) 36
바르트, 롤랑(Roland Barthes) 59, 75, 76, 82, 98, 99, 162, 225, 227-241, 246-248, 254, 308, 427
→ 『사랑의 단상』(Fragments d'un discours amoureux) 98, 227, 232-235, 237, 238, 240, 248, 308, 427
→ 「저자의 죽음」(La mort de l'auteur) 233, 319
바야르, 이폴리트(Hippolyte Bayard) 128
→ 「익사자의 자화상」(Self-Portrait of a Drowned Man) 128
바움가르텐, 알렉산더 고틀리프(Alexander Gottlieb Baumgarten) 129
발, 미케(Mieke Bal) 35, 36, 417
발, 예니(Jenny Hval) 147
→ 『아포칼립스 걸』(Apocalypse Girl) 147
발사모, 앤(Anne Balsamo) 83
『발효 페미니즘』(Fermenting Feminism) 317
배어, 마사(Martha Baer) 37
백, 앨릭스(Alex Bag) 105
→ 『무제, 95년 가을』(Untitled, Fall '95) 105
버든, 크리스(Chris Buerden) 367-369
버로스, 윌리엄(William S. Burroughs) 376
버사니, 리오(Leo Bersani) 239, 249, 259
버틀러, 옥타비아 E.(Octavia E. Butler) 323, 328
→ 『새벽』(Dawn) 327
벌랜드, 조디(Jody Berland) 20
→ 『이론 규칙』(Theory Rules) 20
벌랜트, 로런(Lauren Berlant) 289
→ 『더 헌드레즈』(The Hundreds) 289
베유, 시몬(Simone Weil) 246, 316
→ 『중력과 은총』(Gravity and Grace) 316
베이컨, 케빈(Kevin Bacon) 349
베이크웰, 세라(Sarah Bakewell) 56

베이트먼, 데이비드(David Bateman) 289
→ 『늦은 오후까지 기다리다』(Wait Until Late Afternoon) 289
베클스, 매들린(Madelyne Beckles) 45, 151, 165-168, 298, 299
→ 「내 등이라 불린 이 다리」(This Bridge Called My Back) 187(도판 11)
→ 「무엇이 그녀에게 동기를 부여할까?」(What Motivates Her?) 299
→ 「영 걸 이론」(Theory the Young Girl) 198(도판 24, 25)
→ 「우머니즘은 특히 흑인 여성의 조건과 관심사를 강조한 페미니즘 형식이다」(Womanism Is a Form of Feminism Focused Especially on the Conditions and Concerns of Black Women) 197(도판 22, 23)
벡델, 앨리슨(Alison Bechdel) 262-264, 428
→ 『당신 엄마 맞아?』(Are You My Mother?) 262, 263
→ 『주의해야 할 다이크들』(Dykes to Watch Out For) 262
→ 『펀 홈』(Fun Home) 262, 263
벨, 섀넌(Shannon Bell) 7, 36, 301
→ 『빠른 페미니즘』(Fast Feminism) 301
벨러미, 도디(Dodie Bellamy) 49, 56, 80, 239
→ 『아픈 이들이 세계를 다스릴 때』(When the Sick Rule the World) 49
벨모어, 리베카(Rebecc Belmore) 252
벨모어, 플로린(Florene Belmore) 252
보드리야르, 장(Jean Baudrillard) 75, 162, 345
→ 「왜 이론인가」(Why Theory?) 345
버크, 타라나(Tarana Burke) 346
보디 아트(body art) 14, 24, 26, 58, 62, 86, 89, 90, 98, 108-111, 122, 127, 137, 143
보이어, 앤(Anne Boyer) 273, 280, 403

볼드윈, 제임스(James Baldwin) 325
볼딩, 케이틀린(Kaitlyn Boulding) 8
부르주아, 루이즈(Louise Bourgeois) 26
부리오, 니콜라(Nicolas Bourriaud) 162, 165
분, 마커스(Marcus Boon) 7
브라우닝, 바버라(Barbara Browning) 24
→ 『선물』(The Gift) 24
브라운, 트리샤(Trisha Brown) 26, 45
브라이언트, 티사(Tisa Bryant) 24
→ 『해명되지 않은 현존』(Unexplained Presence) 24
브랜드, 디온(Dionne Brand) 404, 405
→ 『이론』(Theory) 404, 405
브로사르, 니콜(Nicole Brossard) 48, 49, 225, 269, 287, 339
→ 『공중 편지』(The Aerial Letter) 287, 339
→ 『그림 이론』(Picture Theory) 225, 269
브로스토프, 앨릭스(Alex Brostoff) 7, 241, 415
→ 「상호텍스트적인 친족의 자기이론을 향해」(An Autotheory of Intertextual Kinship) 241
브로피, 세라(Sarah Brophy) 8
브이-걸스(V-Girls) 37, 38
블라우 듀플레시스, 레이철(Rachel Blau DuPlessis) 347
→ 『페미니스트 회고록 프로젝트』(The Feminist Memoir Project) 347
블랙 라이브즈 매터(Black Lives Matter) 288, 324, 429
블랜디, 데이비드(David Blandy) 329-332
→ 「파농을 찾아서 3부작」(Finding Fanon Trilogy) 214(도판 46)
블룸, 바버라(Barbara Bloom) 157
비릴리오, 폴(Paul Virilio) 301
비벤스, 베키(Becky Bivens) 38
비슈누데바난다, 스와미(Swami Vishnudevananda) 115
비스, 율라(Eula Biss) 252
비아더-놀즈, 러셀(Rachelle Viader-

Knowles) 8
비트겐슈타인, 루트비히(Ludwig Wittgenstein) 231, 269, 308

ㅅ

사나더, 대니엘라(Daniella Sanader) 8, 333
사마타르, 소피아(Sofia Samatar) 32
「사이버네틱 폴드의 수치심: 실번 톰킨스 읽기」(Shame in the Cybernetic Fold: Reading Silvan Tomkins) 254
사페이, 소나(Sona Safaei) 7, 98, 151, 161-165, 311, 426
→ 「빠른 기념비」(Swift Memorial) 196(도판 21)
→ 「서지학」(Bibliography) 194(도판 18)
→ 「V+1」 195(도판 19, 20)
새비지, 댄(Dan Savage) 335
샤마, 세라(Sarah Sharma) 7
샤프, 크리스티나(Christina Sharpe) 408
서스캐처원주(Saskatchewan) 9, 73, 74, 380
설리번, 에드워드(Edward Sullivan) 115
「세계에서 가장 큰 갱 뱅」(The World's Biggest Gang Bang) 364
세미오텍스트(Semiotext(e)) 42, 80-85, 163, 235, 351
세제르, 에메(Aimé Césaire) 412
→ 『귀향 수첩』(Cahier d'un retour au pays natal) 412
→ 『식민주의에 대한 담론』(Discourse on Colonialism) 412
세지윅, 이브 코소프스키(Eve Kosofsky Sedgwick) 27, 34, 44, 99, 160, 225, 230, 231, 234, 239, 246, 250, 254-261, 267, 282, 294, 320
→ 『사랑에 관한 대화』(A Dialogue on Love) 256
→ 「수치심」(Shame) 256
→ 「터칭 필링」(Touching Feeling) 160
셀피(selfie) 119-121, 125-127, 131, 132, 135, 136, 139, 143, 169, 327, 425
셰크너, 리처드(Richard Schechner) 347, 349, 356, 360-364, 368, 373, 395, 400
소셜 미디어(social media) 16, 33, 121, 169, 170, 173, 266, 277, 321, 328, 348, 386, 398
솔라나스, 밸러리(Valerie Solanas) 170, 171
→ 「SCUM 선언문」(SCUM Manifesto) 170
솔로웨이, 질(Jill Soloway) 322, 349
→ 『그녀는 그것을 원한다』(She Wants It) 349
→ 「아이 러브 딕」(I Love Dick) 349
수빈, 다코(Darko Suvin) 325
수위신(Su Yu Hsin; 蘇郁心) 170
수행성(performativity) 33-35, 266
슈니먼, 캐롤리(Carolee Schneemann) 13, 63, 90
→ 『그의 성애학을 상상하기』(Imaging Her Erotics) 13
슈말츠, 에릭(Eric Schmaltz) 8
슈워츠, 헨리(Henry Schwarz) 83
슐로스버그, 제니퍼(Jennifer Schlosberg) 367
스니토, 앤(Ann Snitow) 347
스미스, 세라 E. K.(Sarah E. K. Smith) 292
스미스, 시도니(Sidonie Smith) 28
→ 『여성, 자서전, 이론』(Women, Autobiography, Theory: A Reader) 28
스미스, 콜린(Cauleen Smith) 7, 98, 245, 287, 323, 429
→ 「휴먼_3.0 독서 목록」(Human_3.0 Reading List) 208-211(도판 40-43)
스타, 대런(Darren Star) 374
스타이너, A. L.(A. L. Steiner) 254
스타인, 거트루드(Gertrude Stein) 54, 155, 254
스타혹(Starhawk) 47
스토어, 로버트(Robert Storr) 157
스투르-롬머레임, 헬렌(Helen Stuhr-

469

Rommereim) 178
스튜어트, 캐슬린(Kathleen Stewart) 289
→ 『더 헌드레즈』(The Hundreds) 289
스트로, 윌 (Will Straw) 20
→ 『이론 규칙』(Theory Rules) 20
스틸, 리사(Lisa Steele) 8, 26
→ 「아주 개인적인 이야기」(A Very Personal Story) 181(도판 1)
→ 「생물학적 여성의 목소리들」(Female Voices) 339
스프링클, 애니(Annie Sprinkle) 86, 365, 366
→ 「공적 자궁경부 발표」(Public Cervix Announcement) 216(도판 50), 365
스피드, 미치(Mitch Speed) 397
스피박, 가야트리(Gayatri Spivak) 47, 381
슬레이드 미술대학(Slade School of Fine Art) 329
슬픈 소녀 현상학(sad girl phenomenology) 348
시몬, 니나(Nina Simone) 325
시빌, 개브리엘(Gabrielle Civil) 7, 115
→ 「푸가-소멸, 아크라에서」(Fugue—Dissolution, Accra) 190(도판 14)
식수, 엘렌(Hélène Cixous) 40, 48, 60, 84, 342
실버만, 카자(Kaja Silverman) 247
→ 『나의 살의 살』(Flesh of My Flesh) 247
실버블랫, 마이클(Michael Silverblatt) 49
싱, 줄리에타(Julietta Singh) 24
→ 『어떤 아카이브도 당신을 회복시키지 못할 것이다』(No Archive Will Restore You) 24

ㅇ

아르캉, 조이 T.(Joi T. Arcand) 72
아메드, 사라(Sara Ahmed) 13, 34, 160, 239, 304, 319-321, 374, 429
→ 『페미니스트로 살아가기』(Living a Feminist Life) 13

아제미안, 조너선(Jonathan Adjemian) 7
아치암퐁, 래리(Larry Achiampong) 330-332
→ 「파농을 찾아서 3부작」(Finding Fanon Trilogy) 214(도판 46)
아케이드, 페니(Penny Arcade) 366, 370
아콘치, 비토(Vito Acconci) 155, 345, 368, 369, 371, 372
→ 「트레이드마크」(Trademarks) 155
아트 라이팅(art writing) 14, 24, 39, 158, 252, 309, 355, 390
안사리, 아지즈(Aziz Ansari) 172
안살두아, 글로리아(Gloria E. Anzaldua) 23, 24, 41, 51, 52, 225, 242, 243, 263, 269, 321, 325
→ 『경계지대/경계선: 새로운 메스티사』(Borderlands/La Frontera: The New Mestiza) 51, 52, 225, 242, 243, 253, 321
알렉산더, 엘리자베스(Elizabeth Alexander) 325
알리, 히바(Hiba Ali) 71, 72
→ 「탈식민적 언어」(Postcolonial Language) 71, 207(도판 39)
알튀세르, 루이(Louis Althusser) 75, 365, 376-378, 408
→ 『미래는 오래 지속된다』(L'avenir dure longtemps) 378
애셔, 마이클(Michael Asher) 162
애커, 캐시(Cathy Acker) 82, 240, 356, 372, 378, 379, 391
→ 『네게로 나는: 1995-1996년 사이의 편지들』(I'm Very into You: Correspondences 1995-1996) 240
애트우드, 마거릿(Margaret Atwood) 382-384
→ 「나는 나쁜 페미니스트인가?」(Am I a Bad Feminist?) 383
→ 『먹을 수 있는 여자』(Edible Woman) 383
→ 『시녀 이야기』(The Handmaid's Tale) 382

앤더슨, 로리(Laurie Anderson) 403
앤틴, 엘리너(Eleanor Antin) 87
앨런, 우디(Woody Allen) 376
앨스, 힐튼(Hilton Als) 226
앱스트랙트 랜덤(Abstract Random) 291
「약탈자 잡기」(To Catch a Predator) 275
에델먼, 리(Lee Edelman) 249
에스테베스, 루스(Ruth Estévez) 20
→ 『호텔 이론 리더』(Hotel Theory Reader) 20
«에이드리언 파이퍼: 직관들의 종합, 1965-2016»(Adrian Piper: A Synthesis of Intuitions, 1965-2016) 110
에프런, 노라(Nora Ephron) 374
엑스포르트, 발리(Valie Export) 26
영, 스테이시(Stacey Young) 7, 40-42
→ 『세계/말 바꾸기: 담론, 정치, 페미니즘 운동』(Changing the Wor(l)d: Discourse, Politics, and the Feminist Movement) 40
오노 요코(小野洋子) 26
오닐, 줄리아 폴릭(Julia Polyck O'Neill) 8
오토픽션(autofiction) 14, 23, 39, 82, 245, 271, 280, 309, 347, 391, 395, 396, 398, 399, 403, 405, 411, 424, 430
오하라, 프랭크(Frank O'Hara) 309-311
→ 『점심 시집』(Lunch Poems) 310
온다치, 마이클(Michael Ondaatje) 270
→ 「시나몬 필러」(The Cinnamon Peeler) 270
와이스버그, 제시카(Jessica Weisberg) 223, 224, 307, 308
→ 「자기-폭로는 사적인 것일 수 있는가?」(Can Self-Exposure Be Private?) 223
와크, 매켄지(McKenzie Wark) 24, 322, 327
→ 『모큘러 레드』(Molecular Red) 327
→ 「이면의 카우걸」(Reverse Cowgirl) 24
왓슨, 줄리아(Julia Watson) 28
→ 『여성, 자서전, 이론』(Women, Autobiography, Theory: A Reader) 28
왕, 재키(Jackie Wang) 83
왕, 크리스틴 티엔(Christine Tien Wang) 90-93, 191(도판 15)
→ 「나는 강간 포르노를 사랑해」(I love rape porn) 93
→ 「나는 건강보험에 들려고 결혼했다」(I married for health insurance) 93
→ 「나는 너무 착해서 나르시시스트일 수가 없다」(I AM TOO GOOD TO BE A NARCISSIST) 93
→ 「나르시시스트이기엔 난 너무 자기-인식적이야」(I'm Too Self-Aware to Be a Narcissist) 90
→ «난 그 백을 원해»(I Want That Bag) 92
→ 「난 단지 백인 소녀이고 싶어」(I just want to be a white girl) 93
→ 「중상류층」(Upper Middle Class) 92
왕립예술대학(Royal College of Art) 9, 273, 280, 391
우르타도, 아이다(Aida Hurtado) 52
울스턴크래프트, 메리(Mary Wollstonecraft) 25, 245
→ 『여성의 권리 옹호』(A Vindication of the Rights of Woman) 25
울퍼스, 저스틴(Justin Wolfers) 7
워드, 데이나(Dana Ward) 246
워커, 리베카(Rebecca Walker) 377
→ 「3물결 되기」(Becoming the Third Wave) 377
워커딘, 밸러리(Valerie Walkerdine) 7
워크, 맥켄지(McKenzie Wark) 240
→ 『네게로 나는: 1995-1996년 사이의 편지들』(I'm Very into You: Correspondences 1995–1996) 240
월런, 오드리(Audrey Wollen) 46
→ 「슬픈 소녀 이론」(Sad Girl Theory) 46
월시, 조애나(Joanna Walsh) 27, 44, 225, 228, 229, 311

- → 『브레이크.업』(Break.up) 225, 228, 229, 311
- → 『이론더하기집안일이론』(TheoryPlus HouseworkTheory) 27
- 웅커, 에린(Erin Wunker) 7
- 위니콧, 도널드(Donald Winnicott) 227
- 에머슨, 랠프 왈도(Ralph Waldo Emerson) 228
- 위티그, 모니크(Monique Wittig) 48, 239, 296, 299, 302, 335
- → 『스트레이트 마인드』(The Straight Mind) 296, 335
- 윈터, 리브(Liv Wynter) 392
- 윈터, 실비아(Sylvia Wynter) 24, 288, 325
- 윌슨, 마사(Martha Wilson) 314-316
- → 「아트 썩스」(Art Sucks) 314
- 윌키, 해나(Hannah Wilke) 89, 345, 355, 360, 374, 390
- → 『매우 계집애스러운 짓』(A Very Female Thing) 345
- 윔즈, 메리앤(Marianne Weems) 37
- 이, 제시카(Jessica Yee) 43
- 이그나그니, 에스더(Esther Ignagni) 337
- → 「데스나스틱스: 페미니스트 크립 월드 만들기」(Deathnastics: Feminist Crip World Making) 337

『이론 발기』(Theory Boner) 154, 156, 426
『이론, 일요일』(Theory, A Sunday) 48
- 이리가레, 뤼스(Luce Irigaray) 7, 18, 19, 21, 55, 62, 65, 66, 70, 81, 85, 120, 122-125, 135, 137, 160, 228, 239, 351, 354, 366, 390
- → '궤도에서 벗어난 나르시시즘'(An Ex-Orbitant Narcissism) 65
- → 『반사경』(Speculum) 19, 62, 81, 123, 124
- → 「역설적인 아프리오리」(Paradox A Priori) 123
「강아지들과 아기들」(Puppies and Babies) 254
일화적 이론(anecdotal theory) 250, 299-301, 387

ㅈ

「자기 사랑 한계들」(Self Love Limits) 155
자기-이미지 만들기(self-imaging) 21, 87, 88, 94, 106-108, 112, 119-121, 132, 143, 177, 328
자기-폭로(self-exposure) 93
자든, 리처즈(Richards Jarden) 315
잠브레노, 케이트(Kate Zambreno) 33, 316
- → 『여걸들』(Heroines) 33, 316
잭슨, 마이클(Michael Jackson) 376
저드슨 댄스 시어터(Judson Dance Theater) 45
정신분석학(Psychoanalysis) 35, 156, 239
정체성의 죽음(identity death) 333
제이 심슨(jaye simpson) 394
- → 「아직 나눌 수 없는 대화: 왜 나는 나의 선주민 가해자들의 이름을 대지 않을 것인가」(A Conversation I Can't Have Yet: Why I Will Not Name My Indigenous Abusers) 394
제이-지(Jay-Z) 175
- → 「빅 핌핀」(Big Pimpin) 175
제인, 로클런(S. Lochlann Jain) 43
제임스, 헨리(Henry James) 257
제임슨, 프레드릭(Fredric Jameson) 75-77, 111, 162
젤라조, 수잰(Suzanne Zelazo) 7
조나스, 조앤(Joan Jonas) 88
존, 필립(Phillip Zohn) 115
존스, 어밀리아(Amelia Jones) 62, 88, 137
- → 『보디 아트: 주체를 수행하기』(Body Art: Performing the Subject) 62
졸라, 에밀(Émile Zola) 360, 361
주인 담론(master discourse) 21, 30, 79, 134, 177, 351, 190, 416, 426
지만, 실비아(Sylvia Ziemann) 8
지젝, 슬라보예(Slavoj Žižek) 381

ㅊ

차머스, 제시카 페리(Jessica Peri Chalmers)

37

채드윅, 헨리(Henry Chadwick) 57, 60
채리안디, 데이비드(David Chariandy) 7, 78, 403-412, 431
→ 『네게 하고 싶은 말이 있단다: 딸에게 보내는 편지』(I've Been Meaning to Tell You: A Letter to My Daughter) 403
→ 『형』(Brother) 409
「책벌레」(Bookworm) 49
챈들러, 엘리자(Eliza Chandler) 337
→ 「데스나스틱스: 페미니스트 크립 월드 만들기」(Deathnastics: Feminist Crip World Making) 337
청, 애너벨(Annabel Chong) 364
체르노프, 엠엘에이(MLA Chernoff) 8
초드론, 페마(Pema Chödrön) 239
추, 안드레아 롱(Andrea Long Chu) 170, 171
→ 「여성을 좋아한다는 것에 관하여」(On Liking Women) 170
취소 문화(cancel culture) 96, 280, 388, 394
츠베트코비치, 앤(Ann Cvetkovich) 33, 43, 47, 327
→ 『느낌의 아카이브』(An Archive of Feelings) 327
→ 『우울: 공적 감정』(Depression: A Public Feeling) 33
치프 레이디 버드(Chief Lady Bird) 8

ㅋ

카다르, 말린(Marlene Kadar) 33
«카메라를 위한 퍼포먼스»(Performing for the Camera) 122
카슨, 앤(Anne Carson) 50, 228, 239, 311
카엉, 클로드(Claude Cahun) 54
카필, 바누(Bhanu Kapil) 32, 321
칸토-애덤스, 데버라(Deborah Cantor-Adams) 7
칸투, 노르마 E.(Norma E. Cantú) 52

칸트, 이마누엘(Immanuel Kant) 53, 58, 79, 89, 97-99, 105-127, 129-144, 176, 236, 253, 301, 309, 407, 242, 425, 426
→ 『순수이성비판』(Critique of Pure Reason) 97, 105, 112, 115, 125, 226, 424
→ 「오성의 순수 개념의 연역」(On the Deduction of the Pure Concepts of the Understanding) 131
→ 『판단력 비판』(Critique of Judgment) 112
→ 『형이상학 서설』(Prolegomena to Any Future Metaphysics) 123
칼린, 러티샤(Letitia Calin) 7, 391, 392
캐루스, 캐시(Cathy Caruth) 318
캘러웨이, 마리아(Maria Calloway) 362
캠벨, 마리아(Maria Campbell) 42
→ 『혼혈』(Halfbreed) 42
커닝햄, 머스(Merce Cunningham) 310
컬러, 조너선(Jonathan Culler) 381
컷핸드, 서자(Thirza Cuthand) 7, 45, 73-75
→ 「노동하는 베이비 다이크 이론: 세대 간 장벽의 디아스포라적 영향」(Working Baby Dyke Theory: The Diasporic Impact of Cross-Generational Barriers) 73-75
→ 「서자 컷핸드는 인디언 법이 규정하는 인디언이다」(Thirza Cuthand Is an Indian Within the Meaning of the Indian Act) 186(도판 9)
→ 「투 스피릿 드림캐처 닷 컴」(2 Spirit Dreamcatcher Dot Com) 186(도판 10)
케이지, 존(John Cage) 310
→ 「우리 어디서 먹나요? 그리고 우리 뭐 먹나요?」(Where Are We Eating? and What Are We Eating?) 310
케이퍼, 앨리슨(Alison Kafer) 327
→ 『페미니스트, 퀴어, 크립』(Feminist, Queer, Crip) 327
켈리, 메리(Mary Kelly) 26, 27

→ 「산후기록」(Post-Partum Document) 27
코디, 개브리엘(Gabrielle Cody) 86
→ 『심장에서 전해져 오는 하드코어』(Hardcore from the Heart) 86
코수스, 조지프(Joseph Kosuth) 86, 111
→ 「철학 이후의 예술」(Art after Philosophy) 86
「코스비 쇼」(The Cosby Show?) 376
코츠, 리즈(Liz Kotz) 370
→ 『더 뉴 퍽 유』(The New Fuck You) 370
코터, 홀랜드(Holland Cotter) 110, 113
콜린스, 킴(Kim Collins) 337
→ 「데스나스틱스: 페미니스트 크립 월드 만들기」(Deathnastics: Feminist Crip World Making) 337
콜린스, 페트라(Petra Collins) 167, 298
콜티, 헤디 엘(Hedi El Kholti) 81
콴, 애니 제일(Annie Jael Kwan) 7
쾨스텐바움, 웨인(Wayne Koestenbaum) 20
쿠아레즈마, 재클린(Jaclyn Quaresma) 322, 323
쿠에바스, T. 재키(T. Jackie Cuevas) 321
퀴어 이론(queer theory) 44, 78, 99, 226, 230, 231, 238, 249, 256-258, 261, 267, 273, 288, 290-292, 294, 296, 298, 392, 307, 308, 328, 335, 384, 385, 429
퀴어 페미니스트 정동 이론(queer feminist affect theory) 34, 42, 230, 255
크라우스, 로절린드(Rosalind Krauss) 87, 313
크라우스, 크리스(Chris Kraus) 23, 31, 80-85, 87, 89, 99, 158, 163, 164, 178, 226, 229, 230, 245, 265, 266, 269, 271, 301, 310-313, 316, 317, 345-373, 380, 388-390, 395-400, 428, 430, 431
→ 『무기력』(Torpor) 372
→ 『비디오 그린: 로스앤젤레스 미술과 무의 승리』(Video Green: Los Angeles Art and Triumph of Nothingness) 158, 163, 367
→ 「사실 고수」(Stick to the Facts) 164
→ 『아이 러브 딕』(I Love Dick) 23, 164, 229, 265, 267, 269, 275, 301, 317, 322, 345-356, 363, 364, 370, 372, 374, 388-390, 395, 396, 398, 400, 430
→ 『외계인과 거식증』(Aliens and Anorexia) 311, 316, 372
크레이머, 에린(Erin Cramer) 37
크리머, 앤드리아(Andrea Creamer) 8
크리스테바, 쥘리아(Julia Kristeva) 155, 160, 239
→ 『공포의 권력』(Powers of Horror) 155
크리스텐슨, 앰버(Amber Christensen) 8, 333
크리츨리, 사이먼(Simon Critchley) 157-159
『크리티컬 인콰이어리』(Critical Inquiry) 256
클리프턴, 루실(Lucille Clifton) 239
키르케고르, 쇠렌(Søren Kierkegaard) 53, 76, 311
키타이, 로널드 브룩스(Ronald Brooks Kitaj) 355
킬리언, 케빈(Kevin Killian) 80
킹, 케이티(Katie King) 308

E

타보본덩, 레베카(Rebeka Tabobondung) 323
터틀 아일랜드(Tertle Island) 16, 72, 403
토드, 조(Zoe Todd) 70, 71, 319, 320
→ 『존재론적 전회에 대한 선주민 페미니스트의 도전: '존재론'은 식민주의의 다른 말에 불과하다』(An Indigenous Feminist's Take on the Ontological Turn: 'Ontology' Is Just

Another Word for Colonialism) 70
토클라스, 앨리스 B.(Alice B. Toklas) 245
톰, 카이 쳉(Kai Cheng Thom) 394
→ 「콜 아웃 문화가 트랜스 여성(그리고, 그러므로, 우리 모두)에게 해를 끼치는 네 가지 방법」(4 Ways That Call-Out Culture Harms Trans Women (And, Therefore, All of Us) 394
톰차크, 킴(Kim Tomczak) 8
톰킨스, 실번(Silvan Tomkins) 255
톰킨스, 카일라 와자나(Kyla Wazana Tompkins) 416
통, 로즈마리(Rosemarie Tong) 166
→ 『페미니즘: 교차하는 관점들』(*Feminist Thought*) 166
트란, 크리스틴(Christine Tran) 8
트루스, 소저너(Sojourner Truth) 25
→ 「나는 여자가 아닌가?」(Ain't I A Woman?) 25
트리몬트, 메리(Mary Tremonte) 154
티쿤(Tiqqun) 167, 168
→ 『영-걸 이론을 위한 예비 자료』(*Preliminary Materials for a Theory of the Young-Girl*) 167
틸먼, 린(Lynne Tillman) 82

ㅍ

파농, 프란츠(Franz Fanon) 53, 288, 325, 330
→ 『대지의 저주받은 사람들』(*Les Damnés de la Terre*) 330
파르네, 클레르(Claire Parnet) 239, 245, 251
파워, 니나(Nina Power) 379, 380, 391, 393, 395
→ 『도둑맞은 페미니즘』(*One Dimensional Woman*) 380
파이어스톤, 슐라미스(Schulamith Firestone) 25
→ 『성의 변증법』(*The Dialectic of Sex*) 25
파이퍼, 에이드리언(Adrian Piper) 18, 26, 59, 87, 97-99, 105-144, 176, 226, 236, 253, 301, 328, 424, 425
→ 「명함」(My Calling[Card] #3) 110
→ 「영혼을 위한 음식」(Food for the Spirit) 18, 105, 106, 108-116, 118, 121, 122, 125, 128, 130-135, 137-144, 328, 425
→ 「신화적 존재」(Mythic Being) 176
→ 「좌절된 프로젝트들, 산산조각 난 희망들, 당혹스러운 순간」(Thwarted Projects, Dashed Hopes, a Moment of Embarrassment) 113
→ 「칠판」(Everything #21) 110
→ 『합리성과 자기의 구조』(*Rationality and the Structure of the Self*) 117, 134
→ 『혼잣말하기: 미술 대상의 지속적인 자서전』(*Talking To Myself: The Ongoing Autobiography of an Art Object*) 141
파인먼, 조엘(Joel Fineman) 387
판 라위스브룩, 얀(Jan van Ruysbroeck) 227
팔리아, 카밀(Camille Paglia) 390
팬, 소니아 페르난데스(Sonia Fernández Pan) 169, 170
→ 「상의 탈의 이론 읽기」(Topless Theory Reading) 200-201(도판 26-28)
페냐, 다니엘(Daniel Peña) 51, 52
→ 「『아르고호의 선원들』은 안살두아의 『경계지대/경계선: 새로운 메스티사』의 직계 후손이다, 그런데 누구도 그 점을 이야기하지 않는다」(*The Argonauts* is a Direct Descendant of Anzaldúa's Borderlands/La Frontera and No One is Talking About It) 51
페냐, 베로니카 곤잘레스(Veronica Gonzalez Peña) 83
페미니스트 아트 갤러리(Feminist Art

Gallery, FAG) 288, 290, 294, 308, 322
페이글, 데이비드(David Pagel) 91-95
펠란, 페기(Peggy Phelan) 66
포드, 제나 리(Jenna Lee Forde) 154
포스트고백적(postconfessional) 16, 34, 95, 398
포스트인터넷(postinternet) 169, 279, 348, 419
폴란스키, 로만(Roman Polanski) 376
폴레티, 안나(Anna Poletti) 34
푀르스터-니체, 엘리자베트(Elisabeth Förster-Nietzsche) 378
푸코, 미셸(Michel Foucault) 75, 162, 239, 252, 255, 364, 398, 426
프랫, 미니 부르스(Minnie Bruce Pratt) 41
→ 『저항』(Rebellion: Essays 1980~1991) 41
프랭크, 애덤(Adam Frank) 255
프레시아도, 파울 B.(Paul B. Preciado) 23, 29, 43, 228, 239, 252, 333, 340, 423
→ 『테스토 정키』(Testo Yonqui) 23, 29, 43, 240, 241, 248, 333
프레이저, 앤드리아(Andrea Fraser) 26, 37, 162, 310, 377, 406
→ 「공식 환영」(Official Welcome) 366
→ 「미술관의 볼거리: 갤러리 토크」(Museum Highlights: A Gallery Talk) 182(도판 2, 3)
프렌치, 휘트니(Whitney French) 323
프로이트, 지그문트(Sigmund Freud) 53, 54, 58, 59, 61, 64, 65, 83, 84, 92-94, 123, 156, 231, 237, 255, 311
→ 『꿈의 해석』(The Interpretation of Dreams) 59
『프루스트의 날씨』(The Weather in Proust) 254
『프리즈』(Frieze) 157
프리처드, 노먼 H.(Norman H. Pritchard) 142
플라스, 실비아(Sylvia Plath) 172
→ 『벨 자』(The Bell Jar) 172

플로트니츠키, 아르카디(Arkady Plotnitsky) 76, 77
피셔, 제니퍼(Jennifer Fisher) 7
핀델, 하워디나(Howardena Pindell) 26
핀리, 카렌(Karen Finley) 336, 370
필름 에세이(film essay) 49
핍즈너-사마라시나, 리아(Leah Piepzna-Samarasinha) 50

ㅎ

하니, 스테퍼노(Stefano Harney) 326, 327
→ 『언더커먼스』(The Undercommons) 326, 327
「하우스 오브 카드」(House of Cards) 376
하우저앤드워스(Hauser & Wirth) 40
하이저, 요르그(Jörg Heiser) 157
하툼, 모나(Mona Hatoum) 26, 122
→ 「너는 아직 여기에 있다」(YOU ARE STILL HERE) 122
한, 캐서린(Kathryn Hahn) 349
해러웨이, 도나(Donna Haraway) 66, 325, 389
해리스, 이안-카(Ian-Carr Harris) 8
핼버스탬, 잭(Jack Halberstam) 384, 386
→ 『실패의 기술과 퀴어 예술』(The Queer Art of Failure) 386
→ 『여성의 남성성』(Female Masculinity) 386
→ 『퀴어의 시간과 장소에서』(In a Queer Time and Place) 386
햄프턴, 존 G.(John G. Hampton) 8
허드슨, 제너비브(Genevieve Hudson) 223
→ 「모두와 약간은 사랑하는」(A Little in Love with Everyone) 223
허스턴, 조라 닐(Zora Neale Hurston) 54
→ 「색을 입은 나의 느낌」(How It Feels to Be Colored Me) 55
헤드바, 요하나(Johanna Hedva) 7, 46, 47
→ 「아픈 여자 이론」(Sick Woman Theory) 47, 188-189(도판 12, 13)
헤세, 에바(Eva Hesse) 397

→ 『일기』(Diaries) 397
헤이, 데버라(Deborah Hay) 239
헤티, 실라(Sheila Heti) 31, 270-274
→ 『마더후드』(Motherhood) 272
→ 『사람은 어떻게 해야 할까』(How Should a Person Be?) 270
헵디지, 딕(Dick Hebdige) 346, 347, 398
→ 『하위문화: 스타일의 의미』(Subculture: The Meaning of Style) 346
현상학(phenomenology) 20, 23, 30, 52, 58, 76, 126, 143, 171, 239, 249, 327, 348, 355
호킨스, 케이티(Katy Hawkins) 356
혼, 로니(Roni Horn) 40
→ «리스펙토르의 고리들(아구아 비바)»(Rings of Lispector[Água Viva]) 40, 184(도판 6, 7)
후기구조주의(poststructuralism) 34, 37, 51, 58, 75, 76, 79, 81, 82, 87, 99, 157, 175, 233, 238, 247, 256, 300, 345, 349-351, 399
후설, 에드문트(Edmund Husserl) 76
훅스, 벨(bell hooks) 24-27, 42, 66, 70, 150, 160, 165, 166, 173, 325, 376, 427
→ 『난 여자가 아닙니까?』(Ain't I a Woman? Black Women and Feminism) 42
→ 『경계 넘기를 가르치기』(Teaching to Transgress) 150
→ 『분노 죽이기: 인종차별 종식』(Killing Rage: Ending Racism) 25, 165
휘톨, 테드(Ted Whittall) 8
히로미 고토(Hiromi Goto) 289
힌들리, 빅토리아(Victoria Hindley) 7

#빌리브위민(BelieveWomen) 357, 383
#상의탈의이론읽기(ToplessTheoryReading) 169, 170
#아임위드허(ImWithHer) 357
#타임스업(TimesUp) 357, 399
2물결 페미니즘 27, 32, 42, 47, 72, 84, 297, 300, 303, 307, 336, 383
3물결 페미니즘 26, 42, 83, 238, 300, 303, 307, 357, 370, 377, 387
4물결 페미니즘 16, 357, 389, 423, 430
@Gothshakira 171-174, 202(도판 29), 411

기타

#미투(MeToo) 16, 99, 172, 274, 276, 346, 348, 357, 379, 380, 381, 383, 385, 394, 399, 400, 424, 430, 431

지은이

로런 포니에 Lauren Fournier
작가, 영화 제작자, 큐레이터, 연구자로 활동한다. 영문학 박사이며, 토론토대학교에서 사회과학 및 인문학 연구위원회의 시각 연구 분야 박사후 연구원으로 일했다. 현재는 1989년부터 실험 영화 및 영상 작업 지원에 헌신해온 토론토의 비영리예술가 운영 센터이자 출판사인 플레저 돔(Pleasure Dome)의 이사로 활동 중이다. 오토 픽션 및 문학적 논픽션 같은 복합적이고 다중적인 글쓰기를 중심으로 이야기 전달, 이론화, 자아와 세계에 대한 철학적·윤리적 탐구에 관심을 두고 있다. 소설을 포함해 다양한 장르의 글을 쓰며 비평 및 창작 글쓰기 워크숍을 이끌 뿐 아니라, 영화 및 비디오 아트를 직접 제작하면서 동시대 예술에 대한 비평가로서의 영역도 넓혀가는 중이다. 『자기이론: 자기의 삶으로 작업하기』는 교차적이고 트랜스미디어적인 예술사의 관점에서 "자기이론"이라는 용어를 역사화한 첫 번째 책이다.

옮긴이

양효실
대학에서 강의하고 미술 비평을 한다. 지금 키워드—'여성', 청년, 퀴어, 소녀(girl), 장애, 펑크, 유머, 다양성, 차이 등등. 주디스 버틀러의 책을 번역하며 버틀러의 사유와 글쓰기 방식을 체화한 듯하다. 요즘 대학 수업 시간에는 일인칭으로 고백하면서 국가 체제와 휴머니즘 이데올로기, 이성애-가부장-제국주의 등등을 비판하는 텍스트들을 여럿 읽고 있다. 고통과 의심, 주체성의 와해를 겪으면서 유머를 구사하고 사랑을 고집하는 필자들에게 감동 중이다.

김수영
대학원에서 페미니스트 미술사를 공부했고 미학과 박사과정을 수료했다. 페미니스트 미술 전시 기획자, 미술 잡지 기자로 일하며 종종 동시대 미술과 사적인 관심사를 엮는 글쓰기를 해왔다. 지금은 자기이론이 자기를 창안하는 과정이라는 점에 주목하여 푸코의 실존 미학과 자기이론을 연관 짓는 논문 쓰기에 매진하고 있다.

김미라
미국에서 아시아계 미국인 연구(Asian American Studies)를 전공하고 한국에 돌아와 국문학 박사과정을 수료했다. 현대시의 청각성과 디아스포라, 여성의 돌봄 등 다양한 주제를 기웃거리다 신체와 장소에 대한 지속적인 끌림을 발견하고 장소성을 기반 삼아 1980-90년대 한국시에 나타난 개인의 실존을 분석하는 논문을 쓰려 하고 있다. 함께 번역해나가는 과정을 통해 여전히 낯선 '자기'와 자기이론을 부지런히 쫓아가는 중이다.

문예지
대학원에서 한국현대문학 전공 박사과정을 수료한 뒤, 1990년대 여성문학과 페미니스트 예술 이론을 중심으로 공부와 연구를 지속하고 있다. 공지영, 김인숙, 김형경 등 1990년대 여성 작가의 소설에 관한 논문들을 썼다. 여성 글쓰기와 저자성, 재현 양식의 이론화 작업에 관해 고민하고 있으며, 동시대의 자기서사, 에세이즘의 경향과 함께 자기이론 개념에 주목하고 있다.

최민지
대학원에서 한국현대문학을 공부하고 근대 신문소설 삽화를 연구했다. 독자 개인이 미디어와 만나며 이미지와 텍스트를 감각하는 양상에 흥미를 느끼고, 인스타툰에서 여성들의 정동을 읽어내는 논문 등을 썼다. 구체적인 '자기'를 출발점으로 삼아 다름을 긍정하는 자기이론에 관심을 갖고 번역에 참여했다.

자기이론
자기의 삶으로 작업하기

로런 포니에 지음
양효실, 김수영, 김미라, 문예지, 최민지 옮김

초판 1쇄 인쇄   2025년 3월 30일
초판 1쇄 발행   2025년 4월 10일

ISBN 979-11-90853-63-7 (93300)

발행처	도서출판 마티
출판등록	2005년 4월 13일
등록번호	제2005-22호
발행인	정희경
편집	서성진, 조은
디자인	오혜진(오와이이)
주소	서울시 마포구 잔다리로 101, 2층 (04003)
전화	02. 333. 3110
이메일	matibook@naver.com
홈페이지	matibooks.com
인스타그램	instagram.com/matibooks
엑스	x.com/matibook
페이스북	facebook.com/matibooks